중독장애의 인지행동치료

| Bruce S. Liese · Aaron T. Beck 공서 | 신성만 · 진대일 · 김주은 · 조용혁 공역 |

COGNITIVE-BEHAVIORAL THERAPY OF ADDICTIVE DISORDERS

학지사

역자 서문

중독행동의 심화는 인지적 문제만의 결과는 아니다. 그러나 중독행동의 변화와 회복은 인지적 문제의 완화를 반드시 수반한다. 감각 운동적 초경험(나는 이것을 일반적 조절 능력의 범위를 넘어서는 과도한 경험이라고 정의한다)은 감각 운동 영역의 확산과 수렴의 조절력 균형을 무너뜨리게 되고, 감정적 초경험은 감정적 영역에서의 조절력을 감소시키며, 이러한 초경험의 반복은 인지적 측면의 손상을 초래하면서 건강한 인지에서 볼 수 있는 메타인지와 합리적이고 균형 있는 사고력을 와해시키는 결과를 가져오게 된다. 이는 삶의 의미와 가치를 유지해 가는 인지적 · 감정적 · 감각 운동적 통합 경험을 보다 강렬하고, 빠르며, 손쉬운 중독 경험으로 대체해 가는 행동 패턴을 수립하게 만든다. 그래서 중독행동의 변화는 감각 운동적 일관성과 규칙성의 확보와 기본 심리 욕구의 건강한 경험과 감정적 해소를 통한 균형감, 실존적 사고와 메타인지, 그리고 합리적이고 균형적인 사고력의 강화 모두에 있어서 통합적 개입을 필요로 하는 것이다. 따라서 중독행동의 치료는 어려운 과정이며 한쪽 측면에만 집중했을 때는 다른 부분에서 문제가 나타나 재발이 일어나는 경우를 흔히 보게 되는 것이다.

중독행동의 심리치료 영역에서 가장 우선적으로, 그리고 효과적으로 사용해 볼 수 있는 접근이 바로 Beck을 중심으로 발전한 인지행동치료일 것이다. 최근 들어 인지행동치료는 그 초점을 인지 측면에만 머무르지 않고 감각 운동적 행동 영역과 정서, 특히 감정적 사고를 조절하는 과정에도 관심을 두며, 인지적 측면에 있어서도 이전의 수렴적 인지 방향의 합리적 · 논리적 · 이성적 측면에만 머무르지 않고 메타인지적, 가치와 의미 영역으로 균형 있고, 통합적으로 확장되는 모습을 보여 주고 있다. 그러한 CBT 확장성의 최대 수혜 영역은 바로 중독장애의 치료 영역일 것이다. 이 책은 인지행동치료의 가장 발전되고 통합적인 모습의 결정체이며, 그래서 가장 복잡하고 치료가 어려운 중독장애에 효과적으로 적용될 수 있는 최고의 전투력으로 무장한 지침서라 할 수 있다.

존경하는 Beck이 생전 저술에 참여한 마지막 책으로서 특별한 가치를 지닌 이 책을 제자들과 함께 번역하는 기쁨을 누림에 역자 대표는 항상 자랑스러워할 것이다. 이 책의 번역은 역자 대표가 제1, 2, 4, 11장의 번역과 전체를 검수하였고, 전대일 선생이 제5, 6, 9, 10, 13장, 김주은 교수가 제7, 12장 그리고 조용혁 교수가 제3, 8장을 번역하였다. 좋은 책이 나올 수 있도록 도움을 주신 학지사 김진환 사장님의 변함없는 리더십에 감사함을 특별히 표하고 싶고, 전반적인 도움을 준 한국마약퇴치운동본부 울산함께한걸음센터 강찬휘, 한동대학교 심리학과 대학원 김예원 선생에게도 고마움을 전한다.

2026년 봄 포항에서

역자 대표 신성만 드림

저자 서문

기쁨을 주는 어떠한 행동을 오랜 기간 지속하였으나, 점차 이 행동이 당신이 가치 있게 여기는 모든 것들을 파괴하고 있다는 사실을 깨닫게 된 상황을 상상해 보라. 또, 이 행동을 그만하려고 노력하지만 동시에 아무리 노력하더라도 그렇게 할 수 없을 것이라는 느낌을 받고 있는 모습을 떠올려 보라. 당신은 이 행동이 당신을 파멸로 이끈다는 사실을 알고 있음에도 계속 반복하고 있다. 심지어 이 행동을 점차 늦추거나 멈추는 것이 아니라 점점 더 많이 해야겠다고 생각하게 된다. 당신이 사랑하는 사람들은 당신이 더 이상 이 행동을 하는 것을 참지 않을 것이라고 말한다. 마지막으로, 이러한 상상에 더해 사회 전체가 이 행동을 하는 당신을 낙인찍고 있다는 상상을 해 보라.

이러한 경험은 중독으로 고통받고 있는 사람들에게는 매우 익숙한 것이다. 수치심, 죄책감, 양가성, 두려움, 의심, 무기력감, 좌절감, 그리고 절망감은 중독적인 행동에서 떠나려고 하는 많은 사람들이 경험하는 감정 중 일부일 것이다. 바로 이런 사람들을 위해 우리는 『물질 남용을 위한 인지치료(Cognitive Therapy of Substance Abuse)』(Beck, Wright, Newman, & Liese, 1993)의 후속으로 이 책을 서술하였다. 30년 전에 『물질 남용을 위한 인지치료』가 출판된 이후, 우리는 도움을 요청한 수천 명의 환자들이 자신의 중독적 행동을 마주하도록 도왔다.

우리를 찾아온 많은 환자는 간절함과 절망감을 가지고 치료를 시작한다. 이들 중 다수는 친구, 가족, 집, 건강, 그리고 직업과 같이 그들에게 가장 중요했던 것들을 잃었다. 몇몇은 다음과 같은 절박한 감정을 공유하기도 했다. "잡고 있는 줄의 끝에 도달한 것 같아요." "만약 이것이(치료가) 효과가 없다면, 전 정말 끝입니다." 많은 환자가 인지행동치료(CBT) 기법을 배우고 적용하여 실제로 자신의 삶을 전환시킨 것은 그들 스스로에게도 놀라운 경험이었다. 그들은 자신의 생각, 감정, 그리고 행동에 대한 통제력을 되찾음으로써 더 건강해지고 행복해졌다. 또 다수의 환자는 새롭게 가까운 관계들을 만들었으며, 오래된 관계들을 재정립하였고 장기적이고 의미 있는 일을 찾아내었다. 거의 모든 환자들이 자신의 삶에 대해 스스로 책임질 수 있다는 것에 놀라워했다.

우리는 지난 30년간 굉장히 많은 것을 배웠다. 환자들의 경험과 더불어 이 연구에 몸담은 동료 학자들의 탁월한 연구를 통해 우리는 계속해서 새로운 정보를 얻고, 영감을 얻었다. 그들의 연구 결과는 우리의 접근법에 분명한 영향을 주었고 이 책에도 반영되었다. 예를 들어, 이제 우리는 다음과 같은 것들에 대해 이해하게 되었다.

- 중독에 빠진 사람들은 대단히 다양한 집단으로 구성되어 있다.
- 회복(재기)의 정의는 특수적이다. 이는 개인마다 서로 다르다.
- 환자들은 타인에 의해 부여된 목표가 아닌 스스로 정한 목표가 필요하다.
- 중독을 위한 인지행동치료의 이점은 단약이나 행동의 중단에 한정되어 있지 않다. 넓은 범위의 개인 내적, 대인관계적 기술도 포함된다.
- 보통의 심리적, 생리적 과정이 다양한 중독행동의 기저에 자리 잡고 있다.
- 대부분의 환자는 상호지원 집단(예: 12단계 프로그램과 SMART Recovery)이나 약물 보조 치료와 같이 심리치료에서 제공되는 것 이상의 서비스와 자원을 필요로 한다.
- 중독에 관련된 낙인은 의료 서비스 제공자들 사이에도 만연해 있으며, 이는 언제 어디서든 가능한 한 파악되고 제거되어야 한다.

지난 30년간, 의미 있는 사회정치적인 변화들이 일어났다. 이 책에서 우리는 이러한 변화가 중독 문제를 겪고 있는 사람을 돕는 우리의 작업에 어떤 영향을 미쳤는지 설명하고 있다. 예를 들어, 미국에서 일어난 마리화나 사용의 합법화와 같은 잠재적 문제들에 대해 다룰 것이고(제1장), 중독 문제를 겪고 있는 사람들을 향한 낙인, 편견, 그리고 선입견에 대해서도 다루게 될 것이다(제4장).

이 책에서 우리는 중독 치료에 대한 다양한 접근법의 귀중한 기여에 대해 다루고, 물질사용장애를 위한 인지행동치료에 어떻게 통합하였는지 강조할 것이다. 또한 환자를 깊이 있고, 정확하게 개념화한 이후에 가장 적합한 치료적 활동을 수행하는 것의 중요성에 대해서도 강조할 것이다.

우리는 지난 30년간의 중독 연구와 치료에서의 변화와 발전을 보여 줄 수 있도록 최선을 다해 이 책을 서술했다. 그 예는 다음과 같다.

- CBT가 중독 치료에 효과적이라는 최신 연구 근거들을 검토하기(제1장)
- 우리의 모델을 약물 및 행동 중독에 모두 적용하기(제1장)
- 중독 증후군 모델을 소개하기(제1장과 제2장)
- 중독행동 발달과 관련된 유전적 · 신경생물학적 · 심리사회적 · 환경적 요인들을 검토하기(제2장)
- 회복(재기) 중인 사람들을 이해하기 위한 체계적인 사례개념화 방법 제안하기(제3장)
- 치료 과정에서 낙인이 미치는 영향에 대한 연구의 중요성 강조하기(제4장)
- 길잡이식 발견과 동기강화상담 사이의 상호 연관성에 대해 설명하기(제6장)
- 중독으로 어려움을 겪고 있는 환자들을 돕기 위한 표준화된 열두 가지의 인지행동치료 기법 설명하기(제7장)
- 시스템 1과 시스템 2의 사고 개념을 중독이 유지되는 이유에 적용하기(제10장)
- Aaron T. Beck 박사의 '모드' 개념을 소개하고 이를 중독에 적용하기(제11장)
- 인지행동 집단치료의 진행에 대한 구체적인 지침 제공하기(제12장)

이 새로운 책이 중독으로 인해 고통받고 있는 사람들을 돕기 위한 당신의 여정에 도움이 되길 바란다. 이 책의 전반에 걸쳐 가상의 사례들을 제공하여 다양한 범위의 환자들, 중독, 그리고 관련된 문제에 대해 설명할 수 있도록 하였다. 모든 사례는 실제 사례에 기반한 것이지만(예: 우리가 경험했던 실제 환자의 조합), 제시되는 이름은 실제 이름이 아니다. 우리는 '물질사용장애' '중독적 행동' '중독'과 같은 단어들을 자주 언급했다. 독해의 용이성을 위해서 우리는 이 용어들을 임상에서 그러하듯, 맥락에 맞게 함께 사용하였다. 또한 문장에서 단수의 성별 중립적 대상을 지칭할 때, 우리는 대명사 '그들'을 사용하기로 합의했다.

차례

이 책의 구매자는 다음 웹사이트(www.guilford.com/liese-forms)에서 복사 가능한 양식의 확대 버전을 다운로드하고 인쇄할 수 있습니다. 해당 자료는 개인적 사용 또는 상담 목적으로만 사용이 가능하며, 자세한 사항은 저작권 페이지를 참조하시기 바랍니다.

Cognitive-Behavioral Therapy of Addictive Disorders

중독장애의 인지행동치료

제1장
개요

중독이라는 용어는 우리 주변에서 매우 흔하게 사용되며, 알코올 및 기타 약물의 문제적 사용뿐만 아니라 물질과 관련이 없는 중독, 이른바 행동 중독에도 적용될 수 있다. 사람들이 특정 습관을 중독으로 규정하면서 '중독'이라는 용어는 일상적인 대화에서 자주 사용되고 있다. 그 예로, 체중 감량을 위해 노력하는 사람들에게 왜 브라우니를 다 먹었는지 물어보면 "초콜릿 중독이에요." 또는 "초콜릿 중독자에요."라고 말하는 것을 들 수 있다. 또한 장거리 주자들에게 왜 긴 거리를 뛰는지 물어보면 "달리기에 중독되었어요."라고 말할 수도 있다. 그렇다면 중독이란 정확히 무엇일까? 인간 행동을 특징짓는 이 용어를 언제, 어떻게 사용하는 것이 적절할까?

이 장은 물질 중독과 행동 중독 모두에 초점을 두고 있다. 이는 특정한 인지, 행동, 정서, 생리적 과정이 중독 전반에 걸쳐 유사하게 나타나며, 특정 행동 중독 진단의 신뢰성과 타당성을 뒷받침하는 많은 연구 결과에 근거한다. 우리는 『정신질환의 진단 및 통계 편람 제5판(DSM-5)』(American Psychiatric Association, 2013)부터 시작하여 중독을 정의하는 다양한 접근 방식을 살펴볼 것이다. DSM-5에서 중독장애라는 용어가 소개되었는데, 이는 심각한 문제가 예상됨에도, 행동을 지속하는 특징을 갖는 정신 질환을 말한다. DSM-5에서 상대적으로 새로운 개념 중 하나는 개인에게 나타나는 증상의 수에 따라 중독장애의 심각도가 다를 수 있다는 것이다. 또한 DSM-5에서는 도박장애를 중독장애로 포함하고 있으며, 문제적 인터넷 게임 이용도 중독장애로 포함하기 위해 고려 중이다.

중독을 정의하기 위해, 우리는 "일주일 중 거의 매일 밤마다 맥주 한두 잔만 마신다."고 말하는 Bob의 경우를 살펴보고자 한다. Bob은 아내 Mary와 외식을 할 때, 맥주를 여러 잔 마셨음에도 불구하고 집으로 운전해 돌아온다. 적어도 일주일에 한 번은 숙취로 잠에서 깨어나 '멍한' 상태로 출근하고, 프로젝트 관리자로서 업무를 수행하는 데 어려움을 겪는다. 그는 다른 알코올 관련 문제(예: 술을 줄이거나 끊으려는 노력의 실패, 갈망, 금단 증상, 건강 문제)를 부인한다. 반면, Mary는 과음이 고혈압의 원인이 될 수 있다는 의사의 경고를 받았음에도 불구하고 매일 정오 전에 술을 마시기 시작한다. Mary가 말이 어눌해지고 '엉성해지기' 시작하자 Bob은 그녀에게 술을 끊으라고 요구하고, 이러한 상황은 그들 사이에서 필연적인 말다툼으로 이어지게 한다. Bob이 Mary에게 전날 밤의 행동에 대해 이야기하려고 하면 Mary는 종종 전날 밤의 기억 대부분을 잊어버리는(black out) 경우가 많다. 비록 Bob에게는 인정하지 않았지만, Mary는 여러 소매점 판매직에서 해고된 후 술을 끊으려고 시도했다. 그러나, 그녀는 단 몇 시간만 금주해도 불안하고 몸이 떨려서 다시 술을 마시기 시작하곤 했다.

Bob의 경우 경미한 알코올 문제를 가지고 있을 가능성이 있다. Bob은 정기적으로 알코올을 섭취한 후 운전하며, 숙취로 인해 그의 업무에 지장을 겪는다. 그러나 우리가 가지고 있는 정보만으로는 그가 알코올 중독이라고 단정하기는 어렵다. 반면, Mary는 더 심각한 알코올 문제를 가지고 있는 것으로 보인다. 그녀는 하루 중 대부분을 술에 취해 있으며, 술로 인한 기억 상실(black out)을 경험하고, 의사로부터 그녀가 가진 고혈압의 원인이 음주 때문일 가능성이 있다는 경고를 받았다. 또한 술을 끊으려고 노력했지만 실패했으며, 금주 시도 중에는 금단 증상을 경험하거나, 술 때문에 Bob과 다투고, 직장에서 해고되는 등의 문제를 겪었다. 이러한 정보를 종합해 보았을 때 Mary는 알코올 중독일 가능성이 높다.

Bob과 Mary는 알코올 문제를 겪는 사람들 중 특별한 경우에 속하지 않는다. 실제로 United Stated Substance Abuse and Mental Health Services Administration

(SAMHSA)이 2019년 국가 약물 사용 및 건강 조사(NSDUH; SAMHSA, 2020)를 실시했을 때, 12세 이상 미국인의 약 5.3%(약 1,450만 명)가 알코올 사용장애(AUD)를 가지고 있는 것으로 나타났다. 특히 Bob(경미한 AUD)과 Mary(심한 AUD)의 사례를 생각할 때 흥미로운 점은, 보통 남성이 여성보다 AUD를 가질 가능성이 더 높다는 사실이다(7.8% vs 4.1%; SAMHSA, 2017).

Beck과 동료들(1993)의 『Cognitive Therapy of Substance Abuse』가 쓰였을 때, 미국에서는 코카인이 전염병처럼 널리 유행하고 있었다. 현재 미국은 오피오이드가 유행 중에 있으며, 12세 이상 미국인의 약 5%(약 1,250만 명)가 처방전 진통제를 남용하고 있다(SAMHSA, 2017). 이러한 상황은 미국 사회의 위기라 볼 수 있는데, 그 주된 이유는 오피오이드 남용으로 인한 사망자 수와 관련되어 있다. 2017년 모든 약물 과다 복용으로 사망한 12세 이상 미국인은 70,237명이었다. 이 사망자 중 약 68%(47,600명)는 오피오이드와 관련이 있으며, 이는 2016년 대비 12% 증가한 수치이다(Scholl, Seth, Kariisa, Wilson, & Baldwin, 2018). Scholl 연구팀(2018)에 따르면 사망자 증가는 주로 합성 오피오이드[예: 히드로코돈(hydrocodone), 옥시코돈(oxycodone), 트라마돌(tramadol), 펜타닐(fentanyl)]에 기인한다. SAMHSA(2017)의 조사에 따르면 처방전 진통제를 남용한 1,250만 명 중 대부분은 신체적 고통(62.6%)을 완화하기 위해 진통제를 남용했으며, 또 다른 이유로는 기분이 좋아지거나 '고양감'을 느끼기 위해(12.1%), 휴식 또는 긴장을 풀기 위해(10.8%), 수면 유도(4.4%), 문제 감정 개선(3.3%), 경험 또는 호기심(2.5%), 중독(2.3%), 다른 약의 효과 조절(0.9%), 기타 이유(1.2%) 등이 있었다. 오남용된 오피오이드 약물 중 약 53.7%는 친구 또는 지인으로부터, 36.4%는 의료 서비스 제공자로부터 처방전을 통해 얻는 것으로 확인되었고, 마약상으로부터 처방전 진통제를 구매한 사람은 4.9%에 불과했으며, 또 다른 4.9%는 '기타 방법'으로 처방전을 받은 것으로 확인되었다.

1993년 이후 발생한 또 다른 변화는 현재까지 미국 35개 주에서는 의료용으로, 다른 15개 주와 콜롬비아 특별구에서는 오락용으로 마리화나가 합법화되었다는 것이다(Bromwich, 2020). 그리고 이러한 변화는 지속적으로 증가하고 있다. **수년 동안 마리화나는 '안전한' 물질이라고 여겨졌지만, 최근 연구에 따르면 장기간 사용은 특히 청소년**

에게 신체적 · 정신적 영향을 미칠 수 있다는 사실이 밝혀졌다(National Institute on Drug Abuse, 2018b; Volkow, Baler, Compton, & Weiss, 2014).

마리화나와 관련해 심각한 문제를 가지고 있는 John의 경우를 살펴보자. John은 30세다. 그는 고등학교 시절부터 마리화나를 사용하기 시작했고, 마리화나 판매가 생활비를 충당하는 데 편리한 방법이라는 것을 알게 되었다. 이후 그는 대학교를 다니면서 마리화나를 일상적으로 피우는 학생들과 친구가 되었다. 첫 학기 중반에 그는 자신이 학업을 따라가지 못한다는 것을 알게 되었다. 정확히 말하면 그는 공부 대신 마리화나를 흡입하는 데 시간을 보내고 있었다. 그는 몇몇 여성들을 만나 데이트를 했지만, 항상 마약에 취해 있는 남자와 진지한 관계를 원하는 사람은 아무도 없었다. 대학을 중퇴한 후 John은 조경 일자리를 얻었지만, 조경회사 트럭을 운전하는 동안 4온스의 마리화나를 소지한 혐의로 체포되어 해고되었다. 변호사의 도움으로 John은 투옥은 피할 수 있었다. 그의 부모는 그가 일자리를 찾는다는 조건으로 집에 살도록 허락했지만, 1년이 넘도록 직업을 찾지 못한 John은 결국 마리화나에 중독된 옛 친구들과 다시 어울리기 시작했다.

John은 분명히 심각한 마리화나 사용 문제를 가지고 있다. 그는 단순한 취미나 습관이 아닌, 심각한 결과를 초래하는 방식으로 마리화나를 사용한다. 그럼에도 불구하고 John은 이러한 심각한 결과의 원인인 마리화나 사용을 중단하려고 하지 않는다. 이는 그의 마리화나 사용이 중독이라고 부를 만큼 심각한 수준으로 발전했음을 의미할 수 있다.

John과 비교해, Jill은 도박 경험이 있으며, 이전에 다양한 물질사용장애(SUDs)를 겪었던 40대 여성이다. 그녀는 고등학교 때부터 담배와 마리화나를 피우고, 코카인(cocaine)과 메스암페타민(methamphetamine)을 사용하며, 과음을 했다. 그리고 11년 전, 그녀는 남자친구와의 싸움으로 경찰에 폭행, 치안방해, 코카인 소지 혐의로 체포되었다. 짧은 투옥 기간 후, Jill은 모든 중독성 물질을 끊기로 결정했다. 그녀는 지역 공장에서 야간 근무 일자리를 구하고, 아파트로 이사했으며, 결국 자동차까지 구매할 수 있었다. 그녀는 익명의 알코올 중독자 모임(Alcoholics Anonymous: AA) 모임에 정기적으로 참석했고 이것이 도움이 되었다고 느꼈다. 실제로, 이곳에서 그녀는 남편 Gary를 만나 1년간 교제 후 결혼했다.

Jill의 도박 문제는 가볍게 시작되었다. 직장 동료가 "편하게 좀 즐기자."며 그녀를 퇴근 후 카지노로 초대했다. 그곳에 도착하자 Jill은 마치 자신이 "사탕 가게에 온 아이"같이 느껴졌다고 말했다. Jill은 밤늦은 시간에도 활기 넘치는 그곳에 매우 놀랐다. 카지노 곳곳에는 반짝이는 조명, 딸랑거리는 슬롯머신, 종소리가 가득했다. 어디를 돌아봐도 사람들이 담배를 피우고 술을 마시고 있었다. 놀랍게도 Jill은 술이나 담배보다 슬롯머신의 모습과 소리에 더 끌렸다. 얼마 지나지 않아 Jill은 '이상한 경험'을 했다고 묘사했다. 그녀는 술과 마약을 사용할 때 자주 느꼈던 익숙한 흥분감을 느끼기 시작했다. 그녀는 그때의 경험을 "정말 대단했어요!"라고 말했고, 그곳에서는 중독성 물질을 섭취하지 않고도 익숙한 고양감을 느낄 수 있었다고 했다. 카지노에서의 첫날 밤이 끝나기도 전에 Jill은 자신이 도박에 빠져들었음을 확실히 알았다. 실제로 몇 달 안에 Jill은 밤마다 거의 카지노에 가고 있었다. 여전히 그녀는 중독성 물질을 멀리했지만, "밤새 도박을 한 후에 비참한 기분을 겪었다."고 했다. 얼마 지나지 않아 그녀는 도박과 관련하여 술, 마약과 비슷한 문제를 겪었다. 도박을 계속 해도 충분하지 않았다. 그렇게 그녀는 자유 시간을 모두 카지노에서 보냈고, 도박을 하지 않을 때는 도박에 대한 꿈을 꾸었다. 그녀는 계좌에 얼마 남지 않은 돈을 카지노에 쓰기 위해 꺼냈고, 친구와 시간을 보낸다고 Gary에게 거짓말까지 했다. 가장 심각한 것은, 자신이 통제력을 잃었고 도박을 멈출 수 없음을 느꼈다는 것이다. 아무리 노력해도 그만두기가 불가능해 보였다. 그녀는 "다른 모든 중독보다 도박을 그만두는 것이 더 어렵다."고 말했다. 결국 그녀는 심각한 재정 문제를 겪었고, 결국 파산과 이혼으로 이어졌다. Jill의 경험에서 알 수 있듯이, 행동 중독인 도박장애와 관련된 고통 역시 물질 중독과 다를 바 없을 수 있다.

물질 중독과 행동 중독: 다르다고 하기엔 비슷한

Howard Shaffer는 도박장애를 연구하고, 중독 증후군의 선구자로서 중독 분야에 중요한 기여를 했다(Shaffer, 2012; Shaffer & Hall, 2002; Shaffer et al., 2004). Shaffer와

그의 동료들은 중독 증후군을 모든 중독행동의 기초가 되는 복합적 개념으로 설명한다. 개별적인 중독[예: 알코올(alcohol), 마리화나(marijuana), 오피오이드(opioids), 도박(gambling), 게임(gaming)]을 독특하고 별개의 것으로 보는 대신, 모든 중독은 유사한 근본적인 장기적 촉발요인(예: 과거 경험), 단기적 촉발요인(예: 최근 스트레스), 그리고 결과(예: 중독행동, 삶의 어려움)를 공유한다. 이 모델에 따르면, 다양한 중독행동과 화학 물질은 "주관적 경험을 신뢰할 만하고 강력하게 변화시키는"(Shaffer, 2012, p.xxxi) 능력을 가진 요소로 여겨진다. 이러한 물질적 및 행동적 변화 자극제는 뇌의 유사한 보상 중추를 활성화시킨다. 중독 증후군은 신경생물학적 요소, 심리사회적 요소, 경험들의 통합을 설명한다. 즉, 뇌의 보상 시스템은 중독성 물질과 행동에 의해 유사하게 활성화되고, 중독 문제를 가진 개인들은 유사한 심리적 문제를 가지고 있으며, 중독행동의 과정은 중독 유형 간에 유사할 수 있다는 것이다. 이에 따라 이 모델은 다양한 중독 과정 간의 공통점을 강조한다.

중독행동으로 나타나는 초기 결과가 긍정적일 수 있음을 아는 것은 중요하다. 이것이 사람들이 중독행동에 빠지는 이유가 될 수 있기 때문이다. 알코올(Alcohol)은 이완, 흥분, 억제 효과를 가질 수 있고, 마리화나(marijuana)는 진정 효과를 가지고 있으며, 암페타민(amphetamines)은 활력을 높이는 효과를 가지고 있다. 오피오이드(opiods)는 통증을 완화할 수 있고, 도박(gambling)은 큰 승리를 거둘 가능성에 대한 흥분을 불러일으킬 수 있다. 이러한 효과는 중독된 사람들이 중독으로 인한 부정적인 결과를 볼 수 없도록 한다. 개인들이 중독행동의 부정적인 결과보다 긍정적인 결과가 더 중요하다고 믿는 한, 이러한 행동에 빠지고 싶은 유혹을 받게 될 것은 자명하다.

중독적인 행동에는 분명히 많은 부정적인 결과가 따른다. Shaffer와 그의 연구팀(2012, 2004)은 이를 각 중독행동에 한정적으로 특징적인 것과 중독행동 전반에 걸쳐 공통적으로 공유되는 것, 두 가지 범주로 구분한다. 특징적 결과의 예로는 간질환(알코올), 폐질환 및 심혈관 질환(흡연), 재정 문제(도박), 법적 문제(불법 약물), 과다 복용으로 인한 사망(오피오이드)이 있다. 공통된 부정적인 결과의 예시로는 내성, 금단 증상, 재발, 정신 질환 동반, 물질 대체(object substitution), 사회적 이탈, 범죄 행위,

사회적 낙인 등이 있다. 중독 치료를 위한 인지행동치료(CBT)의 주요 목표 중 하나는 개인이 자신의 중독행동으로 인해 부정적인 결과가 생겨난다는 것을 알고, 중독행동의 긍정적인 결과에 대한 기대가 중독을 유지하게끔 한다는 사실을 깨닫도록 돕는 것이다.

Mark Griffiths는 중독을 개념화하는 또 다른 접근법을 제안했다. 행동 중독과 물질 중독 모두에 대한 광범위한 연구 논문 수백 편을 발표한 Griffiths(2005)는 "중독의 대부분의 공식적인 정의는 주로 약물 섭취에 중점을 둔다."고 설명했다(p. 192). 그는 중독에 특정한 물질이나 활동보다는 중독 과정이나 패턴에 더 초점을 맞춘 여섯 가지 구성 요소의 사용을 제안했다.

1. **현저성**: 중독성이 있는 물질이나 행동은 개인에게 있어 중요하거나 두드러지는 것이어야 한다. 이는 과도한 사용이나 참여, 또는 그 물질이나 행동에 대한 잦은 생각이나 강렬한 생각으로 나타날 수 있다. 높은 수준의 현저성은 중독행동에 대한 집착이나 강박으로도 볼 수 있다.
2. **기분 변화**: 중독을 일으키는 물질이나 행동은 감정, 기분 또는 심리에 영향을 미쳐야 한다. 어떤 사람들은 'up'된 기분(들뜸, 활력)을 추구하는 반면, 다른 사람들은 'down'된 기분(부드럽고, 느긋한)을 추구한다. 그리고 많은 사람들은 신체적 고통, 불안, 우울증, 분노 또는 금단 증상이 감소하는 것으로 기분 변화를 경험한다.
3. **내성**: 중독의 강력한 징후인 내성은, 동일한 효과를 느끼기 위해 더 많은 양의 물질이나 행동이 필요함을 뜻한다.
4. **금단 증상**: 중독적인 행동을 중단하려고 하는 많은 사람들은 금단 증상이라고 하는 부정적인 신체적 또는 정신적 결과를 경험한다. 금단의 성질과 정도는 여러 가지 요인에 따라 다르지만, 여기에는 중독적인 행동의 빈도와 양뿐만 아니라 관련된 특정 물질이나 행동도 포함된다. 예를 들어, 알코올 금단은 발작과 사망을 초래할 수 있고, 오피오이드 금단은 심한 독감처럼 느껴질 수 있으며, 도박 금단은 불안이나 우울증을 초래할 수 있다.

5. **갈등**: 갈등이라는 단어는 보통 두 사람 사이의 의견 차이를 떠올리지만, 중독과 관련하여 이 용어는 대인관계 갈등(사람 간의 갈등)과 개인 내 갈등(자기 자신 내부의 갈등) 모두를 나타낸다. 간단히 말하면, 가장 흔한 내면 갈등은 "나는 정말 이렇게 해서는 안될 것 같아."라는 생각이다.
6. **재발**: 중독행동을 바꾸거나 줄이거나 중단하려고 노력하는 것은 쉽지 않으며, 이것이 아마도 많은 사람들이 재발을 중독의 특징이라고 말하는 이유일 것이다.

Griffiths 모델은 간단하고 내담자에게 설명하기 쉬운 모델이다. 예를 들어, 앞의 사례에서 John은 처음 치료를 위해 방문했을 때 치료사에게 "제가 중독자라고 생각하세요?"라고 질문했다. 이에 치료사는 Griffiths의 여섯 가지 구성 요소를 설명했고, John은 "모두 나와 비슷한 것 같네요."라고 동의했다.

앞에서 설명한 SUD 및 중독행동에 대한 접근 방식은 모두 유용하며, 중복되는 부분이 상당히 있다. 치료사들은 각 접근 방식에 대해 잘 알고 있어야 하는데, 이는 각각이 모두 독특하고 유용한 관점을 제공하기 때문이다. 예를 들어, DSM-5(American Psychiatric Association, 2013)는 특정 진단 기준을 제공하고, 중독 증후군(Shaffer et al., 2004; Shaffer, 2012)은 독특하고, 근거 중심적인 이론 및 발달의 관점을 제공하며, Griffiths (2005)의 모델은 물질 및 행동 중독과 관련이 있는 대부분의 내담자에게 쉽게 이해할 수 있는 방식으로 설명된다.

앞서 언급했듯이, 이 책에서는 중독, 물질사용장애, 중독행동이라는 용어를 함께 사용한다. 우리는 부정적인 라벨과 관련된 낙인을 최소화하는 용어 사용을 권장한다. '마약 중독자' '알코올 중독자'와 같은 용어는 피하고 대신 '알코올, 약물, 도박 등에 문제가 있는 사람'과 같은 문구를 사용하는 것을 예로 들 수 있다. 심지어 더티 유린(dirty urine, 역자 주: 약물 검사에서 금지된 약물이나 물질의 존재를 나타내는 양성 결과를 의미하는 비공식적인 용어)과 같은 용어도 피한다. 이는 그러한 용어가 모욕적일 수 있기 때문이다(Kelly, Wakeman, & Saitz, 2015).

중독을 위한 CBT

CBT에 대한 오해는 매우 광범위하게 퍼져있다(Gluhoski, 1994). 실제로 워크숍 때 참가자들이 종종 "이 CBT는 제가 알고 있는 CBT와는 다르네요."라고 말하는 것을 듣게 된다. 따라서 중독 치료를 위한 CBT에 대한 우리의 접근 방식을 설명하기 전에 CBT가 아닌 것이 무엇인지 명확히 하는 것이 중요하다. 다음은 CBT에 대한 몇 가지 오해이다.

- CBT는 단순히 표준화된 기법들의 모음에 불과하며, 마술사의 속임수 가방과 같다.
- CBT는 기계적이고, 직선적이며, 요리의 레시피처럼 따라야 한다.
- CBT는 내담자의 초기 생애 사건, 특히 어린 시절 경험의 중요성이 크게 고려되지 않는다.
- CBT는 내담자 대인관계(가족, 친구 등)의 중요성이 크게 고려되지 않는다.
- CBT는 치료관계의 중요성이 크게 고려되지 않는다.
- CBT는 반드시 간단하거나 단기적이어야 한다.
- CBT는 중독행동을 하지 않도록 하는 것만을 목표로 하며 다른 심리적 문제는 고려하지 않는다.
- CBT는 너무 효과적이기 때문에, 모든 내담자에게 중독 문제를 극복하고 치료로부터 큰 이익을 얻을 것으로 예상되어야 한다.

대부분의 CBT에 대한 고정관념적 이미지들은 치료사를 실제 사람보다는 로봇이나 컴퓨터처럼 묘사한다. 이러한 경향은 CBT 초기부터 계속되어 왔다(Beck, Rush, Shaw, & Emery, 1979).

> 인지 및 행동기법은 종종 믿을 수 없을 정도로 단순해 보인다. 결과적으로, 초보 치료사는 치료사-내담자 상호작용의 인간적인 측면을 무시할 정도로 '기술

> 중심'이 될 수 있다. 이런 일이 발생하면 치료사는 내담자를 사람 대 사람으로 대하기보다는 하나의 컴퓨터와 다른 컴퓨터의 관계로 대할 수 있다. 특정 기법을 적용하는 데 능숙한 일부 젊은 치료사들은 기계적이고, 조작적이며 내담자보다 기법에 더 관심이 있는 것으로 내담자에게 인식될 수 있다. 중요한 것은 …… CBT는 치료사가 요령있고, 치료적이며, 인간적인 방식으로 적용하도록 고안되었다는 점을 명심해야 한다(p. 46).

실제로 CBT는 복합적 과정을 사용하는데, 이 단락에서는 이를 간략하게 설명하고 이후 더 자세히 설명할 것이다. **중독은 만성적이고 자기강화(self-reinforcing) 문제와 관련이 있으며, 간헐적인 재발이 특징이다.** 따라서 SUDs와 중독행동에 대한 CBT는 종종 내담자의 장기적인 참여가 필요하다(McLellan, 2002; McLellan, Lewis, O'Brien, & Kleber, 2000). **물론 참여 기간은 많은 개인 및 상황 변수에 따라 달라진다.** 또한 기분 조절을 목적으로 시작된 중독행동은 결국 감정 조절 장애를 일으켜 중독행동을 지속시키고 악화시키는 악순환을 반복하는 경향이 있다. 따라서 중독 치료에는 시작과 중간, 끝이 뚜렷하게 구분되는 선형적인 치료가 거의 없다. 다만, 약물 사용 문제에서 회복 중인 내담자에게는 종종 기복이 있다. CBT가 효과적이려면 각 내담자에 대한 정확한 이해(사례개념화)가 필요하다. 사례개념화에는 초기 및 현재 생활 환경(맥락)에 대한 관련 정보가 포함되어야 한다. 이러한 맥락이 없다면 개인의 중독행동과 변화의 장벽을 이해하기 어렵다. 예를 들어, 내담자에 대한 중독의 가족요인이나, 내담자가 맺는 다른 중독자들과의 친밀한 관계에 대한 지식이 없으면 중독의 난치성을 이해하기 어려울 수 있다. 또한 철저한 사례개념화와 협력적인 치료 동맹이 없으면 내담자가 치료를 중단할 가능성도 높아진다(Brorson, Arnevik, Rand- Hendriksen, & Duckert, 2013; Liese & Beck, 1998).

CBT 치료법은 단 하나의 고정된 접근 방식이 없다. 실제로, 많은 CBT 전문가와 연구자들은 CBT를 '인지행동치료법들'이라는 복수형으로 언급하기도 한다. 다음과 같은 CBT 접근 방식들은 모두 중독행동치료에 성공적으로 적용되었다. 수용전념치료(ACT; Hayes, Strosahl, & Wilson, 2012), 행동활성화(BA; Daughters et al., 2018;

Daughters, Magidson, Lejuez, & Chen, 2016), 유관관리(CM; Petry, 2012), 공동체 강화 및 가족 치료(CRAFT; Meyers & Squires, 2001), 변증법적 행동치료(DBT; Linehan, 2015), 마음챙김 기반 재발 방지(Bowen, Chawla, Grow, & Marlatt, 2021; Witkiewitz, Marlatt, & Walker, 2005).[1]

중독 치료를 위한 CBT의 다섯 가지 주요 구성 요소

『Cognitive Therapy of Substance Abuse』 출판 이후, 우리는 개인 및 집단 CBT에 대한 접근 방식을 수정하고 개선했다(Liese, 2014; Liese, Beck, & Seaton, 2002; Liese & Tripp, 2018; Wenzel, Liese, Beck, & Friedman-Wheeler, 2012). CBT는 크게, ① 구조, ② 협력, ③ 사례개념화, ④ 심리교육, ⑤ 표준화된 기법의 다섯 가지 요소로 구성되어 있다고 보는 것이 도움이 된다. 실제로 거의 모든 CBT에서 정도의 차이는 있지만 이러한 구성 요소에 중점을 두는 것으로 나타났다. 이러한 구성 요소에 대한 간략한 설명은 다음과 같다.

구조(structure)는 치료 시간 동안 집중력을 유지하기 위해 필요한 과정으로 생각하는 것이 가장 적절하다. 대부분의 치료사들(그리고 실제로 많은 내담자들)은 회기 중간에 "이 대화가 제시된 문제와 어떤 관련이 있을까?" 또는 "왜 우리는 자잘한 세부 사항에 대해 이야기하고, 주요 문제에 대해 이야기하고 있지 않을까?"라고 생각하고는 한다. CBT가 잘 수행되면 회기의 토론이 순조롭게 진행된다. 이것은 중독 내담자를 돕기 위한 구조적이고 집중적인 접근 방식이다.

구조는 문제를 정의하고 해결하는 방식으로 회기를 구성하는 것 또한 포함한다. CBT는 개인, 가족, 집단치료 회기 모두에서 진행될 수 있다. 개인 회기의 경우, 시작에 의제를 설정하는 것으로 회기를 시작한다. 이 과정은 내담자의 특성과 상황에 따라 달라질 수 있다. 예를 들어, 조직력이 좋고 큰 압박감이 없는 내담자는 구조화된

1 특히 중독 치료의 토대인 재발 방지(Marlatt & Gordon, 1985)를 제시한 Alan Marlatt 박사에게 깊은 감사를 전하고 싶다. Marlatt 박사와 여러 학자들은 중독 치료를 위한 인지행동치료를 크게 발전시켰으며, 우리의 연구 또한 이들의 중요한 공헌에 의해 깊은 영향을 받았음을 밝힌다.

회기를 선호할 수 있으며, 조직력이 부족하거나 심한 압박감을 받는 내담자는 유연한 구조에서 더 큰 도움을 받을 수 있다. 의제 설정 후에는 현재 기분 점검, 이전 회기에 대한 반영, 의제 항목 우선순위 지정, 문제 해결 순서로 진행된다. 집단 CBT에서는 내담자들이 자신의 이름, 중독 종류, 중독상태, 목표, 중독이 발생하는 상황 등을 공유한다. 개인 및 집단 CBT의 구조에 대해서는 이후 장에서 자세히 다룰 예정이다.

협력(collaboration)은 일반적으로 치료사와 내담자 간의 유대감, 동맹 또는 관계 형성에 있어 매우 중요한 요소로 여겨진다. 다양한 내담자들과 동맹을 형성하는 능력은 치료사에게 필수적이며, 특정 대인관계 기술을 통해 이러한 동맹을 구축할 수 있다(Wampold, Baldwin, Holtforth, & Imel, 2017). 우리는 치료사가 자신의 대인관계 기술에 관심을 기울일 것을 강력히 제안한다. 이는 이 기술이 CBT를 실행할 때 가능한 한 최대한으로 필요하기 때문이다. 실제로 이것은 간단하고 직관적으로 보일 수 있지만, 많은 치료사들은 재발과 악화로 어려움을 겪는 내담자들에게 따뜻하고 공감적이기 어렵다는 것을 알게 된다.

상호 목표 설정과 목표달성은 치료관계에 매우 중요하다. 목표에 대한 합의 과정은 대부분의 치료사가 예상하는 것보다 훨씬 복잡하다. 많은 내담자들은 과거에 달성하지 못한 목표에 도달하는 데 불편함을 느낀다. 중독의 강화적 특성을 고려할 때, 많은 내담자들이 변화에 대한 동기를 유지하기 어렵다고 느낀다. 내담자들의 특정 목표달성에 대한 열정은 기분, 상황 등에 따라 분 단위, 일 단위, 주 단위로 증감할 수 있다. 내담자들과의 협력 관계를 유지하기 위해 치료사는 내담자들의 목표 관련 실패와 성공에 감정적으로 반응하지 않는 것이 중요하다.

사례개념화(conceptualization)는 내담자의 생각, 믿음, 도식, 촉발요인, 지배적인 감정, 행동 등을 파악, 구성, 통합하는 과정이며, 이러한 요소들이 어떻게 발달했는지에 주목하는 과정이다. 사례개념화의 중요한 맥락적 요소는 친구, 가족, 내담자가 살고 있는 지역 사회를 포함할 수 있다. 다른 요소에는 중독행동에 기여하거나 악화시킬 수 있는 기저의 의료적 · 심리적 · 정신적 문제가 포함될 수 있다. 예를 들어, 많은 내담자들은 불안, 우울증, 양극성 장애, 조현병 등을 스스로 치료하기 위해 중독행동을 사용하거나, 신체적 고통을 치료하기 위해 오피오이드를 사용한다. 정확한 사례개념화를 진행하기 위해 치료사는 효과적인 경청 기술과, 종종 자기 패배적인 방식으로 행동하는 내담자에게도 정확하게 공감할 수 있는 능력을 갖추어야 한다. 또한 치료사는 내담자의 삶에서 중독행동의 원인과 기능에 대한 가설을 만들고, 치료 과정에서 이러한 가설을 검증할 수 있어야 한다.

심리교육(psychoeducation)은 지식이나 기술을 전달하는 과정으로, 직접적이거나 모델링을 통해, 또는 적극적이고 반영적인 듣기를 통해 이루어진다. 치료사가 CBT 개념이나 프로세스를 설명하는 것이 적절하지만, 그렇게 하는 것이 내담자에게는 때때로 시의적절하지 않거나 관련성이 없다고 느껴질 수도 있다. CBT 개념을 가르치는 가장 적절한 시기를 결정하는 것은 사례개념화와 협력적인 치료관계의 중요한 부분이다.

표준화된 기법(standardized techniques)은 인지, 행동, 감정 변화를 유도하기 위해 고안된 표준화된 활동이다. CBT 기술의 몇 가지 예시로는 이익-손해 분석, 자동적 사고 기록(ATR), 기능 분석 등이 있다. 이러한 기술과 다른 표준화된 기법은 제7장에서 자세히 설명할 것이다. 앞서 언급했듯이 CBT에 대한 가장 일반적인 오해 중 하나는 표준화된 요리 레시피 같은 기법이 치료의 핵심으로 여겨진다는 것이다. 사실, 내담자에게 적합한 표준화된 기법을 선택하려면 사례개념화와 협력적인 치료관계에서 신중한 고려와 주의가 필요하다.

인지행동치료(CBT) 접근 방식은 다른 방식과 어떻게 다른가

몇 년 전, Aaron Beck 박사는 한 식당에 들어가서 모든 것이 잘 운영되고 있는 것을 보고 "여기는 인지치료를 하고 있나 봐요."라고 말했다. 그의 말 뜻을 묻는 질문에 Beck 박사는 "어떤 환경에서든 좋은 일을 하려면 좋은 사고가 필요하다."고 설명했다. 모든 효과적인 치료법은 '긍정적인 생각'을 촉진한다는 것이다. 예를 들어, 수용전념치료 치료사는 수용을 촉진하고, 행동활성화 치료사는 개인의 가치와 관련 행동을 식별하는 데 도움을 주며, 마음챙김 기반 재발 방지 치료사는 마음챙김을 강화하는 데 도움을 주는 등 모든 효과적인 치료는 '긍정적 생각'을 가져온다. 12단계 프로그램을 처음 접하는 사람은 "이 또한 지나가리라." "진짜 사는 것처럼 삶을 살자." "감사하는 태도를 기르자." "당신의 가치는 다른 사람의 의견에 좌우되지 않아야 한다."(12step.org, 2018)와 같이 12단계 슬로건에 CBT에서 배울 수 있는 좋은 생각이 포함되어 있다는 사실에 놀랄 수도 있다.

대부분의 임상가들은 Miller와 Rollnick(2013)의 동기강화상담 과정과 Norcross, Krebs, & Prochaska(2011), Prochaska, DiClemente, & Norcross(1992), Prochaska & Norcross(2001)의 초이론적 변화단계모델에 친숙하다. 이러한 용어는 중독행동을 치료하는 모든 접근 방식에 유용하고 관련성이 있기 때문에 치료계에서 보편화되었다. **간단히 말해서, 동기강화상담(MI)은** 변화를 촉진하기 위해 사람들이 있는 곳에서 그들을 만나는 접근 방식이다. **MI는 적극적인 경청, 공감, 유연성, 협력, 효과적인 대인관계 소통을 필요로 한다.** 앞서 서술한 변화단계모델(초이론적 변화단계모델)은 아직 변화를 고려하지 않는 전숙고단계부터 유지단계(변화 이후의 삶)에 이르기까지 개인의 변화준비도를 이해하는 틀을 제시한다.

모든 인지행동치료사들은 MI 기술(효과적인 경청, 정확한 공감, 협력 등)을 갖추어야 한다는 것이 우리의 입장이다. 또한 그들은 내담자의 변화동기에 대한 예리한 인식을 가져야 한다고 주장한다. 실제로 개인의 변화동기는 사례개념화의 일부가 되어 치료사의 회기 구성, 심리교육, 표준화된 기법 활용 방식에 영향을 미칠 필요가 있다. **변화동기에 주목하는 치료사는 협력을 강화하는 방식으로 구조, 심리교육, 기술을 적용할 가능성이 가장 높지만, 내담자의 변화동기를 무시하는 치료사는 치료관계에 돌이킬 수 없는 실수를 범할 수 있다.**

저자 중 한 명인 Bruce Liese 박사는 몇 년 전에 중독 치료를 위한 CBT 워크숍을 진행했다. 휴식 시간에 참가자 중 한 명이 그에게 다가와 "당신은 MI를 가르치고 실습하고 있습니다."라고 말했다. Liese 박사는 "왜 그렇게 생각하십니까?"라고 답변했다. 참가자는 자신이 동기강화상담 충실도 검증척도(Motivational Interviewing Treatment Integrity scale; Moyers, Manuel, & Ernst, 2014)를 사용하여 Bruce Liese 박사의 상담 시연을 체계적으로 평가해 보았는데, 모든 사례에서 높은 점수가 나왔다고 설명했다. 이 척도에서 말하는 동기강화상담을 잘하고 있는 상담사의 모습은 다음과 같다.

- 구조화된 치료 과제를 활용하여 변화를 이끌어 내고 강화한다.
- 내담자가 변화에 대한 이야기를 할 때 깊이 있는 이야기를 할 수 있는 기회를 놓치지 않는다.
- 전략적으로 변화 이야기를 이끌어 내고, 이에 지속적으로 반응한다.
- 변화동기의 흐름을 놓치지 않고 지속적으로 키워 나간다.
- 회기의 의제와 목표에 대해 진정성 있게 협상한다.
- 질문과 경청을 통해 내담자의 생각에 대한 호기심을 드러낸다.
- 내담자가 옵션을 평가하고 계획을 수립하도록 촉진한다.

여기서 배울 수 있는 교훈은 효과적인 CBT는 기본적인 MI 기술을 반영하고 있다는 것이다.

우리의 접근 방식과 다른 인지행동적 접근 방식 간의 차이는 미미하지만 중요하다. 우리는 개인 CBT 회기(제5장 참조)와 집단 CBT 회기(제12장 참조)에 대한 고유한 구조를 제공하여 대부분의 다른 접근 방식과 차별화하고자 한다. 또한 "효과적인 CBT를 하려면 인지행동치료사처럼 생각하는 것이 필요하다."라는 진언(眞言)을 강조하고 싶다. 매우 능력 있는 치료사들은 내담자들에게 지속적으로 질문을 던진다.

"그 결정을 내리면서 어떤 생각을 했나요?"
"그 생각의 근거는 무엇인가요?"
"[빈칸]에 대한 당신의 확신은 무엇입니까?"
"어떻게 그런 믿음을 가지게 되었나요?"
"그 선택의 장단점은 무엇이 있나요?"

이 질문들의 목적은 단순히 변화에 영향을 미치기 위한 것이 아니다. 이러한 질문은 내담자의 자기 이해를 돕고, 치료사의 내담자에 대한 이해를 넓히기 위한 것이기도 하다. 치료사로부터 "그때 무슨 생각을 하고 계셨나요?" "당신은 ……에 대해 어떤 신념을 가지고 있습니까?"라는 질문을 계속 듣게 되면 내담자는 이러한 질문이 중요하다는 것을 이해하게 되고, 결국 효과적인 결정을 내리고 삶의 문제를 해결하기 위해 노력하면서 스스로에게 이러한 질문을 하는 습관을 기르게 된다.

중독에 대한 CBT의 목표는 무엇인가

중독 문제가 심각한 사람들은 사회생활, 대인관계, 직업, 건강, 법, 재정의 어려움을 포함한 많은 문제에 노출될 위험이 있다. 이러한 문제가 발생하거나, 악화 또는 유지되는 경우, CBT의 목표는 사람들이 문제 행동을 그만할 수 있도록 돕는 것이다. 그러나 중독 치료를 원하는 많은 사람들은 중독행동을 중단하기를 원하지 않는다. 또한 중독행동을 자제하려고 시도하는 대부분의 사람들은 지속적인 금단에 도달하기 전에 여러 번의 재발을 경험한다. Witkiewitz와 동료 연구원들의 회복 문헌에 대한 리뷰(2020, p. 9)에서, "회복에는 다차원적이고 이질적인 경로가 있다."는 점을 상기시킨다. 따라서 금단이 노력해야 할 목표일 수 있지만, 치료사들은 금단하지 않는 내담자들에 대해 판단하거나, 그들이 좌절하지 않도록 주의해야 한다.

내담자와 중독행동에 대한 금단과 조절에 대한 논쟁은 권장하지 않는다. 대신, 치료사는 내담자가 신중하고 의도적인 방식으로 자신의 목표를 설정하고 치료 과정에서 이러한 목표를 검토하도록 권장해야 한다. 또한 목표를 달성하지 못하는 경험(예: 재발 경험)은 내담자가 자신에 대해 배울 수 있는 기회를 제공한다는 점을 강조한다. 또 알아야 할 것은, 중독 가능성이 있는 일부 행동을 완전히 금하는 것은 불가능하거나 현실적이지 않다는 것이다(예: 과식증 내담자가 음식 섭취를 완전히 금할 수 없음).

금주를 목표하는 내담자의 치료사가 폐해 감소의 원칙을 이해하는 것은 특히 유용하다. 우리는 폐해 감소의 정신(Marlatt, Larimer, & Witkiewitz, 2012)에 따라 중독행동을 넘어 내담자의 삶의 질을 개선하는 모든 변화를 포함하는 협력적인 목표 설정을 권장한다. 폐해 감소에 대한 자세한 논의는 제13장에서 다룰 것이다.

약물보조치료(Medication-Assisted Treatment: MAT)는 중독에 대한 근거 중심 치료법 중 하나이다. 예를 들어, 메타돈(methadone), 부프레노르핀(buprenorphine), 날트렉손(naltrexone) 등은 모두 오피오이드 사용장애 치료제(MOUD)를 위한 약물로 사용된다. 이러한 약물은 폐해 감소 접근법으로 보는 것이 합리적이다. 하지만 많은 치료 프로그램에서는 이러한 약물의 사용을 치료의 일부로 인정하지 않으며, 많은 치료사들은 여전히 모든 약물 사용이 잘못되었다고 생각한다.

특정 중독에 대한 특정 약물의 효과가 입증된 만큼, 인지행동치료사는 해당 약물의 작용 메커니즘(약물이 효과적인 이유)을 이해하고 MAT를 포함한 치료 목표를 가진 내담자를 지원하는 것이 중요하다. 이러한 목표를 지지하는 것은 치료사가 내담자에 대한 지원을 표현하는 또 다른 방법이다. 많은 경우, MAT는 내담자가 더 중요한 다른 목표(예: 기술 습득)를 달성할 수 있도록 돕는 적절한 안도감을 제공한다. 치료사는 National Institute on Drug Abuse(NIDA, https://www.drugabuse.gov) 웹 사이트에서 MAT 및 MOUD에 대한 광범위한 세부 정보를 찾을 수 있다.

요 약

중독 내담자를 치료하는 치료사들은 종종 좌절감을 느낀다. 이러한 좌절감은 중독행동을 하는 내담자에 대한 비현실적이고, 편협한 신념에서 비롯될 수 있다(제4장 참조). 좌절감은 또한 중독행동의 임상적 경과에 대한 비현실적인 기대에서 비롯될 수 있다. 중독 내담자에 대해 부정적이고, 편협한 신념을 가진 치료사는 치료를 시도할 때 필연적으로 좌절, 짜증, 실망을 경험할 수밖에 없다. 또한 중독의 임상적 경과가 짧을 것이라고 기대하는 치료사 역시 실망할 가능성이 크다.

하지만 중독 내담자를 돕는 일은 큰 보람을 가져다줄 수 있다. CBT가 계획대로 진행되면 내담자들은 생각지도 못했던 더 나은 삶을 살게 된다. 또한 중독행동이 없는 삶은 가능성이 가득하다는 것을 깨닫게 된다. 모든 것이 계획대로 진행되지 않더라도 치료관계가 견고하게 유지되는 경우, 내담자들은 자신의 삶에서 매우 중요한 역할을 해 준 치료사로부터 받은 도움과 지원에 대해 감사하게 생각할 것이다.

이 책이 물질 및 행동 중독 내담자와 함께 CBT를 진행하는 데 도움이 되기를 바란다. 그리고 이 일이 우리에게 그러하듯, 독자들에게도 보람 있는 일이 되기를 바란다.

제2장

이론적 모델

중독행동에 대한 이론적 모델은 CBT의 핵심 중 하나이며, 내담자들에게 도움을 주기 위해 이론적 모델을 이해하는 것은 중요하다. 잠재적으로 생명에 위험이 될 수 있는 가능성에도 불구하고 중독행동을 증가시켜 가는 내담자를 이해하고 개념화하는 데 이론적 모델은 필수적이다. 이 모델은 몇 가지 기본적인 인지과정을 포함하고 있다. 또한 이 장에서는 중독행동 및 물질사용장애의 발달과 유지를 이해하는 데 필수적인 과정에 중점을 둘 것이다.

중독행동의 바탕이 되는 인지적 과정

인지과정은 여러 형태로 나타나는 정신적 활동이다. 이것들은 엄격하거나 유연하기도 하고, 간헐적이거나 지속적이며, 깊게 뿌리내린 것이거나 우연적인 것이며, 자기강화적인 것이거나 자기파괴적인 것일 수 있다. 이 장에서 논의될 인지과정은 세 가지의 큰 범주(기본 신념, 중독과 연관된 사고와 신념, 자동적 사고)로 나뉜다. 또한 중독행동의 바탕이 되는 인지과정(자기효능감, 결과기대, 허용적 신념 및 도구적 사고)을 설명한다.

인지과정의 넓은 범주

이 책의 전반에서는 '**사고(thoughts)**'와 '**신념(beliefs)**'이라는 두 용어를 사용한다. 일반적으로 말하자면, 우리는 **사고**를 아이디어나 이미지로 정의하며, 이는 인상, 예측, 판단, 기억, 계획 등으로 나타날 수 있다. 사고의 예시로는 "토요일 밤에 난 취할 거야." "구운 연어를 먹는 걸 기대할 수 없어." 또는 "오늘은 150달러짜리 운동화를 살 거야." 등이 있다. 특히 자동적 사고는 매우 짧고 즉흥적이며, '숙고나 추론의 결과가 아닌 것'으로 정의된다(Beck, 2021, p. 29). 자동적 사고의 예시로는 "파티 타임!"이나 "나는 안정이 필요해." 등이 있다.

반면에 **신념**은 시간이 지남에 따라 형성되며, 생각을 산출하는 데 더 오래 지속되는 인지과정이다. 예를 들어, 앞에서 언급한 취하려는 사고는 "토요일 밤을 최고로 즐기는 방법은 많이 마시는 것이다."라는 신념에서 나올 수 있다. 그리고 구운 연어에 관한 사고는 "연어는 맛있고 건강에 좋은 음식이다."라는 신념에서 비롯된 것일 수 있다. 사실 단일한 사고는 여러 신념의 결과일 수 있다. 예를 들어, 앞에서 언급한 운동화에 관한 사고는 "운동은 내 삶의 필수적인 부분이다."와 "최고의 성능을 내기 위해서는 비싼 운동화를 구매하는 것이 필요하다."라는 두 가지 신념의 결과로 나타난 것일 수 있다(제10장에서 중독행동과 관련된 사고와 신념에 대해 자세히 논의하고 있다).

기본 신념(또는 핵심 신념)은 개인의 정체성과 관련된 원칙, 아이디어, 또는 가치로, 다음과 같은 영역(자아, 세계, 미래, 타인, 관계)을 포함한다. 각 영역의 예시는 **〈표 2-1〉**에 제시되어 있다. 기본 신념은 중독행동을 포함한 개인의 반복적인 감정과 행동에 큰 역할을 한다. 예를 들어, 자기가 가치 있고, 사랑받을 가치가 있다고 믿는 사람들은 자기가 가치 없고, 사랑받을 가치가 없다고 믿는 사람들보다 기쁨과 만족을 느낄 가능성이 더 높다. 또한 세계가 안전하고, 예측 가능하다고 믿는 사람들은 세상 밖에서 자유롭게 행동하고, 건강한 위험을 감수할 가능성이 더 높다. 반면에, 자신, 세계, 미래, 타인, 그리고 관계에 부정적인 신념을 가진 사람들은 우울과 불안을 발전시키기 쉬울 수 있다(Clark & Beck, 2010; Beck et al., 1979).

표 2-1 자아, 세계, 미래, 타인, 관계에 관한 긍정적 · 부정적 기본 신념

영역	긍정적 기본 신념	부정적 기본 신념
자아	"나는 가치 있고, 사랑받을 만한 사람이야."	"나는 가치 없고, 사랑받을 수 없는 사람이야."
세계	"세계는 안전하고, 예측 가능해."	"세계는 위험하고, 예측 불가능해."
미래	"난 희망적이야."	"난 희망이 없어."
타인	"다른 사람들은 믿을 만해."	"다른 사람들은 믿을 수 없어."
관계	"난 관계 속에서 성장하게 될거야."	"난 관계 속에서 상처받을 거야."

부정적 신념은 다양한 방식으로 중독행동에 대한 위험을 초래할 수 있다. 예를 들어, 광범위한 부정적 신념과 이에 상응하는 감정적 고통을 겪는 사람들은 중독성 물질 및 행동을 활용하여 그 고통에서 해방감을 찾을 수 있다. 이 과정은 종종 '자가 치료(self-medicating)'라 불리기도 한다. 게다가, 부정적 기본 신념은 무력감이나 절망감을 포함할 가능성이 높다(예: "나는 아무것도 제대로 할 수 없어." "아무것도 중요하지 않아."). 이는 중독행동을 통제하지 못하게 하고 재발과도 일관되게 연결된다.

중독 및 물질사용장애를 가진 사람들이 정신건강 문제에 취약하다는 사실은 잘 알려져 있다. 실제로 National Institute of Drug Abuse(NIDA)는 "정신 질환을 경험하는 사람 중 약 절반은 언젠가는 물질사용장애를 경험하게 되며, 그 반대도 마찬가지다."라고 하였다(NIDA, 2018a). 이러한 사람들은 부정적 기본 신념으로 이어지는 부정적인 감정 상태, 우울 및 불안을 포함한 악순환에 놓이게 된다(**[그림 2-1]** 참조). 이미 언급한 대로, 많은 사람들은 이러한 부정적 정서 상태에서 벗어나기 위해 어느 정도까지는 약물 및 중독행동을 활용한다. 그러나 이는 지속적인 안정감을 찾는 대신 일시적인 해방만을 얻게 되며, 기존의 정신건강 문제를 악화시키는 보다 심각하고 장기적인 중독 관련 문제로 이어진다.

중독 관련 사고 및 신념은 중독행동과 관련된 사고와 신념을 의미한다(**〈표 2-2〉** 참조). 이와 관련해 이 장의 마지막에 실린 **《양식 2-1》**을 내담자와 함께 사용할 수 있다. 예를 들어, 감정을 조절하기 위해 주류, 담배, 다른 약물 또는 음식을 소비하는 사람

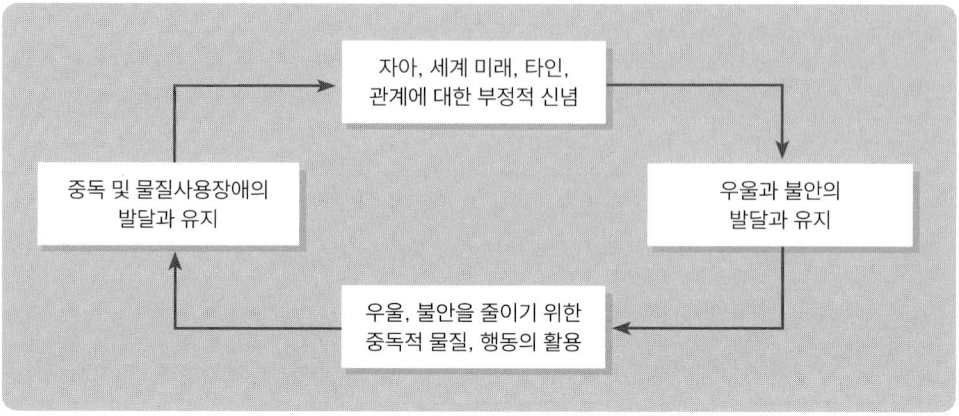

그림 2-1 우울, 불안을 동반한 중독의 악순환

들은 일반적으로 자신이 선택한 중독 관련 사고 및 신념을 가지고 있다. 즉, 담배를 피우는 사람은 "흡연은 만족스럽다." 또는 "느긋하게 쉬고 편안하게 하기 위해 담배를 통한 휴식이 필요하다."고 믿을 수 있다. 음주 문제를 가진 사람은 "술은 내가 나를 편하게 표현하기 쉽게 해준다." 또는 "취하면 삶이 더 재미있다."고 믿을 수 있다. 과식이나 폭식을 하는 사람은 "배고플 때는 무엇이든 다른 일에 집중하는 것이 불가능하다." 또는 "많은 양의 식사를 하는 것이 최고의 축하 방법이다."라고 믿을 수 있다. 도박장애가 있는 사람은 "계속 도박을 하다 보면 언젠가는 모든 손실을 되찾을 것이다." 또는 "나는 카지노의 모습과 소리를 정말로 좋아한다."고 믿을 수 있다.

중독 관련 사고 및 신념과는 대조되는 사고와 신념으로, 자기조절 사고 및 신념이 있다. 자기조절 사고 및 신념은 회복 과정에서 중요하다. 이 예시로는 "건강하게 지내는 것이 흡연보다 더 만족스럽다." "술을 마실 때 정말로 나다운 모습이라기보다, 그냥 내 자신의 취한 버전일 뿐이다." "술에 취하지 않고도 재미를 느낄 수 있다는 것을 배우고 있다." 등이 있다(《표 2-2》 참조). 중독과 싸우는 사람들과 그들의 치료사들은 새로운 자기조절 사고 및 신념을 개발하는 데 필요한 시간과 노력을 과소평가한다. 또한 종종 중독 관련 사고 및 신념은 수십 년에 걸쳐 반복되고 유지될 수 있음을 잊기도 한다. 결과적으로, 그들은 중독 관련 사고 및 신념보다 자기조절 사고 및 신념을 정립하는 것과 연관되는 느린 진전에 당혹감을 느낄 수 있다. 내담자와 치료

표 2-2 중독 관련 사고 및 신념과 자기조절 사고 및 신념

중독 관련 사고 및 신념	자기조절 사고 및 신념
"흡연은 만족스럽다." "난 쉼과 편안함을 얻기 위해 흡연이 필요하다." "음주는 날 더 나답게 만든다." "사람들이 한잔해서 알딸딸해지면 훨씬 재미있다." "내가 배고플 때 집중하는 것은 불가능하다." "내가 만약 계속해서 도박을 한다면, 결국 손해를 모두 만회할 것이다." "난 카지노의 모습과 소리를 정말 좋아한다."	"건강을 유지하는 것이 흡연보다 더욱 만족스럽다." "흡연하지 않아도 쉼과 편안함을 얻을 수 있다." "내가 술을 마실 때, 정말로 나다운 모습이라기보다, 단지 술 취한 버전의 나일 뿐이다." "나는 취하지 않아도, 즐거울 수 있는 방법을 배우고 있다." "폭식과 과식은 내가 집중하는 것을 돕지 않으며, 단지 살 찌우는 것을 도울 뿐이다." "과거로 돌아가도 나는 이기지 못한다. 카지노가 항상 승리한다는 것을 모두 알고 있다." "난 내 은행 계좌에 돈이 있는 것을 좋아한다."

사는 이 어려운 전환과정에 함께 노력하면서 인내와 끈기를 가져야 한다.

앞서 언급한 **자동적 사고(Automatic Thoughts: ATs)**는 급속하게 나타나 사람의 의식에 빠르게 들어오고 나가는 말, 구절 또는 이미지이다. 자동적 사고는 큰 영향력을 가지고 있지만, 대부분의 사람들은 그것이 발생할 때를 인식하지 못한다. 중독행동을 유발하는 자동적 사고의 예시로는 "담배!"(담배를 피우기 전), "배고파!"(음식을 먹기 전), 또는 "파티!"(마약을 사용하기 전) 등이 있을 수 있다. 자동적 사고는 다음의 네 가지 이유로 해로운 것으로 여겨지곤 한다. ① 그들은 자발적으로 나타나는 것처럼 보이며 어디서든 나타날 수 있다. ② 나타난 것만큼 빨리 사라진다. ③ 단어 대신 이미지로 나타날 수 있다. ④ 강력한 욕망, 갈망, 일시적인 실패 및 재발을 유발할 수 있다. 예를 들어, 담배를 피우고 한 모금을 할 때의 상상은 흡연자에게 강력한 욕망을 유발할 수 있으며, 유리에서 얼음 소리가 나는 상상은 애주가에게 강력한 갈망을 유발할 수 있다. 또한 마리화나를 피우는 중독자에게는 'Joint' 'Pipe' 또는 'Bong'에서 나오는 흡입 소리를 상상하는 것이 강력한 갈망을 유발할 수 있으며, 자주 찾는 음식을 먹는 상상은 실제 생리적인 굶주림이 없어도 그 음식에 대한 강한 갈망을 유발할 수 있다. 끝으로, 카지노의 모습과 소리(예: 슬롯머신, 카드 테이블, 룰렛)를 상상하는 것은 도박 중독 내담자에게 강렬한 욕망, 갈망, 실수 또는 재발을 유발할 수 있다.

중독 관련 사고 및 신념의 강력한 영향을 고려할 때, 인지행동치료사의 주요 역할 중 하나는 이러한 사고와 신념이 일시적인 실패와 재발로 이어지기 전에 내담자가 이를 식별하고 대처하는 데 도움을 주는 것이다. 이러한 식별과 대처의 여러 방법 중 하나는 기능 분석을 통한 것이다. 치료사가 수행하는 기능 분석(연쇄 분석)은 중독행동을 앞두고 있는 촉발요인, 생각, 신념, 감정 및 행동에 대해 시간순으로 정리된 기록을 요청하는 것을 포함한다. 기능 분석은 인지행동치료의 기초적인 기술 중 하나이며, 이는 제6장에서 자세히 설명될 것이다.

중독행동의 바탕이 되는 인지과정

『Cognitive Therapy of Substance Abuse』가 출간되었을 당시에는 중독행동에서 특정한 사고나 신념의 역할에 대한 연구가 적었다. 그러나 지난 30년 동안 수백 건의 연구들에서는 중독과 관련된 인지과정인 자기효능감, 긍정적 결과기대, 부정적 결과기대에 중점을 두어 왔다.

자기효능감은 개인이 특정 작업을 수행하거나 특정 목표를 달성하는 자신의 능력에 대해 지니는 스스로의 평가이다. 자기효능감은 자아존중감이나 자신감과는 다르다. 후자의 두 개념은 보다 전체적인 자아 감각을 포함하는 반면, 자기효능감은 특정 기술이나 결과에 대한 자신감과 유사하다. 예를 들어, 중독행동의 맥락에서 자기효능감은 개인이 금주를 달성하거나 중독 물질을 사용하지 않고 활동을 추구할 능력에 대한 신념을 포함할 수 있다. 자기효능감의 개념은 초기에 Marlatt와 Gordon(1985)의 고전적 「재발 방지(Relapse Prevention)」 중 중독행동 부분에 처음 적용되었다. Marlatt에 따르면, 자신에게 효과적인 대처 기술과 자기효능감이 있는 사람들이 중독 물질사용을 효과적으로 통제할 가능성이 가장 높으며, 효과적인 대처 기술을 가지고 있지 않다고 인식하는 사람들이 재발 위험이 가장 컸다. 또한 자기효능감(또는 그 부재)은 개인의 신념이라는 깊은 수준으로 나타날 수 있으며(예: "나는 배부를 때 쉽게 먹는 것을 멈출 수 있다." "좋은 음식이 내 앞에 놓여지면 멈출 수 없다."), 자동적 사고로도 나타날 수 있다(예: "나는 할 수 있다." "나는 할 수 없다.").

결과기대에 대한 연구는 많이 이루어져 왔으며, 알코올 사용(예: Nicolai, Demmel, & Moshagen, 2010), 마리화나 사용(예: Buckner, Ecker, & Welch, 2013), 처방 통증 약물 사용(예: Ilgen et al., 2011), 도박(예: Wickwire, Whelan, & Meyers, 2010), 그리고 인터넷 활동(예: Brand, Laier, & Young, 2014)에 대한 결과기대를 평가하기 위한 심리측정 도구가 개발되었다. 결과기대에 대한 연구는 생각, 신념, 감정 및 중독행동과 관련된 가장 기본적인 인지행동치료 원칙에 대한 경험적인 지지를 제공한다. 결과기대라는 용어가 시사하듯이 결과기대는 특정 중독행동과 관련된 결과에 대한 사고와 신념이다. 『Cognitive Therapy of Substance Abuse』에서는 결과기대를 예상되는 사고와 신념이라고 설명했다. 우리는 이 용어가 유용하다고 판단하여, 글 전반에 걸쳐 이 용어를 교차적으로 사용할 것이다.

긍정적인 결과기대는 중독행동에 참여함으로써 생기는 좋거나 원하는 결과에 관련된 기본적인 신념과 자동적 사고를 포함한다. 분명히, 이러한 긍정적인 결과기대는 중독행동에 참여할 가능성을 높인다. 그 예시는 다음과 같다.

"음주는 내가 감정을 표현하기 쉽게 해 준다."
"담배를 피우면 내 신경이 안정된다."
"코카인을 먹으면 더 많은 일을 해낼 수 있다."
"좋은 식사를 한 후엔 항상 기분이 좋아진다."

CBT의 주요 목표 중 하나는 중독행동으로 이어지는 긍정적 결과기대를 인식하고, 그것에 도전하는 것이다(Li & Dingle, 2012). 이를 위한 전략과 표준 기술은 이후 제6장과 제7장에서 소개될 것이다.

부정적 결과기대에는 중독행동으로 인한 문제 또는 원하지 않는 결과에 대한 사고와 신념이 포함된다. 이러한 부정적 결과기대는 중독행동에 참여할 가능성을 줄여 준다. 다음은 부정적 결과기대의 몇 가지 예시이다.

"술을 너무 많이 마시면 어리석은 짓을 할 것 같아."

"담배 피우면 담배 냄새가 날 것 같아."

"과식하면 건강에 문제가 생길 것 같아."

"거리에서 마약을 사면 나는 감옥에 갈 것 같아."

Rick의 경우를 살펴보자. 그는 고도 비만이며 최근 당뇨병 진단을 받았다. 그는 항상 자신이 좋아하는 음식에 대한 긍정적 결과기대를 가지고 있었으며, 특정 음식이 큰 편안함을 제공한다고 강하게 믿고 있었다. 실제로 많은 사람들처럼 Rick은 이것을 자신의 'Comfort food'라고 부르기도 했다. Rick의 Comfort food에 대한 긍정적인 생각과는 대조적으로, 최근 당뇨병 진단으로 인해 떠오르게 된 부정적인 생각도 있었는데, 그것은 "이 음식을 먹으면 내 건강이 망가질 것이다."라는 것이었다. 그는 또한 매일 아침 거울을 보면서 다른 내용의 부정적인 결과기대도 가지고 있었는데, 그 내용은 다음과 같다. "내가 이렇게 먹으면 내 매력이 줄어들 것이다." 또한 예전에 헐렁했던 옷이 점점 맞아가는 것을 알아차릴 때마다 그는 다음과 같이 생각했다. "이렇게 먹는다면 내 옷은 하나도 맞지 않게 될 것이다." 결국 Rick의 부정적 결과기대가 긍정적 결과기대를 따라잡아, 깊은 양가감정이 형성되었다.

사실 대다수 중독자는 자신의 행동에 대한 양가감정을 경험한다. Rick과 같이 그들은 서로 경쟁하는 긍정적 및 부정적 결과기대를 가지고 있다. 이런 경우, 개인은 해당 시점에서 가장 현저한 사고와 신념을 기반으로 결정을 내린다. 여러 가지 인지행동치료 기법(예: 의사결정 균형과 이익-손해 분석)은 부정적 및 긍정적 결과기대 사이의 인지적 불일치에 중점을 두는데, 이러한 기술은 긍정적 결과기대의 현저성을 감소시키기 위해 고안되었으며, 이에 대한 내용은 제7장에서 소개될 것이다.

아마도 인지행동치료의 가장 중요한 개념 중 하나는 사람들이 일반적으로 즉각적 만족을 지연된 만족보다 선호한다는 사실일 것이다. 다시 말해, 보상이 즉각적일 때 그들의 긍정적 결과기대는 지연될 때보다 크다. 그리고 중독행동으로 개인의 편안함이 제공됨으로써 작지만 즉각적인 만족이 채워지거나, 불편함이 감소됨으로써 즉각적인 만족이 이뤄진다. 예를 들어, Rick의 마음속에서 지금 큰 한 스쿱의 아이스크림을 먹는 것이 몇 주, 몇 달 또는 몇 년 동안 기다려야 하는 신체적 건강과 관련된 보상을 경험하는 것보다 훨씬 편안할 것이다. 이 과정(즉각적 만족을 선호하는 경향)은 지연할인(delay discounting)에 대한 연구의 중점이 되어 왔다. 지연할인은 먼 미래에 발생하는 사건의 지각된 가치를 할인하거나 줄이는 과정으로 정의된다. 행동경제학 분야에서의 연구 역시 이 개념을 지지한다(Bickel, Johnson, Koffarnus, MacKillop, & Murphy, 2014; Reynolds, 2006).

지금까지 중독과 관련된 신념들을 살펴보았는데, 추가적으로 중독행동을 이해하는 데 중요한 두 가지 인지과정[**허용적 신념(permissive beliefs)**, **도구적 사고(instrumental thoughts)**]을 검토하고자 한다.

허용적 신념은 중독행동에 대해 애매함을 느낄 가능성이 있는 취약한 순간에 발생하기 때문에 중요하다. 허용적 신념은 재발 직전의 '마지막 허가'일 수 있다. 앞에서 언급한 Rick의 사례를 상기하면, 건강하지 않은 음식을 먹을 기회가 주어진 경우, 그의 부정적 결과기대에는 "이 피자를 먹으면 당뇨병이 더 악화될 것이다."나 "이 피자를 먹으면 내 옷이 더욱 끼게 될 것이다."와 같은 생각들이 포함될 수 있다. 이러한 사고와 신념에 반대되는 것이 "한 조각의 피자는 나를 죽이지 않을 것이다."나 "내일부터 다이어트를 시작하겠다."와 같은 허용적인 사고와 신념이다. 어떤 사람들은 허용적 신념을 합리화, 정당화 또는 변명이라고 부르기도 한다. 그러나 이 책에서는 다른 용어들과 관련된 편견을 줄이고, 더욱 적절하게 허용의 인지적이고 동적인 특징을 전달하기 위해 '**허용적 신념**'이라는 용어를 선호한다.

도구적 사고는 중독행동의 실행계획이나 기계적인 측면을 안내하기 때문에 중요하다. 도구적 사고와 신념은 '어떻게'와 관련이 있다. 예를 들어, Rick이 오늘 저녁에 피자를 먹기로 결정한다면, 이 결정은 피자를 어떻게 주문하고 섭취할 것인지에 대한 도구적인 생각을 따를 것이다. 그는 "Acme Pizza Company에서 큰 피자를 주문하고 집에서 소파에 앉아 내가 좋아하는 TV 프로그램을 보면서 먹을 것이다."라고 생각할 수 있다. 그런 다음 "나는 피자를 두세 조각만 먹고 나머지는 이번 주말에 먹으려고 한다."와 같은 허용적 신념을 추가할 수도 있다. 이러한 도구적 사고를 식별하는 것은 이것이 시간이 지나면서 대안적인 행동에 대한 생각으로 대체될 수 있기 때문에 도움이 되며, 이는 개인이 중독행동에서 벗어나게 하도록 도울 수 있다.

중독행동의 CBT모델

CBT의 초기부터 [그림 2-2]의 'ABC모델'은 지속적으로 사용되어 왔다. 가장 기본적인 이 모델에 따르면 선행되는 내부 및 외부 촉발요인(예: 신호, 상황, 환경, 자극)은 신념과 사고를 활성화시키며, 이는 감정, 행동 및 생리적 반응에 직접적으로 영향을 미친다.

선행사건 또는 **촉발요인**은 이전 단락에서 설명한 것과 같이 사고와 신념을 활성화하는 자극이다. Marlatt와 Gordon(1985)은 촉발요인을 "고위험 상황"이라고 이름 지었다. 촉발요인은 내부적 또는 외부적일 수 있다. 내부 촉발요인은 물리적이거나 감정적인 감각을 포함할 수 있으며, 이는 불안, 우울, 충동, 갈망 및 통증과도 같다. 외부 촉발요인에는 중독행동과 관련된 사람들, 장소 및 물건이 포함된다. 촉발요인의 가장 중요한 점은 그들이 실수와 재발로 이어질 수 있는 사고와 신념을 활성화한다는 사실이다. 예를 들어, 담배갑이 차 좌석에 있는 것과 같은 외부 촉발요인에 노출되면 이전에 흡연했던 사람에게는 흡연에 관한 생각이 떠오를 것이다. 또한 감정적 고통과 같은 내부 촉발요인이 생기면 예전에 처방약에 중독되어 있던 사람에게 처방 통증약을 복용하려는 생각이 활성화될 수 있다.

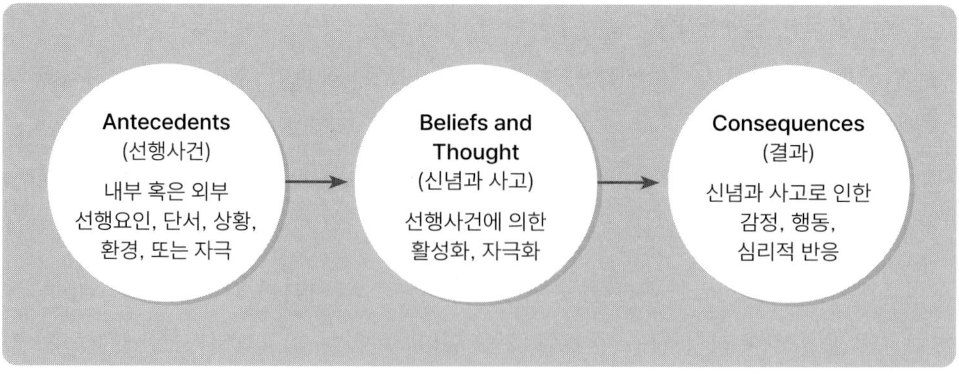

그림 2-2 ABC모델

행동은 목표를 달성하거나 결과를 얻기 위한 동작 또는 활동이다. 담배 한 갑을 구매하고, 갑을 열고, 담배를 꺼내고, 불을 붙이고, 연기를 흡입하며, 마지막으로 담배를 끄는 것은 모두 흡연과 관련된 행동이다. 각 행동은 흡연의 독특한 목표를 달성하기 위해 시작된다. 일부 흡연자에게는 흡연의 궁극적인 목표가 스트레스를 해소하는 것이지만, 다른 사람들에게는 불편한 니코틴 금단 증상을 멈추는 것이 목표일 수 있다. 앞서 언급한 대로 중독행동은 편안함을 증가시키고 불편함을 감소시키는 것을 목표로 한다.

시간이 지남에 따라 대부분의 일상 행동은 반복적인 패턴을 갖게 된다. 예를 들어, 침대에서 일어나 하루 활동을 준비하고, 식사하고, 친구에게 문자를 보내고, 한 곳에서 다른 곳으로 이동하고, 집에 돌아가서 잠자리에 들기까지의 일련의 행동들은 모두 반복적이다. 행동을 반복함에 따라 그것들은 습관이 되어 자동적 사고에 의해 중재된다. 우리는 그것들에 대해 많이 생각하지 않는다. 그것들은 그저 그것대로 일어나는 것이다. 그러나 흥미로운 점은 사람들이 특정한 자극에 대한 특정한 자동적 사고를 경험한다는 것이다. 예를 들어, 아침에 일어날 때 특히 밖이 밝을 경우(일어남과 빛 모두 촉발요인), "일어나는 시간이다."(자동적 사고)라고 깨달으면서 침대에서 일어나게 된다(행동). 특히 중독행동에서 행동의 자동적 사고는 두드러진다. 흡연자는 담배를 사거나 불을 붙이는 것에 대해 많이 생각하지 않는다. 만성적인 오피오이드 사용장애를 가진 사람은 서랍을 열고 물 한 모금과 함께 통증약을 삼키는 것에 대해 깊이 생각하지 않는다. 이처럼 행동은 하루 종일 기능하고 샤워를 하거나 차를 모는 것과 같이, 활동에 대한 신중하고 숙고된 생각을 필요로 하지 않고 자동적이다.

ABC모델의 중요한 특징은`그 논리와 간결성에 있다. 특히 이 모델은 심리 과정을 내담자에게 설명하는 것만으로도 그 가치를 지닌다. 많은 내담자들은 그들의 감정, 행동 및 생리적인 느낌을 외부 현상(상황과 환경)에 잘못 연결한다. 우리는 내담자들에게 이러한 현상에 대해 이야기할 때, "당신의 감정과 행동에 가장 큰 영향을 미치는 것은 주변 상황이 아니라 당신의 사고와 신념입니다. 당신은 자신의 세계를 해석하고 그에 따라서 자유롭게 행동할 권리가 있습니다."라고 설명할 수 있다. 우리는 일반적으로 사람들이 외부 세계는 크게 통제할 수 없지만 자신의 건강한 사고와 신념의 통제 방식을 개발할 수 있으며, 이는 행동과 감정에 영향을 미칠 수 있음을 알고 있다.

행동이 사고와 신념에 의해 활성화되는 것은 물론, 행동 또한 사고와 신념을 활성화하는 촉발요인으로 작용할 수 있다는 것을 깨닫는 것은 아주 중요하다. 예를 들어, 알코올 사용장애를 가진 사람이 식료품점의 맥주 진열대 앞에서 쇼핑을 할 때 "집에 맥주가 없네. 좀 사 와야지."라는 사고를 할 수 있다. 이러한 사고는 맥주 여섯 팩을 진열대에서 집어 들어 장바구니에 넣는 행동으로 이어진다(선행된 사고에서 비롯된 행동). 또한 맥주를 장바구니에 넣는 행동은 "하나를 따서 지금 마시고 싶다!"라는 생각을 불러일으킨다. 이러한 사고는 (불행히도) 식료품 값을 지불하고 차로 가서 맥주를 열고 차 안에서 마시고 집으로 가는 과정으로 이어질 수도 있다. 이 과정을 설명하는 기능 분석(연쇄 분석)은 [그림 2-3]에 제시되어 있다.

감정은 종종 정서나 기분이라고도 불리며 중독행동과 밀접하게 연결된 주관적인 경험이다. 개인이 긍정적인 감정을 극대화하고 부정적인 감정을 최소화하려는 것은 보편적으로 알고 있는 사실이다. 감정을 조절하는 데 어려움을 겪는 사람들은 그들의 감정을 효과적으로 조절하는 사람들보다 중독행동에 더 취약할 가능성이 높다.

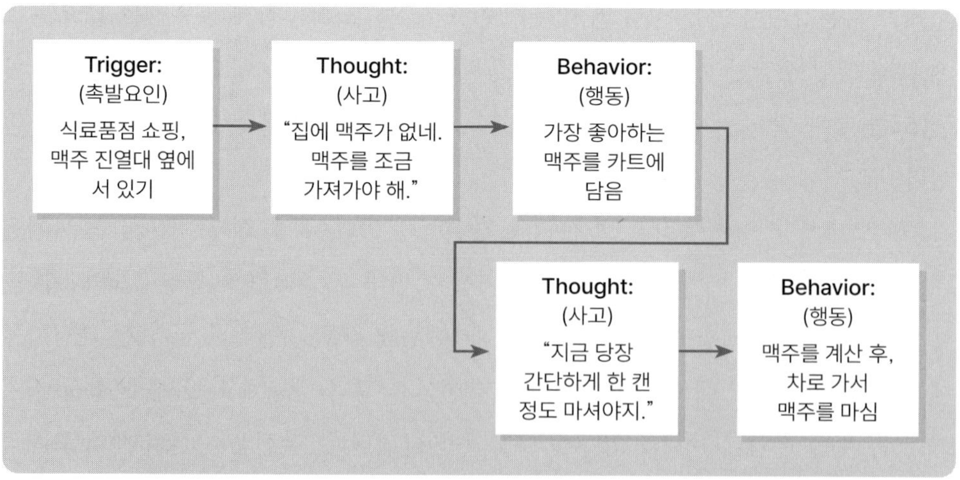

그림 2-3 촉발요인으로부터 행동이 어떻게 시작되는지에 대한 기능 분석

이 가정을 뒷받침하는 증거는 정신건강 문제가 있는 사람들이 중독 문제에 있어 높은 위험도로 노출되어 있다는 사실이다. 앞서 언급한 대로 중독행동에 관여된 많은 사람들은 긍정적인 감정을 늘리거나 부정적인 감정을 감소시키기 위해 중독행동을 하게 된다. 다시 말하면, 많은 개인들은 자가 치료를 위해 중독 물질과 행동에 의존하게 된다.

중독행동 및 물질사용장애의 CBT모델은 [**그림 2-4**]에 제시되어 있다. 이 모델은 『Cognitive Therapy of Substance Abuse』에서 제시한 모델과 크게 다르지 않다. 또한 이는 중독자들을 도우며 25년 이상이 지나도록 중독행동을 지켜봐 온 우리의 관점을 더욱 강화시켰다. 이 모델에 따르면 중독의 실수와 재발은 내적 및 외적 촉발요인으로 시작되며, 이로 인해 중독 관련 사고가 활성화될 때 시작된다. 이러한 생각은 불가피하게 중독행동을 수행하려는 충동과 열망으로 이어지는데, 이러한 충동과 열망을 따라 개인은 중독행동을 하지 않을 기회도 가지게 된다. 그러나 만약 스스로에게 이를 허용한다면 그들은 아마도 중독행동으로 회귀하게 될 것이다.

하나의 중독행동이 새로운 선행사건으로 작용하여 중독 관련 사고와 행동을 유발

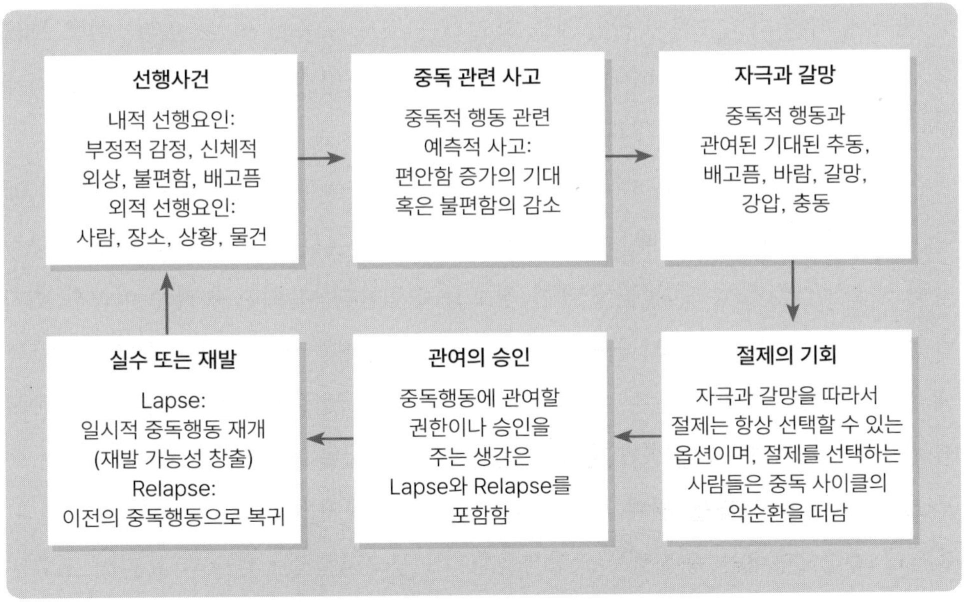

그림 2-4 중독적 행동과 물질사용장애의 인지행동모델

할 수 있는 잠재력을 가지게 된다는 것을 이해하는 것은 중요하다. Marlatt와 Gordon (1985)은 재발을 지속시키는 일련의 생각과 행동을 나타내기 위해 "절제파기효과(Abstinence Violation Effect: AVE)"라는 문장을 소개했다. 절제파기효과는 "나는 이미 절제의무를 위반했으니 그냥 계속 사용하면 되겠다."는 생각으로 시작된다. 이를 자동적 사고로 정의하면 "절제 따위 엿 먹으라고 해!"가 될 수 있다.

중독행동의 발달

인지행동치료사가 내담자의 중독행동이 어떻게 발달하는지 이해하는 것은 중요하다. 이렇게 함으로써 치료사는 치료에 관한 중요한 단서를 확보할 가능성이 있기 때문이다. 예를 들어, 내담자의 과음이 사회적 불안의 개인사에서 비롯된 것이라면 음주 문제를 치료하는 동안 이 불안을 다루는 것이 중요함을 이해할 수 있으며, 아동기 외상 이력이 있는 오피오이드 사용장애 내담자에게는 오피오이드가 그러한 외상의 고통스러운 결과를 해결하기 위해 복용되고 있는지 여부를 확인하는 것이 중요하다는 것을 알 수 있다. 또한 내담자가 특정 중독행동으로 투쟁 중이라면 내담자 가족 중 중독에 대한 가족요인이 있는지를 확인하는 것도 도움이 될 수 있다. 이를 통해 유전적 요인이나 초기경험이 내담자의 중독행동에 어떤 중요한 역할을 하는지 이해하는 것에 도움을 줄 수 있기 때문이다.

중독행동의 발달 과정을 이해하는 것의 중요성은 아무리 강조해도 지나치지 않다. 사례개념화를 수립할 때, 우리는 먼저 현재 중독행동을 만드는 촉발요인, 중독 관련 사고, 신념, 감정 및 행동에 대한 정보를 수집한다. 그리고 우리는 이러한 초기 과정을 거친 후 각 내담자의 중독행동이 어떻게 발달했는지 평가해야 한다. 이 단락에서는 삶의 초기경험과 같은 여러 위험 요인 중 일부에 중점을 두어 내담자의 중독행동에 기여하거나, 그 원인이 될 수 있는 것들에 중점을 둘 것이다. Shaffer 등의 연구(2004; 2012)의 영향을 받아 이러한 위험 요인을 원거리 촉발요인이라고도 한다. 원거리 촉발요인에는 유전적 · 신경생물학적 · 심리사회적 · 환경적 요인이 포함된다(**[그림 2-5]** 참고).

중독행동을 평가하고 치료할 때 유전적 요인(유전성)의 중요성은 과소평가되어서는 안 된다. 사실 중독은 정신 질환 중 "가장 유전성이 높은 질환이다."라고 설명되기도 한다(Goldman, Oroszi, & Ducci, 2005, p. 522). 또한 연구자들은 중독행동의 39%에서 72%까지가 유전에 기인할 수 있다고 추정하기도 했다(Bevilacqua & Goldman, 2009; Goldman et al., 2005). 중독의 경우 이 비율은 사용된 약물에 따라 다르며, 이는 중독행동이 유전에 직접적인 역할을 할 수 있다는 높은 가능성 외에도, 유전이 중독을 촉발하거나 유지할 수 있는 다른 정신건강 문제에도 직접적인 역할을 할 수 있음을 의미한다. 예를 들어, 우울증 및 기타 유전이 가능한 정신건강 문제의 가족요인이 있는 사람들은 정신건강 문제의 가족요인이 없는 사람들보다 중독 위험이 더 크다. 우리는 이러한 과정을 이해하여 내담자가 중독에 대한 이해를 얻을 수 있도록 도울 수 있다.

중독행동 발달은 초기의 심리사회학적 · 환경적 요인에도 직접적으로 영향을 받는다([그림 2-5] 참조). Enoch(2011)에 따르면 알코올 및 약물 문제는 삶의 초기 단계

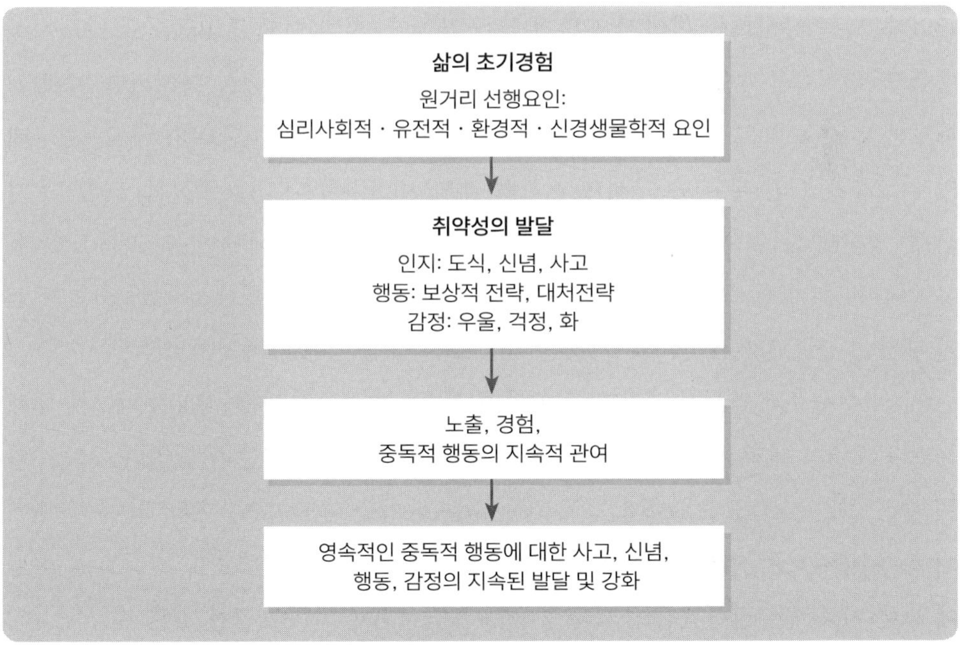

그림 2-5 중독행동의 발달

스트레스 유발인자와 관련될 수 있으며, 여기에는 학대(예: 육체 및 정서적 학대, 방치, 성 학대) 및 스트레스 유발 사건(예: 부모의 이혼, 가정 폭력, 경제적 역경, 부모의 사망, 정신 질환)이 포함된다. 많은 중독자 및 그들에게 치료를 제공하는 전문가들은 중독행동을 자가 치료와 동일시한다(Bolton, Robinson, & Sareen, 2009; NIDA, 2010). 예를 들어 학대, 방치, 혼돈스러운 환경에서 자라거나 가정, 지역사회 또는 심리사회적 환경에서 약물 사용이 일상적인 경우, 개인은 중독을 발달시킬 위험이 있다. 이 현상을 설명하기 위해 "취약성"이라는 용어를 사용할 수 있다. 앞에서 언급한 불리한 원인은 인지, 행동 및 정서적 취약성으로 이어지며, 중독행동을 지속시키는 사고와 신념을 강화한다.

36세인 Bill의 사례를 살펴보자. Bill의 아내 Brenda는 첫째 딸 Samantha가 태어난 후 Bill이 우울하고, 과격해진 것을 깨닫고는 걱정이 되었다. 결국 Brenda는 주치의가 추천한 인지행동치료사에게 부부상담을 예약했다. Bill의 치료사는 철저한 가족요인 조사를 통해 Samantha의 출생 후 형성된 패턴을 알아냈다. Bill은 집에 돌아와 Brenda가 Samantha와 둘만의 패턴에 빠져 있는 것을 발견하면서 외로움을 느끼게 되었다. 그는 마티니를 섞어 텔레비전 앞에 앉았다. 저녁 식사 후 Bill은 또 마티니를 마셨고, 결국에는 텔레비전 앞에서 정신을 잃기 전까지 계속해서 마티니를 마셨다. 때로는 Brenda가 그를 침실로 데려가기가 어려울 때도 있었다. Bill의 치료사는 Bill이 외로움을 느낀 후 술을 마시며 시간을 혼자 보내면서 더 외로워졌고, 술을 더 마신 후 정신을 잃는 순간까지 악순환을 형성했다는 사실을 이해할 수 있도록 도왔다. 아침에 Bill은 항상 숙취, 죄책감, 그리고 자신에게 화가 난 상태에서 깨어났다. 이러한 패턴은 결국 Bill이 '벗어날 수 없는' 중대한 우울증 상태로 빠지게 했다.

Bill의 우울증과 알코올 사용을 치료하기 시작하면서, 치료사는 Bill의 과거에 대해 물었다. Bill의 대답은 그 전에 왔던 많은 내담자들의 대답과 닮아 있었다. 그는 "나는 좋은 어린 시절을 보냈어요." "우리는 많은 휴가를 다녔어요." "부모님이 내 경기에 항상 왔어요." "엄마는 정말 다정했어요."라고 말했다. 다행히도 가족요인 수집에 능한 치료사는 정신건강 문제와 중독행동을 포함한 가족요인에 대해 물었다. Bill은 어머니가 어두운 시기를 겪었지만, 아버지는 술을 마시지 않았다고 설명했다. 그는 “나는 확실히 말할 수 있는데, 제가 너무 많이 마시는 것은 아니에요. 하루에 한 잔 또는 두 잔씩일 뿐이에요.”라고 방어적으로 덧붙이기도 했다. 이어진 회기에서 Brenda는 추가적인 정보를 제공했고, 그것은 상담에 도움이 되었다. 그녀는 Bill에게 다음과 같이 말했다. “나는 당신의 어머니가 우울증에 걸렸고, 당신 아버지는 술로 인해 어머니에게 헤어지자는 최후통첩을 받은 이후로 술을 마시지 않게 됐다고 생각해요.” 그리고 덧붙여 “나 때문에 화내지 마세요. 당신은 하루에 두세 번, 심지어 네 번까지도 술을 마셔요. 당신은 적어도 한 주에 커다란 한 병이 넘는 많은 양의 술을 마시는 것 같아요.”라고 말했다.

Bill의 치료사는 그의 배경에 관한 많은 질문을 했고, 그가 기분장애 및 중독과 관련된 상당한 가족요인이 있다는 사실을 알게 되었다. 또한 아버지 쪽 가족에서는 알코올 관련 건강 문제로 인한 사망자가 여러 명 있었으며, 어머니 쪽에서도 몇 명의 남성과 여성이 심각한 기분장애를 겪었음을 확인하였다. 이 정보를 기반으로 Bill의 치료사는 그가 정서 및 중독장애의 유전적 영향에 대한 심리교육을 받는 것이 도움이 될 것이라 판단했다.

내담자들의 초기생애 외상이나 학대에 대한 보고는 신뢰하기 어려울 수 있다. 게다가 그들은 그런 학대를 과소평가할 가능성이 높다(Fergusson, Horwood, & Woodward, 2000). 치료사는 정확하고 명확한 진실을 얻기 위해 구체적이고 명확한 질문을 해야만 한다(예: “어머니가 어두운 시기를 겪었다는 것이 정확히 어떤 의미인가요?” “아버지가 음주를 자제하기로 결정한 배경은 무엇인가요?”). 그렇지 않으면 정밀하고, 자세한 정보보다는 모호하고 일반적인 정보만 얻게 될 것이다.

이후 논의할 것 중 하나는 CBT모델의 가장 중요한 구성 요소인 사례개념화이다. 중독행동의 개념화에는 반드시 급성 증상뿐만 아니라 관련된 생각, 감정 및 행동이 포함되고, 이러한 요소들의 발달도 포함된다. 또한 각 내담자의 중독행동이 어떻게 발달했는지에 대한 학습은 사례개념화 과정의 필수적인 부분이다.

중독행동의 유지

우리는 앞선 [그림 2-4]에서 기본 CBT모델을 소개했다. 반복하자면, 중독행동은 불가피하게 그 자체로 유지되는 악순환을 보인다. 중독의 관여 여부를 결정하는 것은 개인이 촉발요인에 노출될 때 시작된다. 이러한 노출은 학습된 중독과 관련된 사고와 신념을 활성화하며, 자연스럽게 충동과 갈망으로 이어진다. 중독행동에 참여하기 전에 개인은 그렇게 하지 않을 기회가 있다. 그러나 그럴 경우 거의 불가피하게 상당한 불편함이 생긴다. 개인이 중독행동을 통제하는 경우, 그것은 그 개인이 통제와 관련된 사고와 신념(예: "중독행동을 하지 않으면 내일 기분이 훨씬 좋아질 것이다." "나에게 한 약속을 깨고 싶지 않아.")을 생성하기 때문이다. 통제와 관련된 사고를 생성하지 못하는 사람은 중독행동에 관여할 권한을 부여하고, 중독행동에 계속 참여하게 된다. 이 관여는 매우 강력하게 작용하며, 계속된 사용을 유발하는 촉발요인이 된다. 간단히 말해, 사람들은 중독행동을 선택하는 데 있어 이로 인한 어떤 혜택을 기대한다. 중독과 관련한 생각, 감정 및 행동은 중독자에게는 거의 감지할 수 없을 정도로 자동화되어 있으며, 이들은 "나는 통제를 잃었고, 결코 이 행동을 멈출 수 없을 것이다."라는 신념을 형성한다. CBT모델은 개인에게 이러한 악순환에 대한 깊은 이해를 제공하고 이를 깨기 위해 어떻게 결정할 것인지를 안내해 준다.

중독행동을 유지하는 주요 요인 중 하나는 해당 행동을 중단하면 참기 어려운 부작용이 발생할 것이라는 일반적인 신념이다. 실제로 이러한 부작용은 사람마다, 물질마다 크게 다르며, 금단 증상에 부여된 심리적 의미에 의해 크게 강화될 수 있다. 이러한 의미는 종종 실제적인 물리적 불쾌감보다 금단 증상의 강도를 결정하는 데 더 중요하게 작용한다. 따라서 중독에 대한 CBT모델의 공통 목표 중 하나는 내담자가 "이 불편함은 내가 너무 어리석었기 때문에 받는 벌이다!"에서 "이 불편함은 나의 삶을 개선하기 위한 중요한 작업의 과정이다."로 금단의 의미를 바꿀 수 있도록 도움을 주는 것이 될 수 있다.

앞서 예로 든 Bill의 경우, 그의 실수 또는 재발 가능성은 집에 도착했을 때 시작되었다([그림 2-6] 참고). 그의 생각, 감정, 행동을 신중하게 조사하면, 잠재적으로 심각

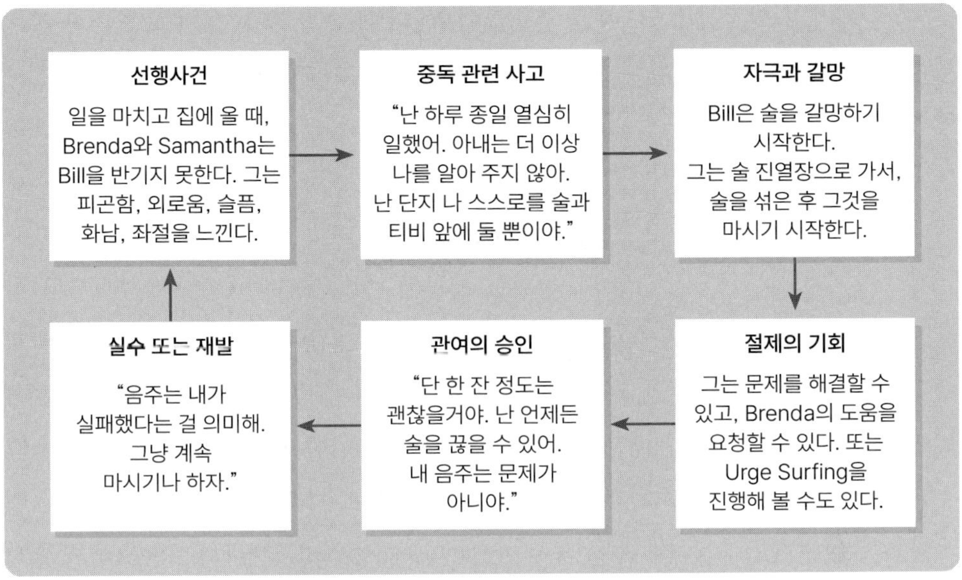

그림 2-6 Bill의 사례를 적용한 중독의 CBT모델

한 부정적 결과에도 불구하고 그가 음주 패턴을 유지하는 방법을 이해할 수 있다. 그의 알코올 중독은 그 자체로 지속되는 악순환을 보였다. 반복적인 알코올 사용 후 그는 계속해서 음주가 필요하다는 사고와 신념, 그리고 알코올에 대한 생리적 의존을 발달시켰다. 또한 음주를 중단하려는 시도는 금단 증상을 유발하여 그에게 계속 음주가 필요하다는 사고와 신념을 만들게 하였다.

Bill의 치료사는 그가 술을 줄이면서 느끼는 불편함을 받아들이고 극복하는 데 도움을 주어, Bill이 외로움과 어려운 결혼 생활에 집중할 수 있도록 했다. Bill이 중독행동에서 회복하는 데는 이러한 불편함을 받아들이는 과정이 중요하다. Marlatt와 Gordon(1985)은 이러한 불편함을 받아들이는 과정을 나타내기 위해 ‘충동 서핑하기(Urge Surfing)’라는 용어를 만들었으며, 이에 관해서는 이후 자세히 논의할 것이다.

마침내 아내의 지지와 설득 덕분에 Bill은 술을 완전히 포기하기로 결심했다. 또한, 그는 치료사의 도움을 받아 아기가 태어났을 때 Brenda에게 버림받았다는 느낌을 표현할 수 있었다. 이를 듣자 Brenda는 실제로 울면서 Bill에게 자신의 사랑을 재확인시켜 주었다. 치료가 끝날 때 Bill은 진척 상황을 돌아보며 다음과 같이 말했다.

"술이 문제라고 인정하는 게 너무 힘들었어요. 나는 아직 그걸 포기할 준비가 되어 있지 않았어요. 하지만 Brenda와 Samantha의 사랑은 내가 마신 어떠한 술보다 훨씬 좋았고, 그 사랑은 나를 숙취에 빠지지 않게 했어요."

중독행동의 과정

중독행동의 과정에 대해 이야기할 때, 중독행동을 가진 사람들이 경험하는 상승과 하강에 중점을 두는 것은 도움이 될 수 있다. 이러한 상승과 하강은 치료의 흐름에 깊은 영향을 미칠 수 있기 때문이다. 여기서 초이론적 변화단계모델은 특히 유용할 수 있다(Norcross et al., 2011; Prochaska et al., 1992; Prochaska & Norcross, 2001). 변화단계는 단순하거나, 정적 또는 예측 가능한 것이 아니라 복잡하고, 동적이며 어느 정도 예측할 수 없는 특징을 가지고 있다. 또한 단계라는 용어는 오해의 소지가 있을 수 있는데, 중독을 경험하고 있는 사람들이 회복을 선형적이고 단계적으로 경험하는 것은 드물다. 대신, 여러 차례에 걸쳐 하나의 단계에 도달한 다음, 종종 이전 단계로 돌아가기도 하는 것이 일반적이라는 점에서 단계라는 개념에 대해 이해해 볼 수 있다. 이 단락에서는 각 단계별로 중독, 그리고 회복과 관련된 생각 및 행동에 중점을 두어 이러한 개념을 소개할 것이다.

Prochaska, DiClemente, Norcross와 그들의 동료들은 중독행동의 과정에서 경험하는 다섯 가지 변화단계를 다음과 같이 설명했다. 먼저, 다섯 가지 변화단계에는 전숙고단계, 숙고단계, 준비단계, 실행단계 그리고 유지단계가 포함된다. 이러한 단계를 이해하는 것은 임상가와 내담자에게 모두 중독 치료와 관련된 도전과 성공을 예측하는 데 도움이 될 수 있다. 초이론적 변화단계모델은 동기강화와 관련된 문제를 다루며 변화 방법에 쉽게 적용될 수 있다. 이는 중독의 CBT모델에 중점을 두고 생각, 감정 및 행동 간의 상호작용에도 적용된다. 각 단계의 정의는 다음과 같다.

전숙고단계는 이름에서 알 수 있듯이 숙고가 시작되기 전의 시간을 포함한다. 중독행동에 대한 인식이 포함될 수도 있고 그렇지 않을 수도 있지만, 변경을 원하거나 계획하는 욕망은 포함되지 않는 것이 특징이다. 전숙고단계에서의 개인의 신념의 예시는 다음과 같다.

"나는 문제가 없어."
"문제가 있지만 지금은 전혀 변화하고 싶지 않아."
"내 행동은 완전히 내 통제 아래에 있어."
"내 행동에 대해서 걱정하지 않아."
"내 행동이 문제라도 신경 쓰지 않아, 현재의 상태도 즐거워."

숙고단계는 개인이 행동을 변경할 시기인지 여부를 고려하기 시작하는 단계이다. 이 장의 앞부분에서 우리는 양가감정에 대해 논의했다. 양가감정은 일반적으로 숙고단계에서 가장 두드러진다. 이것은 숙고단계의 사람들이 그들이 그만두기에 적절한 시기인지, 그만두어야 하는지, 어떻게 그만두면 좋을지, 왜 아직 그만두지 말아야 할지 등을 고려할 때 문제가 되기 때문이다. 많은 중독자들에게 있어서 숙고는 자기 의심과 자기 비판으로 가득 차 있는 어려운 단계이다. 숙고 중인 사람의 생각의 예시는 다음과 같다.

"나는 그만두어야 할 것 같아, 그러나 나는 그만둘 준비가 되었는지 아직 확신이 안 서."
"나는 내 중독이 나에게 미치는 영향을 좋아하지 않지만, 아마도 더 나쁜 영향을 미치기 전까지 좀 더 지속하게 될 것 같아."
"나는 그만두고 싶지만 어떻게 그만둬야 할지 모르겠어."
"나는 그만두고 싶지 않지만, 그렇게 해야 할 것 같아."
"이번 주에 그만두려고 해 봐도 좋겠지만, 꼭 그렇지 않아도 돼."

준비단계는 숙고와 실행 사이에 위치한 단계이다. 이는 개인이 행동을 시작한 시기로, 이 장의 앞부분에 언급된 과정으로서의 도구적 사고에 대해 설명한 것을 기억하면 이해하는 데 도움이 될 수 있다. 변화의 준비단계는 개인이 중독행동을 계속하는 것 대신에, 어떻게 그것을 그만둘지에 대해 생각하는 시기이다. 준비단계에 있는 사람의 생각의 예시는 다음과 같다.

"나는 오늘 담배를 모두 버릴 거야."
"냉장고를 건강한 음식으로만 채우려고 쇼핑을 할 거야."
"딜러의 전화를 휴대폰에서 삭제하고 번호를 차단할 거야."
"의사에게 가서 처방 받은 진통약을 그만 먹을 수 있는 약물 치료에 대해 알아볼 거야."
"친구들에게 나는 더 이상 함께 마시지 않을 거라고 말할 거야."

실행단계는 개인이 원하는 변화를 상대적으로 최근에 이룬 시기에 위치한 단계이다. 연구에 따르면, 실행단계는 변화가 시작된 후 6개월 동안 계속된다. 일부 연구에서는 실행단계를 개인의 변화단계가 순조롭게 진행되는 동안의 가장 취약한 시기라고 주장하기도 하며, 이 책의 저자 역시 이에 동의한다. 실행단계에 있는 사람의 생각의 예시는 다음과 같다.

"30일 동안 사용하지 않았다니 놀랍다."
"왜 나는 갈망을 느끼지 않는 걸까 궁금하다."
"이 상태를 계속 유지할 수 있으면 좋겠다."
"잠에서 깨어 났을 때 더 에너지가 넘치는 것 같아."
"내가 다시 과거의 중독행동으로 돌아갈지 궁금하다."

유지단계에서는 개인이 변화를 삶에 통합하고 새로운 생활 양식이 '일반적'으로 느껴지기 시작한다. 유지단계에 있는 일부 사람들은 이전 중독행동을 그리워한다고 말하지만 대부분은 그렇지 않다. 이 단계와 실행단계에서의 주요 위험은 일부 개인들이 자신이 이제 그것을 잘 통제하고 있기 때문에 과거 중독행동으로 돌아가도 된다고 생각하기 시작하는 것이다. 이러한 생각은 다음의 몇 가지 예시에 잘 나타나 있다.

"내가 전에 음주자, 흡연자였다는 게 믿기지 않는다."

"더 이상 (알코올, 물질 등) 사용에 대해 생각하지 않는다."

"중독 없이 나의 삶이 꽤 괜찮아진 것 같다."

"어쩌면 언젠가 나도 먹거나, 마시거나, 피우는 것을 일반 사람처럼 할 수 있을 것 같다."

"기다려 봐야겠다."

이러한 유지단계에는 중요한 함의가 있다. 변화의 다양한 단계에 있는 개인들은 생각하고, 행동하는 방식이 다르기 때문에 그것의 필요성도 다르다. 예를 들어, 변화를 고려 중인 사람은 중독행동의 이익과 손해를 분석하는 것에서 혜택을 얻을 수 있다. 반면, 변화의 실행단계에 있는 사람은 내담자의 변화에 도전을 제시할 수 있는 촉발요인에 대한 논의에서 가장 많은 이점을 얻을 수 있다. 아마도 더 중요한 것은, 변화에 대한 그들의 준비 상태에 대응하는 생각이 그들이 중재를 받아들일 수 있는 정도를 결정한다는 것이다. 예를 들어, 전숙고단계에 있는 사람이 "고쳐야 할 문제가 전혀 없다."고 생각한다면 중독행동에 대한 이익-손해 분석에 대해 잘 응답하지 않을 것이다.

요 약

이론적 모델은 중독행동을 이해하는 데 중요하며, 인지행동치료사들이 내담자의 중독행동의 기제와 변화의 목표를 식별하는 데 도움이 된다. 중독을 가진 개인과의 경험에서 우리는 그들이 자신의 생각, 감정, 행동 간의 상호작용에 대한 지식이 부족한 채 인지행동치료에 참여한다는 것을 알 수 있었다. 그들은 자신의 문제 중 많은 부분을 자신의 통제를 벗어난 환경적 상황 탓으로 돌리는 경향이 있다. 예를 들어, 그들은 그들의 사고와 신념이 그들의 감정에 더 중요한 역할을 한다는 것을 이해하기보다는 다른 사람들이 그들을 화나게 만든다고 믿는다.

경험상 중독을 가진 사람들은 이 장에서 설명한 모델이 자신에게 도움이 된다고 느끼는 것 같다. 또한 이 모델은 초기에 치료사들의 이해를 위해 개발되었지만, 내담자들에게도 자신의 문제 행동을 이해하기 위한 하나의 모델로서 여겨지는 것 같다. 다음 장에서는 중독행동을 가진 사람들을 돕기 위한 전략과 기술에 대해 논의할 것이다. 우리의 전략과 기술은 모두 인지행동치료(CBT)모델에 기반을 두고 있다. 선행사건이 중독과 관련된 신념을 유발한다는 것을 이해하는 것은 내담자들에게 이러한 촉발요인을 식별하고, 고위험 상황을 피하도록 하는 것이 중요하다는 것을 상기시켜 준다. 또한 중독과 관련된 생각과 신념의 힘을 깨닫는 것은 내담자들에게 이러한 생각과 신념을 변경해야 할 필요가 있다는 점을 강조하는 데 도움이 될 수 있다. 뿐만 아니라, 스스로 사용을 허락하지 않는 한, 내담자들에게 절제가 가능한 순간이 있음을 상기시켜 주는 것은 재발할 가능성이 있는 내담자들에게 잠재적으로 도움이 될 수 있다.

양식 2-1 중독 관련, 자기조절에 대한 사고와 신념

중독과 관련된 사고와 신념을 왼쪽 열에 쓰고, 그에 반하는 사고와 신념을 오른쪽 열에 쓰시오. 단, 현실적으로 자신이 갖길 원하는 생각과 일관성 있게 작성하시오.

중독 관련 사고 및 신념	자기조절 사고 및 신념
예시: "난 즐겁기 위해 술이 필요해." "난 담배를 피워야 진정할 수 있어." "난 내가 잃은 돈을 찾기 위해 도박이 필요해."	**예시:** "난 술 없이도 즐거울 수 있어." "난 담배 없이도 진정할 수 있어." "카지노에 가는 것 대신 돈을 모으는 것이 필요해."

제3장

사례개념화

중독에 빠진 사람이라고 해서 모두 똑같지는 않다. 중독에 빠진 사람들은 문제의 심각성, 변화에 대한 준비 정도, 정신건강, 사회경제적 상황, 개인적 자원, 사회적 지원, 문화적 관행, 그리고 가장 중요한 사고, 신념, 행동, 감정이 모두 다르다. 이러한 까닭에 각 개인에 따라 치료의 필요성과 계획도 달라야 한다. 각 개인의 사례개념화는 개별화된 치료 계획의 기초가 된다. 정확한 사례개념화를 통해 치료사는 각 내담자가 가진 문제의 복잡성을 이해할 수 있으며, 궁극적으로 내담자가 이러한 문제를 성공적으로 해결할 수 있도록 도울 수 있다. 치료사는 각 개인의 과거와 현재의 고유한 사고, 신념, 도식(schema), 감정, 행동, 강점, 약점, 대처 기술, 고위험 상황 및 기타 과정을 종합하여 중독행동의 발달과 유지를 효과적으로 이해하고 궁극적으로 내담자가 중독을 극복하기 위한 전략을 개발하도록 도울 수 있다. 이 장에서는 중독으로 어려움을 겪는 개인의 사례개념화에 이론적 모델을 어떻게 접목하는지 설명한다. 사례개념화는 다음과 같은 여러 가지 필수적인 질문에 답하는 데 도움이 될 수 있다.

- 내담자는 어떻게 그리고 왜 중독행동을 하게 되었는가?
- 내담자의 중독행동은 어떻게 현재 수준까지 확장되었는가?

- 내담자가 중독에 빠지기 전에는 얼마나 효과적으로 자신의 역할을 했는가?
- 내담자의 중독행동(또는 재발)을 촉발하는 요인은 무엇인가?
- 내담자가 중독행동을 유지하는 독특한 도식, 사고 또는 신념은 무엇인가?
- 내담자의 중독행동에서 환경적 요인은 어떤 역할을 하는가?
- 내담자로 하여금 중독행동을 멈추지 못하게 하는 장애물은 무엇인가?
- 내담자의 중독행동에 영향을 미치는 다른 정신건강 문제가 있는가?

치료사는 이러한 질문에 따라 회기를 구성하고 전략과 기법을 계획할 수 있다. 정확한 사례개념화가 없다면 치료사는 방향타가 없는 배와 같아서 치료 회기 내내 정처 없이 표류하게 된다.

사례개념화의 열 가지 필수 요소

이 장에서는 사례개념화에 필수적이라고 생각되는 열 가지 요소를 소개한다. 이러한 요소는 내담자로부터 수집한 방대한 양의 배경 정보를 정리하고 통합하기 위한 틀을 제공한다. 치료 초기에 일부 정보는 의도적으로 수집되지만, 시간이 지남에 따라 치료사가 내담자에 대해 점점 더 많은 것을 알게 되면서 더욱 많은 정보가 수집된다. 따라서 사례개념화는 치료사와 내담자 간의 협력적이고 지속적인 과정이라고 할 수 있다. 사례개념화의 열 가지 필수 요소는 다음과 같다.

1. **주요 문제(primary problems)**: 물질사용장애(Substance Use Disorder: SUD)/중독 관련 정신 및 신체 건강 상태
2. **사회적/환경적 맥락(social/environmental context)**: 현재의 생활 정도, 친밀한 관계, 사회문화적 요인, 소수자 상황, 경제적 상황, 법적 또는 안전 문제
3. **원거리 선행요인(distal antecedents)**: 신경생물학적 · 유전적 · 심리사회적 · 환경적 영향
4. **근거리 선행요인(proximal antecedents)**: 현 상황의 내부/외부 단서, 촉발요인,

고위험 상황, 주변을 둘러싼 상황, 관계

5. **인지과정(cognitive processes)**: 관련 도식(schema), 신념, 사고, 인지 왜곡, 시스템 1 및 시스템 2 사고(제10장에서 설명)
6. **정서적(정동적) 과정(affective processes)**: 주된 감정, 느낌, 기분, 생리적 감각
7. **행동 패턴(behavioral patterns)**: 적응 행동과 부적응 행동, 대처 기술 대 보상 전략
8. **변화에 대한 준비 및 관련 목표(readiness to change and associated goals)**: 모든 문제 영역에 대한 사전 숙고부터 유지 관리까지의 단계, 모든 문제에 대한 단기 및 장기 목표
9. **정보의 통합(integration of the data)**: 두드러진 사고 과정, 중요한 사고 패턴, 맥락, 사고, 신념, 도식, 감정 및 행동 간의 인과 관계
10. **치료에 대한 시사점(implications for treatment)**: 수집된 데이터를 기반으로 가장 적절한 인지 및 행동 전략과 기법 식별

주요 문제(primary problems)에는 과거 및 현재의 물질사용장애(SUD)/중독, 정신의학적 진단, 관련한 신체적 또는 의학적 문제가 포함된다. 앞 장에서 설명한 바와 같이, 개인이 연속해서 혹은 동시에 여러 중독을 가지는 것은 흔한 일이며, 물질사용장애(SUD) 및 중독과 공존하는 정신적·신체적 문제를 가지고 있는 경우 또한 무척 흔하다. 예를 들어, 통증과 우울증으로 고생하는 오피오이드 사용장애(OUD) 내담자를 만나는 것은 특히나 흔한 일이다. 실제로 오피오이드 사용장애 내담자 중 상당수는 신체적 통증으로 의사를 통해 오피오이드를 처음 접하게 되며, 이러한 약물이 심리적 고통 또한 완화시킨다는 사실을 알게 된다. 또 다른 예로, 임상현장에서는 비만과 우울증, 폭식증으로 고생하는 내담자를 흔히 접할 수 있다. 이러한 사람들은 담배에도 중독되어 있을 수 있으며 다양한 건강 문제(예: 당뇨병, 고혈압, 심장병, 폐질환 등)를 가지고 있을 수 있다. 실제로 많은 흡연자들은 과식을 줄이고 체중 증가를 예방하려는 목적으로 일부러 담배를 피운다고 말한다.

주요 문제에 대한 질문을 할 때는 정확하고 상세한 정보를 얻는 것이 중요하다. 예를 들어, 알코올 및 약물 사용에 대한 정보를 수집할 때는 복용량, 빈도, 복용 시기

및 투여 경로에 대해 알아보는 것이 중요할 수 있다. 양적 정보는 중독의 심각성을 판단하는 데 도움이 될 수 있다. 하루에 담배를 두세 개비 피우는 사람은 하루에 담배를 두세 갑 피우는 사람보다 중독 정도가 덜한 것은 분명하기 때문이다. 또한 양이 중요한 이유는 내성과 관련이 있기 때문이기도 하다. 예를 들어, "하루에 보드카 5분의 1 파인트 정도는 쉽게 마실 수 있어요."라고 말하는 사람은 심각한 알코올 문제를 반영하는 알코올 내성이 생겼을 가능성이 높다.

선택한 약물에 관계없이 약물 투여 경로(약물을 흡연하는지, 코로 흡입하는지, 주사하는지, 또는 씹는지)에 대해 물어보는 것도 도움이 될 수 있다. 많은 사람들이 화학물질만큼이나 투여 경로(예: 주사 또는 흡입)도 중독에 영향을 준다고 설명하기 때문에 이 정보는 치료 계획에 영향을 미칠 수 있다. 행동 중독에 대한 정확하고 상세한 정보를 수집하는 것 또한 마찬가지로 중요하다. 예를 들어, 도박장애가 있는 사람에게 정보를 얻을 때에는 시간, 장소, 주변 분위기, 사회적 환경, 돈을 따거나 잃은 금액, 금전적 손실의 영향 등이 모두 필수적이다.

사회적/환경적 맥락(social/environmental context)에는 개인의 현재 생활 수준, 친밀한 관계, 사회문화적 요인, 경제적 상황, 법적 또는 안전 문제, 중독 문제를 가지고 있을지도 모르는 친구나 가족 등이 포함된다. 미국 질병예방건강증진국(ODPHP)은 건강의 사회적 결정요인(SDOH)을 사람들이 '살고, 배우고, 일하고, 즐기고, 영적 활동을 하고, 나이 들어가는' 조건으로 정의한다. 미국 질병예방건강증진국은 구체적으로 사회적 결정요인(SDOH)에 대하여, ① 경제적 안정성, ② 교육, ③ 사회 및 지역사회 맥락, ④ 건강 및 의료, ⑤ 이웃 및 건축 환경의 다섯 가지 주요 영역으로 제시한다. 사회적 결정요인(SDOH)은 개인의 생각, 감정, 행동뿐만 아니라 개인적인 변화를 위한 자원에도 깊은 영향을 미칠 수 있는 잠재력을 가지고 있다. 간단히 말해, 지지적인 사회 구조를 갖춘 안전하고 보안이 유지되는 환경에서 생활하는 사람과 보호소를 옮겨 다니며 정신적 및 육체적 건강 문제, 사회 문제, 중독으로 고통받는 노숙인에게는 제공되는 사회적 자원은 다를 수 있다.

개인의 사회적/환경적 맥락에 관한 정보를 수집할 때 적절한 질문은 다음과 같다.

"당신은 어디에서 누구와 함께 살고 있나요?"

"당신은 현재 생활 환경이 안전하고, 안심이 된다고 느끼십니까?"

"당신은 기본적인 필요를 충족하는 데 필요한 경제력 혹은 재정적 여유가 있습니까?"

"당신은 (도움 받을 수 있는 혹은 이용할 수 있는) 사회 지원 시스템을 알고 있나요?"

"당신은 자신을 소수 집단(예: 인종, 민족, 성별)의 구성원이라고 생각하시나요? 그렇다면 이러한 상황이 당신의 삶에 어떤 영향을 미쳤나요?"

"친한 친구 중에 중독이나 정신건강 문제로 어려움을 겪고 있는 사람들이 있나요? 있다면, 그 관계는 당신에게 어떠한 영향을 미치나요?"

생활 환경(living situation)이 사람들의 건강과 중독행동에 큰 영향을 미칠 수 있다는 것은 잘 알려진 사실이다. 예를 들어, 과음을 하거나, 흡연을 자주하는 사람과 가깝게 지내는 사람들은 음주나 흡연의 위험성이 더 높다. 결혼 후 동거 중인 Mary와 Rita의 경우를 보자. 이들은 둘 다 도박과 흡연 문제로 어려움을 겪고 있다. 자신의 건강과 재정 상태가 걱정된 Mary는 담배와 도박을 한번에 끊기로 결심했다. 그러자 자신도 그렇게 해야겠다고 생각한 Rita 또한 Mary만큼은 아니지만, 이러한 변화를 시도했다. 하지만, 몇 주 후, Rita는 카지노 회원에게 제공되는 '끝내주는 엔터테인먼트, 할인가의 객실, 토요일 밤의 무료 뷔페' 혜택을 가진 **특별** 초대장을 받았다. 결국, Rita는 신이나서 Mary에게 이 사실을 알렸고, Mary는 마지못해 하면서도 주말에 카지노에 가는 것을 동의하게 된다. 그리고 예상대로 두 여성은 도박과 흡연을 다시 하게 되었고, 몇 년이 지나서야 다시 도박과 담배를 끊어 보려는 생각을 하게 된다.

사회문화적 요인 또한 물질사용장애(SUD) 및 중독행동의 발달과 유지에 중요한 역할을 한다. 사회경제적으로 불리하거나 특정 소수 집단(예: 유색인종, 성별 및 성 소수자)에 속하는 사람들은 그렇지 않은 사람들보다 중독으로 어려움을 겪을 가능성이 더 높다(Keyes et al., 2012). 이는 사회경제적으로 불리하거나 특정 소수 집단에 속하는 사람들이 자신의 사회문화적 이유로 소외와 낙인을 경험하며 더 큰 스트레스를 경험할 수 있기 때문이다. 즉, 사회문화적 요인(예: 소수 집단에 속해 있음)이 중독행동에 끼치는 영향을 주의 깊게 평가하는 것은 개인의 환경에 따라 그 정도와 방식이

다르기에 특별히 중요할 수 있다.

원거리 선행요인(distal antecedents)에는 중독행동의 발달과 유지에 기여할 수 있는 유전적 · 신경생물학적 · 심리사회적 · 환경적 · 문화적 요인이 포함된다. 제2장에서 설명한 바와 같이 중독 가족력이 있는 사람은 중독에 빠질 위험이 상당히 높다. 이러한 위험 증가는 유전적 · 심리사회적 · 환경적 요인 또는 이들 모두의 결과일 수 있다. 치료사는 사례를 개념화할 때 다음과 같은 질문을 할 수 있다.

"당신은 언제 어떻게 [흡연, 음주, 도박, 약물 사용 등]을 시작하셨나요?"

"[흡연, 음주, 도박, 약물 사용 등]에 문제가 있다는 것을 언제 어떻게 깨닫게 되었나요?"

"직계 가족 또는 친척 중 [흡연, 음주, 도박, 약물 사용 등]을 하는 사람이 있나요?"

"당신의 어린 시절의 경험이 현재의 중독행동에 어떤 영향을 미쳤나요?"

"당신의 인생 초기의 경험이 중독뿐 아니라 현재의 당신에게 어떤 영향을 미쳤나요?"

"예를 들어, 자아, 세계, 타인, 관계, 미래에 대해 어떤 신념을 가지고 있나요?"

사례개념화를 진행하는 동안 치료사는 "우리 가족 중에 음주 문제가 있는 사람은 저 뿐이에요."라는 말을 들을 수 있다. 이 말을 들은 치료사는 중독은 음주뿐 아니라 다양한 형태로 나타날 수 있음을 설명하며 흡연, 도박, 마약, 처방약 등을 포함한 다른 중독행동에 대한 가족력이 있는지 물어볼 수 있다. 관련 원거리 선행요인 및 가족력을 찾는 것이 생각만큼 간단하지는 않다. 예를 들어, 다음의 치료사와 23세 내담자 사이의 대화는 관련한 정보를 탐색하기 위해 때때로 집중적이고 단호한 질문이 필요하다는 것을 보여 준다.

치료사: 음주가 걱정되신다고요?

내담자: 네, 제가 술을 너무 많이 마시는 것 같아요. 적어도 저희 부모님은 그렇게 생각하세요.

치료사: 음주와 함께 현재의 상황에 대해서도 말씀해 주세요.

내담자: 대학을 졸업한 이후로 지난 몇 달 동안 부모님과 함께 살았어요. 괜찮은 정규직 일

자리를 구해서 스스로를 책임질 수 있을 때까지만요.

치료사: 약물이나 알코올 사용에 문제가 있는 가족이 있었나요?

내담자: 아니요, 집에서 술을 마시는 사람은 저뿐이에요.

치료사: 다른 가족은 어떤가요?

내담자: 무슨 말인지는 알겠는데요. 우리 부모님은 알코올 중독자가 아니거든요.

치료사: 아니요, 가족 중에 과거 알코올 문제 혹은 다른 중독 문제가 있었지만, 지금은 중독에서 벗어나 중독행동이 보이지 않기 때문에 그것을 인식하지 못하는 경우가 있어서 그렇습니다.

내담자: 저희 가족 중에 음주 문제가 있는 사람이 없어요.

치료사: 그렇다면, 부모님은 왜 술을 마시지 않으시나요? 그 이유를 아시나요?

내담자: 예전에 아버지가 술로 인해 거의 죽을 뻔했다고 말씀하신 적이 있어요.

치료사: 그게 무슨 내용인가요?

내담자: 글쎄요, 제 생각에는 할아버지가 술 문제가 있었던 것 같아요. 아마 아버지는 그때 겁을 먹고 술을 마시지 않겠다고 다짐했던 것 같아요.

치료사: 아버지가 술을 전혀 드신 적이 없다는 것은 확실한가요?

내담자: 글쎄요. 아마 지금의 제 나이 정도일 때 음주를 했다고 이야기하셨던 것 같기도 해요.

치료사: 어머니는 어떠셨나요?

내담자: 흠…… 그런데 지금 생각해 보니 아버지, 어머니 모두 담배를 피우셨어요.

치료사: 그렇다면, 당신의 가족 중에 중독에 빠졌던 사람이 있을 수도 있다는 말이군요?

내담자: 그럴지도 모르겠네요.

중독에 빠진 사람들 중 많은 수에서 중독 문제가 있는 가족이 있다는 점을 상기할 때, 중독행동이 가족 구성원에게 영향을 미치는 다양한 방식을 고려해야 한다. 치료사는 가족이 중독행동을 물려 받았는지 살펴볼 수 있다. 또한 가족 중 누군가가 가지고 있는 중독행동으로 인해 발생되었거나 지속되었던 트라우마가 있었는지에 대해 물어볼 수도 있다. 중독 문제가 있는 가정에서 자란 사람들은 “술을 마셔야 정신이 맑아진다." 또는 "술에 취하는 것이 유일한 탈출 방법이다."와 같은 신념을 가지게 된다.

일부 중독 내담자들은 가혹한 양육을 받거나 자신의 가치가 오직 행동으로만 평가되는 불안정한 가정에서 자랐다. 이러한 내담자들은 "나는 충분한 힘이 없어." "나는 아무것도 제대로 할 수 없어." "차라리 노력하지 않고 포기하는 것이 나은 것 같아."와 같은 핵심 신념을 갖게 될 위험이 있다. 이러한 사고는 우울감, 불안감, 그리고 스스로는 치료적이라고 생각하지만 잠재적인 중독행동으로 이어질 수 있다.

근거리 선행요인(**proximal antecedents** 또는 촉발요인)에는 대인관계 문제, 실업, 건강 문제, 법적 문제, 불안정한 생활 환경 등 중독에 빠진 사람들이 직면한 현재의 상황과 문제 전반이 포함된다. 치료사는 이러한 다양한 삶의 문제를 개념화할 때, 어떤 문제가 중독행동에 기여하는지, 어떤 문제가 중독행동의 결과인지, 어떤 문제가 원인인지 파악하는 것이 필요하다. 특히 많은 문제가 중독행동을 촉발하기 때문에 이러한 문제를 명확히 하기 위한 치료 계획 없이 중독에 대한 CBT는 불완전할 수밖에 없다.

근거리 선행요인에는 즉각적으로 중독과 관련된 개인의 믿음이 활성화되는 **외부 환경**이 포함된다. 예를 들어, 심각한 알코올 사용장애 병력이 있는 Joe의 경우를 살펴보자. Joe는 몇 달 동안 금주를 해 왔는데, 술이 제공되는 행사에 초대를 받았고 그곳에 모인 사람들이 음주를 하며 즐거워하는 모습을 보게 되었다. 그런 사람들을 보면서 Joe는 '이건 불공평해! 나도 저 사람들처럼 즐기고 싶어.'라고 생각하기 시작한다. 이러한 생각은 '맥주 몇 잔만 마시면 기분이 좋아질 거야.'와 같은 술과 관련된 강한 신념을 활성화하고 강한 충동과 술에 대한 갈망을 촉진시킨다.

이러한 감정을 경험하는 동안 Joe는 '몇 잔 정도는 괜찮겠지.'라는 허용적인 생각을 하게 될 수 있다. 당연히 이런 생각은 맥주 한 잔, 두 잔, 세 잔으로 이어지고 결국 Joe는 몸을 가누기 어려울 정도로 과음을 하게 된다. 근거리 선행요인에는 감정과 신체 감각을 포함한 **내부** 촉발요인도 포함된다. 중독에 빠진 사람들은 중독과 관련된 믿음과 함께 궁극적으로 충동과 갈망을 촉발하는 수많은 내적 감각을 이야기한다. 여기에는 지루함, 불안, 슬픔, 좌절, 분노, 짜증, 실망, 걱정, 두려움, 외로움, 기뻠, 흥분, 놀라움, 들뜬 기분, 긴장, 고통, 무감각, 안절부절 못함, 피로 등이 포함되며 이것들이 전부가 아니다. 여기 나열된 단어들을 통한 부정적인 감각과 긍정적인 감각 모두 중독과 관련된 인지과정으로 이어질 수 있다.

인지과정(cognitive processes)은 우리의 중독행동모델의 기본이므로 사례개념화에서는 이러한 과정에 초점을 맞추고 지속적인 주의를 기울여야 한다. 제2장에서 설명했듯이 인지과정에는 기본 신념(basic trust), 자동적 사고, 자기효능감, 결과기대, 허용적 신념, 도구적 사고가 포함된다. 대부분의 사람들은 자신의 사고나 신념에 대해 인식하지도, 의식하지도, 염두에 두지도 않는다. 즉, 일반적으로 사람들은 자신이 어떻게 생각하는지에 대해 고민하지 않는다. 그렇기에 인지과정에 대해서 차분히 조사하는 것이 필요한 경우가 많다. 다음은 인지과정을 이끌어 내기 위한 유용한 질문 목록이다.

"당신은 스스로를 어떻게 묘사하나요? 당신은 스스로에 대해 어떤 관점을 가지고 있나요?"

"당신이 가장 깊이 간직하고 있는 가치, 신념, 원칙 또는 이상은 무엇인가요?"

"사람들, 특별히 친하게 지내는 사람들에 대한 사고나 신념을 가지고 계신가요?"

"가까운 미래와 먼 미래에 대해 어떻게 예측하나요?"

"자신의 중독을 어떻게 이해(또는 설명)하고 있나요?"

"변화의 과정을 어떻게 보고 있나요(또는 이해하고 있나요)?"

"당신의 재발에 대해 스스로는 어떻게 이해하고 있나요?"

"재발을 경험할 때면 어떤 생각이 떠오르나요?"

"오늘부터 변화를 위한 목표를 세운다면 성공할 가능성은 얼마나 된다고 생각하나요?"

이러한 질문은 내담자의 도식, 기본 신념, 자동적 사고, 자기효능감, 결과기대, 허용적 사고를 발견하는 데 목적이 있다.

이러한 탐색 과정은 내담자에게 도움이 된다. 앞서 언급했듯이 **사람들은 일반적으로 자신이 어떻게 생각하는지 고민하지 않기 때문에** 이러한 탐색 과정을 통해 내담자는 자신의 생각을 알아차리고 분류할 수 있다(즉, 자신이 생각하는 방식에 대한 고민). 내담자가 자신의 생각을 쉽게 설명할 수도 있고, 쉽게 설명하지 못할 수도 있다. 그렇다고 해서 치료사가 놀랄 이유는 없다. 때때로 이러한 질문에 대해 객관식 보기를 제공해야 할 때도 있다.

예를 들어, 다음의 치료사와 내담자의 대화를 생각해 보자.

치료사: 스스로는 자신을 어떻게 설명하나요? 혹은 스스로를 어떻게 바라보고 있나요?

내담자: 무슨 뜻인가요?

치료사: 누군가가 자기소개를 해 달라고 부탁한다면 뭐라고 말하시겠어요?

내담자: 모르겠어요. 아무도 저에게 그런 질문을 한 적이 없어요.

치료사: 제 말은, 당신이 좋은 사람인지, 책임감 있는 사람인지, 착한 사람인지, 똑똑한 사람인지 등을 물어보려는 질문이라고 생각하면 될 것 같아요.

내담자: 오, 그럼 전 괜찮다고 말하고 싶네요. (잠시 멈춤) 사실 저는 스스로를 중독자라고 생각해요. 아무도 저를 책임감 있는 사람으로 생각하지 않겠지요.

치료사: 좋은 사람이나 똑똑한 사람으로 소개하는 것은 어떨까요?

내담자: 아니요, 저는 착하지도 똑똑하지도 않은 것 같아요. 한때는 저도 스스로가 좋은 사람이고 어쩌면 똑똑한 사람이라고 생각하기도 했었어요. 하지만 더 이상은 아니에요.

내담자가 이와 같은 사고와 신념을 공유할 때 치료사는 내담자의 말을 정확하게 들었는지 확인하기 위해 내담자에게 반영하기(즉, 다른 말로 표현하거나 다시 설명) 기법을 활용하는 것이 좋다. 또한 치료사는 내담자의 발전하는 사고와 신념에 대한 목록을 작성해 가면서 사례개념화가 각 시점을 잘 드러내고 정확한 인지과정으로 구성되도록 하는 것이 좋다.

치료 회기가 진행되는 동안 여러 차례에 걸쳐 이러한 목록을 내담자와 공유하면서 "저는 당신이 사고와 신념에 대해 이야기해 준 것을 토대로, 이러한 것들이 어떻게 당신을 중독행동으로 이끌거나 혹은 멀어지게 하는지를 파악하고 이해하기 위해 기록하고 있습니다."라고 설명해야 한다.

자동적 사고는 기본 또는 핵심 신념, 조건부 신념, 중독 관련 신념의 활성화에서 비롯된다. 중독에 빠진 사람들의 전형적인 자동적 사고는 다음과 같다. "나는 갈망을 참을 수가 없어요." "조금만 하면 괜찮아." "한번 해 봐." "넌 그럴만한 자격이 있어." "충분히 오래 참았어." 등의 이러한 자동적 사고는 종종 충동과 갈망을 강화하고 궁극적으로 중독행동을 하려는 계획을 세우게 한다.

핵심 신념과 도식은 생애 초기에 발달하고 시간이 지남에 따라 더욱 견고해지는 심오하고 깊은 인지과정으로 볼 수 있다. 아마도 이것이 기본 신념을 종종 핵심 신념이라고 부르는 이유일 것이다. 핵심 신념은 실제 단어와 문장의 형태를 취하는 반면(예: "나는 좋은 사람/나쁜 사람입니다." 또는 "나는 가치 있는 사람/가치 없는 사람입니다."), 도식은 자신과 자신의 개인적 세계를 '코딩, 선별 및 평가'하는 인지구조로 정의할 수 있다(Beck, 1967, p. 283). 핵심 신념과 도식은 일반적으로 호감성(lovability)과 적절성(adequacy)이라는 두 가지 범주로 나뉜다. 핵심 신념과 도식은 내담자가 반드시 이러한 정확한 단어로 설명할 필요는 없지만, 종종 호감성 또는 적절성과 상관관계가 있거나 혹은 이들로부터 나온 이차산물이라는 점에 유의하는 것이 중요하다. 예를 들어, "나는 사랑받을 만하지 않아."라는 신념은 "나는 뚱뚱해." "나는 못생겼어." "아무도 나를 원하지 않을 거야." 또는 "나는 사랑 받기를 포기했어."로 표현될 수 있다. 부적절함과 관련된 신념은 "나는 아무것도 제대로 할 수 없어." "내가 하는 일은 제대로 되는 것이 없어." "나는 무력해." "신경 쓸 필요조차 없지." "차라리 포기하는 게 나아."로 표현될 수 있다. 이와 같은 핵심 신념과 도식은 상당한 심리적 고통을 유발할 수 있으며, 이는 중독행동(즉, 자가 치료)의 형태로 고통을 해소하려는 욕구로 이어질 수 있다. 또한 일부 부정적인 핵심 신념과 도식에는 무력감이나 절망감이 포함되어 있어 건강한 목표를 포기하게 만들 수 있다. 예를 들어, 몇 달 동안 금주를 유지한 개인이 "술을 끊은 후에도 달라진 것은 아무것도 없고, 앞으로도 달라질 것이 없으니 예전으로 돌아가는 게 낫겠어."라고 생각하며, 재발할 수도 있다. 치료사는 특히 절망감과 관련된 내담자의 생각이 더 강렬해지거나 빈번해지는 경우, 이를 알아차려야 한다. 이러한 절망감은 약물 사용, 자해, 자살과 같은 해로운 행동으로 이어질 수 있기 때문이다.

조건부 신념은 "만약 …… 그러면 ……"의 형태를 취하는 사고 과정이다(실제로 **만약(if)**과 **그러면(then)**이라는 단어가 포함되기도 하고, 포함되지 않기도 함). 예를 들어, "만약 술을 끊는다면, 인생이 지루해질 것이다." 또는 "만약 담배를 계속 피우면 암에 걸릴 것이다."와 같은 식이다. 조건부 신념은 특정 선택의 결과에 대한 예측을 포함할 수도 있고, 따라야 할 규칙을 포함할 수도 있다. 예를 들어, 경쟁을 강조하는 가정에서 자란 사람은 "만약 내가 최고가 아니라면 아무것도 아니다."라는 조건부 신념을 가질 수 있다. 의존적인 성격을 가진 사람은 "만약 다른 사람의 요구와 기대에 부응하지 못하면, 나는 항상 외롭고 쓸쓸할 것이다."라는 조건부 신념을 가질 수 있다. 조건부 신념은 본질적으로 좋지도 나쁘지도 않다.

몇몇 조건부 신념은 중독행동으로 직접 **연결이 되기도 하고**(예: "만약 약에 취한다면 무척 기분이 좋을거야."), 중독행동을 **자제하는 방향으로 이어지기도 한다**(예: "만약 약에 취한다면 내일 후회할 거야."). 다시 한번 강조하지만, 효과적인 치료 계획을 위해서는 현재에 대해 정확한 사례개념화가 필수적이며, (우리의 관점으로 볼 때) 사례개념화의 가장 중요한 요소는 중독행동을 유도하거나 멀어지게 하는 사고, 신념, 도식을 설명하는 것이다. 그러나 인지적 내용[즉, 실제 사고(actual thoughts), 신념, 도식]에 초점을 맞추는 것 외에도 인지적 패턴(즉, 사고, 신념, 도식이 발생하고 유지되는 방식)에 초점을 맞추는 것 또한 중요할 수 있다.

시스템 1 사고(system 1 thinking)와 시스템 2 사고(system 2 thinking)라는 용어는 노벨상을 수상한 학자이자 작가인 Daniel Kahneman(2011)에 의해 만들어졌다. 우리는 이 개념이 문제가 되는 사고, 감정 및 행동의 유지를 이해하는 데 매우 유용하다는 것을 알게 되었다. 시스템 1 사고는 자동적이고, 즉각적이며, 별다른 노력없이 이루어진다. 이와 대조적으로 시스템 2 사고는 느리고, 신중하며, 노력이 필요하다. 실제로 인간의 일상적인 기능 대부분은 시스템 1 사고와 관련이 있다. 예를 들어, 대부분의 사람들은 아침에 별다른 생각없이 침대에서 일어나 옷을 입고 양치질을 한다. 마찬가지로 대부분의 사람들은 많은 노력을 들이지 않고도 직장이나 학교로 가는 길을 찾아가는데, 이 모든 것이 시스템 1 사고에 의해 이루어진다. 시스템 1이 원하는 목표를 달성하지 못할 때만 우리는 시스템 2 사고에 도움을 요청한다. 시스템 2 사고는 느리고, 신중하며, 복잡한 문제를 해결하고 특히 의미 있는 개인적 변화를 만드는 데 필요하다. 쉽게 말해, **마음을 인지하지 못하는(mindless)** 시스템 1 사고와 달리 시스템 2 사고는 **마음을 알아차리는(mindful)** 과정으로 이해할 수 있다.

중독을 이해하는 데 있어 시스템 1 사고와 시스템 2 사고의 함의는 무척 중요하다. 다른 반복행동과 마찬가지로 중독행동 또한 결국에는 자동적이고 별다른 노력 없이 이루어진다. 문제가 될 때에만 변화를 만들기 위해 시스템 2 사고가 필요하다. 사례개념화의 연장선상에서, 중독행동은 시스템 1 사고에 의해 지속되는 반면, 시스템 2 사고는 중독성 행동을 자제하는 법을 배우는 데 필수적이라는 점을 이해하는 것이 필요하다. 예를 들어, Ed는 담배를 끊고 싶어하는 흡연자이다. Ed는 자신이 의식하지 못한 상태에서 종종 담배에 손을 뻗어 불을 붙이고 흡연을 시작하는 경우가 많다고 이야기한다. 이는 각 행동이 시스템 1 사고에 의해 촉발되기 때문에 발생한다. Ed가 담배를 끊으려면 흡연의 유혹을 극복하기 위해 신중하면서도 스스로의 마음을 알아차리는 시스템 2 사고를 통한 대처 기술을 실행해야 한다.

다행히도 새로운 생각과 행동(즉, 시스템 2 사고에 의한 변화)을 반복하면 시스템 1 사고는 변하게 된다. 즉, 새롭고 건강한 생각과 행동은 결국 반복을 통해 자동적으로 습관화된다. Ed가 처음 흡연을 시작했을 때는 각 단계(담배 구매, 휴대, 불 붙이기, 흡연)가 새로운 행동이었기 때문에 의도적인(시스템 2) 사고가 필요했다. 하지만 흡연이 습관화되면서 이 모든 단계가 자동적으로 별다른 노력 없이도 이루어지게 되었다(시스템 1). 이제 담배를 끊고자 하는 Ed는 다시 처음에는 지속적이고 의도적인 노력을 기울여야 하지만, 반복을 통해 비흡연자로서 시스템 1의 사고에 따라 자동적으로 생각하고 행동하게 될 것이다. 그렇게 된다면, Ed는 흡연자를 보고 "담배가 필요해."라고 자동적으로 생각하는 대신, "예전의 내 모습이었지."라고 생각할 것이다.

정서적(정동적) 과정(affective processes)에는 일반적으로 자동적 사고나 신념을 따르는 감정, 느낌, 기분, 생리적 감각이 포함된다. 앞서 언급했듯이 대부분의 사람들은 분노, 불안, 슬픔과 같은 감정에 선행하는 인지과정이 있음을 인식하지 못한다. 마찬가지로, 대부분의 경우 자신이 느끼는 감정이나 경험하는 기분을 인식하지 못한다(또는 적어도 특정 단어로 표현할 수 없다). 사례개념화의 필수적인 목표는 인지과정을 인식하는 것 외에도 내담자가 중독행동과 관련된 감정을 더 잘 인식하고 이름표를 붙일 수 있도록 돕는 것이다. 감정을 이끌어 내고 내담자가 감정에 이름을 붙일 수 있도록 돕기 위해 치료사는 다음과 같은 질문을 고려할 수 있다.

"감정 또는 느낌이라는 용어를 어떻게 정의하거나 이해하시나요?"
"하루 동안 느낀 일상의 감정이나 느낌을 설명해 주시겠습니까?"
"하루 동안 감정이나 느낌이 얼마나 자주 변하나요?"
"다른 사람들이 당신의 일상적인 감정 상태에 대해 어떤 식으로 이야기하나요?"
"당신의 삶에서 감정은 어떤 역할을 하는 것 같나요? 혹은 당신의 삶에 어떤 영향을 미친다고 생각하나요?"
"기분이 좋을 때, 그 감정을 어떻게 표현하시겠습니까?"
"기분이 나쁠 때, 그 감정을 어떻게 설명하시겠습니까?"
"무엇이 당신을 행복하게 하나요? 혹은 무엇이 당신을 슬프게 하나요?"
"당신은 감정상태를 잘 조절할 수 있나요?"
"당신은 감정상태를 바꾸기 위해 특정 전략을 사용하나요?"
"바로 지금, 우리가 이야기하는 이 순간 당신은 어떤 감정을 느끼고 있나요?"

많은 사람들이 중독행동을 자가 치료, 즉 불편함을 줄이거나 편안함을 높이기 위해 시작하는 행동으로 인식하곤 한다. 이는 중독행동에서 감정의 역할을 고려할 때 염두에 두어야 할 중요한 사항이다. 종종 사람들은 자신의 감정을 바꾸기 위해 중독행동을 시작하게 된다. 특정 내담자의 사례개념화 과정 중에 이러한 형태가 해당된다고 판단이 된다면 치료를 통해 신체적 그리고 정서적으로 긍정적인 것들을 느끼고, 불편감을 줄일 수 있는 Addiction-Free 전략들을 고려하는 것이 필수적이다.

행동 패턴(behavioral patterns)에는 좀 더 적응적(be more adaptive)일 수도 있고 덜 적응적(be less adaptive)일 수도 있는 반복적인 행동이 포함된다. 좀 더 적응적인 행동 패턴은 목표, 가치, 열망에 부합하는 결과로 이어지는 행동 패턴이다. 예를 들어, 대부분의 사람들은 독립을 중요한 가치로 생각하므로 독립을 저해하는 행동(예: 투옥)은 부적응적 행동으로 이해될 수 있지만, 독립으로 이어지는 행동은 적응적 행동으로 이해될 수 있다. 대처 기술(coping strategies)과 보상 전략(compensatory strategies)을 구분하는 것도 도움이 된다. 대처 기술은 부정적인 결과가 거의 또는 전혀 없이 문제를 해결하는 행동을 포함한다. 반면, 보상 전략은 문제를 순간적으로는 해결하지만 장기적으로 부정적인 결과를 초래하는 경우가 많다. 예를 들어, 친구들과 '맹목적으로 술에 취하는 것'은 일시적으로 고통스러운 불안을 줄일 수는 있지만 평생 지속되는 부정적인 결과(예: 음주 운전으로 무고한 사람을 다치게 하는 것)를 초래할 수도 있다. 보상 전략은 표면적으로는 효과가 있는 것처럼 보이지만, 강박적이고 융통성이 없기 때문에 제한적인 경우가 많다. 더욱이 보상 전략은 자기 의심, 불안, 두려움, 부적절함을 효과적으로 해결하지 못한다. 중독자의 전형적인 보상 전략에는 알코올 및 약물 사용이 포함되지만, 그 외에도 다양한 행동이 보상 전략(예: 정서적 및 신체적 공격성, 폭식, 강박적 쇼핑 등)이 포함될 수 있다.

궁극적으로 모든 감정과 행동은 근거리 선행요인, 선행사건, 자동적 사고 및 결과의 연결고리로 이해될 수 있는데 여기서 촉발요인은 중독과 관련된 사고로 이어지고, 사고는 중독행동을 촉발하고, 행동은 더 많은 중독과 관련된 사고를 유발하기에 문제는 확대된다. 예를 들어, 한 남성이 아내와 말다툼을 벌일 수 있다. 이 말다툼은 '아내가 잔소리를 하면 참을 수 없어.'와 같은 생각을 유발하여 분노를 촉발할 수 있고, '아내는 나에게 이래라 저래라 할 자격이 없어.'라는 사고는 '이런 식이면 결국 나도 저질러 버릴 수밖에 없어!'라는 사고를 촉발할 수 있으며, 이러한 사고는 음주 행동을 이끌고, 이 행동은 '내가 얼마나 화가 났는지 보여 주겠어.'라는 사고를 유발하여 아내에게 공격적인 행동을 촉발하고 분노, 음주 등 경찰 개입이 필요한 심각한 문제 상황의 악화를 유발할 수 있다. 이러한 악순환의 사슬은 서로 간의 연결 고리가 지속적으로 서로를 강화하는 방식으로 계속해서 활성화되는 결과를 초래한다.

변화에 대한 준비(readiness to change)와 관련 목표(associated goals)는 밀접한 관계를 가지고 있다. Prochaska, DiClemente와 Norcross(1992)에 의해 처음 제기된 변화에 대한 준비는 전혀 준비되지 않은 상태(전숙고단계)에서 지속적인 변화(유지단계)

에 이르는 연속선상에서 단계적으로 나타난다. 제2장에서 설명한 대로, Prochaska와 동료들은 이 단계를 전숙고단계, 숙고단계, 준비단계, 실행단계, 유지단계로 분류했다. 임상의들은 종종 이러한 단계가 역동적이고, 유동적이기보다는 정적이거나, 선형적이라고 생각하는 실수를 저지르곤 한다. 사실 변화에 대한 준비 상태는 매 순간 달라질 수 있다. 각 단계는 그에 해당하는 사고, 신념, 감정, 행동으로 구성된다. 예를 들어, 숙고단계에서는 우려, 양가감정, 의심으로 특정 지어지며, 중독행동을 계속하는 시기이다. 실행단계는 종종 희망, 자신감, 자부심, 그리고(일부의 경우) 자기 의심과 상당한 불편함을 특징으로 하지만 중독행동은 중단한 상태이다.

실제로 사람은 변화에 대한 준비가 분, 시간, 매일, 매주 등으로 그 정도가 달라질 수 있다. 치료사와 내담자가 약물 사용의 장단점에 대해 논의하는 단 한 회기의 치료 회기 중에도 내담자의 마음이 갈팡질팡하는 것은 드문 일이 아니다. 변화에 대한 준비는 일반적으로 개인의 목표와 관련이 있다. 예를 들어, 전숙고단계에 있는 사람은 행동 변화에 관한 목표가 거의 혹은 전혀 없는 반면, 실행 및 유지단계에 있는 사람은 변화를 만들거나 유지하는 것을 목표로 한다.

사례개념화를 조직화할 때는 현재의 변화 동기에만 초점을 맞추기보다는 시간이 흘러감에 따라 각 시점에 맞추어 내담자의 동기부여에 대해 질문하는 것이 중요하다. 다음은 시간 경과에 따른 변화 과정을 파악할 수 있는 몇 가지 질문이다.

> "0%에서 100%까지의 척도에서 지금 당장 변화할 준비가 얼마나 되셨나요?"
>
> "변화의 장점과 단점에 대해 지금은 어떻게 생각하시나요?"
>
> "과거에 비슷한 변화를 시도한 적이 얼마나 자주 있었나요?"
>
> "과거에 변화를 시도하는 동안, 시간이 지남에 따라 동기가 어떻게 변했었나요?"
>
> "다시 말해, 과거에 재발했을 때 중독을 벗어나고자 하는 동기가 롤러코스터처럼 오르락 내리락했나요?"

준비단계가 시시각각 변할 수 있다는 사실은 아무리 강조를 해도 지나치지 않다. 실제로 제2장에서 언급했듯이 Marlatt와 Gordon(1985)은 절제파기효과(Abstinence

Violation Effect: AVE)에 대해 언급하며, 실행단계나 유지단계에 있는 사람이 한순간의 실수로 마치 숙고단계에 있는 사람처럼 무력하고 절망적인 생각을 활성화하는 현상을 이야기했다. 예를 들어, 월요일 뉴스에서 오피오이드 과다 복용으로 인한 사망 소식을 들은 Annie는 옥시코돈 복용을 중단하기로 결심한다. 그러나 화요일에 그녀는 불안하고 우울한 기분으로 잠에서 깨어나 약장에 남아 있는 병에서 옥시코돈을 꺼내기로 결심한다. 약을 삼키자마자 후회를 느껴 그날은 더 이상 약을 복용하지 않는다. 그러나 수요일에 그녀는 전날 '이미 약물을 복용해 버렸다.'고 생각하며 더 이상 약물 복용 중단의 목표를 달성할 수 없다고 생각하여 몇 알을 더 복용하기로 결심한다. 이것은 절제파기효과(AVE)의 전형적인 사례이다. Annie의 동기는 단 며칠 만에 변화할 준비가 되었다가, 준비되지 않았다가, 또 다시 준비가 되었다가 결국 준비되지 않은 상태로 바뀌었다.

정보의 통합(integration of the data)은 내담자의 삶과 문제를 개념화하는 연속적인 과정 중 가장 어렵고 중요한 단계이다. 이 단계에서 치료사는 모든 배경 정보를 일관된 데이터(근거) 중심의 진술(내러티브)로 종합하여 내담자의 어려움을 설명하고 합당한 치료 권고사항을 도출한다. 예를 들어, 치료사는 다음과 같은 상황을 가정할 수 있다. Jeff는 각성제(메스암페타민) 사용장애가 있는 40세 기혼 남성이다. Jeff의 아내는 최근 그에게 집에서 나갈 것을 요구했다. 이 부부에게는 두 자녀가 있는데, 아내는 그가 종종 변덕스럽고 위협적인 행동을 보였다는 이유로 별거를 요구했다. Jeff는 과거에 오랜 기간 우울증을 앓은 적이 있다고 밝혔다. Jeff는 약을 정기적으로 복용한 뒤 우울감을 덜 느꼈고, 직장에서 더 일을 잘할 수 있게 되었다고 설명한다.

Jeff는 현재 폭음을 하는 미혼인 형과 함께 살고 있다. 배관공인 Jeff는 생활비를 충당할 만큼만 돈을 벌기 때문에 자가 아파트를 마련하지 않고 형과 함께 살고 있다. 그는 자신과 형에게는 폭음을 하는 부모님이 있었고, 가정환경은 소란스럽고 불안정했다고 설명한다. 그는 직장에서 몇몇 동료들로부터 메스암페타민을 소개 받았다. Jeff의 마약 딜러는 직장 동료 중 한 명으로, 종종 그에게 "정말 좋은 물건이 있다."라며 약물이 떠오르게끔 했다. Jeff는 여러 가지 내부 및 외부 요인(예: 우울증, 피로, 함께 약을 하는 동료, 약을 구하기 쉬운 상황 등)에 의해 중독행동이 촉발됐다. 그는 항상 스스로를 '패배자에 가깝다.'고 생각하며 '뭔가 잘못되어도 별로 놀랍지 않은 인생'이라고 생각했다. 이러한 생각은 그의 마약 사용을 촉발하는 다음과 같은 사고로 이어졌다. "에라 모르겠다!" "좀 더 업 되고 싶어." "우리 가족은 절대 모를 거야." "딜러에게 연락해야 해." 그는 마약을 하지 않을 때는 우울한 기분이 들고, 기분이 좋아지는 일이 거의 없었다. 적어도 아내와 별거하기 전에는 가족을 위해 돈을 번다는 사실에서 만족감을 찾았었다. 그는 이제 (마약 사용을 완전히 끊기 위해) "기꺼이 변할 의지가 있다."고 말하면서 "가장 중요한 것은 가족을 되찾는 것이다."라고 덧붙인다.

치료에 대한 시사점(implications for treatment)에서는 CBT 전략과 기법을 계획한다. 사례개념화는 내담자의 문제, 배경, 촉발요인, 사고, 신념, 정서적 어려움 등과 관련된 필수적이고 통합된 정보를 제공한다. 또한 문제의 심각성, 변화 동기, 목표, 변화의 장애물에 대한 정보도 제공할 수 있다. 치료 전략과 기법은 그 자체가 가지고 있는 중요성과 발견된 문제를 해결할 수 있는 내담자의 능력에 따라 선택해야 한다. 예를 들어, 내담자가 마리화나를 사용하는 이유가 사회적 불안(social anxiety)을 줄이기 위한 것이라고 판단이 되면 CBT는 불안을 줄이기 위한 인지 및 행동 전략에 초점을 맞춰야 한다. 코카인을 항우울제로 사용하고 있다고 판단되는 경우 CBT는 우울 증상을 줄이는 데 초점을 맞춰야 한다. 불면증이 있는 사람이 수면을 유도하기 위해 알코올을 사용하는 경우, CBT에 수면 위생 전략을 도입해야 한다. 단순히 충동과 갈망을 멈추기 위해 중독행동을 선택하는 경우에는 '충동 서핑하기' 기법을 가르칠 수 있다.

앞의 Jeff의 사례로 돌아가서 치료사는 치료 계획에 여러 가지 접근법이 포함되어야 한다는 것을 이해할 수 있다. 무엇보다도 치료사는 Jeff의 변화 동기에 초점을 맞출 수 있다. 첫째, 치료사는 그가 스스로 마약을 계속할 때와 중단할 때의 장단점을 면밀히 검토할 수 있도록 도울 수 있다. 둘째, 치료사는 그가 약물에 대한 충동과 갈망을 이해하고 조절할 수 있도록 도울 수 있다. 셋째, 치료사는 그가 어렸을 때부터 극도의 자기 패배적인 도식과 믿음을 형성해 왔음을 이해하도록 돕고, 성인으로서 자신의 강점과 능력을 발견하도록 안내함으로써 Jeff가 자신의 생각, 감정 및 행동을 이해하고, 통제하도록 도울 수 있다. 또한 치료사는 그가 자신의 가치관을 명확히 하고, 가장 깊이 간직하고 있는 가치에 따라 살 수 있도록 행동에 변화를 줄 수 있는 방법을 파악하도록 도울 수 있다.

사례 예시: Carol

이 장에서는 사례개념화의 각 요소를 설명하기 위해 중독행동으로 어려움을 겪는 여러 인물들이 간단한 예시들을 제공했다. 이 마지막 차례에서는 새로운 내담자 사례를 소개하고 사례 속의 내담자를 개념화하기 위한 열 가지 요소에 초점을 맞춘다. 치료사는 여기에서 설명하는 것처럼 열 가지 요소를 모두 사용하여 내담자를 개념화할 것을 권장한다.

Carol은 남편 Jim의 권유로 치료를 시작한 45세 여성이다. 이 부부는 결혼한 지 20년이 되었고, Jim은 Carol이 '큰 변화를 보이지 않으면' 이혼하겠다고 협박했다. Jim은 Carol의 문제에 대한 자신의 관점을 제시하기 위해 첫 번째 회기에 Carol과 동행했다. 그는 "Carol의 도박 때문에 결혼 생활이 끔찍해요."라고 언성을 높혔다. 첫 방문에서 두 사람은 대부분의 치료사의 질문에 대해 말다툼을 벌였고, 둘 사이의 팽팽한 긴장감을 느낄 수 있었다. 예를 들어, Carol이 Jim에 대해 '항상 화를 낸다.'고 묘사하자 Jim은 항상 화를 내는 사람은 Carol이라고 주장했다. Carol은 Jim이 10대인 두 자녀를 마음대로 하도록 내버려 둔다고 비난했다. 그러자 Jim은 Carol이야말로 지속적으로 자녀들을 멸시하고 비하했다고 답했다. Jim이 Carol이 도박으로 저축한 돈을 모두 탕진했다고 비난하자 Carol은 "내가 한 도박은 당신이 그 망할 오토바이로 우리 돈을 낭비하는 것과 다를 바 없어."라고 맞받아쳤다. 이후 치료 회기에서 Carol은 혼자 왔고 치료사는 그녀를 개념화하기 위해 더 많은 질문을 했다. 치료사는 앞으로 Carol의 배경 정보를 수집하고 통합하는 과정을 가질 것이고, 이러한 과정을 통해 Carol이 나아가기 위한 가장 적절한 목표와 전략을 선택할 수 있을 것이라고 설명했다.

- **주요 문제(primary problem)**: 처음 두 번의 방문에서 Carol은 '끔찍한 결혼 생활' 외에 자신의 심각한 도박 문제를 인정하지 않으려 했다. 하지만 세 번째 방문

에서는 좀 더 솔직해졌고 자신의 도박 문제를 이야기하기 시작했다. 그녀는 약 10년 전 직장 동료를 통해 도박을 처음 접하게 되었다. 그녀는 주로 주말에 퇴근 후 도박을 했지만, 이외에도 여유가 된다면 매일 같이 도박을 했었다고 말했다. 그녀는 슬롯머신만 했는데, 특정 슬롯머신을 둘러싼 모든 소리와 이미지에 집착하는 자신을 발견하곤 했다. 그녀는 가끔씩 이길 때를 계산하더라도, 카지노에 갈 때마다 평균 500달러를 잃는다고 계산했다. 그녀는 매 순간 도박에 대해 생각하는 자신을 발견했기 때문에 도박에 대한 '거대한 집착'이 느껴진다고 말했다. Carol이 도박으로 탕진한 비용은 처음 도박을 시작했을 때부터 점점 커져 10년 동안 약 5만 달러를 잃은 것으로 추정했다. 도박에 사용한 돈은 가족 저축, 자녀의 대학 학자금, 신용카드 현금서비스로부터 나왔다. 그녀는 가끔 도박을 끊으려고 했지만, 그로 인한 고통이 너무 견디기 힘들어 곧바로 다시 도박을 하곤 했다. 그녀는 우울감을 부인했지만 도박 전, 도박 중, 도박 후에 종종 절망감을 느꼈다고 말했다. 다른 중독 가능성에 대한 질문에 그녀는 한번에 두 잔 이상 술을 마신 적이 없다고 부인했으며 담배나 기타 향정신성 약물을 반복적으로 사용한 적이 없다고 말했다.

- **사회적/환경적 맥락(social/environmental context)**: Carol은 Jim 그리고 자녀인 Caleb(12세), Sara(14세)와 함께 살고 있다. 그녀는 지역 유명 레스토랑에서 야간 매니저로 일하고 있고 Jim은 전기 기사로 일하고 있다. 그녀는 고등학교 졸업 후 대학 진학에 대해선 생각한 적이 없다며 수줍은 표정을 지었다. 그녀는 여가 시간의 대부분을 레스토랑 동료들과 함께 보내며, "Jim은 너무 지루해요. 우리에겐 더 이상의 공통점이 없어요."라고 말했다. 그녀의 사교 활동은 대부분 카지노에서 이루어지며, 퇴근 후부터 이른 아침 시간까지 동료들과 함께 슬롯을 즐긴다. 최근까지 이 부부는 주택 담보 대출이 유일한 빚이었을 정도로 재정적으로 안정적이었다. 하지만 Jim도 모르는 사이에 Carol은 자녀의 대학 등록금을 포함한 모든 저축 계좌의 예금을 탕진했고, 모든 신용카드의 지출 한도에 도달했다.
- **원거리 선행요인(distal antecedents)**: Carol은 다툼이 잦았던 부모 아래서 자랐

다. 그녀는 부모님이 가정의 중대사를 두고 진지하게 논의하는 것을 거의 본 적이 없으며, 집안에서 사랑이라는 단어가 사용된 적도 없었다고 이야기했다. 형제자매는 남동생 한 명뿐이었는데, 남동생은 23세에 교통사고로 사망했다. 그녀는 사고 당시 현장에 다른 차량은 없었기 때문에 남동생이 음주운전을 한 것이 틀림없다고 추측한다. 그녀는 아버지가 매일 밤 술을 마시고, 담배를 피우던 것을 기억하지만, 그 누구도 아버지가 진단을 받을 정도의 알코올 사용 문제가 있다는 사실에 대해 이야기하지 않았다고 했다. 어머니는 아직 살아 계시지만 아버지는 57세에 폐암으로 돌아가셨다. 그녀는 가족 중 카지노에 발을 들여놓은 사람이 있었을 것이라고 의심을 하기도 한다. 그녀는 가족 중 정신 질환이 있었던 사람이 있었는지 기억이 나지는 않지만 무엇이 되었건 가족과 함께 했던 공간은 "확실히 행복한 곳은 아니었어요."라고 말했다.

- **근거리 선행요인(proximal antecedents)**: Carol은 항상 도박에 대해 생각하며 '일로 인해 정말 바쁠 때'에만 도박에 대한 생각을 멈춘다고 말했다. 언젠가 그녀는 치료 중에 "저의 가장 큰 촉발요인(trigger)은 살아있다는 것이에요."라며 농담을 할 정도였다. 그녀는 곧 도박을 할 수 있다고 생각하는 금요일이나 토요일 초저녁에 가장 강한 충동과 갈망이 시작된다는 것을 알고 있다. 갈망을 촉발시키는 내적 감정에 대해 질문하자 그녀는 지루함, 불안, 짜증, 분노, 좌절감, 긴장감, 특히 가족에게 돌아갈 생각을 할 때라고 쉽게 답했다.
- **인지과정(cognitive processes)**: Carol은 도박과 관련이 있을 수 있는 몇 가지 도식과 핵심 신념을 가지고 있다. 예를 들어, 그녀는 스스로를 특별히 사랑스럽거나 사랑받기에 충분하다고 생각하지 않는다. 그녀는 결혼 후 체중이 약 40파운드가량 늘었으며 "지금은 그렇지 않지만, 예전에는 충분히 매력적이었어요."라고 자주 이야기했다. 그녀는 대학에 진학하지 않은 것에 대해 뼈저린 후회를 하고 있다. "대학에 진학했어야 했어요. 지금 내가 살고 있는 지옥에서 벗어날 수 있는 티켓이었을지도 몰라요." 그녀는 가족 간의 친밀한 관계가 삶의 보람이 될 수 있다고 생각하지 않고, 오히려 Jim과의 관계가 독이 된다고 생각한다. 그녀는 결혼 생활의 대부분의 시간 동안 Jim을 친구보다는 적으로 여겼다. 그

녀는 동료들을 좋아한다고 말하지만, "제가 당신에게 말하는 이런 종류의 이야기를 동료들에게는 절대 하지 않을 거에요."라고 덧붙인다. 카지노를 방문하기 전과 카지노에 있는 동안 그녀는 도박장애를 가진 사람들에게 공통적으로 나타나는 여러 사고와 신념을 가지고 있었다. 그 예는 다음과 같다.

"계속 도박을 하면 결국에는 돈을 딸 수 있을거야."
"나는 너무 많이 졌으니 곧 이길 수 있을 거야." (악명 높은 '도박사의 오류')
"이번에는 내 운이 더 좋을 거야."
"나는 그렇게 많은 돈을 쓰지 않아."
"오늘은 행운의 날이 될 거야."
"언젠가는 잘하게 될 거야."
"지금 그만둘 상황(형편)이 아니야!"
"잃어버린 돈을 되찾기 위해 도박을 하고 있어."

- **정서적(정동적) 과정(affective processes)**: Carol은 기쁨이나 행복을 느끼지 못한다고 말하면서, 지속되는 우울감이나 불안감 또한 부인한다. 앞에서 언급했듯이 그녀는 종종 도박과 관련한 절망감을 느끼곤 한다. Carol은 자신의 가장 두드러지는 감정에는 결혼으로 인해 촉발된 분노, 짜증, 긴장, 좌절이 포함되어 있음을 인정한다.
- **행동 패턴(behavioral patterns)**: Carol은 건전하고 친밀한 관계를 유지하는 것에 관심을 갖거나 사회기술을 개발한 적이 없다. 그녀는 믿을 만하고, 근면한 사람이며, 동료들은 그녀가 훌륭한 관리자라고 말한다. 하지만 집에서는 꼭 이야기를 해야만 하는 이유가 있거나, Jim과 다툴 때를 제외하고는 남편 및 자녀들과 최소한으로만 교류한다. 그녀는 보통 컴퓨터 앞에 앉아 한번에 몇 시간씩 웹 서핑을 한다. Jim이 모든 도박 웹 사이트를 차단했지만, 그녀는 자신이 여전히 온라인 도박을 한다는 사실을 인정했다. 그녀는 종종의 식사 준비, 가벼운 집안일, 빨래를 하는 것 외에는 다른 취미활동이나 여가생활 등을 하지 않는다.

- **변화에 대한 준비 상태 및 관련 목표(readiness to change and associated goals)**: Carol은 도박을 끊기로 결심했다. 그녀는 남편이 자신이 돈에 접근하는 것을 차단했고, 신용카드의 한도가 다 되었기 때문에 곧 도박을 할 수 없게 될 것이라고 예상했다. 그녀는 "도박을 끊고 싶은 것이 아니라 도박을 끊도록 강요당하고 있어요."라고 솔직한 속마음을 이야기하기도 한다. 또한 그녀는 "이 형편없는 결혼 생활에서 벗어날 수만 있다면, 얼마든지 도박을 할 수 있어요."라고 말하기도 했다.
- **정보의 통합(integration of the data)**: Carol은 심각한 도박장애가 있다(DSM-5 증상 중 6개 이상 충족). 그녀는 골초면서 과음을 하는 가족이 있었기에 물질사용장애(SUD) 가족력도 있다. 그녀는 결혼 생활에도 심각한 문제가 있지만, 이러한 문제를 해결할 지식이나 대처 기술은 없다. 도박은 분명히 Carol에게는 불행한 현실에서 벗어날 수 있는 유일한 활동이다. 그녀의 촉발요인은 대부분 부정적인 감정과 관련이 있으며, 이러한 감정은 도박과 관련된 수많은 생각을 촉발시킨다. 그녀는 변화를 고려할 의향은 있지만, 자신의 삶을 궁극적으로 변화시킬 준비가 되진 않았다.
- **치료에 대한 시사점(implications for treatment)**: Carol을 돕기 위해서는 먼저 다음과 같은 사실을 함께(collaboratively) 확인하는 것이 필수적이다. ① 그녀에게 문제가 있고, ② 변화를 통해 이익을 얻을 수 있으며, ③ 변화를 위해 필요한 기술을 습득할 수 있다는 사실을 확인해야 한다. 다시 말해, 그녀가 변화의 가능성을 믿게 하는 것이 필수적이다. '도박을 끊는 것이 나에게 최선의 선택이다.' '나는 도박을 끊을 수 있다.'라고 믿어야 한다. 그녀는 전체 CBT 발달 모델(full CBT developing model)을 배우고 그것이 자신에게 어떻게 적용되는지 이해하는 데 도움을 받을 수 있다. 또한 Carol은 가족력을 통해 스스로가 항상 중독 행동의 위험에 처할 수 있음을 이해하도록 도움을 받을 수 있고, 내부 및 외부 촉발요인을 파악하고 이러한 촉발요인에 어떻게 대응할 수 있는지 도움을 받을 수 있다. 예를 들어, ① 도박에 대한 강박적인 생각 그만두기, ② 새로운 취미 찾기, ③ Jim과의 싸움 그만두기 등을 통해 자신의 목표를 파악하는 데 도움

을 받을 수 있다. 또한 그녀는 이러한 목표를 달성하는 데 잠재적인 장애물과 이러한 장애물을 극복하기 위한 방법을 파악하도록 격려를 받을 수 있다. 도박 중단에 초점을 맞추면서 그녀는 기분 조절을 위한 인지행동기술도 배우게 되며, 더 만족스러운 행동을 배우게 될 것이다.

이 장의 앞부분에서 언급했듯이 사례개념화는 CBT가 진행되는 동안 계속해서 발전한다. 일부 내담자는 치료 과정과 치료관계를 신뢰할 수 있다는 것을 깨닫게 되면서 이전에는 드러나지 않았던, 깊은 개인적인 문제를 드러내기도 한다. 또한 내담자가 통찰력을 얻고 행동 변화를 달성하면서 자신의 중독과 관련된 숨겨진 문제를 발견할 가능성도 높다. 예를 들어, 하루에 수차례 마리화나를 피우던 내담자가 금단 치료를 통해 마리화나를 피우는 동기가 심각한 불안 때문임을 발견할 수 있다. 물론 사례개념화가 발전함에 따라 치료 계획도 발전해야 한다. 내담자와 치료사는 이전에 인지하지 못했던 문제를 발견하면 새로운 문제를 해결하기 위한 새로운 CBT 전략을 수립하기 위해 함께 노력해야 한다. 많은 수의 중독 내담자들이 과거의 삶의 경험과 중독 치료 기법(예: 의학 중심 치료 시설, 12단계 프로그램 등)의 영향을 받아 이미 자신만의 자기 개념화를 가지고 있을 수 있다는 것을 상기하는 것은 치료사에게 도움이 될 수 있다. 이러한 사람들은 중독에 대해 자신이 가지고 있던 생각이 새로 도입된 CBT 개념과 충돌하는 것은 아닌지 걱정할 수 있다. 예를 들어, 여러 전문가와 전통적인 중독 개념을 가지고 있는 사람들은 중독을 질병으로 간주하기 때문에 CBT가 중독의 질병 모델을 거부하는 것은 아닌지 걱정을 할 수 있다. 이 딜레마에 대한 해답은 간단하다. 질병 모델은 오랜 기간 동안 많은 사람들에게 여러 가지 이유로 유용하게 활용되어 왔다. 실제로 실력 있는 CBT 치료사들 또한 중독을 질병으로 간주한다.

우리는 치료사가 각 내담자의 개념화 과정을 거치면서 내담자로부터 그들이 가지고 있는 자기 개념을 배울 것을 장려한다. 대부분의 인지행동치료사들은 경험과 실습을 통해 다양한 중독 모델 간에 차이점보다 유사점이 더 많다는 것을 배우게 된다.

요 약

이 장에서 우리는 사례개념화의 열 가지 필수 요소에 초점을 맞추었으며, 각 요소의 중요성을 설명하기 위해 다양한 사례를 활용했다. 우리는 앞에서 언급한 요소들을 활용하여 중독 개념화(conceptualizing addictions)를 하는 것이 매우 유용하다는 것을 확인했으며, 독자 여러분도 이러한 접근 방식을 활용하길 기대한다. 앞서 언급했듯이 사례개념화는 효과적인 CBT의 다섯 가지 구성 요소 중 하나에 불과하다. 나머지 네 가지 구성 요소는 구조(structure), 협력, 심리교육, 표준화된 기법이다. 이 네 기지 구성 요소는 철저하고 정확한 사례개념화를 기반으로 할 때 가장 효과적일 가능성이 높다. 즉, 사례개념화가 철저하고 정확할 때 치료 회기가 적절하게 구조화되고, 치료사와 내담자의 목표가 일치하며, 심리교육이 적절한 시기에 이루어지고, 표준화된 기법이 가장 큰 긍정적 영향을 미칠 가능성이 높다.

제 4 장

수치심, 낙인, 그리고 치료관계

수치심, 죄책감, 두려움, 무력감, 좌절감, 절망감은 중독으로 어려움을 겪는 사람들이 느끼는 감정 중 일부에 불과하다. 게다가, 중독자들은 자신을 낙인찍는 사회로부터 경멸을 경험하게 되고, 결국 자기 스스로를 낙인찍어 스스로 최악의 비난가가 되기도 한다(Kelly et al., 2015; Schomerus et al., 2011; van Boekel, Brouwers, van Weeghel, & Garretsen, 2013). 당연하게도, 이러한 사회적 낙인과 자기 낙인의 과정은 이미 복잡한 치료관계를 더욱 복잡하게 만들 수 있다. 이 장에서는 치료사와 중독 내담자 간의 관계에 대해 논의하며, 강력한 치료적 동맹을 유지하고 내담자의 수치심과 낙인의 부정적인 영향을 극복하는 데 중점을 두고자 한다.

사회적 낙인과 자기 낙인의 영향을 이해하는 공감적 치료사는 중독 내담자들이 내적·외적 판단 및 경멸에 끊임없이 시달린다는 사실을 잘 알고 있고, 이 때문에 중독 내담자를 도울 수 있는 좋은 위치에 있다. 이러한 치료사들은 중독으로 어려움을 겪는 내담자들을 치료할 때 긍정적인 지원과 협력의 분위기를 조성하기 위해 노력한다. 사실, 이러한 긍정적이고, 포용적이며 협력적인 심리치료관계는 효과적인 치료에 필수적이다(예: Miller & Rollnick, 2013; Norcross & Lambert, 2018; Wampold, 2015). 사회적 낙인과 자기 낙인이 심리치료관계에 미치는 영향은 종종 과소평가된다. 내담자는 낙인으로 인해 자신의 걱정을 숨기고 모든 것이 괜찮은 것처럼 보이려고 할 수 있다. 낯선 사람에게 자신의 문제를 맡길 이유가 없고, 모든 치료사들이 다른 사람들처럼 자신을 판단할 것이라고 생각할 수 있기 때문이다. 또한 중독행동에 대해 공개적으로 이야기하는 것을 부끄러워할 수도 있다. 우리는 그들이 도움을 요청할 때 치료받는 것에 대한 잠재적인 생각과 감정에 수용적인 치료사를 찾을 수 있기를 바란다.

치료관계에 부정적인 영향을 미치는 신념

이 장은 치료관계에 부정적인 영향을 미치는 심리사회적 신념에 대해 논의하는 것으로 시작하고자 한다. 이러한 부정 신념을 선택한 이유는 치료 참여에 어려움을 겪는 내담자에게서 이러한 부정적(관계) 신념이 자주 관찰되기 때문이다.

- 치료에 대한 압박감
- 수치심
- 중독을 최소화하려는 경향 또는 변화의 동기 부족
- 과거 전문가로부터 낙인찍힌 경험
- 치료 및 치료사에 대한 고정관념
- 자기 공개로 인한 처벌에 대한 두려움

다음 세 가지 사례를 살펴보겠다. 아내가 계속 술을 마시면 이혼하겠다고 협박하는 Arnold, 약물 검사에서 또 다시 양성 반응이 나오면 직장에서 해고될 위기에 처한 Becky, 마리화나 소지로 보호 관찰 중이며 치료를 받아야 하는 Charlie의 사례이다. 이 세 사람은 치료관계에 잠재적 영향을 미칠 수 있는 생각과 감정을 가지고 있다. 이들은 치료를 강요받거나 의무적으로 받아야 하는 것에 대해 분노, 수치심, 두려움, 짜증, 좌절감 또는 더 나쁜 감정을 느낄 가능성이 높으며, 이러한 감정은 치료에 방해가 될 수 있다. 이러한 사례는 앞에 나열된 부정적(관계) 신념을 설명하는 데 도움이 될 것이다. 또한 우리는 이러한 부정적(관계) 신념에 필요한 적극적인 치료관계를 촉진하는 치료사의 필수 기술과 태도를 제시할 것이다. 이러한 기술과 태도에는 성찰적 경청, 정확한 공감, 피드백 유도, 안내에 따른 발견, 진정한 배려, 즉각성, 진정성 등이 포함된다.

내담자는 치료에 대한 압박감을 느낄 수 있다

앞서 언급했듯이 Arnold의 아내는 그가 술을 끊지 않으면 결혼 생활을 끝내겠다고 협박했다. 또한 그녀는 그에게 치료를 받으라고 요구했다. 따라서 그는 치료를 받아야 한다는 심리적 압박감을 느끼고 있다. Arnold와 치료사 간의 다음 대화는 정확한 공감과 피드백을 이끌어 내는 기술의 예로 제시된다.

치료사: 안녕하세요. Arnold 씨, 잘 오셨어요. 저와 함께 어떤 이야기를 하고 싶으세요?

Arnold: 잘 모르겠어요. 아내를 잃고 싶지 않아서 여기 왔어요.

치료사: 더 자세히 말씀해 주실 수 있나요?

Arnold: 우리는 결혼한 지 30년이 되었습니다. 성인이 된 두 자녀와 네 명의 예쁜 손자가 있죠. 그녀가 이 모든 것을 포기할 수 있다는 걸 이해할 수 없어요.

치료사: 당신은 아내와 가족을 정말 아끼는군요.

Arnold: 제가 열심으로 이뤄놓은 것들을 잃고 싶지 않아요.

치료사: 당신은 정말로 당신의 결혼 생활과 가족을 지키고 싶군요. 아내가 '모든 것을 포기할 수도 있다.'고 생각하는 이유는 무엇인가요?

Arnold: 아내는 제가 술을 끊지 않으면 저와 이혼하겠다고 합니다.

치료사: 아내가 당신의 음주에 대해 걱정하게 된 이유는 무엇인가요?

Arnold: 모르겠어요. 그녀는 항상 아버지가 주정뱅이였다고 불평하며, 주정뱅이와 결혼하고 싶지 않았다고 말해요.

치료사: 아내가 당신을 주정뱅이로 생각한다고요?

Arnold: 네, 하지만 그녀는 잘못 알고 있어요. 저는 그녀의 아버지와는 전혀 달라요. 전 매일 밤 집에 있어요. 저는 그녀의 아버지가 했던 멍청한 짓은 절대 하지 않아요. 그는 심각한 주정뱅이였어요. 저는 가끔 술을 마시는데, 그게 그녀를 자극할 뿐이에요.

치료사: Arnold 씨는 여기 치료를 받으러 오는 것에 큰 압박감을 느끼시는 것 같네요. 제가 볼 때, 아내와 가족을 정말로 소중히 여기시고, 그들을 잃고 싶지 않아서 여기 계신 것 같습니다.

Arnold: 네, 맞아요.

치료사: 여기에 오신 것처럼, 이전에도 누군가에게 도움을 요청해 본 적이 있나요?

Arnold: 아니요, 저에게 문제가 있다고 생각한 적이 없어요.

치료사: 여기 오니 기분이 어떠세요?

Arnold: 모르겠어요. 별로예요. 저는 도움을 요청하는 것을 좋아하지 않아요. 솔직히 말해서 아내와 저는 우리 스스로 문제를 해결할 수 있다고 생각해요.

치료사: 제가 제대로 이해하고 있는지 확인해 볼게요. 당신은 진심으로 결혼 문제를 해결하고 싶어 하시고, 가족을 함께 유지하기 위해 거의 모든 것을 하실 준비가 되어 있습니다. 하지만 도움을 요청하는 것이 당신의 마음과는 다르기 때문에 여기 계시는 것이 어렵게 느껴집니다. 그리고 아내가 걱정하는 것과는 달리 당신의 음주에 대해서는 별로 걱정하고 있지 않죠.

Arnold: 맞아요.

치료사: 그 모든 것을 이해하고, 여기에 오고 싶지 않다는 마음까지도 솔직하게 말씀해 주셔서 고마워요.

Arnold: 제가 이렇게 불편함을 느끼는 건 선생님 때문이 아니에요. 저는 늘 개인주의적인 사람이었고, 어릴 때도 개인적인 문제에 대해서 꺼내 놓지 않았어요.

치료사: 그렇게 말해 줘서 고마워요. 도움이 될 수 있도록 최선을 다하겠습니다.

이 대화에서 Arnold는 자신에게 음주 문제가 있다고 생각하지 않았고, 낯선 사람과 개인적인 문제에 대해 이야기하는 것을 편안하게 느끼지 못했음이 분명하다. 그는 음주 습관을 바꾸기 위해서가 아니라 결혼 생활을 지키기 위해 치료를 받으러 왔다. 그는 때때로 자신의 음주가 문제라고 생각하거나, 음주량을 줄이거나 중단하려고 노력할 수도 있지만, 이러한 문제에 대해서는 솔직하게 말하지 않았다. 따라서 그가 치료사를 신뢰하고 개인적인 문제의 정도와 심각성에 대해 공유하는 데는 시간이 걸릴 것이다. 그의 치료사는 이 사실을 깨닫고 Arnold에게 치료받는 것에 대한 우려 사항을 공유하도록 돕는다. 치료사는 Arnold의 고민을 충분히 경청한 후 지지와 공감의 방식으로 정확하게 반영했다. 또한 치료사는 Arnold가 자신의 개인적인 문제에 집중해야 할 필요가 있다는 것을 알고 있지만, Arnold가 스스로 그렇게 할 준비가 될 때까지 기다리고 있다.

내담자는 본인의 중독행동에 수치심을 느낄 수 있다

수치심은 강력한 동기강화의 요소이다. 사람들이 중독으로 인해 어려움을 겪고 있다는 사실을 인정할 때, 대부분은 아니더라도 많은 사람들이 수치심을 느낀다. 그리고 수치심을 느끼는 사람들은 자신의 중독행동을 비밀로 유지하려 한다. 그러나 내담자가 치료사에게 자신의 중독행동을 숨기면 치료의 효과를 기대하기 어렵다. 또한 치료가 도움이 되기도 전에 치료를 중단할 위험에 처할 수도 있다. 유능한 치료사는 수치심의 잠재적 영향을 이해하고, 내담자가 중독 습관에 대한 질문에 답하기 어려울 수 있다는 것을 인정하는 동시에 세심한 주의를 기울여 가며 안내하는 탐색 과정에 참여한다. 이들은 내담자가 이러한 질문에 솔직하게 답변하는 것을 높이 평가하고 존중한다.

Becky는 자전거 사고 이후 의사의 처방에 따라 진통제를 복용하기 시작했다. 갈비뼈 세 개가 부러진 그녀는 진통제를 복용하면서 신체적 통증이 크게 줄었다. 이와 동시에 Becky는 이 약을 복용하면 기분이 좋아진다는 사실도 알게 되었다. 처방이 끝나자 그녀는 의사에게 전화를 걸었고, 의사는 약을 비마약성 진통제로 전환해야 한다고 말했다. 당황한 Becky는 친구에게 전화를 걸어 '대체' 마약을 구해 달라고 부탁했다. Becky의 직장에서는 무작위 약물 검사를 실시했는데, Becky의 차례가 되자, 소변에서 오피오이드가 검출되었다. 그녀는 상사에게 통증 때문에 마약을 복용했다고 주장했지만, 이를 입증할 수 있는 처방전을 제시하지 못했다. 그녀는 직장에서 근신 처분을 받았고 중독 전문가의 도움을 받으라는 권고를 받았다. 이러한 상황

가운데 인지행동치료사와의 첫 회기에서 다음과 같은 대화가 진행되었다.

치료사: Becky, 만나서 반가워요, 제가 어떻게 도와드릴까요?

Becky: 저는 직장 때문에 여기 와야 해요.

치료사: 직장에서 무슨 일이 있었기에 저를 만나러 오셨나요?

Becky: 사연이 길어요. 얼마 전에 자전거 사고가 나서 갈비뼈가 부러졌어요. 정말 많이 아팠어요. 한동안은 숨을 쉴 때마다 통증이 있었죠. 그래서 의사들은 진통제를 주었고, 그 후에는 제가 진통제를 끊을 준비가 되기도 전에 약을 끊어 버렸어요. 이후 친구가 약을 구해 줬는데 직장에서 소변검사를 하다가 마약을 한 사실을 인사과에 걸렸어요. 그렇게 이제는 여기로 오게 되었네요.

치료사: 자전거 사고와 직장에서 있었던 일에 대해 유감입니다. 제가 도움이 되었으면 좋겠네요. 우리가 함께 무엇을 해결할 수 있을까요?

Becky: 모르겠어요. 제가 여기 앉아 있다는 게 믿기지 않아요. 교장실에 불려 온 것 같아요.

치료사: 벌을 받는 것 같나요?

Becky: 제가 아는 건 당신이 중독자를 치료하는 정신과 의사라는 것뿐인데, 제 직장에서 동료들은 저를 중독자라고 생각해요. (잠시 말을 멈추고 눈물을 흘린다) 그럴지도 모르죠. 이 모든 상황이 정말 부끄럽네요. 네, 진통제를 복용했다는 이유로 벌을 받는 것 같아요. 정말 창피해요.

치료사: Becky, 여기 온 게 창피하다는 건 이해해요. 벌처럼 느껴진다고 하셨죠. 하지만 한편으로는 약물 문제가 있을 수도 있다고도 하셨죠. 왜 그렇게 생각하시나요?

Becky: 진실을 원하세요? 제가 하고 있는 일은 힘들고, 마음에 들지 않지만 저는 수입이 필요해요. 누군가는 제 아이들과 저를 부양해야 하거든요. 그래도 약 덕분에 매일 출근하는 게 조금은 견딜 만했었어요.

치료사: 먼저 서로에 대해 알아 가는 것으로 이 과정을 시작해도 될까요? 섣부른 가정을 하지 않고 Becky 씨에 대해 알아 가고 싶어요. 저에게 궁금한 점이 있으시면 질문도 환영합니다.

Becky: 무엇을 알고 싶은데요?

치료사: 몇 가지 기본적인 것부터 시작하죠. 자신이나 자신의 삶에 대해 기분 좋은 점을 몇 가지 말씀해 주세요.

Becky: 어떤 것들요?

치료사: 자신에 대한 긍정적인 점, 관심사, 자녀와 같은 거요. 저는 '마약 중독자'라는 꼬리표를 붙이고 시작하기보다는 당신을 한 인간으로 생각하면서 함께 작업을 시작하고 싶습니다.

Becky의 치료사는 Becky가 치료를 받도록 지시받은 것에 대해 수치심을 느끼고 있음을 즉시 알아차렸고, 특히 '교장 선생님의 호출'에 대한 언급을 통해 이를 더욱 확신했다. 이에 따라 치료사는 Becky의 삶의 다른 측면에 더 큰 관심을 표명했다. 나중에 치료 과정에서 Becky는 자신이 진통제에 중독되었다는 사실을 깨닫고 "죄책감과 수치심에 압도당했다."고 직접 인정했다. 그녀는 치료사가 자신을 '중독자'가 아닌 '온전한 사람'으로 대했던 것이 회복에 중요한 전환점이 되었다고 말했다.

내담자는 중독행동을 과소평가하거나 변화에 대한 동기가 부족할 수 있다

어떤 사람들은 치료사를 포함한 다른 사람들이 음주, 흡연, 과식, 게임, 온라인 게임, 약물 사용과 같은 행동에 대해 질문할 때 자신이 부당하게 비난을 받고 있다고 생각한다. 치료사는 이러한 신념을 인식하고 개인의 변화 준비가 시간이 지남에 따라 단계적으로 이루어질 수 있다는 점을 이해해야 한다(Connors, DiClemente, Velasquez, & Donovan, 2013). 내담자에게 중독을 인정하도록 강요하려는 성급한 시도는 분명 역효과를 낳을 것이다. 또한 '중독자' 또는 '알코올 중독자'와 같은 꼬리표를 사용하는 것은 불쾌감을 줄 수 있다. 중독이라는 주제를 다룰 때 치료사는 먼저 내담자의 행동에 대한 일반적인 생각과 신념에 대해 이야기한 다음, 나중에 이러한 행동의 장단점에 대해 질문하는 것이 가장 좋다. 어떤 경우에는 이 과정을 행동의 '원인과 결과'로 설명할 수 있다. 예를 들어, "X(예: 음주)를 하면 Y(예: 결근)라는 결과가 나오는 것 같은데, 이에 대한 우려가 있으신가요?"와 같은 질문이 있다. 이 장의 뒷부분에서 논의하겠지만, 치료에서 단어 선택은 매우 중요하며, 내담자를 비난하거나 편견을 가지는 것은 치료관계의 조기 해체로 이어질 수 있다.

앞서 소개한 Charlie는 마리화나 사용을 줄인 내담자의 훌륭한 예이다. 다음은 Charlie와의 두 번째 회기 중, 그의 치료사가 Charlie의 마리화나 사용과 관련된 문제를 논의하기 위해 노력하는 대화 내용이다.

치료사: 오늘도 이 자리에 온 것을 환영해요.

Charlie: 네, 고마워요.

치료사: 오늘은 어떤 의제를 다루고 싶으세요?

Charlie: 무슨 비즈니스 회의 같은 건가요?

치료사: (웃음) 아니요, 죄송해요, 그냥 제가 치료 회기를 시작하는 방식이에요. 마음속에 있는 것을 이야기하도록 초대하는 제 방식이죠.

Charlie: 저는 이 상담을 빨리 끝내고 싶어요.

치료사: 여기 오기 싫다는 거 알아요. 처음 만났을 때부터 그런 의사를 분명히 밝히셨잖아요. 하지만 우리가 함께 있는 동안 저는 어떤 식으로든 도움이 되고 싶어요.

Charlie: 지난번에도 말씀드렸듯이 전 다른 사람들이 칵테일을 마시듯 마리화나를 피워요. 우린 마리화나가 불법인 주에 있을 뿐이죠. 다른 많은 주에서는 합법이에요. 우리 정치인들은 보수적인 위선자일 뿐이에요. 그들은 비싼 술을 마시며 둘러앉아 있는데, 저는 20달러 상당의 마리화나를 소지한 혐의로 보호관찰을 받으며 여기에 앉아 있죠.

치료사: 저도 마리화나 합법화 과정 전반을 이해하기 어렵다는 데 동의합니다. 알려지지 않은 것이 많고 혼란을 야기하는 원인이 많아요.

Charlie: 모든 것에 문제가 있다는 이상한 표현이네요. 이해가 안 돼요. 저는 대부분의 사람들이 술을 마시는 것처럼 마리화나를 피워요. 제가 가진 유일한 문제점은 제가 체포된 적이 있고 법적인 문제를 피할 수 있는 부자가 아니라는 점입니다. 마리화나를 피우는 것은 저를 편안하게 해 주는 몇 안 되는 일 중 하나에요. 또한 저는 다시 술을 마시기 시작하지는 않을 것입니다. 그건 정말 악몽 같았어요.

치료사: Charlie, 긴 이야기네요. 마리화나와 술에 대한 당신의 과거에 대해 물어봐도 될

까요? 술을 끊으셨다는 건 알지만, 왜 그런 결정을 내리게 되셨는지, 왜 악몽이라고 하시는지 정확히 모르겠습니다. 그리고 마리화나를 피우시는 건 알지만 얼마나 피우시는지, 언제 피우시는지, 마리화나가 긴장을 풀어 주는 몇 안 되는 것 중 하나라는 말씀도 무슨 뜻인지 잘 모르겠어요.

Charlie: 계속 질문하세요. 남은 시간 동안 뭐라도 해야죠. 그렇지 않으면 시간은 계속 흘러갈 테니까요.

Charlie는 치료를 받는 것에 대해 분명히 불만이 있었고, 치료사에게 자신의 좌절감을 자유롭게 공유했다. 만약 마리화나 사용에 대한 개인적인 우려가 있었다면, Charlie는 그러한 감정을 공유할 준비가 되어 있지 않았을 것이다. 하지만 그의 치료사는 인내심을 가지고 Charlie의 알코올 및 마리화나 사용에 대해 자세히 알아보는 데 필요한 모든 시간을 기꺼이 할애했다. 만약 Charlie의 치료사가 섣부르게 행동하거나 공격적으로 질문을 던졌다면 Charlie는 분명히 마음을 닫거나 심지어는 치료사에게 공격적으로 대응할 수도 있었을 것이다.

내담자는 과거에 전문가들에 의해 낙인찍힌 경험이 있을 수 있다

사회에는 중독자를 비하하는 표현이 넘쳐나며 중독자에 대한 낙인이 만연해 있다. 이상적으로는 중독자를 만나는 전문가들이 중독자에 대한 낙인을 찍지 않는 것이 좋겠지만, 안타깝게도 항상 그런 것은 아니다. 많은 전문 상담사, 심리학자, 의사, 간호사, 사회복지사 등이 광범위한 교육을 받았음에도 불구하고 중독 내담자를 부정적인 시각으로 바라보고 있다. 이들은 '중독자' '알코올 중독자'와 같은 용어를 계속 사용한다. 일부는 마약 및 알코올 문제가 있는 사람들을 묘사할 때 '약쟁이' '주정뱅이'와 같은 더욱 경멸적인 용어를 사용한다.

세 번째 회기에서 Arnold(앞서 결혼 생활에 문제가 있다고 소개한)는 자신의 알코올 섭취에 대해 기꺼이 이야기하는 모습을 보였고, 치료사는 그가 매일 밤 맥주 6병을 마신다는 사실을 알게 된다. Arnold의 치료사는 Arnold의 음주에 대해 더 자세히 알고 싶지만 먼저 그와의 관계에서 논의의 장애가 될 수 있는 잠재적인 요소들을 알아보고 싶어한다. 즉, 치료사는 Arnold가 음주로 인한 부정적인 결과를 논의할 수 있을 만큼 관계에서 편안함을 느끼는지 파악하고 싶어한다.

치료사: Arnold, 당신의 음주에 대해 이야기해 줘서 고마워요.

Arnold: 계속 이곳에 와야 한다면, 당신이 알고 싶어 하는 것을 말하는 게 낫다고 생각했어요.

치료사: 그럼에도 아직은 마음을 여는 것을 꺼려 하시는 것 같아서, 저는 당신의 경계를 존중해 드리고 싶어요.

Arnold: 무슨 뜻이죠?

치료사: 강압적으로 질문하거나 불쾌감을 줄 수 있는 질문을 하고 싶지 않다는 뜻이에요.

Arnold: 저는 당신의 질문에 불쾌하지 않아요. 다만 당신이 저에 대해 잘못된 인상을 갖지 않았으면 좋겠어요. 무슨 말인지 아시겠죠?

치료사: 아니요, 잘 모르겠어요. 자세히 설명해 주실 수 있을까요?.

Arnold: 결혼 초기에 아내는 상담을 받으러 가자고 이야기했어요. 저도 그것에 동의했지만, 상담 첫 회기를 다녀와서 다시는 그곳에 가지 않았습니다.

치료사: 다시 가지 않은 이유는 무엇인가요?

Arnold: 아내는 아내의 이야기를 하고 저는 제 이야기를 했어요. 그러자 상담사는 저를 쳐다보며 아내가 아버지 같은 주정뱅이와 함께 살고 싶지 않다는 것을 이해하는지 물었습니다. 마치 제 얼굴을 똑바로 쳐다보며 저를 주정뱅이라고 부르는 것 같았어요. 그 다음에 그가 뭐라고 했는지 아세요? 그는 내가 아내를 정말 사랑한다면 그날부터 술을 끊어야 한다고 말했어요.

치료사: 힘든 경험이었겠네요. 방금 말씀하신 것을 들어 보면, 당신은 주정뱅이라는 비난을 받고 술을 끊으라는 명령을 받은 것처럼 느꼈네요.

Arnold: 비난받았다고 느낀 게 아니라, 실제로 비난받았어요!

치료사: 다시 말하지만, 정말 힘든 경험이었을 것 같아요. 그리고 이것만큼은 확신할 수 있을 겁니다. 저는 절대 당신을 주정뱅이라고 부르지 않을 것이고, 술을 끊으라고 명령

하지도 않을 것입니다.

Arnold: 그럼 제가 여기 왜 온 건가요?

치료사: 제 일은 당신이 문제를 정확하게 정의하고 어떤 해결책이 당신에게 가장 적합한지 결정하는 것을 돕는 것입니다.

Arnold의 치료사는 전문가가 자신의 내담자를 주정뱅이로 낙인찍었다는 것을 알고 불쾌하게 생각했지만, 크게 놀라지는 않았다. 또한 전문가가 내담자에게 술을 끊으라고 명령했다는 사실에도 놀라지 않았다. 이제 그는 Arnold가 치료받기를 꺼려한 이유를 잘 이해하게 되었고, 사람들을 낙인찍는 것이 변화를 촉진하기보다 그들을 소외시킬 가능성이 더 크다는 사실을 다시 한번 상기하게 되었다.

내담자는 치료나 치료사에 대한 고정관념을 가질 수 있다

심리치료와 심리치료사에 대한 대중의 묘사는 비우호적이고 부정확한 경우가 많다. 그 결과, 일부 잠재적 내담자들은 치료사가 비판적이거나, 냉담하거나, 특권적이거나, 기이하거나, 심지어 스스로 심각한 문제를 가지고 있다고 생각할 수 있다. 그렇지 않더라도 어떤 사람들은 자신의 문제에 대해 이야기하는 것이 문제를 해결한다고 생각하지 않는다. 이들은 다른 사람들은 아무도, 심지어 치료사조차도 자신의 감정을 이해하거나 관심을 가질 수 없다고 믿는다. 중독행동을 인정하는 많은 내담자들은 자신과 같은 고통을 겪은 사람만이 자신을 도울 수 있다고 믿으며, 중독으로부터 회복된 경험이 없는 치료사에 대해 회의적인 태도를 보인다.

다음은 앞서 언급된 첫 회기에서 Becky에 대해 더 알게 된 후, Becky의 치료사가 회기 초반에 Becky가 한 말로 다시 돌아간 상황이다.

치료사: Becky, 아까 저를 '중독자를 치료하는 정신과 의사'라고 표현하셨어요. 치료사와 치료에 대해 어떻게 생각하시는지 궁금합니다.

Becky: 아, 그런 말을 해서 정말 죄송해요. 기분을 상하게 할 의도는 아니었어요.

치료사: 미안해 하지 않아도 돼요. 기분이 나쁘지 않았어요. 그 상황을 통해 치료와 치료사에 대한 당신의 생각에 대해 더 자세히 알 수 있는 기회가 되었어요.

Becky: 여기 와야 한다는 말을 들었을 때 예상했던 것과는 다른 분이네요.

치료사: 무엇을 기대하셨나요?

Becky: 우선, 소파에 누워 있어야 할 줄 알았어요. 둘째, 제가 모든 이야기를 해야 할 줄 알았어요. 셋째, 당신이 좀 답답할 거라고 생각했어요. 저와는 너무 다른 세상에서 온 사람처럼요…… (갑자기 말을 멈추고 부끄러운 표정을 지으며) 미안해요, 내가 이런 말을 하다니 믿을 수가 없어요. 아마 TV나 영화에 나오는 치료사를 보고 이런 생각을 했을 거에요.

치료사: 아뇨, 미안하게 생각하지 마세요. 정말 도움이 많이 되네요. 당신의 솔직함 덕분에 우리가 함께 일하는 것에 대해 낙관적으로 생각하게 되었어요.

Becky: 제 자신에 대한 말을 이해해 주실 거라고는 상상도 못 했어요. 하지만 이해하시는 것 같네요.

이 순간은 치료와 Becky가 가졌던 많은 부정적인 기대가 서로 상충되었기 때문에 회기의 전환점이 되었다. 특히 그녀는 첫 번째 회기에서 치료사에게 자신이 이렇게 솔직할 것이라고 전혀 예상하지 못했다. 그녀는 치료사가 자신에게 솔직할 것이라고도 기대하지 않았다. 그리고 두 사람의 만남에 상호 교류가 있을 것 역시 생각하지도 못했다. 그녀는 두 사람의 만남이 훨씬 더 형식적이고, 체계적이며, 임상적일 것이라고 예상했다.

내담자는 자신에 대해 털어놓으면 처벌과 같은 부정적인 결과가 따를 것이라고 믿을 수 있다

일부 중독행동은 낙인 문제 외에도 불법적이거나 사회적으로 피해를 끼치는 행동을 수반할 수 있다. 이러한 문제는 치료를 시작하기 전에 어느 정도 해결되어야 하는데, 이를 위해 내담자에게 의무적으로 보고와 비밀보장의 한계에 대해 알려야 한다.

이러한 정보가 있어야만 내담자가 자신을 공개할 것인지 말 것인지를 효과적으로 결정할 수 있다.

치료사는 자신의 최우선 과제가 내담자를 돕는 것임을 강조해야 하지만, 이러한 설명에 안심한 내담자가 실제로는 치료사를 곤란하게 만드는 생각이나 행동을 취할 수도 있다. 예를 들어, 내담자가 도둑질, 매춘, 음주 운전, 불법 약물 판매, 횡령 또는 중독과 관련된 기타 불법 행위를 인정할 수 있다. 더 흔하게는 불법 약물 사용 또는 소지를 공개할 수도 있다. 특정 환경의 정책과 법령에 따라 치료사는 이러한 행위를 당국에 신고해야 할 수도 있고, 신고하지 않아도 될 수도 있다. 따라서 치료사는 신고 의무에 관한 기관, 지역, 주 및 연방법에 대해 충분히 숙지해야 한다. 또한 불법적이거나, 사회적으로 제재를 받을 수 있는 행동에 직면할 수 있다는 것을 알고 있는 치료사는 내담자에게 비판적이지 않고 위협적이지 않은 방식으로 일할 것을 약속해야 한다.

때때로 치료사는 내담자가 불이익을 받을까 봐 치료 과정에서 완전히 정직하지 않거나 투명하지 않다는 사실을 발견할 수 있다. 치료사는 모순되는 내담자의 진술을 통해 이러한 사실을 알게 될 수 있는데, 이 경우 적어도 한 가지 이상의 진술은 사실이 아니어야 한다. 또한 여러 미디어 매체를 통해 내담자가 치료에서 밝히지 않은 행동에 관여하고 있음을 알게 될 수도 있다. 예를 들어, 내담자가 치료사에게 밝히지 않은 범죄를 저지른 사실이 뉴스에 나오는 경우이다. 그리고 때때로 치료사는 친구, 가족 구성원 또는 다른 전문가들로부터 연락을 받아 내담자가 치료사에게 공개하지 않은 행동에 관여하고 있다는 보고를 받기도 한다. 때로는 친구, 가족 또는 다른 전문가가 치료사에게 연락하여 내담자가 공개하지 않은 행동을 보고하는 경우도 있다. Charlie와 치료사와의 다음 대화는 처벌 결과에 대한 우려가 회기에서 어떻게 관련될 수 있는지를 보여 준다.

치료사: 당신이 마리화나 사용에 대해 이야기하는 것을 주저하는 것 같아요. 이해해요. 특히 과거에 겪은 경험을 고려하면 더욱 그렇죠.

Charlie: 그럼 제가 솔직하게 털어놓는다고 해서 저를 탓하지 마세요.

치료사: 당신을 전혀 탓하지 않아요. 다만 어떤 것을 물어봐도 괜찮은지, 어떤 것을 물어봐서는 안 되는지 알기가 어려울 뿐이에요.

Charlie: 뭐든 물어봐도 돼요. 다만 제가 모든 질문에 정직하게 대답할 거라고 기대하지 마세요. (웃음)

치료사: 항상 진실을 말하지는 않겠다는 뜻인가요?

Charlie: 맞아요.

치료사: 진실을 말하지 않는 대신 질문에 대답하고 싶지 않다고 말해 줄 수 있을까요?

Charlie: 괜찮을 것 같지만 약속할 수는 없어요.

치료사: 진실을 말할 때 가장 걱정되는 것은 무엇인가요?

Charlie: 보호 관찰관에게 말할까 봐요. 그게 당신 직업의 일부 아닌가요? 고자질하는 것처럼요.

치료사: 사실 그렇지 않아요. 처음 만났을 때 설명했듯이, 저는 보호 관찰관에게 이야기할 이유가 전혀 없습니다. 그가 저에게 기대하는 것은 방문이 끝날 때마다 서류에 서명하는 것뿐입니다. 현재로서 당신의 동의 없이는 당신 외에 누구와도 대화할 수 없어요.

Charlie: 알았어요, 그럼 상황이 달라질 수도 있겠네요. 두고 봐야겠어요.

이 대화에서 Charlie는 처벌에 대한 두려움 때문에 당시 특정 행동을 공개하지 않는 것을 결정함을 알 수 있다. 놀랍게도 Charlie는 치료사와 특정 정보를 공유하기를 꺼리는 것에 대해 대부분의 내담자보다 더 솔직했다. 다행히도 Charlie의 치료사가 Charlie의 비밀을 모두 알아야만 치료에 도움이 되는 것은 아니었다. 그보다 Charlie와 치료사는 치료와 관련된 주제에 대해 논의하는 것이 중요했고, Charlie는 치료사가 비밀을 지켜 줄 것이라는 확신을 가질 수 있었다.

말의 중요성

치료를 진행할 때는 언어가 중요하다. 어떤 말은 도움이 될 수 있고, 어떤 말은 상처가 될 수 있다. 문제를 더 복잡하게 만드는 것은, 일부 내담자에게는 도움이 되는 단어가 다른 내담자에게는 상처를 주는 단어로 사용되는 경우가 있다는 것이다. 예를 들어, 회복 중인 일부 사람들은 스스로를 '주정뱅이' '알코올 중독자' '중독자'라고 부르는 것이 도움이 된다고 생각하는 반면, 다른 사람들은 이러한 꼬리표에 불안을 느낀다. 일반적으로 인지행동치료사는 내담자를 소외시킬 위험이 없는 용어를 사용하도록 해야 한다. '중독자' 또는 '알코올 중독자' 대신 '약물 사용장애가 있는 사람' 또는 '알코올 사용장애가 있는 사람'과 같은 임상적 표현을 사용하도록 권장한다.

치료사가 내담자에게 중독행동과 관련된 특정 용어와 문구를 명명하라고 말하면 다양한 반응이 나타날 수 있다. 예시로 Charlie와 치료사 간의 다음 대화를 고려할 수 있다.

Charlie: 술에 취해 있을 때의 제 모습을 보셨어야 해요. 그건 별로 좋지 않았어요.

치료사: 과거 음주 이력에 대해 이야기할 때 자신을 자주 주정뱅이라고 표현하는 것 같아요.

Charlie: 네, 저는 냄새나고, 취해서 쓰러져 가는 주정뱅이였어요. 이건 확실해요.

치료사: 자신에 대해 이야기할 때 그런 언어를 사용하니 기분이 어떠세요?

Charlie: 그런 생각을 해 본 적이 없어요. 그냥 제가 말하는 방식이에요.

치료사: '냄새난다.' '취했다.'와 같은 표현은 도움이 되기보다는 상처가 될 수 있다고 생각해요.

Charlie: 사실 그런 식으로 음주에 대해 생각하는 것이 도움이 되는 것 같아요. 술을 마시면 냄새나고 취해서 쓰러져 가는 주정뱅이가 된다고 생각하면 도움이 되거든요.

치료사: 자신을 나쁜 주정뱅이라고 생각하기보다, 단순히 음주 행동 자체가 나쁘다고 생각하면 어떨까요?

Charlie: 그렇게 생각할 수도 있겠지만 왜 그렇게 생각해야 하는지 모르겠어요.

치료사: 당신은 마리화나를 피운다는 이유로 '마약 중독자'라는 비난을 받았을 때 그것을 좋아하지 않았어요. 당신은 자신이 판단 받는다고 느꼈죠. 저는 당신이 당신의 행동에 대해 이야기할 때 자신 스스로에 대해 꼬리표를 붙이는 것을 그만둘 수 있다고 생각했습니다. 그 대신 행동 자체에는 꼬리표를 붙일 수 있죠.

Charlie: 이해가 안 가네요. 무슨 말인지 잘 모르겠어요.

치료사: 당신의 음주 행동이 당신에게 문제를 일으켰기 때문에 당신은 술을 끊었어요. 그것은 당신에게 나쁜 행동이었지만, 당신은 스스로를 나쁘다고 생각하지 않았어요.

Charlie: 이제 이해가 되기 시작했어요. 언어를 명명하는 것이 도움이 될지 모르겠지만 좀 더 생각해 보겠습니다.

John kelly와 그의 동료들은 이 분야에서 가장 중요한 연구를 수행했다. Kelly의 연구팀(2015)은 '깨끗한 것'과 '더러운 것'과 같은 용어조차도 의료진과 내담자 간의 관계에 악영향을 미칠 수 있다고 지적한다. 그들은 전문가들이 '고의적인 위법 행위'를 암시하는 '거칠고 처벌적인 언어'를 사용하지 말 것을 촉구한다(p. 8). 다시 말해, 치료사는 중독행동으로 어려움을 겪는 사람들에게 '중독'이라는 이름을 붙이기보다는 행동 그 자체를 '문제 행동'이라고 분류해야 한다.

초기 상담

치료를 시작하는 내담자와의 초기 상호작용은 매우 중요하다(Spencer, Goode, Penix, Trusty, & Swift, 2019). 스스로 상담을 의뢰한 내담자조차도 중독 문제에 대한 치료를 받는 것에 대해 양가감정을 느낄 수 있다. 대부분의 내담자는 처음부터 치료사가 유능하고, 신뢰할 수 있으며, 성실하고, 배려심이 많고, 심지어 호감 가는 사람인지 판단하려고 한다. 치료사와의 부정적인 초기경험은 종종 치료를 조기에(즉각적이지는 않더라도) 종료하는 결과를 초래한다.

초기 CBT 회기는 긍정적이고 협력적인 동맹을 구축하고, 상호 프로세스 및 결과기대치를 설정하는 두 가지 목표에 따라 진행되어야 한다(Curreri, Farchione, & Wang, 2019; King & Boswell, 2019). 이러한 목표를 달성하기 위해서는 경청, 반영, 투사라는 기본적인 치료적 과업과 더불어 진실된 관심과 긍정적 존중이 필수적이다. 치료사는 내담자의 관점을 이해해야 한다. 그 이해를 전달할 수 있을 때, 내담자들은 "당신이 정말 나를 이해하고 있구나."라고 믿게 된다. 또한 초기 상담에서는 CBT 모델을 설명하는 것이 유용할 수 있지만, 첫 한두 회기에서는 심리적 전문 용어와 형식적인 언어를 최소화하고 가능한 한 일상적인 언어에 가깝게 표현하는 것이 중요하다. 이렇게 하면 불안한 내담자가 긴장을 풀고 치료사를 진정성 있는 사람으로 여기게 된다.

CBT모델에 대한 다음과 같은 소개를 고려해 보자. “우리는 당신의 역기능적인 중독행동을 치료할 수 있도록 당신의 인지 왜곡과 부적응 행동을 검사할 것입니다.”라고 하는 것보다는 이와 같이 소개하는 것이 더 바람직할 수 있다. “우리가 인지행동치료 회기에서 만날 때 당신이 어떤 기대를 갖고 있는지 알고 싶습니다. 또한 궁금한 점이 있으면 답변해 드리고 싶습니다.” 이러한 질문에 대한 내담자의 반응에 따라 치료사는 계속해서 “치료 회기에서는 현재 자신과 자신의 삶에 대해 어떻게 생각하는지 이해하려고 노력할 것입니다. 무엇이 잘 되고 있고 무엇이 잘 안 되고 있는지에 대해 관심을 가질 것이며, 이를 통해 우리 둘 다 당신이 어떤 일을 겪고 있는지 이해할 수 있을 것입니다. 특히 함께 시간을 보내면서 무엇을 얻고 싶은지, 인생에서 무엇을 바꾸고 싶은지 알고 싶습니다. 이에 대해 어떻게 생각하시나요?”와 같이 상담을 진행할 수 있다.

두 번째 대화에서 치료사는 CBT모델에 대해 자세히 설명하기 보다는 “우리는 당신이 자신에 대해 어떻게 생각하는지 이해하려고 노력합니다.”와 같은 이야기를 통해 일종의 기초를 마련한다. 또한 치료사는 중독 그 자체를 강조하지 않고 목표와 무엇이 효과가 있고 무엇이 효과가 없는지에 대해 더 폭넓게 이야기한다. 내담자가 치료사를 편안하고, 신뢰할 수 있으며, 호감을 느끼는 경우, 그들은 첫 번째 회기에서 솔직하게 이야기를 나누는 경향이 있으며 추가 회기에 참여하려고 한다. 그리고 자연스레 추가 회기를 위해 내담자가 재방문하면 CBT모델에 대해 가르칠 수 있는 기회도 많아지게 된다.

중독으로 어려움을 겪고 있는 내담자는 초기 상담에서 특히 부끄러움을 느끼거나 판단을 받는 것에 대해 두려움을 느낄 수 있다. 실제로 치료사가 무고한 가족이나 사회에 해를 끼쳤을 수 있는 내담자의 행동에 대해 알게 되면서 내담자에게 공감하는 것이 어려울 때도 있다. 따라서 치료사는 자신의 생각과 언어적 행동을 모니터링하여 치료 중에 비난이나 정죄를 투사하지 않도록 해야 한다. 특히 초기 상담에서 치료사는 중독행동을 도덕적 · 법적 · 사회적 또는 인격적 결함보다는 해결해야 할 문제와 연관시키는 것이 좋다.

치료사는 초기 CBT 회기에서 내담자들의 삶의 질에 관심이 있다는 것을 명확히 함으로써 긍정적이고 협력적인 관계를 구축할 수 있다. 이를 위해 중독행동을 그만두도록 동기강화하는 것뿐만이 아니라, 내담자들의 삶 전반에 대한 관심을 보이는 것이 중요하다. 많은 중독 내담자들은 개인적 위기의 결과로 치료를 받고 있기 때문에(Kosten, Rounsaville, & Kleber, 1986; Ramsay & Newman, 2000; Sobell, Sobell, & Neirenberg, 1988) 정신건강 문제를 동시에 가지고 있을 가능성이 높다(Casteneda, Galanter, & Franco, 1989; Evans & Sullivan, 2001; Nace, Davis, & Gasperi, 1991; Newman, 2008). 따라서 치료 회기에서는 우울, 불안, 분노, 재정적 스트레스, 소수자 지위 스트레스, 가족 관계, 우정, 직업 문제 등의 문제를 함께 다루는 것이 적절하다. 이를 통해 치료사는 내담자를 단순히 '중독자'가 아닌 한 사람으로서 알아가는 데 관심이 있다는 것을 보여 줄 수 있다. 또한 이를 통해, 전반적인 정서적 · 대인관계적 · 신체적 고통의 주요 원인으로 중독에 대한 내담자의 주의를 환기시킬 수 있는 기회를 가질 수 있다. 요컨대, 긍정적인 접근 방식은 내담자의 치료 수용성과 변화동기에 긍정적인 영향을 미칠 가능성이 높다.

앞서 언급했듯이, 중요한 관계 구축 전략 중 하나는 내담자에게 치료 시작에 대한 생각을 물어보는 것이다. 질문에는 내담자의 의심과 우려, 희망, 기대, 목표에 대한 질문이 포함될 수 있다. 이러한 질문은 내담자의 의견을 듣고자 하는 의지를 전달하고 CBT 내내 내담자가 의견을 제시할 수 있다는 것을 보여 준다. 또한 이러한 질문을 통해 치료사는 특정 생각(예: 치료에 대한 회의나 의심)이 그에 상응하는 감정(예: 긴장, 두려움, 좌절)과 행동(예: 치료 약속을 놓치거나 치료를 중단하는 것)으로 이어져 치료관계에 심각한 영향을 미칠 수 있음을 알릴 수 있다. 내담자의 회의감이나 의심에 대해 공개적으로 논의한 후, 치료사는 치료를 보다 희망적이고 긍정적으로 바라볼 수 있는 대안적인 방법을 공유할 수 있다. 예를 들어, 치료사는 다음과 같이 말할 수 있다. "의심에도 불구하고 치료를 시작하는 것은 어렵고 불확실한 도전을 시도하려는 용기와 의지가 반영된 것입니다." 다음은 Charlie와 치료사 간의 대화를 통해 이 과정을 설명하는 예시이다.

Charlie: 제가 이 회기에 몇 번이나 와야 하나요?

치료사: 제가 알기로는 우리 둘 다 치료가 도움이 된다고 생각하는 한 보호 관찰이 끝날 때까지나 더 이상 정기적인 회기가 필요하지 않다고 판단될 때까지 만날 수 있습니다. 이에 대해 어떻게 생각하시나요?

Charlie: 아무 생각이 없어요. 선택의 여지가 없어요.

치료사: 그런 생각이군요. 선택의 여지가 없이 치료가 당신에게 강요되고 있다는 것이네요.

Charlie: 네. 기분 나쁘게 듣지 마세요. 죄송하지만, 전 이 모든 게 지겨워요. (잠시 멈춤)

치료사: 듣고 있어요. 무엇이 지겨운지 말해 보세요.

Charlie: 저는 보호 관찰 중이에요. 저는 자유로워야 하는데, 이건 자유가 아니에요. 보호 관찰관에게 계속 확인을 받아야 하고, 컵에 소변을 봐야 하고, 점화 인터록 장치에 바람을 불어넣지 않고는 운전할 수 없고, 정신과 의사도 만나야 해요. 전 항상 감시당하고 있어요. 지긋지긋해요.

치료사: 치료가 그렇게 느껴지나요? 당신의 자유에 대한 또 다른 위협 혹은 감시와 통제를 받는 현미경 아래 있는 것처럼요?

Charlie: 맞아요. 선생님도 제 보호 관찰관에게 저에 대해 보고하셔야 해요.

치료사: 그런 기분이 어떤지 알겠어요. 매주 여기 와서 서류에 제 서명을 받아야 한다는 사실이 모욕적이고 굴욕적으로 느껴지셨을 거예요. 솔직히, 지금까지 저에게 보여 주신 솔직한 모습이 인상 깊었습니다. 저는 당신이 자신의 감정에 대해 솔직하다는 것을 알았고 그 점에 대해 감사하게 생각합니다. 장기적으로 더 많은 자유를 줄 수 있는 기술을 배우도록 돕고 싶어요. 제 직업이 당신을 점검하는 것이라고 생각하지 않아요. 그게 제가 여기 있는 이유가 아니니까요.

Charlie: 저는 반드시 여기 와야만 하지만, 그렇다고 이곳을 꼭 좋아하게 될 것 같지는 않아요.

치료사: 이 치료가 도움이 되는지 여부는 당신이 최종적으로 판단하겠지만, 저는 우리가

당신에게 도움이 되기 위해 함께 일하고 있다고 생각하고 싶어요. 귀찮은 의무라고 생각하지 마시고, 우리가 함께 하는 시간이 가치 있고, 최소한 개인적인 목표를 달성하는 데 도움이 될 수 있다고 생각하셨으면 좋겠습니다. 상담을 통해 얻고 싶은 것이 있다면 어떤 것이 있을까요? 치료가 의무적인 형벌의 일부가 아닌 그 이상의 의미를 가질 수 있도록요.

이 시점에서 Charlie와 치료사는 Charlie의 목표에 대해 이야기할 수 있는 기회를 가질 수 있으며, 이를 통해 초기 합의점을 도출하고 협력 의식을 높일 수 있다. 실제로 Charlie는 결국 '다시는 적발되지 않기'라는 목표를 제시했고, 치료사는 이것이 훌륭한 목표라는 데 동의했다. 이 회기가 끝날 무렵, Charlie의 치료사는 상담에 대한 요약과 함께 Charlie가 치료에 대해 부정적인 생각을 하는 것이 치료에 대한 원망으로 이어진다는 점을 강조했다. 이와는 대조적으로, Charlie가 '다시는 체포되지 않을 것'과 같은 치료의 이점을 고려할 때, 그는 어느 정도 몰입감을 느끼기 시작했다. 이를 계기로 치료사는 Charlie에게 CBT모델에 대해 교육하기 시작했다.

앞의 대화에서 알 수 있듯이, 치료사는 특히 초기 회기에서 내담자를 공격, 방어, 회피하지 않고 치료에 대한 내담자의 우려와 불만을 들어야 한다. 내담자의 생각을 민감하게 이끌어 낸 다음 편안한 질문과 직접적이고 솔직한 피드백을 통해 진정성 있는 참여를 유도하면 라포(rapport)를 형성할 가능성이 높아진다. 또한 치료사는 신규 내담자가 초기 회기에 참여하는 것만으로도 긍정적인 피드백을 줄 수 있다. 치료사의 긍정적인 피드백은 내담자가 치료에 대해 더 호의적인 기대를 갖게 하는 데 도움이 될 수 있지만, 이러한 피드백은 진심이 담긴 경우에만 이루어져야 하며, 그렇지 않으면 내담자는 새로운 치료사를 불성실하고, 진실하지 않으며, 심지어 거만한 사람으로 간주할 수 있다.

신뢰의 구축, 유지 및 회복

이 장에서 우리는 중독의 일반적인 특성으로 사회적 낙인과 자기 낙인이 있다고 말했다. 여기서 중독에 빠진 사람들은 다른 사람들로부터 가혹한 판단을 받고 결국 스스로를 판단하게 되는 경우가 많다. 낙인이 치료 과정에 영향을 미치면 내담자들은 가장 개인적인 사고, 감정 및 행동을 나눌 때 부끄러움과 무능감을 느낄 수 있다. 또는 아예 그러한 내용을 나누지 않을 수도 있다. 낙인은 일반적으로 불신으로 이어지며, 불신은 치료 참여의 단절을 촉진할 가능성이 있다(Miller & Rollnick, 2013). 그리고 당연히 비밀은 치료관계를 방해하고 치료의 진전을 저해하는 경향이 있다. 다음은 치료사나 치료 과정을 믿지 않아 솔직하지 않은 내담자의 예시이다.

- 한 대학생이 "저의 음주 습관은 괜찮아요. 금요일과 토요일 밤에 친구들과 맥주 두어 잔만 마시거든요."라고 말한다. 실제로 그는 목요일부터 일요일 밤까지 만취해 있다가, 금요일과 월요일에 가끔 수업에 참석할 때 정신을 차릴 수 없을 정도로 술을 마신다.
- 한 내담자는 월요일 아침 치료 예약에 나타나지 않다가 나중에 치료사에게 그날 예약이 있는 줄 몰랐다고 말한다. 그러나 사실 그는 주말에 코카인(Cocaine)을 과다 복용하고 다음 날 아침 늦잠을 잤다.
- 한 내담자가 치료사에게 최근 두 번의 소변 검사에서 오피오이드 양성 반응이 나왔다고 말했지만, 그녀는 오피오이드를 사용한 적이 없다고 맹세하며 "양귀비씨가 든 머핀을 먹어서 양성 반응이 나온 것 같다."고 주장한다.
- 가족 치료 중 어머니는 실직한 아들이 돈을 훔치고 있다고 말한다. 아들은 어머니가 자신을 비난하는 것에 큰 분노를 표하며 이를 부인한다. 어머니는 증거가 있으며, 아들의 거짓말을 들으면 마음이 아프다고 말한다.
- 우울증 치료를 받고 있는 한 여성이 카지노에 자주 간다고 말한다. 그녀는 보수가 좋은 직업을 가지고 있지만 종종 청구서 지불에 대해 걱정한다. 이 문제를 해결하기 위해 치료사는 내담자가 도박으로 인해 얼마나 많은 돈을 잃었는지 물어본다. 내담자는 "항상 손해만 보지는 않아요."라고 대답한다.

일반적으로 치료사는 내담자를 믿고 그들의 정직함을 의심하지 않기를 원한다.

그럼에도 불구하고 많은 내담자들이 치료사를 신뢰하지 않기 때문에 자신의 문제나 삶에 관한 중요한 세부 사항을 공유하지 않는다. 치료사는 모든 내담자와 신뢰를 구축하기 위한 전략을 개발해야 하며, 이는 특히 앞에서 설명한 것과 같은 상황에서 더욱 그렇다. 이러한 전략에는 정직하고, 지지적이며, 동정심을 불러일으키는 동시에 직접적인 의사소통이 포함되어야 한다. 이러한 방식으로 소통할 때 치료사는 신뢰를 구축하고 유지할 가능성이 가장 높다.

치료사가 내담자에게 "걱정하지 마세요, 저를 믿으셔도 됩니다."라고 말하는 것은 결코 도움이 되지 않는다. 일관된 공감, 배려, 진정성, 신뢰성을 통해서만 내담자는 치료사가 진정으로 자신을 돕고 싶어 한다는 사실을 깨닫는다. 우리가 '깨닫는다'라고 표현하는 이유는 신뢰를 구축하는 과정은 어렵지만, 손상되거나 상실하기는 쉽기 때문이다.

치료사는 어린 시절의 경험(원거리 촉발요인)이 내담자의 신뢰 부족에 영향을 미친다는 점을 염두에 두어야 한다. 예를 들어, 일부 내담자는 반복적으로 외상성 사건이 발생하는 정서적으로 불안정한 가정에서 자랐을 수 있다. 다른 내담자들은 부모 중 한 명 또는 양쪽 모두 중독이 있는 가정에서 자랐을 수 있으며, 중독행동과 관련된 모든 것에 대해 거짓말을 했을 수도 있다. 어떤 내담자들은 거짓이 흔한 환경이나 지역사회에서 살았을 수도 있다. 또 어쩌면 몇몇 내담자들은 법적인 문제가 있거나 사법 시스템에서 부당한 대우를 받아 시스템에 대한 불신을 갖게 되었을 수도 있다. 이러한 배경을 가진 내담자들이 특히 권위 있는 위치에 있는 다른 사람들을 신뢰하기 어려워하는 것은 이해하기 쉽다.

치료적 관계에서 도식의 잠재적 역할

도식(schema)에 대한 이해는 중독 내담자를 도울 때 특히 중요하다. 도식은 자기 자신, 타인, 관계, 개인적 세계, 미래에 대해 깊이 간직하고 있는 가정을 정리하는 패턴, 구조 또는 틀이다. 도식은 대부분 어린 시절의 경험으로 인해 형성되며, 긍정적이거나 부정적일 수 있다. 실제로 대부분의 사람은 긍정적이거나 부정적인 도식을 가지고 있다. 예를 들어, 어떤 사람은 직장에서 성공할 수 있는 능력과 관련된 긍정적인 도식을 가지고 있는 반면, 배우자, 부모 또는 다른 가족 구성원으로서 사랑받지 못한다는 느낌과 관련된 부정적인 도식을 가지고 있을 수 있다. 도식은 기본 신념 또는 핵심 신념과는 다르다는 점에 유의해야 한다. 도식은 어린 시절부터 형성되기 시작하므로 언어 구사를 필요로 하지 않는다. 다시 말하자면, 도식은 패턴, 구조 또는 틀(예: 개인적 능력 또는 사랑받음과 관련된 패턴)로 설명할 수 있다. 반면에 기본(또는 핵심) 신념은 단어와 문장으로 표현할 수 있다(예: "나는 매우 부족하거나 사랑받을 자격이 없다."). 도식을 다양한 식물(기본 신념)이 자라는 정원으로 생각하면 도움이 될 수 있다.

부정적 도식의 한 예로 불신 도식을 들 수 있다(Beck, Davis, & Freeman, 2015; Young, Klosko, & Weishaar, 2003 참조). 이 도식은 타인에 대한 지나친 불신과 취약성과 관련된 생각 및 감정을 숨기는 것으로 나타난다. 불신 도식은 특정 성격장애(예: 경계성, 자기애성, 편집성 성격장애)에 공통적으로 나타나며, 앞서 설명한 초기 생애 경험의 결과로 발전했을 가능성이 높다. 효과적인 치료사는 이 도식의 영향과 그 발달 과정을 잘 알고 있기 때문에 내담자가 자신을 불신해도 화를 내지 않는다. 대신 내담자의 문제를 정확하게 개념화하고 각 내담자의 사례개념화를 바탕으로 임상적 결정을 내린다. 또한 불신 도식이 활성화되지 않도록 내담자에게 안전하고 비판적이지 않은 환경을 제공하기 위해 최선을 다한다.

신뢰구축, 유지하기와 치료 중 파열을 복구하기 위한 구체적인 전략들

치료사의 특정 행동은 치료 과정에 대한 진정성 있는 참여와 전념을 일관되게 보여 줌으로써 신뢰를 구축하고 유지하는 데 기여한다. 이러한 행동의 예는 다음과 같다. ① 정기적으로 치료 회기에 참석하기, ② 치료 회기에 정시에 참석하기(내담자가 참석하지 않더라도), ③ 내담자의 전화에 신속하게 응답하기, ④ 응급 상황에 대비하기(또는 접근 가능한 예비 인력을 확보하기), ⑤ 내담자가 약속을 놓쳤을 때 걱정하고 기꺼이 연락할 의향 보이기, ⑥ 치료 과정 중에 입원, 해독 치료, 사회복귀시설 재활 또는 재수감이 발생하는 경우 내담자와 계속적인 연락 가능 여부(그리고 회기를 재개할 수 있는지)를 확인하기 등이다.

신뢰를 구축하고 유지하기 위한 가장 엄격하고 성실한 노력에도 불구하고 치료관계는 불가피하게 파열이 발생하기도 하며, 이때 치료사는 파열을 인식하고 복구하는 데 능숙해야 한다(Eubanks, Burkell, & Goldfried, 2018; Eubanks, Muran, & Safran, 2018; Safran, Crocker, McMain, & Murray, 1990). 치료 중 파열은 치료적 동맹의 붕괴 또는 긴장으로 정의되지만(Eubanks, Muran, & Safran, 2018), 신뢰가 손상되는 과정으로도 이해될 수 있다. 치료사나 내담자에 의해 시작된 사건과 관련하여 여러 가지 이유와 다양한 상황에서 파열이 발생할 수 있다. 다음은 치료 파열에 대한 가상의 예시이다.

- 내담자가 약속 시간에 늦게 도착하고 치료사가 이에 대해 농담을 던진다. 내담자는 치료사가 자신이 지각한 심각한 상황을 조롱했다고 생각하며 남은 회기 동안 위축된다.
- 내담자가 일주일 동안 술을 마시지 않았다고 말하지만 치료사는 내담자의 입 냄새에서 알코올 냄새를 맡는다. 치료사는 그 사실에 화가 났고, 내담자는 그것을 알아차린다.
- 치료 회기 중에 내담자가 코카인을 끊겠다고 약속했지만, 다음 방문 예정일 전에 재발한다. 그는 몇 주 동안 금단할 때까지 치료를 재개하지 않기로 결심한다. 다시 방문하면 치료사가 자신에게 실망할까 봐 걱정을 한다. 그는 자신의 코카인 사용에 대한 이야기를 피하기 위해 일상적인 주제에 대해서만 이야기한다.
- 장기간의 치료 중단 후 한 내담자가 담배를 다시 피우기 시작했다고 말한다. 치료사는 "그렇게 오랫동안 잘 지내셨는데 왜 다시 담배를 피우시려고 하십니까?"라고 묻는다. 내담자는 이 질문을 진지한 질문이 아닌 판단적인 질문으로 받아들이고 상처를 받는다.

이는 치료관계에서 발생할 수 있는 수많은 파열의 몇 가지 예에 불과하다. 치료사는 파열을 피하기보다는 파열이 처음 일어났을 때 이를 감지하고, 이를 말하는 것이 중요하다. 이상적으로, 치료사는 객관적인 관찰 결과를 말하고(예: "내가 그 말을 할 때 얼굴을 찡그리셨어요."), 파열을 해결하려는 명확한 의지를 표현해야 한다(예: "내 말이 당신에게 불쾌감을 주지 않았는지 확인하고 싶어요."). 치료사가 공개적으로, 공감적으로, 비방하지 않고 이렇게 할 때 파열된 관계에 대한 신뢰가 회복될 수 있다. 치료관계에서 해결되지 않은 파열은 내담자의 신뢰를 부식시키고 궁극적으로 내담자의 치료 단절 또는 조기 종료로 이어질 가능성을 높인다. 다음은 Charlie와 그의 치료사가 치료관계의 파열에 대해 나눈 대화이다.

치료사: Charlie, 오늘 무엇에 대해 이야기하고 싶나요?

Charlie: 저는 잘 하고 있어요. 뭘 다룰 게 생각나지 않네요. 아마도 마무리할 때일지도 모르겠어요.

치료사: 잘하고 있다니 다행이네요. '마무리'라는 말은 무엇을 의미하나요?

Charlie: 이제 헤어져야 할 때가 된 것 같아요.

치료사: 어떻게 헤어질 때가 되었다고 판단하셨나요?

Charlie: 지난 상담에서 선생님은 제가 진짜 심각한 문제가 있다고 생각하지 않는다고 말씀하셨어요.

치료사: 그것에 대해 저희가 다르게 생각하고 있을 수도 있을 것 같은데, 제가 했던 말을 정확히 기억하시나요?

Charlie: 네, 분명히 기억해요. 저는 이웃집 개 짖는 소리에 화가 났다고 말했어요. 그리고 선생님은 그것이 진짜 심각한 문제인지 물었어요.

치료사: 아, 이제 기억나요. 상담 초기에 있었던 일 말씀이죠? 제가 그 질문의 의미를 설명해도 될까요?

Charlie: 선생님께서 해야 할 일을 하세요.

치료사: 제가 설명해도 괜찮다는 뜻인가요?

Charlie: 네, 계속하세요.

치료사: 상담 의제를 정할 때 이웃집 개가 짖어서 화가 났다고 말씀하셨고, 저는 그것이 치

료에서 논의하고 싶은 문제인지 아니면 그냥 언급하신 것인지 알아내려고 했어요. 당신을 진지하게 받아들이지 않는다는 의미로 말한 것 같아서 미안해요.

Charlie: 뭐라고 해야 할지 모르겠어요. 저는 말씀하신 것을 들었을 뿐이에요.

치료사: 내가 당신을 진지하게 생각한다는 것을 보여 줄 수 있는 기회를 한 번 더 주셨으면 좋겠어요.

Charlie: (잠시 멈춘 후) 그래도 전 여기 왔으니, 이런 시간을 다른 데 쓰는 게 좋겠어요.

치료사: 고마워요. 저는 당신의 피드백을 환영하고, 특히 저에게 당신의 생각을 솔직하게 말씀해 주신 것을 진심으로 감사하게 생각한다는 것을 알아 주셨으면 좋겠습니다.

Charlie는 치료 중 파열이 발생했을 때 분명히 파열에 대해 이야기하기를 꺼려했다. 어떤 사람들은 파열이 발생한 순간에 이미 부정적인 감정을 느끼지만 즉각적인 공유에 대한 강한 시선과 편견이 있어 결과를 두려워하는 경우도 있다. 일부는 파열 당시 부정적인 감정이 있었다는 것을 깨닫지만, 그 결과가 두려워 즉시 공유하는 것에 대해 강한 의구심을 갖기도 한다. 그럼에도 불구하고 파열이 발생했을 때 이를 파악하고 내담자가 이를 해결하고 앞으로 나아갈 수 있도록 도움을 주는 것은 치료사의 책임이다. 다행히도 많은 내담자가 치료 중 파열이 해결되기를 바라며 치료를 재개한다.

저항 용어에 대한 저항

치료사는 내담자를 돕기 위한 최선의 노력이 실패할 때 종종 저항이라는 언어를 사용한다. 이 용어는 몇 가지 이유로 문제가 있다. 첫째, 저항은 내담자가 실제로 무엇을 어떻게 변화시켜야 하는지 알고 있지만 의도적으로 변화를 피하는 것을 의미한다. 둘째, 내담자가 저항력이 있다고 믿는 치료사는 내담자의 문제에 대해 다른 사람들처럼 내담자를 비난하고 낙인을 찍을 위험이 있다. 셋째, 저항이라는 언어는 부정확하다. 예를 들어, 저항이란 내담자가 의도적으로 치료를 방해하는 것을 의미하는가? 내담자가 중독상태를 유지하기를 원한다는 뜻인가? 내담자가 고집을 부린다는 뜻인가? 치료를 받고 싶지 않다는 뜻인가? 저항이라는 용어는 문제 해결에 적합하지 않다. 오히려 내담자를 저항하는 존재로 간주하면 좌절감, 짜증, 무관심, 궁극적으로는 거부감과 같은 치료사의 비생산적 반응을 유발할 수 있다.

앞서 언급한 바와 같이, 일부 내담자는 중독행동과의 싸움에서 겪는 모든 어려움을 공유하기를 꺼려할 수 있다. 치료사는 이러한 꺼림직함을 저항으로 간주하기보다는 내담자의 고통과 이러한 고통이 전체 치료 경험을 어렵게 만들 수 있다는 점에 민감하게 반응해야 한다. 이 장의 앞부분에서 설명한 바와 같이, 내담자는 솔직함이 비난, 포기, 심지어 처벌로 이어질까 두려워할 수 있다. 이러한 판단적 사고는 치료사와 내담자 모두에게 긴장을 유발할 수 있으므로, 치료사는 내담자가 의도적으로 변화에 저항한다고 생각하지 않아야 한다. 대신 치료사는 (치료를 포함한) 변화의 과정은 어렵고, (판단보다는) 공감이 변화의 과정에 도움이 된다는 것을 지속적으로 이해해야 한다(Miller & Rollnick, 2013).

이 장 전체에서 공감의 중요성을 강조하지만, 공감만으로는 치료의 개방성이나 실제 변화에 대한 동기를 부여하기에 충분하지 않을 수 있음을 인정하는 것이 중요하다. 그럼에도 불구하고 치료사의 공감을 통해 형성된 강력한 유대감은 결국 내담자가 변화를 더 잘 받아들일 가능성을 극대화할 수 있다.

다음 예시는 중독 내담자 치료에서 흔히 볼 수 있는 상황이다. 각 예시는 내담자의 저항에 대한 치료사의 믿음을 활성화할 수 있는 가능성을 가지고 있다.

- 변화를 위해 노력한다고 말하지만 정기적으로 되돌아가는 내담자
- 치료에서 노력할 것이 생각나지 않는다고 말하는 내담자
- 변화에 대한 장벽을 반복적으로 설명하는 내담자(예: "나는 할 수 없어요…… 왜냐하면 …… 때문에")
- 회기를 놓치거나 정기적으로 회기에 늦게 오는 내담자
- 회기 중에 무관심하거나 집중하지 않는 내담자

이는 치료사의 부정적이고 비판적인 생각, 특히 저항의 개념과 관련된 생각을 유

발할 수 있는 무수한 예시 중 일부에 불과하다. 앞서 언급했듯이, 이러한 생각은 부정적인 감정으로 이어져 치료를 방해하고 결과를 제한할 수 있다. 치료사는 공감하는 것 외에도 사례개념화 기술을 사용하여 내담자가 이와 같은 행동을 보이는 이유를 이해해야 한다.

경계 설정과 한계 설정

치료사는 경계를 설정하고 한계를 정해야 하지만, 말처럼 쉬운 일은 아니다. 먼저, 치료사는 "치료사로서 경계와 한계는 무엇인가?" 또는 "내가 참을 수 있는 내담자의 행동과 참을 수 없는 행동은 무엇인가?"라는 질문을 스스로에게 던져야 한다. 사실 경계와 한계는 치료사마다 다르다. 예를 들어, 어떤 치료사는 상담 전에 알코올이나 약물을 사용한 적이 있는 내담자를 포용하는 반면, 어떤 치료사는 그렇지 않다. 어떤 치료사는 내담자의 입에서 알코올 냄새가 나면 회기를 끝내야 한다고 주장하는 반면, 어떤 치료사는 치료 과정에 참여할 수 있는 내담자의 능력을 판단할 때까지 기다린다. 또한 어떤 행동에 대해서는 다른 행동보다 객관적으로 오래 견딜 수 있다. 예를 들어, 대부분의 사람들은 치료사에 대한 폭력 위협은 용납할 수 없지만, 가끔씩 약속 시간에 늦는 것은 참을 수 있다는 데 동의할 것이다. 다음과 같은 내담자의 행동을 고려해 보자.

- 반복되는 재발
- 재발에 대한 숨김
- 정기적으로 회기에 참여하지 않은 경우
- 개선의 증거가 보이지 않음
- 과제 미완료
- 잦은 위기 전화
- 중독을 유지하게 하는 비폭력 범죄에 참여
- 중독을 유지하게 하는 폭력 범죄에 참여

이러한 행동에 대한 치료사의 반응은 다양하다. 어떤 치료사는 범죄 행위를 인정하는 내담자에게 혐오감을 느끼는 반면, 어떤 치료사는 그러한 행위에 대해 솔직하게 이야기하는 내담자에게 깊은 인상을 받을 수 있다. 따라서 치료사는 자신의 경계와 한계를 결정하는 가치와 신념을 신중하게 성찰하고 이를 내담자에게 명확하게 전달할 수 있어야 한다. 또한 이럴 때 치료사는 내담자가 치료에서 무엇을 공유하고 싶은지, 특정 치료사를 만나고 싶은지와 같은 사안에 대해 정보에 입각한 결정을 내릴 수 있다.

치료사는 내담자를 진정으로 돕고 싶어 하지만, 도움을 요청하는 일부 상황은 사실 치료의 경계를 넘어가는 초대로 인식되어야 할 필요가 있다. 예를 들어, 일부 내담자가 알코올 중독자 후원자에게 기대할 수 있는 것과 같이 치료 외의 지속적인 소통에 대해 문의할 수 있다. 회기 사이에 관심을 요청하는 내담자에게 "아니요."라고 말하는 것은 불편할 수 있지만, 치료사의 경계를 넘어서는 패턴이 생길 때 관계는 더욱 불편해질 수 있다. 때때로 "아니요."라고 말해야 할 때도 있지만, 치료사는 그것을 친절하고 지지적인 방식으로 이야기해야 한다. 예를 들어, "도움이 필요한 것은 이해하지만 회기 사이에 긴 전화 통화를 하면 나에 대한 의존도가 높아질 수 있어요. 필요할 때마다 필요한 지원을 받을 수 있도록 상담 회기 외에 다른 지원처를 찾는 것도 중요합니다."라고 말할 수 있다. Charlene이 치료사에게 도움을 요청하는 다음 대화를 예로 들어 보겠다.

Charlene: 퇴근하시기 전에 뵙게 되어 다행입니다. 도움이 좀 필요해요. 익명의 알코올 중독자 모임에 갔다가 집에 오는 길이었는데 남편이 제가 장난을 쳤다고, 비난하고 쫓아내려고 해요. 남편에게 전화해서 제가 모임에 다녀왔고 모든 것이 괜찮다고 알려 주실 수 있나요? 제가 허락할게요.

말을 하기 전에 치료사의 머릿속에는 여러 가지 생각이 스쳐 지나간다. 첫째, 그는 자신이 참석하지 않은 모임에 Charlene의 참석 여부를 확인할 수 없었다. 둘째, Charlene은 그에게 치료 이외의 상황에 개입해 달라고 요청하고 있다. 셋째,

Charlene은 신중한 고려를 할 시간을 주지 않고 즉각적이고 긴급하게 그렇게 해 달라고 요청하고 있다. Charlene의 치료사는 다음과 같이 대화를 이어간다.

치료사: Charlene, 나는 당신을 도와주는 데 최선을 다하고 있지만, 유감스럽게도 이것은 내가 도울 수 없는 문제인 것 같아요.

Charlene: 무슨 말씀이세요? (짜증 섞인 목소리로)

치료사: 당신은 제가 할 수 없는 일을 저에게 부탁하고 있어요. 만약 당신이 상담실에 와서 남편과 이야기하는 것에 공식적으로 동의했다면, 나는 당신이 남편에게 전화를 걸어 우리가 함께 있다는 것을 확인시켜 줄 수 있는 전화 통화를 하는 것에 동의했을 거예요. 하지만 지금은 전혀 다른 상황이에요.

Charlene: 그러니까 저를 도와주지 않겠다는 말씀이신가요? 그렇게 할 거예요? 알았어요, 도움이 되어줘서 참 고마워요.

치료사: Charlene, 이 문제를 해결하도록 기꺼이 도와드리고 싶지만, 이 문제를 없애 줄 수는 없어요. 대신 당신과 함께 문제를 해결해 보고 싶어요.

Charlene: 그게 바로 제가 부탁드리는 거예요. 이 문제를 해결하도록 도와주세요!

치료사: 지금 상황에서 최선을 다하겠습니다. 이 문제에 대해 자세히 논의할 수 있도록 내일 약속을 잡으시겠어요?

Charlene: 모르겠어요. (덜하지만 여전히 짜증난 목소리로 말함)

치료사: 저를 만나고 싶으시면 말씀만 하세요. 내 스케줄을 보고 다시 전화할게요.

Charlene: 모르겠어요. 일단 알겠어요.

이 짧은 대화에서 Charlene의 치료사는 따뜻하고, 배려하며, 협력적인 태도를 취하는 동시에 경계를 유지하고 한계를 설정하기 위해 최선을 다했다. 치료사가 한계를 설정하는 또 다른 방법은 요청을 더 신중하게 고려할 수 있을 때까지 결정을 미루는 것이다. 이렇게 하면 임상적 결정의 시기와 관련하여 한계를 설정할 수 있다. 또한 일련의 기준을 준수해야 하는 전문가와 상호작용하고 있다는 사실을 내담자에게 상기시켜 줄 수도 있다.

신뢰성 유지

중독으로 어려움을 겪는 많은 내담자들은 치료사가 자신의 문제를 이해하지 못하거나 신뢰할 수 있는 자원이 될 수 없다고 생각한다. 그렇다면 치료사는 어떻게 신뢰를 쌓을 수 있을까? 신뢰성은 신뢰와 관련이 있지만 둘 사이에는 미묘한 차이가 있다. 신뢰성은 내담자가 치료사를 숙련되고 지식이 풍부한 사람으로 보는 정도인 반면, 신뢰는 내담자가 치료사의 신뢰성과 성실성을 인식하는 것과 관련이 있다. 신뢰성을 구축하기 위해 치료사는 인간 행동과 중독행동을 전반적이고, 구체적으로 이해해야 한다. 또한 중독 내담자에게 도움이 되는 적절하고 효과적인 치료 전략을 실행해야 한다. 하지만 더 중요한 것은 신뢰성은 내담자 개개인에 대한 정확한 이해를 필요로 하며, 이는 공감을 바탕으로 한 철저하고 정확한 사례개념화를 통해서만 가능하다는 점이다.

신뢰성에 기여하는 중요한 요소는 치료사가 자신의 한계를 기꺼이 인정하는 것이다. 예를 들어, 내담자가 치료사에게 익숙하지 않은 새로운 약물을 사용하고 있다고 말할 때, 치료사는 이러한 특정 약물에 익숙하지 않다는 것을 인정하는 것이 중요하다. 또한 치료사는 내담자로부터 배우고 싶다고 설명할 수 있다. 즉, 치료사는 겸손과 협력 정신을 드러내는 것이 바람직하다. 예를 들어, 치료사는 "당신은 당신의 삶과 중독에 대해 많이 알고 있고, 나는 인지행동치료에 대해 많이 알고 있습니다. 우리가 한 팀으로 일하면서 서로에게 배워서 당신에게 도움이 되는 목표와 계획을 세울 수 있기를 바랍니다."라고 말할 수 있다.

앞에서 언급한 바와 같이, 일부 내담자들은 중독에서 회복 중인 다른 사람만이 신뢰할 수 있는 회복 자원이라고 생각한다. 따라서 과거에 중독으로 어려움을 겪었던 치료사만이 자신을 이해하거나 도움을 줄 수 있다고 생각할 수 있다. 실제로 일부 치료사들은 자신의 개인적인 중독 경험으로 인해 중독에 대해 더 많이 알고 있다. 그러나 회복 중인 일부 치료사는 중독에서 회복하는 '올바른 방법'을 경험했다고 믿기 때문에 중독에 대한 이해도가 떨어지거나 도움을 덜 줄 위험이 있다. 이러한 치료사는 내담자가 회복을 위해 다른 길을 택할 때 불편함을 느낄 수 있다. 예를 들어, 익명의 알코올 중독자 모임(AA)이나 자기관리 및 회복훈련(SMART Recovery)을 통해 회복에 성공한 치료사는 내담자에게 이러한 모임에 참석하라고 주장하고 싶은 유혹을 받을 수 있다. 같은 맥락에서, 자신의 약물 사용을 조절하려는 시도를 하지 않고 금단을 선택한 치료사는 내담자가 약물 사용 감소를 통한 회복을 계획 중이라면, 그러한 내담자의 방식을 꺼릴 수 있다. 이러한 문제를 피하려면, 회복 중인 치료사는 그러한 편견을 인지하고, 특히 내담자에게 강요하지 않도록 주의해야 한다.

이와 관련하여 많은 내담자들이 묻는 피할 수 없는 질문이 있다. "회복 중이신가요?" 또는 "중독된 적이 있나요?"라는 질문이다. 치료모델에 따라 치료사가 이 질문을 받았을 때 권장하는 답변이 다르다. 일부 모델은 "왜 그것이 당신에게 중요한가요?" 또는 "나중에 언젠가 기꺼이 그 사실을 알려드리겠습니다."와 같은 답변을 권장한다. 그러나 인지행동치료사는 다음과 같이 솔직하고 직설적으로 대답하는 것이 좋다. "네, 저는 몇 년 동안 회복 중이며, 다른 사람들의 회복을 돕는 것을 영광으로 생각합니다." 또는 "아니요, 저는 중독에 빠진 적은 없지만 중독으로 힘들어하는 당신과 같은 사람들을 도우면서 많은 것을 배웠습니다."라고 대답하는 것이 좋다. 물론 이는 단순한 제안일 뿐이다. 치료사에게 솔직하고 직접적인 답변을 권장하는 것 외에, 우리는 치료사에게 내담자들에게 가장 진정성 있게 느껴지는 답변을 선택할 것을 조언한다.

힘겨루기 관리

힘겨루기는 치료 내용이나 과정에 대한 통제권을 유지하기 위한 내담자와 치료사의 노력으로 이해하는 것이 가장 좋다. 다음은 치료사와 내담자 간의 힘겨루기의 몇 가지 예이다.

- Jim은 알코올 문제에 대한 도움을 받기 위해 치료를 받기 시작했는데 치료사가 알코올 사용장애의 위험 요인을 파악하기 위해 그의 어린 시절에 대해 질문한다. Jim은 자신의 과거에 대해 이야기하거나 "잘못을 탓하는 게임을 할 이유가

없다."고 말한다. Jim의 치료사는 Jim을 돕기 위해 이 정보가 필요하다고 주장하지만 Jim은 자신의 입장을 고수한다.

- Sherry는 도박장애로 치료사를 만나고 있다. Sherry는 근처 카지노를 자주 방문하기 때문에 심각한 재정적 어려움에 처해 있다. Sherry는 치료가 도움이 된다고 말하며, 그녀의 목표는 카지노 지출을 한 번 방문당 20달러로, 일주일에 세 번 이하로 제한하는 것이다. Sherry의 치료사는 Sherry가 카지노에 가는 것을 완전히 중단해야 한다고 주장하지만, Sherry는 카지노에 가는 것이 유일하게 즐거운 일이라고 말한다. 방문할 때마다 Sherry의 치료사는 Sherry에게 카지노에 가지 말라고 주장한다. 그러나, Sherry는 자신의 입장을 고수한다.
- Phil은 그의 치료사와 함께 진통제 처방약의 양을 줄이기 위해 긴밀히 협력해 왔다. 그는 치료사에게 이제 안정기에 이르렀다고 말하며 약물보조치료(MAT)를 받고 싶다고 말한다. 치료사는 Phil에게 그가 치료를 잘 받아 왔다고 말하고, 지금 MAT로 전환하면 Phil의 무기력한 생각을 강화할 것이라고 말한다. Phil은 이에 동의하지 않고 자신의 입장을 고수한다.

대부분의 사람들은 자신의 삶을 통제하기 원하지만, 중독 치료를 받는 대부분의 사람들은 자신의 삶을 통제하는 데 어려움을 겪어 왔다. 그 결과, 그들은 상반된 감정을 느끼며 치료에 임할 가능성이 높다. 실제로 대부분의 중독자들은 변화하고 싶은 마음과 중독행동을 유지하고 싶은 마음 사이에서 흔들린다. 따라서 내담자와 치료사들이 치료에 대한 목표에 동의할 때에도, 치료사들은 내담자들이 변화하기를 바라는 희망을 가짐과 동시에 그들이 변화할 준비가 되어 있지 않은 상태로 이동하는 힘겨루기에 들어갈 수 있다.

인지행동치료사는 CBT의 목표 지향적인 특성으로 인해 자신도 모르게 내담자와 힘겨루기를 할 수 있다. 치료사는 이러한 위험을 인식하고 CBT에서 협력이 목표달성보다 더 중요하다는 점을 지속적으로 상기해야 한다. 다시 한번 말하자면, 협력은 목표를 설정하고 달성하기 위한 파트너십으로서 상호 간에 협력적으로 치료에 참여하는 것을 의미한다. 힘겨루기는 치료사와 내담자가 더 이상 목표에 동의하지 않을 때 발생한다. 앞의 예에서 Jim의 목표는 가족요인을 고려하지 않고 술을 끊는 것이고, Sherry의 목표는 카지노에서 하루에 20달러까지 지출하는 것이며, Phil의 목표는 MAT로 치료 방식을 전환하는 것이다. 치료사가 이러한 목표를 공유하지 않는 한, 이들은 힘겨루기에 휘말릴 위험에 처하게 된다. 각각의 경우, 치료사들은 이러한 금지 사항에 대해 명확히 이해해야 한다. 'CBT에서 협력은 목표달성보다 더 중요하다'.

우리는 치료사에게 힘겨루기를 피하기 위한 다음과 같은 권장 사항을 제공하고자 한다.

- 힘겨루기가 실제로 발생하기 전에 힘겨루기로 발전할 수 있는 상황을 인지하라(예: 내담자가 "우리가 이야기한 숙제를 하지 않았어요."라고 말하는 경우).
- 내담자에게 치료 과정에 관한 피드백을 정기적으로 요청해라(예: "오늘 회기에 대해 어떻게 생각하세요? 이 회기가 당신의 필요를 어느 정도 충족시켰나요?").
- 치료적 붕괴가 발생하는 즉시 이를 파악하고 해결하여 힘겨루기로 번지지 않도록 하라.
- 자신의 내적 생각, 감정, 특히 압박감, 긴장감, 좌절감, 짜증에 주의를 기울여라. 부정적인 생각을 최소화하고 내담자에 대한 공감을 극대화하여 이러한 감정을 해소하라.
- 내담자에게 인내심을 갖고 연민을 갖도록 스스로에게 상기하라. 대부분의 내담자는 좌절감과 부적절함을 느끼며 치료를 받으러 오는데, 힘겨루기는 내담자의 불편함을 가중시키고 치료 실패의 원인이 될 수 있다.

힘겨루기를 피하는 또 다른 방법은 내담자의 강점에 집중하는 것이다. 치료에서 힘겨루기는 때때로 치료사의 부정적인 편견에 의해 활성화된다. 예를 들어, 치료사들은 내담자의 강점에 대해 생각하는 것을 소홀히 하면서, 내담자의 문제적인 생각과 행동에 지나치게 집중하며 내담자에게 긴장감을 느낄 수 있다. 이러한 경우, 치료사는 자신의 문제적 생각을 파악해야 한다.

"이 내담자는 절대 시키는 대로 하지 않는다."

"나는 이 내담자를 포기할 준비가 되었다."

"이 내담자가 하는 말은 하나도 믿을 수가 없다."

"이 내담자는 다른 사람들을 조종하듯이 나를 조종하려고 한다."

"이 내담자는 변화할 능력이 없다."

분명히 이러한 자동적 사고는 역효과를 낳는다. 치료사들은 이런 생각들에 대한 직접적인 반응으로 다음과 같은 대안적인 생각들을 의도적으로 만들어 낼 수 있다.

"이 내담자는 우리의 모든 일정에 참석함으로써 중요한 약속을 지켰다."

"치료를 받으러 오는 데는 용기가 필요하니 나도 당연히 이 내담자를 포기하지 않을 것이다."

"이 내담자는 다른 사람에게 한 번도 말하지 않은 것을 나에게 말했는데, 이는 용기가 필요한 일이다."

"나는 이 내담자를 교묘한 사람으로 분류하기보다는 그녀가 모든 것을 위해 열심히 노력했다는 것을 인정한다."

"이 내담자는 삶의 여러 영역에서 상당한 개선을 이루었다. 나의 가차없는 기준이 그녀의 성취를 보지 못하도록 한다."

자신의 생각, 감정, 행동을 모니터링하고 수정함으로써, 치료사는 힘겨루기를 피할 수 있다. 앞에 나열된 부정적인 생각은 중독을 가진 사람들을 낙인찍는 사회가 가진 생각과 유사하다. 중독 내담자에 대한 새롭고, 긍정적인 생각을 활성화하고, 그들에 대한 인지적 편견을 줄임과 동시에 이를 해결하기 위해 열심히 노력함으로써 치료사는 내담자들의 개인적인 성장을 촉진할 수 있다.

요 약

이 장에서는 중독으로 어려움을 겪는 내담자와 긍정적인 치료관계를 구축하는 것이 얼마나 중요한지 강조했다. 우리는 치료사가 내담자의 부적응적 행동과 신념을 부주의하게 전파할 위험을 최소화하면서 그러한 내담자와 친밀감, 신뢰 및 협력감을 형성할 수 있는 방법을 설명했다. 또한 치료에서 적대적이 될 위험을 줄이고, CBT의 중심인 협력 정신을 유지하는 방법에 대해 설명했다.

제 5 장

개별 회기 구성

개별 회기의 구조화는 CBT의 가장 분명하고 본질적인 특징이다. 잘 구조화된 회기는 주어진 시간을 한 주제에서 다른 주제로, 한 문제에서 다른 문제로 목적 없이 흘러가지 않게 하고 주어진 시간을 최대한 활용할 수 있게 한다. 특히 중독 문제를 지닌 내담자는 다양한 종류의 만성적이고 급성적인 문제들을 겪을 수 있기 때문에 주어진 시간을 최대한으로 활용하는 것은 매우 중요하다. 또한 잘 구조화된 회기는 내담자와 치료사가 함께 문제를 파악하고 해결함으로써 둘 사이의 협력 증진에 기여한다. 회기의 구조화는 치료사와 내담자가 가장 본질적인 문제의 우선순위를 정하고 이에 집중할 수 있게 해 준다. 회기를 구조화함으로써 새로운 기술들과 문제 해결을 배우는 데 필요한 작업 분위기가 조성된다. 또한 구조화된 회기는 회기가 주제에서 주제로 정처 없이 맴돌 가능성을 줄여 대화가 매끄럽게 연결되게 도와준다. 구조화된 CBT 회기의 요소를 알면 인지행동모델을 쉽게 따를 수 있으며, 대화가 뚜렷한 목적 없이 맴도는 가능성을 최소화할 수 있다.

행동활성화, 수용전념치료, 합리적 정서행동치료, 변증법적 행동치료 등 다양한 CBT 접근 방식은 회기를 구조화하는 방식에 차이가 있다. 이 장에서는 개인치료 회기에서 중요하다고 여겨지는 여덟 가지 요소에 중점을 둔다.

1. 의제 설정(예: 중독행동에 대한 충동, 실제 중독행동, 또는 고위험 상황)
2. 기분 확인(예: 슬픔, 불안, 안절부절못함, 지루함, 분노, 좌절감)
3. 이전 회기와 연결하기(예: 과제, 맞닥뜨린 문제, 중독행동, 삶의 커다란 변화, 문제적 기분 등)
4. 우선순위 정하기와 의제 항목 다루기(길잡이식 발견 및 구조화된 기술 적용을 통해)
5. 회기 중 핵심 요약 제공
6. 필요에 따른 과제 내주기
7. 피드백 교환
8. 마무리 및 차후 회기 계획

다음의 섹션들에서는 앞의 요소들에 대한 자세한 설명과 유익한 예시들을 제공한다.

의제 설정

시간은 소중하다. 의제 설정은 시간을 효율적으로 활용하게 해 주고 상담 회기의 집중도를 높여 주며 중독 문제를 지닌 내담자들이 어려움을 겪는 우선순위 설정하기와 같은 방법을 알려 주는 데도 효과적이다. 중독 문제를 지닌 사람들은 중독행동의 대상을 찾고, 사용하고, 그로부터 회복하는 데 상당한 시간을 소비하기 때문에 삶의 중요한 과제들을 해결하는 데 충분한 시간을 쓰지 못할 위험이 있기 때문이다.

효과적인 의제 설정은 치료적 관계를 더 깊어지게 만들 수 있다. 이는 내담자와 치료사 모두 상대방에게 기여할 수 있는 기회를 가지게 되고 협력의 정신은 더욱 공고해지기 때문이다. 내담자와 치료사는 의제 설정을 통해 함께 목표를 설정하고 특정 주제에 집중하는 것이 적절한지 논의하게 된다. 또한 내담자가 우려하는 사항과 치료사가 내담자에 대해 우려하는 사항이 서로 양립할 수 없는 것처럼 보일 때, 잠재적인 갈등을 해결할 수 있는 기반을 마련한다. 내담자가 "모든 이야기를 다 털어놓아야 속이 시원할 거 같아요. 이야기하면 기분이 나아질 것 같거든요."라고 말하는 상황을 생각해 보자. 치료사는 협력 정신을 강화하기 위해 내담자가 이야기하고 싶은 것에 회기의 특정 시간을 사용할 수도 있지만, 중독행동을 그만두는 것(abstinence)에 대한 양가감정, 계속되는 중독행동, 촉발요인, 갈망 등과 같은 다른 문제에도 시간을 할애해야 한다고 제안할 수 있다.

많은 내담자들은 자신의 연약함을 느끼고 싶지 않아 민감한 주제를 의제로 다루는 주저하는 경우가 많다. 이에 따라 치료사는 종종 어떤 특정 주제를 의제로 삼아야 할 필요를 느끼게 된다. 예를 들어, 지속적인 재발을 경험하는 내담자가 재발을 의제로 삼지 않을 때 치료사는 "이미 설정된 의제 외에 재발 방지를 추가하는 것이 좋겠네요."라고 말할 수 있다. 이때 치료사는 "최근에 재발을 경험했든 그렇지 않든, 한동안 생각해 볼 가치가 있는 주제가 될 거예요." 같이 재발과 같은 민감한 주제에 대해 논의하기를 꺼려하는 내담자에게 공감을 표현함으로써 의제 설정을 협력적으로 이루어 낼 수 있다.

내담자가 "어떤 걸 의제로 삼아야 할지 모르겠어요."라고 말한다고 해서 의제를 설정하려는 치료사의 노력이 좌절되어서는 안 된다. 대신 유능한 인지행동치료사는 "모르겠어요."라는 대답을 있는 그대로 받아들이지 않는다. 조심스럽게 질문할 다른 방법을 찾거나 조용히 인내심을 갖고 기다리면서 내담자가 의제로 설정할 만한 항목에 대해 숙고할 수 있도록 유도한다. "해결해야 할 문제가 떠오르지 않아요."라고 말하는 내담자를 만나면 치료사는 치료에서 내담자의 책임 중 하나는 자신과 관련된 문제를 해결할 준비를 하고 회기에 임하는 것이라고 설명해 줄 수도 있다. 처음에는 치료사가 몇 가지 의제 항목을 제안하면서 "이 중 어떤 것이 가장 중요합니까?"라고 질문하여 내담자의 의제 설정을 도울 수도 있다. 또한 "지난번 상담 이후 무슨 생각을 하고 계셨나요? 지금 무슨 생각을 하고 계신가요?"라고 물어볼 수도 있다. 나중에 내담자가 계속해서 대화 주제를 제시하지 못하거나 꺼려하는 것처럼 보이면 이 문제 자체가 의제 항목이 될 수 있다. 예를 들어, 치료사는 "상담 시간 동안 이야기할 주제를 떠올리는 데 어려움을 겪는 것에 대해서 이야기해 봅시다." 또는 "내담자 분이 의제를 설정하는 데 겪는 어려움이 무엇인지 이해하고 이를 극복하는 데 어떻게 제가 도움을 줄 수 있을지 알아봅시다."라고 제안할 수 있다. 이를 통해 치료사는 내담자가 겪는 무력감이나 망설임을 다루기 어려운 것으로 간주하지 않을 수 있게 된다. 또한 내담자는 "모르겠어요."라는 말이 힘을 얻지 못하고, 회피의 수단으로써 사용될 수 없다는 것을 알게 된다.

치료사는 종종 의제 설정에 있어 유연해야 할 필요가 있다. 예를 들어, 내담자는 직장에서 해고되거나, 구속되거나, 집에서 쫓겨나는 등 위기 상황에서 상담을 받으러 올 수 있다. 이러한 유형의 문제는 논의 중이던 문제보다 즉각적인 주의와 집중을 필요로 한다. 마찬가지로, 일회성 재발 역시 즉시 상담에서 다루어져야 한다. 왜냐하면 일회성 재발을 겪은 내담자는 변화를 지속할 수 있는 본인의 능력에 대해 낙담하는 경우가 잦고, 이는 완전한 재발 위험의 증가로 이어지며 종종 치료에 대한 절망감으로 이어져 중도탈락을 초래할 수도 있기 때문이다.

치료사는 의제를 설정하고 따를 때 융통성이 없거나 권위주의적인 태도를 취하지 않아야 한다. 예를 들어, 우선순위가 높은 의제에 회기 대부분의 시간을 할애해야 한다면 치료사는 덜 중요한 주제는 다음 회기로 미룰 수 있어야 한다. 또한 치료사는 남은 시간을 맞추기 위해 회기 도중에 의제를 수정할 수도 있다. 시간이 충분하지 않은 경우 내담자와 치료사가 협력하여 어떤 항목을 다루고 어떤 항목을 다음 회기로 미룰지 결정할 수 있다.

다음은 치료 회기 시작에 대한 축어록이다. 이 축어록을 읽으며, 치료사가 내담자와 함께 특정 문제에 대해 적절한 의제를 설정하고, 치료 회기 시간 내내 해당 의제를 유지하며, 주제의 우선순위를 정하려고 한다는 점에 주목해 보자.

치료사: 오늘은 어떤 것에 대해 다루고 싶으신가요?

내담자: 몇 가지 있어요, 하지만 아시다시피…… 지금 저한테 큰 문제는…… 그게…… (잠시 멈춤) …… 저는 일자리가 꼭 필요해요.

치료사: 일자리요. 그렇군요. 그걸 오늘 주제로 다루도록 하죠. 혹시 최근 중독 문제와 관련된 실수 같이 이야기할 다른 게 있을까요?

내담자: 아니요, 중독 문제에 관해서는 잘 하고 있어요.

치료사: 제가 마지막으로 본 이후로 약에 취한 적이 있나요?

내담자: 전혀요.

치료사: 한 번도요?

내담자: 한 번도요. 요즘 회의에 나가고 있어요.

치료사: 술은 안 드시나요? 술은요?

내담자: 안 마셔요.

치료사: 충동이나 갈망은요?

내담자: 아니요, 없습니다.

치료사: 이에 대해서 기분은 어떠세요?

내담자: 꽤 좋아요.

치료사: 다행이네요. 또 한 주간의 성공을 축하드립니다. 앞으로 재발의 위험에 처할 수 있는 일이 있을까요?

내담자: 아니요, 더 이상 땡기지 않을 것 같아요. 이제 제가 해야 할 일은 아침에 침대에서 일어날 수 있는 활력소를 찾는 거예요. 일어나고 나가서 일자리를 구해야 해요. 동기가 부족한 게 진짜 문제예요.

치료사: 좋아요, 늘 하던 대로 우리가 다뤄야 할 목록을 작성하고 있어요. 일자리를 구하는 것이 가장 큰 걱정거리라는 것은 이해했습니다. 아시다시피 오늘 모든 것을 다 다루지 못할 수도 있어요. 그래서 일자리를 최우선 의제로 하죠. 아침에 일어나기 어려운 것도 다룰 만한 의제인 것 같습니다. 또 다른 의제로는 이번 주에도 단약에 성공하셨으니까 재발 방지를 위해 지속적으로 생각하고 행동해야 할 것들에 대해 이야기해 볼 수도 있고요. 아, 그리고 지난주에 내드린 과제도 점검해 볼 수 있겠네요.

내담자: 일자리를 찾는 게 가장 중요해요.

치료사: 좋아요, 그것부터 시작하죠.

이 간단한 대화 내용에서 알 수 있듯이, 의제는 구직, 동기부여의 어려움, 우울증 가능성, 재발 방지 등 여러 가지 잠재적인 주제에 집중할 수 있는 자리를 마련한다. 이 대화에서 모든 회기에서 다루어야 할 중요한 세 가지 질문도 제시되었다. ① "지난 상담 이후로 약물 혹은 술을 접하셨나요?", ② "약물 사용 충동 혹은 욕구가 있었나요?", ③ "다음 상담 전에 (약물) 사용 위험에 처할 수 있는 상황이 있을까요?"

기분 확인

부정적인 감정(예: 지루함, 초조, 절망, 불안, 분노)은 지속적인 사용이나 재발을 초래할 수 있는 내부 촉발요인이므로, 매 회기마다 감정 상태(예: 기분)를 관찰하는 것이 중요하다. 재발에 미치는 잠재적 영향 외에도 강렬한 부정적 감정은 환자가 자살 위험에 처할 가능성을 높일 수 있다. 치료사는 절망감과 관련된 암울한 감정에 특별히 주의를 기울여야 하는데, 이는 미래에 대한 만성적이고 뚜렷한 부정적 관점이 자살을 예측할 수 있는 요인으로 나타났기 때문이다(Beck, Steer, Kovacs & Garrison, 1985).

이와 관련해 내담자에게 정기적으로 또는 매 회기마다 간단한 선별 도구를 작성하게 하는 것은 도움이 된다. 이러한 선별 도구로는 Beck Depression Inventory(BDI; Beck, Steer, & Brown, 1996), Beck Anxiety Inventory(BAI; Beck & Steer, 1993), Patient Health Questionnaire(PHQ-9; Kroenke, Spitzer, & Williams, 2001), General Anxiety Inventory(GAD-7; Spitzer, Kroenke, Williams, & Lowe, 2006), Columbia Suicide Severity Rating Scale(C-SSRS; Posner et al., 2011) 등이 있다. 특히 한 회기에서 다음 회기로 넘어갈 때마다 점수에 상당한 변화가 있는 경우, 점수와 그 의미에 대해 내담자와 이야기해야 한다. 가끔 내담자는 스스로 인식하지 못하는 기분 변화를 경험할 수 있고, 그런 기분 변화는 검사 도구의 점수에 더 명확히 반영될 수 있다. 그럴 경우 치료사는 "이번 주에 BDI/PHQ-9 점수가 더 높아졌는데, 이는 우울감이 더 심해졌다는 것을 의미할 수 있습니다. 이에 동의하시나요?"라고 물어볼 수 있다.

치료사는 내담자가 일상생활에서 느끼는 감정에 대해 자주 이야기하기 때문에 내담자가 본인의 감정을 잘 알고 있다고 과대평가할 수 있다. 하지만 많은 사람들은 감정에 대해 전혀 이야기하지 않는 환경에서 성장한다. 일부는 취약한 감정을 표현하지 않도록 직접적으로 교육받기도 한다(예: "어른들은 울지 않는다." 또는 "울음을 멈추지 않으면 진짜 울만한 일을 겪게 해 줄거야."). 또 다른 경우에는 과거에 강렬하고 고통스러운 감정을 경험했지만, 이를 중독적인 행동으로 무감각하게 만드는 법을 배운 사람들도 있다. 이러한 경우 치료사는 내담자가 자신의 감정, 그런 감정을 느끼게 하는 요인, 그리고 감정을 조절하는 데 사용될 수 있는 가장 효과적인 방법을 파악하고 구별할 수 있도록 도와줄 준비가 되어 있어야 한다.

이전 회기와 연결하기

중독을 겪는 많은 사람들은 삶에서 많은 혼란을 겪기 때문에 치료사는 회기 내에서나 회기 전반에 걸쳐 주제와 주제가 서로 연결되지 않는 방식으로 넘나드는 것을 발견하기도 한다. 따라서 치료사는 "오늘의 주제가 이전 회기에서 이야기한 것과 어떻게 관련되고 이런 주제가 치료 전체의 목표와 어떻게 연결될까?"와 같은 질문을 스스로에게 던짐으로써 치료 회기 전체가 서로 연결될 수 있도록 집중해야 한다.

전 회기와 연결짓는 것의 일환으로 치료사는 이전 회기에서 받은 내담자의 피드백을 반영해야 한다. 예를 들어, 치료사는 부정적이거나 긍정적인 생각 혹은 감정과 같이 내담자가 최근 회기에서 다 해결하지 못한 것이 있는지 물어볼 수 있다. 또한 치료사는 이전의 회기 기록지들을 주의 깊게 살펴보고 반영할 수도 있다. 일반적으로 이 과정에 시간을 크게 들이지 않지만, 때로는 특정 반응에 상당한 주의와 시간을 기울여야 할 수도 있다. 예를 들어, 지난 상담에서 어떤 변화도 만들기를 기대하지 않았고 실제로도 진전이 없었으며, 향후 상담에서도 어떤 진전도 기대되지 않는다고 말하는 내담자가 있다고 생각해 보라. 치료사는 이 피드백이 치료에 대한 부정적이고, 심지어는 절망적인 관점을 반영할 수 있다는 점을 인식해야 하며 그 직후 상담에서 논의해야 한다.

꾸준히 이전 회기와 현재 회기를 연결 짓는 것은 과제(제7장 참조)와 개인의 중독 상태를 확인할 수 있는 편리한 환경을 제공한다. 예를 들어, 치료사는 "지난 주 과제에 대해 이야기하며, 충동과 갈망이 참기 어려울 때 짧은 산책을 하며 충동 서핑하기를 실천하는 아이디어를 특히 좋아하셨죠. 어떻게 실천했나요? 이번 주에 산책을 하거나 충동 서핑하기 산책을 하도록 만들 만한 강한 충동이 있었나요?"라고 질문할 수 있다.

마지막으로, 내담자의 전반적인 삶의 질을 회기별로 점검하는 것도 유용할 수 있다. 치료사는 이 과정을 촉진하기 위해 이와 관련성이 높은 일들과 상황에 초점을 맞춘 구조화된 자가 모니터링 전략(예: 활동 일정표)을 사용할 수도 있다(제7장의 **《양식 7-2》** 참조). 덜 구조화된 접근 방식으로는 단순하게 일기 작성 권장하기가 있을 수 있다. 이러한 활동은 때때로 일부 내담자에게 이전 상담의 내용을 접목시켜 새로운 대화 주제를 만들어 내는 데 도움이 될 수 있다.

우선순위 정하기와 의제 항목 다루기

현장에서 어떤 내담자는 의제 없이 상담을 받으러 오기도 하고, 어떤 내담자는 몇 가지 의제만 가지고 오기도 하며, 어떤 내담자는 50분 회기에서 다루기에는 너무 많은 의제를 가지고 오기도 한다. 내담자가 아무 의제도 가지고 오지 않으면 치료사는 "이번 주에 가장 염려가 되는 일에 대해 이야기해 봅시다."라고 제안할 수 있다. 의제 항목이 만들어지는 과정뿐만 아니라 우선순위를 정하는 것 역시 매우 중요하다. 이 과정은 "어떤 것부터 시작하시겠어요?"라는 질문만 하면 되는 간단한 과정일 수도 있고, 더 면밀하게 내담자의 상태를 살피고 내담자에게 신중하게 의제를 고르도록 요청할 수도 있다. 회기 시작 시 너무 많은 의제가 소개되면 일부 항목을 다음 회기로 미루어야 할 수도 있다. 치료사는 신중하게 의제의 우선순위를 정함으로써 회기가 몇 분 남지 않았는데 위기상황을 맞닥뜨리는 것과 같은 문제를 피할 수 있다.

치료사는 내담자가 의제에서 벗어나 다른 주제로 넘어가는 경향이 있는지 예의주시해야 한다. "이야기에 끼어들고 싶지 않지만 처음에 이야기했던 주제로 다시 돌아가야 할 것 같습니다."와 같이 정중하지만 직접적인 말 한마디면 충분하다. 때때로 내담자가 더 중요한 문제에서 벗어나는 것 같을 때(예: 내담자의 진행 중인 이혼에 대한 논의가 내담자가 자살을 고려하고 있다는 전조로 이어지는 경우), 더 중요한 주제를 다루기 위해 의제의 우선순위를 다시 정하는 것이 바람직하다. 일반적으로 내담자의 적극적인 약물 사용, 자살 가능성 또는 치료와 관련된 문제와 같은 주제는 대부분의 다른 의제보다 더 높은 우선순위를 지닌다.

치료사는 정해진 시간을 염두하면서 제시된 주제에 대해 충분히 깊게 그리고 폭넓게 다루고 적시에 다른 주제로 넘어갈 수 있어야 한다. 때때로 치료사는 질문을 던짐으로써 이 과정을 수월하게 이끌어 낼 수 있다. 그 예로, "회기가 절반 정도 지났습니다. 이 주제에 대해 계속 이야기할까요, 아니면 이 주제를 마무리하고 다음 주제로 넘어가는 것이 좋을까요?"와 같은 질문을 할 수 있다. 이런 방법은 의미 있는 치료적 요인에 초점을 맞추면서 소중한 치료 시간을 최대한 효율적으로 사용할 수 있는 협력적이고 유연한 방법이다.

길잡이식 발견

의제는 길잡이식 발견(guided discovery)이라는 체계적인 과정을 통해 다루어진다. 길잡이식 발견은 내담자가 다양한 정보를 스스로 숙고하고, 평가하고, 종합할 수 있도록 질문을 던지는 것을 포함한다. 길잡이식 발견은 회기 전반에 걸쳐 지속적으로 이루어져야 한다. 일반적인 길잡이식 발견 질문은 다음과 같다.

"어떻게 그런 선택을 했나요?"

"그 선택을 할 때 어떤 기분이었나요?"

"그 선택을 할 때 어떤 생각이 들었나요?"

"그 상황에서 어떤 다른 것을 할 수 있었을까요?"

"그 생각 혹은 신념이 어느 정도로 정확했고 얼마나 도움이 되었나요?"

"그런 식으로 생각한 결과는 무엇인가요?"

"그 문제에 대해 어떻게 다르게 반응할 수 있었을까요?"

"그런 식으로 생각하고 행동할 때의 장점과 단점은 무엇인가요?"

"가장 깊이 간직하고 있는 가치는 무엇인가요?"

"앞으로 어떤 행동이 당신의 가치관에 가장 부합할까요?"

문제의 빈도, 강도 및 기간에 관한 정보를 수집하기 위한 질문과는 달리, 길잡이식 발견은 내담자에게 정보와 해결책을 내담자가 알아차리도록 돕는 데 사용된다. 길잡이식 발견의 목표는 통찰력과 효과적인 의사 결정을 촉진시키는 것이다. 이때의 질문은 정해진 정답을 요구하기보다는 생각을 자극하고 내담자의 자각을 끌어올릴 수 있도록 구성해야 한다. 질문의 적절한 선택, 질문의 표현, 질문의 순서는 내담자의 사고 패턴과 내용에 큰 영향을 미친다. 지난 수년에 걸쳐 대다수의 내담자가 일방적인 강의보다 탐색적인 질문과 경청에 더 호의적으로 반응한다는 사실을 알게 되었다. 실제로 동기강화상담과 같은 길잡이식 발견은 적극적 경청의 원리와 기술을 기반으로 한다.

길잡이식 발견은 상담 의제를 다루는 매우 유용한 방법이다. 길잡이식 발견 과정을 통해 내담자는 자신의 생각을 살펴보고, 자기 패배적인 행동을 되돌아보며, 보다 효과적인 삶의 자세를 발견하도록 도움을 받을 수 있다. 이러한 과정을 통해 내담자는 회기가 끝난 후에도 스스로 자신의 생각, 동기, 행동에 대해 질문하게 되기도 한다. 또한 길잡이식 발견은 비판적이지 않은 분위기를 조성하여 내담자와 치료사 간의 협력 정신을 촉진한다. 이러한 분위기는 내담자가 중독행동의 심각성에 대해 스스로 깨달음을 얻는 데 효과적일 수 있다.

치료사는 내담자가 능동적이고 성찰적인 문제 해결 방식을 지향할 수 있도록 상담이 시작된 순간부터 길잡이식 발견을 활용해야 한다. 때때로 치료사는 내담자가 길잡이식 발견을 어려워하는 것을 목격하기도 한다. 이런 경우 치료사는 비일관적이고 불일치하는 내용을 파악한 뒤 그 내용에 대해 내담자가 동의하는지 물어보는 등 보다 직설적인 방법을 선택할 수도 있다. 예를 들어, 치료사는 "그 행동을 할 때 무슨 생각을 했나요?"라고 묻는 대신 "그 남자를 때리기로 결정할 때 화가 나는 생각이 있었겠군요."라고 말한 다음 "동의하시나요?"라고 물어볼 수 있다.

질문을 사용하여 문제를 탐색하고 내담자가 스스로 결론을 내릴 수 있도록 돕는 것도 중요하지만, 질문을 사용하는 것은 반영, 명료화, 피드백 제공, 교육 제공과 같은 다른 직접적인 개입 방식과 균형을 유지해야 한다. 다음 대화는 몇 가지 기본적인 평가 질문으로 시작한 뒤 이러한 균형을 보여 주는 예시이다.

치료사: Sara, 팔에 무슨 일이 있었어요?

Sara: 아무것도 아니에요, 그냥 오래된 멍이에요.

치료사: 제가 왜 그런 질문을 했다고 생각하시나요?

Sara: 제가 다시 마약을 했다고 생각하시니까요.

치료사: 제가 그런 질문을 한 것에 대해 어떻게 생각하세요?

Sara: 싫어요.

치료사: 제 질문에 대해 어떤 점이 불편하신가요?

Sara: 아무도 저를 믿지 않아요. 모두들 제가 여전히 약쟁이라고 생각해요.

치료사: 그 생각은 정말 마음을 아프게 하겠군요.

Sara: 네, 특히 6개월 동안 약을 끊고 금주한 지 얼마되지도 않았는데 더 아프죠.

치료사: 6개월이나 됐어요. 그건 큰 성공이에요.

Sara: 제가 속한 세상 사람들에게는 아니죠.

치료사: Sara, 사람들이 당신을 믿기까지 얼마나 걸릴 것 같나요?

Sara: 모르겠어요. 아직은 너무 이른 것 같아요.

치료사: 그럴 수도 있죠. 더 중요한 것은, 단주할 수 있다고 스스로를 믿기 시작했나요?

Sara: 글쎄요, 매일 더 쉬워지고 있긴 해요.

치료사: 아마 시간이 지나면서 다른 사람들도 Sara를 믿는 것이 더 쉬워질 거예요.

Sara: 네, 그럴 것 같아요.

내담자가 더욱더 자기탐색적이 되도록 돕기 위해서 치료사는 부분적으로 자기탐색을 보여 주는 롤 모델 역할을 수행한다는 점에 유의해야 한다. 즉, 치료사는 자기 발견에 길잡이가 되어 내담자가 스스로 자기 발견에 이르는 방법을 배울 수 있도록 해야 한다. 내담자가 길잡이식 발견이 진행되는 동안 가끔 기분이 나빠진다고 해서 치료사가 단념해서는 안 된다. 대신, 치료사는 각각의 내담자가 더 많은 인지적 노력을 기울이도록 장려하기 위해 예리하고 협력적인 방법을 찾아내야 하며, 이 과정은 길잡이식 발견을 통해 촉진된다.

심리교육과 구조화된 기법들

제1장에서는 구조, 협력, 사례개념화, 심리교육, 구조화된 기법이라는 CBT의 다섯 가지 구성 요소를 소개했다. 의제의 우선순위를 정하고 다루는 과정에서 심리교육과 구조화된 기법이 대다수 이루어지며, 길잡이식 발견 또한 이 과정에서 이루어진다. 심리교육에는 다음과 같은 다양한 주제가 포함될 수 있다.

- 중독의 CBT모델 개요('ABC'모델)
- 충동과 갈망에 대처하는 전략
- 재발 방지
- 행동활성화 전략
- 감정 조절 전략
- 대인관계 기술
- 문제 해결 기술
- 마음챙김과 명상 기술
- 회복에서 수용과 전념의 역할
- 기본적인 중독의 사실과 원리(중독의 원인과 결과, 치료 효과 등)

CBT 회기 도중 심리교육을 제공하는 타이밍은 매우 중요하다. 초보 CBT 치료사는 내담자를 적절히 개념화하거나 협력적인 치료관계를 구축하지 않고 내담자를 가르치려는 위험에 빠질 수도 있다. 예를 들어, 일부 치료사들은 CBT에 대한 넘치는 열의 때문에 치료를 시작하자마자 CBT모델, 치료 구조 및 기법에 대해 설명하기 시작한다. 이런 방식의 문제점은 내담자가 아직 이러한 정보를 받아들일 준비가 되어 있지 않을 수 있다는 점, 치료사가 내담자의 문제를 아직 완전히 파악하지 못했을 수 있다는 점, 그리고 치료관계가 제대로 형성되지 않았을 수도 있다는 점을 간과하는 데서 비롯된다. 대안적으로 치료사는 내담자의 배경에 대한 정보를 우선적으로 하며, 종종 "CBT가 어떤 방식으로 이루어지는지 궁금하시나요? " 또는 "말씀하신 행동의 원인이나 결과에 대해 더 알고 싶으시나요?"와 같은 질문을 해야 한다.

중독행동을 해결하기 위해 수많은 구조화된 CBT 기법이 개발되었으며, 앞에서 설명한 바와 같이 치료사가 내담자의 필요를 이해하기에 충분한 정보를 수집하기 전에는 이러한 기법을 시행해서는 안 된다. 다음은 중독 문제를 지닌 내담자를 돕기 위해 사용할 수 있는 CBT 기법 중 극히 일부 예시이다.

- 문제적인 신념 겨냥하기
- 합리적 반응
- 자극 조절
- 일일 사고 기록
- 활동 모니터링 및 일정 짜기
- 지연 및 주의 분산
- 충동 서핑하기
- 역할 연습
- 이익-손해 분석
- 지속 노출
- 마음챙김 및 명상 기법

이 기법 중 대부분은 제7장에 설명되어 있다. 이러한 기법이 효과적으로 사용되기 위해서는 상담 중에 설명이 제대로 전달되어야 하며, 기술들을 익히고 과제를 통해 연습해야 한다.

회기 중 핵심 요약 제공

학습 과정에 있어 치료사와 내담자가 각 회기마다 다양한 시점에 대화 내용을 요약하는 것은 매우 중요하다. 핵심 요약을 제공함으로써 회기 내에서 의제를 조정할 수도 있고 치료 회기가 초점에서 벗어나지 않게 된다. 인지행동치료사는 매 회기마다 세 번 이상 핵심 요약을 제공하도록 노력해야 한다. 예를 들어, 초기 핵심 요약은 의제가 설정된 직후에, 다음 핵심 요약은 치료 회기 중간에, 마지막 핵심 요약은 치료 회기가 끝날 무렵에 제공될 수 있다.

회기 초기에 제공되는 핵심 요약은 현재 의제를 내담자의 장기 목표와 연결 지을 수도 있다. 다음은 이러한 핵심 요약에 관한 예제이다.

치료사: 좋아요, 오늘의 의제를 요약해 보겠습니다. 첫 번째 의제는 오늘 아침에 담배를 사고 싶은 강한 충동이었습니다. 두 번째 의제는 직장에서 겪는 큰 어려움과 관련이 있었습니다. 세 번째 의제는 결혼 생활에 대한 지속적인 불안과 관련된 것이었습니다. 제가 놓친 것이 있나요?

내담자: 아니요, 그게 다예요.

치료사: 세 가지 의제 모두 내담자의 장기적인 가치관과 잘 맞는 것 같습니다. 내담자 분은 신체적으로 더 건강해지고 싶다고 반복해서 말씀하셨고, 가족을 소중히 여기고 가족을 부양하고 싶다고 자주 말씀하셨죠.

내담자: 네, 맞아요.

그 뒤에 제공되는 핵심 요약은 치료사가 반추하고, 다음에 할 일(예: 다음 의제로 넘어가기)을 결정하고, 이해한 내용을 전달하고, 잘못 이해한 부분을 바로잡고, 내담자가 치료 내용을 더 이해하기 쉽게 하는 데 도움을 준다.

모든 CBT 회기의 마무리는 치료사와 내담자 모두의 최종 요약본을 완성함으로써 이루어져야 한다. 내담자에게 회기 내용을 요약하도록 권장함으로써 치료 회기 내용을 소화시키는 데 책임감을 상기시켜 준다. 치료사는 내담자의 요약을 통해 내담자가 회기 내에서 다루어진 내용을 얼만큼 이해하고 있는지 확인할 수 있다. 또한 내담자는 논의된 내용을 적극적으로 되새김질할 때 회기 동안 다룬 내용을 더 잘 기억하게 된다.

필요에 따른 과제 내주기

과제 내주기는 치료사와 내담자가 한 팀으로서 함께 만들고 합의한 공동 협력 작업이다. 과제의 두 가지 주요 기능은 회기 사이의 다리 역할을 하여 내담자의 지속적인 문제 해결을 돕고, 내담자가 정보를 수집하여 개인적인 신념을 테스트하고 새로운 행동을 시도할 수 있는 기회를 제공하는 것이다. 치료사는 내담자가 과제를 CBT의 필수적이고 중요한 구성 요소로 여기도록 장려해야 한다. 치료 회기의 제한된 시간을 고려할 때, 과제는 회기 사이에 새로운 기술을 연습할 수 있는 기회라는 점에서 매우 중요하다.

과제는 치료 회기에서 다룬 내용의 논리적 연장선상으로서 회기 동안 다룬 내용을 바탕으로 제공되는 것이 가장 바람직하다. 예를 들면, 회기에서 얻은 통찰을 곱씹어 보고 상담 외부에서 깨달은 바를 어떻게 지속하고 강화할 수 있을지 복기하도록 안내하는 것으로 과제가 구성될 수 있다. 이상적인 과제는 공식적으로 치료가 종료된 후에도 새로운 기술들의 지속적인 사용으로 이어지도록 한다.

치료에서 초반에 다루는 의제로는 이전 회기와 현재 회기를 연결 짓고 난 후 지난 주에 내준 과제를 검토하는 것이 대개 바람직하다. 이렇게 함으로써 치료사는 과제가 치료 과정의 중요한 부분임을 내담자에게 알려 준다. 또한 치료사는 이전 회기의 과제를 검토함으로써 치료 초반에 내담자가 오해하고 있는 부분(예: 자동적 사고 기록 작성에 대한 오류)을 바로잡을 수 있다(제7장 참조). 과제를 검토함으로써 치료사는 내담자가 새로운 인지 및 행동기술을 효과적으로 연습하고 있는지 확인할 수 있다.

과제를 검토하지 않는 치료사는 뜻하지 않게 세 가지 문제를 일으킬 수 있다. 첫째, 내담자로 하여금 과제가 실제로는 중요하지 않다고 결론을 내리게 할 수 있다. 둘째, 내담자가 과제나 새로운 기술에 대한 오해를 파악하고 바로잡을 기회를 놓칠 수 있다. 셋째, 내담자는 과제에서 유용한 교훈을 얻고 이러한 교훈을 공고히 할 기회를 놓칠 수 있다.

치료사는 과제를 왜 내주는지 설명하고 과제를 할 때 예상되는 어려움에 대해 살펴봄으로써 내담자가 과제를 해 오지 않는 불상사를 최대한으로 줄일 수 있다. 예를 들어, 치료사는 "이 과제를 하면 어떤 도움이 될까요?"라고 질문할 수 있으며, "이 과제를 다 마치실 확률은 얼마나 되나요?" 또는 "이 과제를 다 마치는 데 방해가 될 수 있는 것은 무엇일까요?"라고 질문할 수 있다. 또한 치료사는 내담자가 과제를 잘 이해하고 있는지 의심스러운 경우 내담자가 회기를 떠나기 전, 과제에 대해 되새겨 주어야 한다. 과제를 완료하지 못한 경우, 치료사는 과제를 끝마치는데 방해가 되는 장애물이 무엇인지 물어봐야 한다. 경험상 내담자들이 가장 많이 언급하는 장애물로는 다음과 같은 것들이 있다.

"너무 바빴어요. 시간이 부족했거든요."
"과제를 깜빡했어요."
"과제를 하긴 했는데, 우리가 이야기한 방식대로는 안 했어요."
"이야기한 대로 하려고 노력은 했지만 별 도움이 되지 않았어요."
"한 주 동안 너무 잘 지내서 과제를 할 필요가 없었어요."
"이번 주에는 너무 우울해서 아무것도 할 수 없었어요."
"아무런 도움이 되지 않을 것 같았어요."
"아무것도 저에게 도움이 될 것 같지 않은데 노력하는 게 무슨 소용이 있겠어요."

이러한 생각은 의제 항목으로 다룰 만한 내용들이다. 예를 들어, "너무 바빴어요." 라는 대답은 시간 관리에 대한 논의로 이어질 수 있다. 또한 "과제를 잊어버렸어요." 라는 대답은 개인적 변화를 만드는 데 어떤 노력이 필요한지에 대한 이야기로 이어질 수 있다. 끝으로, "아무런 도움이 되지 않을 것 같았어요."라는 대답은 무력감 또는 치료가 어떤 가치를 지는지에 대한 논의로 이어질 수 있다.

요약하면, 과제는 치료 회기와 회기 사이의 다리 역할을 하며 회기에서 배운 신념과 연습 기술을 적용하고 테스트할 수 있는 기회를 제공한다. 실제 과제는 회기의 논리적 연장선상에 있어야 하며 치료 목표와 연관되어야 한다. 치료사는 각 과제를 내주는 것에 대한 합리적인 이유를 제시하고 혹시 발생할 수 있는 어려움을 방지함으로써 불이행을 줄일 수 있다. 내담자의 이해를 돕기 위해 과제는 회기 중에 되짚어져야 하고, 치료사는 매 회기마다 과제의 중요성을 설명하고 과제 내용을 검토해야 한다. 과제를 다 해 오지 않았다면, 이는 회기의 의제로 논의되어야 하고 과제를 하지 않은 이유를 확인하고 이를 해결해야 한다.

피드백 교환

치료사와 내담자는 치료 회기 중에 정기적으로 피드백을 주고받아야 한다. 모든 회기에 걸쳐 치료사는 내담자가 치료 내용과 과정을 모두 이해하고 있는지 확인해야 한다. 예를 들어, 치료사는 "제가 이 질문으로 어떤 점을 전달하려고 하는지 이야기해주실 수 있나요?"라고 질문할 수 있다. 때때로 내담자는 치료사가 달성하려는 목표를 오해하기도 한다. 질문은 내담자와 치료사가 치료 회기에서 잘못된 의사소통을 발견할 수 있게 한다. 각 회기가 끝날 때마다 치료사는 내담자로부터, ① 회기에서 배운 내용, ② 치료 회기 동안 내담자가 느낀 점, ③ 치료 전반에 대해 내담자가 느끼는 점 등에 대한 피드백을 이끌어 내야 한다.

예를 들어, 치료사는 "오늘 회기에서 얻은 것은 무엇이 있을까요? "라고 질문할 수 있으며, "제가 특별히 문제가 되는 말이나 행동을 한 적이 있었나요?" 또는 "오늘 저희가 달성한 것은 무엇이라고 생각하시나요?"라고 질문할 수 있다.

피드백을 이끌어 내는 다른 방법으로는 치료 내의 비언어적 행동에 반응하는 것도 있다. 예를 들어, 치료사는 내담자가 얼굴을 찡그리고 있는 것을 발견하면 "방금 얼굴을 찡그리셨는데 그때 어떤 생각을 하고 계셨나요?"라고 질문할 수 있으며, 이런 질문들을 통해 귀중한 피드백을 이끌어 낼 수 있다.

기억해야 할 핵심 사항은 치료사는 치료 회기 내내 언어적 및 비언어적 피드백을 이끌어 내고 이에 대응하는 데 능숙해야 하며, 내담자의 이해도를 정기적으로 확인하고, 회기 내내 주기적으로 요약을 제공해야 한다는 점이다. 이러한 행동은 결국 공고한 협력 관계를 구축하는 데 도움이 된다.

마무리 및 차후 회기 계획

"시간이 다 됐네요. 그럼 다음 주에 뵙겠습니다."라는 대사와 함께 심리치료가 갑작스럽게 끝마치는 장면을 영화에서 심심치 않게 볼 수 있다. 하지만 실제 누군가를 만나고 헤어질 때 갑작스럽게 자리에서 일어나 끝을 맺는 경우는 거의 없다. 일반적인 사람들 간의 대화에서도 가벼운 끝맺음 말을 나눈다. 심리치료에서도 마찬가지이다.

치료사는 모든 회기가 끝날 때마다 최소 몇 분 정도 시간을 내어 마무리하는 것이 좋다. 예를 들어, 회기 시간이 50분인 경우, 치료사는 45분이 지나면 "이제 5분 정도 시간이 남았네요. 이번 회기에서 무엇을 얻었는지, 과제에 대해 동의하는지 이야기해 봅시다. 원하신다면 다음 회기는 언제 만날지 정할 수도 있습니다."라고 말한다. 이와 같은 표현을 통해 내담자와 치료사는 내담자가 상담실에서 떠날 준비를 하도록 도울 수 있다. 이렇게 함으로써 의제 설정을 통해 시작된 협력적인 분위기는 회기가 끝날 때까지 유지된다.

요 약

이 장에서는 회기 구조의 중요성과 여덟 가지 구성 요소에 대해 알아보았다. 의제를 설정하면 시간을 최적으로 활용하고, 회기에 집중할 수 있으며, 작업 분위기를 조성하고, 회기가 초점에서 벗어나는 것을 방지하는 데 도움이 된다. 또한 반복적으로 기분 점검을 함으로써 회기에 방해가 되거나 재발로 이어질 수 있는 기분 변화를 파악할 수 있다. 회기 연결은 회기 간에 연속성을 만들어 내고 치료 목표에 집중할 수 있도록 한다. 치료사는 의제 목록을 다루는 동안 내담자가 우선순위를 정하고 중요한 내용에 집중하며 시간을 가장 효율적으로 활용하고 대화에 적극적으로 참여할 수 있도록 돕는다. 길잡이식 발견은 내담자가 스스로 결론을 도출하고 스스로 결정을 내릴 수 있도록 도와준다. 핵심 요약은 학습을 강화하는 데 도움이 된다. 과제 전반에 대한 내담자의 이해는 필수적이며, 과제를 완료하는 데 방해가 되는 것을 최소화하기 위해 적절한 조치를 취해야 한다. 끝으로, 치료사는 각 회기에서 일어나는 일에 대한 오해나 잘못된 해석을 바로잡기 위해 지속적으로 피드백을 제공하고 피드백을 이끌어 내야 한다.

제6장

길잡이식 발견, 동기강화상담, 기능 분석

길잡이식 발견이란 인지행동치료(CBT)의 핵심 과정으로, 내담자의 사고, 감정, 행동을 신중하고 체계적으로 탐구하는 데 중점을 두며, 각각의 요소들이 서로 어떤 영향을 미치는지 이해하는 데 초점을 맞춘다. 효과적인 길잡이식 발견의 사용은 내담자가 자신의 인지, 행동 및 정서의 패턴을 파악하고 특정 패턴이 다른 패턴보다 더 유용하다는 점을 배울 수 있게 해 준다. 내담자는 이런 패턴을 인식하도록 배움으로써 조절할 수 있는 힘을 기르게 된다. 길잡이식 발견은 인지행동치료의 필수적인 요소로서, 인지행동치료사는 각 회기에서 내담자가 삶의 어려움을 효과적으로 대처할 수 있는 적응 방식을 발견할 수 있도록 길잡이 역할을 하는 것을 목표로 한다. 길잡이식 발견은 하나의 탐색적인 과정으로써 다음과 같은 질문의 답을 찾는 것에 초점이 맞춰져 있다.

- [과거, 현재 또는 미래에 있을 걱정]에 대한 당신의 생각은 어떠한가요?
- [과거, 현재 또는 미래에 있을 걱정]에 대해 당신의 신념은 어떠한가요?
- [과거, 현재 또는 미래에 있을 걱정]에 대해 어떤 느낌이 드시나요?
- [과거, 현재 또는 미래에 있을 걱정]을 마주할 때 어떻게 행동하시나요?
- [특정 감정이나 행동]에 선행하는 생각이나 신념은 무엇인가요?

- [과거, 현재 또는 미래의 행동]으로 인해 생길 수 있는 결과는 어떤 것이 있나요?
- 앞으로 [과거, 현재 또는 미래의 어려움]에 대한 대응방식으로 어떤 행동을 선택하실 건가요?

내담자가 이런 질문에 쉽게 답할 수 있다고 가정하는 오류를 범하지 않아야 한다. 만약 답이 쉽게 나온다면 더 많은 사람들이 자신의 문제를 스스로 해결할 수 있을 것이다. 많은 내담자들은 이러한 질문을 한 번도 받아본 적이 없기 때문에 질문 자체가 배움을 촉진할 수 있는 잠재력을 지니고 있다. 길잡이식 발견의 두 가지 주요 목표를 기억하는 것이 중요하다. ① 치료사가 내담자의 개인적 세계를 이해하도록 돕는 것, ② 내담자가 내담자 스스로 자신의 개인적 세계를 이해하도록 돕는 것이다. 다음 장에서 설명되는 표준화된 기법들은 대단히 구조적이며 집중화된 특징을 띈다. 구조화는 뚜렷한 단계들을 수반하며, 집중화는 치료 내용에 대한 지속적인 주의와 반응을 포함하므로 한 주제에서 다른 주제로 의미없이 맴도는 것을 방지해 준다. 길잡이식 발견은 맴도는 대화를 방지하기 위해 초점이 맞춰져야 하지만, 그렇다고 해서 지나칠 정도로 구조에 갇혀있을 필요는 없다. 길잡이식 발견의 과정은 단순한 질문과 반응의 반복이 아닌, 종종 뜻밖의 발견으로 이어지는 내담자와의 살아있는 대화이기 때문이다.

길잡이식 발견 및 동기강화상담

치료사들은 길잡이식 발견과 동기강화상담(Motivational Interviewing: MI; Miller & Rollnick, 2013)의 유사성에 대해 알고 놀라는 경우가 많다. 두 가지 모두 내담자가 자신의 사고, 신념, 감정, 행동에 대해 성찰하고, 목적성을 띄고 평가할 수 있도록 돕는 정교한 접근 방식이다. 길잡이식 발견과 MI는 사람들이 자신의 최선의 이익을 알아차리고, 이해하고, 실현하도록 도움을 받으면 자신의 최선의 이익을 위해 행동할 것이라는 가정을 토대로 한다. 길잡이식 발견과 MI의 몇 가지 구체적인 유사점은 다음과 같다.

- 내담자에게 특정 결정을 내린 방법을 묻고, 추가적인 선택지나 대안적인 결정을 고려할 수 있도록 돕는다.
- 규범적인 기준에 따른 옳고 그름에 초점을 맞추기보다는 변화를 고려함에 있어 내담자의 최선의 이익에 관심을 가지도록 한다.
- 내담자의 이야기를 활용하고 인정하는 것을 치료적인 발판으로 사용한다. 이 방식은 내담자가 치료사의 의견에 동의할 가능성을 높여 주고 내담자가 치료사의 의견을 반대, 판단, 적대적인 것으로 간주할 가능성을 줄여 준다.
- 내담자가 말한 내용을 스스로 들을 수 있도록 긍정적인(전략적이기는 하지만) 방식으로 내담자의 의견을 요약한다. 이렇게 하면 때때로 내담자가 자신이 한 말을 재고하게 되고 사고, 감정, 행동 방식을 바꿀 수 있는 계기가 될 수 있다.
- 겉보기에는 평범한 이야기처럼 보이면서도 실제로는 중요한 치료 메시지를 담은 말을 한다. 이를 통해 내담자는 평소 자신의 신념에 반할 수 있는 치료 메시지를 도전으로 여기지 않고 들을 수 있다. 그 결과 내담자는 체면을 지키면서 치료 메시지를 숙고하거나 받아들일 수 있다.
- 내담자가 현재 회기 중에 치료사의 메시지를 받아들일 것이라고 기대하기보다는 추후에 그 메시지를 고려할 수 있도록 씨앗을 심는 것에 만족한다.

다음 대화는 치료사가 내담자 Jennifer를 길잡이식 발견에 참여시키는 장면이다. Jennifer와 치료사 간의 이 대화는 길잡이식 발견과 MI의 유사점을 강조하기 위해 선별되었다.

Jennifer: 저는 취하기 위해 술을 마시는 사람이 아니에요. 저녁이나 주말에 긴장을 풀기 위해 한두 잔의 와인을 마시는 정도입니다. 저는 술을 마실 때는 항상 천천히 마셔요. 저보다 훨씬 더 많이 마시는 다른 사람들도 봤고, 그 사람들이 알코올 중독자가 아니기 때문에…… 저도 괜찮다고 생각해요. 남편의 생각이나 말은 절대 신경 쓰이지 않아요.

치료사: 그래요 Jennifer. 당신은 자신을 취하기 위해 술을 마시는 사람이 아니라 여유롭

게 술을 마시는 사람으로 보는군요. 다른 사람들은 훨씬 더 술을 많이 마신다고 알고 있기 때문에, 그에 비해서는 꽤 안전하다고 느끼는군요.

Jennifer: 맞아요. 저는 술에 취해 쓰러지거나 기절하는 사람이 아니에요. 그냥 와인이나 칵테일 몇 잔을 즐기고 싶을 뿐이에요.

치료사: 방금 말씀하신 것을 토대로 볼 때, 실제 문제는 남편이 당신을 걱정하는 것이라고 말할 수 있을까요?

Jennifer: 그렇게 말할 수 있겠죠…… 그리고 비용도요. (멋쩍은 웃음)

치료사: 비용요? 그러니까, 술에 얼마나 돈을 쓰는지에 대해 걱정하고 있군요.

Jennifer: 인정하고 싶지 않지만, 값싼 술을 마셨을 때는 몸이 많이 아팠어요.

치료사: 그러니까, 음주로 인한 두 가지 문제, 즉 하나는 결혼 생활에 대해, 그리고 다른 하나는 경제적 비용에 대해 걱정하고 있군요.

Jennifer: (잠시 침묵) 그냥 쉬고 싶어요. 그게 다예요. 저는 스트레스가 많은 직업을 가지고 있어요. 긴장을 푸는 것이 죄인가요?

치료사: 물론 아니죠. 스트레스가 많은 직업을 가지고 있다고 여러 번 언급하셨잖아요. 어떤 사람들은 당신의 음주가 범죄라고 말하는 것 같나요? 그런 종류의 비난으로 받아들여지나요?

Jennifer: 확실히 그렇게 느껴져요. 스스로를 변호하는 데 지쳤어요. (눈물을 흘리기 시작함)

치료사: 제가 비난하는 것처럼 들리지 않기를 바랍니다. 그런 의도는 아니었어요. 저는 단지 스스로에 대해서는 걱정하지 않는 데도 불구하고 남편이 걱정을 하고 있는 이유에 대해 어떻게 생각하고 있는지 알고 싶었던 것뿐입니다.

Jennifer: 저도 가끔 걱정해요. 저도 모르는 게 아니에요. 완전히 부정하는 것도 아니고요. 사람들이 제가 내리는 판단을 신뢰하고 저에 대해 잘못 결론 내리지 않기를 바랄 뿐이에요. (잠시 멈춤) 저는 엄마처럼 되고 싶은 마음이 없어요. (울기 시작함)

치료사: (테이블 위에 있는 휴지 상자를 내담자 쪽으로 부드럽게 밀어 준다) 지금 어떤 생각이 드는지 말씀해 주실 수 있나요?

Jennifer: 엄마처럼 되고 싶지 않고, 남편이 저에 대한 존경심을 잃는 것도 싫고, 제가 변화하는 것에 대해 관심이 없다고 생각하지 않았으면 좋겠어요. 하지만 긴장을 풀 방법이 필요해요. 어떻게 해야 하나요? 저는 술을 마실 때 나름의 안정장치를 세워요. 음주 운전은 절대 하지 않고, 약물과 술을 섞어서 마시지 않고, 아침에는 절대 술을 마시지 않아요.

치료사: 방금 정말 중요한 말씀을 많이 하셨어요. 제가 요약해 봐도 괜찮을까요? (Jennifer가 "네."라고 고개를 끄덕임) 한편으로, 내담자 분께서는 안전지대라고 느껴지는 곳에서 술을 마실 수 있도록 최선을 다하고 있습니다. 다른 한편으로는 음주가 없는 스트레스 해소는 상상하기 어려울 정도로 음주가 주된 휴식 방법으로 매우 중요해졌습니다. 음주에 대한 남편의 걱정에 답답함을 느끼지만, 금전적인 비용과 함께 결혼 생활의 마찰도 음주에 대한 대가라는 것을 알고 계시고요. 그리고 방금 말씀하신 가족력을 잘 알고 있기 때문에 이에 대해서 모르는 척하지 않고 부인하지 말아야 한다고 하셨죠. 제가 어머니에 대해 이야기하지 않았는데 갑자기 어머니 이야기를 꺼내신 것은, 제 도움 없이 스스로 그 연결고리를 찾으셨기 때문이죠. Jennifer, 가지고 계신 고민에 대해 더 자세히 말씀해 주시겠어요?

Jennifer: 힘들어요. (잠시 멈춤) 술을 조심해야 한다는 건 알아요. 저도 알아요, 아시겠어요? 전 바보가 아니에요.

이 대화에서 Jennifer의 치료사는 Jennifer의 생각이 잘못되었거나 역기능적이라고 말하지 않았고, Jennifer가 무엇을 해야 하는지 또는 어떻게 생각해야 하는지 지시하지 않았으며, 힘겨루기를 하지 않았다. 대신, 그녀의 치료사는 MI와 같은 길잡이식 발견을 활용하여 특정 인지, 행동 및 정서의 반복되는 패턴을 강조했다. 대화가 끝날 무렵, Jennifer는 음주를 과소평가하는 것에서 자신도 음주에 대해 걱정하고 있으며 조심해야 한다는 것을 알고 있다고 말하기 시작했다. 내담자가 털어놓은 이야기를 통해 치료사는 향후 회기에서 Jennifer가 한 말을 바탕으로 음주와 관련해 이야기하는 것에 대한 물꼬를 틀 수 있었다. 치료사는 어머니의 음주에 대한 Jennifer의 이야기에 주의를 기울임으로써 그녀의 과거 음주 패턴이 형성된 과정을 확인하였고 이를 통해 사례개념화를 한층 더 심도있게 발전시킬 수 있었다. 이 짧은 대화는 길잡이식 발견, 사례개념화 및 협력정신 간의 상호작용을 보여 준다. 다음 내용에서는 기능 분석에 대한 소개와 논의, 그리고 길잡이식 발견을 통해 기능 분석이 어떻게 촉진되는지에 대한 설명을 담고 있다.

사고, 감정, 행동의 연결고리를 찾기 위한 길잡이식 발견

인지행동치료를 처음 접하는 내담자들은 일반적으로 사고와 신념이 중독행동의 발달과 유지에 미치는 역할을 과소평가한다. 많은 사람들이 중독행동에 대해 외부 사건(예: 상황 및 환경) 또는 내부 감정(예: 갈망, 불안, 우울, 신체적 고통)이 직접적인 원인이라고 생각하여 중독행동이 자신의 통제 범위를 벗어난다고 생각한다. 이들은 자신의 사고나 신념이 중독행동에 미치는 영향을 깨닫지 못할 수 있으며, 이를 바꾸는 것이 문제 행동을 바꾸는 데 도움이 될 것이라고 믿지 않을 수도 있다. 치료사는 중독행동의 발달과 유지에 있어 사고와 신념의 역할에 초점을 맞춰 내담자를 도와야 한다. 또한 치료사는 내담자가 가진 중독과 관련된 사고와 신념을 지속적으로 이끌어 내고 이를 중독행동과 연결지어 보도록 내담자를 돕는다. CBT가 이루어지는 실제 현장에서, 이는 내담자가 길잡이식 발견을 통해 중독행동과 그러한 사고 및 신념 사이의 연관성을 이해하는 것으로 시작된다.

"이런 기분을 참을 수 없어요."

"그냥 마음이 편해지고 싶어요."

"기분이 나아지고 싶어요."

"몇 잔만 마실게요."

"그냥 취하고 싶어요."

"취하지 않으면 인생은 지루해요."

"저는 항상 술을 마시고 담배를 피워 왔어요. 그게 바로 저예요."

"친구들과 파티를 할 때 항상 즐거운 시간을 보내요."

"도박은 제가 유일하게 재미있게 하는 일이에요."

이러한 사고와 신념은 모두 중독행동을 유발할 수 있는 위험성을 내포하고 있다. 이러한 사고를 이끌어 내고 중독행동과 연결시키는 치료사는 내담자에게 귀중한 통찰력을 제공한다. 이 과정은 상당한 인내를 필요로 한다. 치료사는 중독행동을 활성화하는 사고와 신념에 처음부터 이의를 제기하고 싶은 유혹을 느낄 수도 있다. 그러나 그런 방식은 내담자를 소외시키고 방어적인 태도를 취하게 만들 위험이 있다. 대신, 편견 없이 인내심을 가지고 중독행동과 관련된 사고와 신념을 이끌어 내는 치료사는 내담자가 사고, 신념, 중독행동 사이의 연관성에 대해 배울 수 있도록 도와준다. 다음 Jill과 치료사 간의 대화는 이러한 길잡이식 발견 과정의 예시이다.

Jill: 저는 엉망이에요.

치료사: '엉망'이라는 게 무슨 뜻이죠?

Jill: 이번 주말에 담배를 피웠어요.

치료사: 무슨 일이 있었는지 말해 줄래요?

Jill: 친구들과 식당에서 저녁을 먹고 나서 담배를 피웠어요.

치료사: 조금 더 이야기해 줄래요?

Jill: 제 친구들은 식당을 나간 후에 담배를 피우기 시작했어요. 우리는 그냥 주차장에 서서 이야기를 하고 있었어요.

치료사: 친구들이 담배에 불을 밝히는 것을 보고 어떤 생각이 들었나요?

Jill: 무슨 뜻이죠?

치료사: 무슨 생각을 하고 있었는지 기억해 보세요.

Jill: '젠장, 한 대만 피울 수 있으면 소원이 없겠네.'라고 생각했던 게 기억나요.

치료사: 그러고 나서 무슨 일이 일어났나요?

Jill: 친구들이 제가 멍청한 표정으로 서 있는 것을 보더니 친구 중 한 명이 담배를 권했어요. 물론 저는 그 담배를 받았죠.

치료사: Jill, 담배를 피우기 직전에 무슨 생각을 하고 있었는지 기억나요?

Jill: 네, 많은 생각을 했어요. 정말 담배를 피우고 싶다고 생각했어요. 친구에게 거절할 수 없다고도 생각했어요. 또 다른 기억으로는…… (잠시 멈춤) 머릿속에서 작은 목소리가

"하지 마."라고 말하는 것 같았어요. 그런데 또 다른 큰 목소리가 "이번 한 번만."이라고 이야기하더군요.

치료사: 그래요. 흡연과 직접적으로 연관된 몇 가지 생각이 떠올랐군요. 한 가지 생각은 "젠장, 한 개비만 피울 수 있으면 좋겠네."였습니다. 또 다른 생각으로는 "그냥 거기 서 있는 내가 바보 같아 보인다."였습니다. 또 다른 생각은 "친구가 담배를 권하면 당연히 담배를 피워야지. 친구에게 거절할 수 없지."였어요. 다른 생각으로는 "정말 담배를 피우고 싶네. 딱 이번 한 번만."이 있었어요.

Jill: 네, 그렇게 요약할 수 있겠네요.

치료사: Jill, 당신의 사고와 신념이 흡연 결정과 직접적으로 연결되어 있다는 것을 인식하는 것이 중요합니다. 방금 여섯 가지 생각을 확인했는데, 이 생각이 전부 드는 데까지 단지 몇 초밖에 걸리지 않았어요. 흡연과 자주 연관되는 생각을 인식하는 습관을 들이는 데 도움을 드리고 싶어요.

Jill: 그게 어떻게 도움이 되나요?

치료사: 이런 습관을 들일 수 있으면 그 순간에 이런 생각을 포착하고 이것들이 사실인지 의심해 볼 수 있게 될 거에요. 비흡연자로서 당신에게 도움이 되는 새로운 역량 중 하나가 될 것입니다.

Jill: 설명을 들으니 제가 담배를 피우지 않기 위해 몇 달 동안 그렇게 해 왔다는 것을 깨달았어요. 담배를 피우면 좋을 것 같다는 생각이 들 때면 담배를 끊는 것이 얼마나 좋을지 스스로에게 되뇌어요.

Jill은 비흡연자가 되는 것이 기분 좋은 일이라는 것을 스스로에게 상기시킴으로써 담배를 끊을 수 있었다고 설명했다. 그녀는 은연중에 흡연과 금연이 다양한 사고와 관련이 있다는 것을 이해하고 있다. 따라서 인지행동치료사의 주요 역할은 길잡이식 발견을 통해 이러한 연관성을 명확히 드러내어 내담자가 이런 사고를 통제하고, 중독행동을 자제하기 위해 더 신중하고 의도적으로 노력할 수 있도록 돕는 데에 있다. 대부분의 사람들(치료사와 내담자 포함)은 사고와 신념 사이의 미묘한 차이를 알아차리지 못한다. 치료사는 내담자에게 사고와 신념을 구분하도록 가르침으로써 내담자의 회복에 도움이 되는 역할을 수행한다. 이를 통해 내담자는 각 사고와 신념의 변화를 목표로 삼을 수 있게 된다. 두 가지를 구별하는 한 가지 방법은, 일반적으로 사고는 갑작스럽고 즉흥적이며 일시적인 것이며, 이는 더 깊은 곳에 간직된 신념으로부터 비롯된다. 이러한 차이점을 바탕으로 우리는 사고를 자동적인 것으로, 신념을 기본적이거나 근본적인 과정으로 생각해 볼 수 있다.

예를 들어, 어렸을 때 Jay는 '나는 수줍음 많고 조용한 성격을 타고났다.'라는 기본 신념을 갖게 되었다. 중학교 때 그는 술의 탈억제 효과를 경험했다. 몇 년 동안 지속적으로 술을 마시면서 Jay는 자연스럽게 '나는 술을 마시면 덜 부끄러워하고 사교성이 높아진다.'는 새로운 신념을 갖게 되었다. 동시에 '술은 즐겁다!' '술을 더 많이 마시면 더 즐겁다!'라는 자동적 사고도 갖게 되었다. 이러한 자동적 사고와 유사한 생각은 Jay의 과음 에피소드를 형성하는 경향성을 띄게 되었다. 특히 치료 초기에 Jay와 같은 내담자에게 자신의 신념, 자동적 사고, 중독행동 사이의 직접적인 연관성을 이해하게 되면 감정과 행동을 더 효과적으로 통제할 수 있게 된다는 사실을 가르치는 것은 효과적이다. Jay는 자신의 음주가 '술 마시는 것은 재미있다.'와 같은 표면적인 사고뿐만 아니라 '더 이상 조용하거나 소심한 성격이고 싶지 않다.'와 같은 더 깊은 신념에 의해 촉발되었다는 사실을 인지할 수 있게 되었다.

경력있는 치료사들의 대다수는 내담자들이 "사고를 바꾼다고 해서 약물(또는 다른 중독행동) 사용을 중단할 수 없다."고 말하는 것을 들어 본 적이 있을 것이다. 맞는 말이다. 중독으로 어려움을 겪는 내담자들은 일반적으로 수많은 역량을 길러야 하며, 이러한 역량을 익히려면 시간과 연습이 필요하다. 사고와 신념을 확인하고 이를 명명하는 능력은 복잡한 중독행동과 사고와 신념을 연결 지을 수 있는 토대가 된다. 결국, 사고와 신념을 식별하고 이름을 붙이는 것은 사고와 신념 자체를 변화시키게 해 주며 나아가 이로 인해 유발되는 복잡한 행동도 바꿀 수 있게 해 준다. 내담자가 사고, 신념, 감정을 얼만큼 식별할 수 있는지 판단하는 것으로 치료를 시작하는 것은 유용하다고 여겨진다. 대부분의 내담자는 이 세 가지 과정을 명확하게 구분하지 못한다. 실제로 많은 사람들이 어떤 것에 대해 어떻게 느끼느냐는 질문을 받으면 "나는 …… 이렇다고 느낍니다."와 같이 대답한다. 이런 대답은 자신이 느끼는 것이 아니라 자신이 생각하거나 믿는 것을 나타낸다. "나는 항상 중독될 것 같은 느낌이 들어요."라고 말하는 내담자는 실제로는 "나는 항상 중독에 빠져있을 거라고 믿어요."라고 말하는 것이며, "그가 틀린 것 같은 느낌이 들어요."라고 말하는 내담자는 사실 "그가 틀렸다고 생각해요."라고 이야기하는 것이다.

사고와 신념의 범주

중독과 관련된 사고와 신념은 사람의 지문만큼이나 다양할 수 있다. 따라서 중독과 관련된 사고와 신념을 다양한 범주로 분류하는 것은 유용할 수 있다.

- 특정 중독 물질 및 행동의 본질에 대한 사고와 신념
- 중독 물질 또는 행동의 이점에 대한 사고와 신념
- 충동과 갈망에 대한 사고와 신념
- 중독행동의 허용적 사고와 신념

특정 중독 물질 및 행동의 본질에 대한 사고와 신념

중독 물질 및 행동은 이해하기 복잡하기 때문에 많은 오해를 낳는다. 예를 들어, 대부분의 사람들은 담배가 다른 약물보다 덜 해롭다고 생각하지만 실제로는 다른 어떤 약물보다 담배로 인한 사망률이 더 높다. 많은 사람들이 술이 숙면에 도움이 된다고 생각하지만, 실제로 술은 숙면을 방해한다. 도박장애를 가진 대부분의 사람들은 도박을 계속하면 결국 잃은 돈을 되찾을 수 있다고 믿지만, 실제로는 도박을 많이 할수록 더 많은 돈을 잃을 가능성이 높다. 다음은 중독 물질 및 행동에 대해 사람들이 가지고 있는 일반적인 오해의 예이다.

"맥주만 마시는 한 음주 문제는 없다."

"처방된 약은 의사가 처방한 것이므로 안전할 수밖에 없다."

"마리화나가 건강에 해로웠다면 많은 주에서 합법화되지 않았을 것이다."

"도박에 돈을 쓰는 것은 다른 형태의 오락에 돈을 쓰는 것과 다르지 않다."
"온라인 게임은 문제가 될 수 없다. 그냥 게임일 뿐이다."

내담자가 이러한 사고와 신념을 계속 가지고 있다면, 치료사는 이를 발견하고 내담자에게 신중히 검토하도록 권유할 수 있다. 또한 내담자가 변화하려는 강한 동기를 가지고 있음에도 불구하고, 이러한 신념이 어떻게 재발로 이어질 수 있는지 이해하도록 돕는 것이 중요하다. 이러한 개입의 최종적인 장기 목표는 중독 물질과 행동에 대한 오해를 해결하여 개인이 건강한 결정을 내릴 수 있도록 돕는 데에 있다. 중독 물질과 행동에 대한 내담자의 잘못된 사고와 신념에 대해 알아보기 위해 치료사는 다음과 같이 질문할 수 있다.

"안전한 음주를 위해 한도를 설정하는 것에 대해 어떻게 이해하고 있나요?"
"흡연은 개인의 신체 건강에 어떤 영향을 미치나요?"
"진통제에 내성이 생긴다는 것은 무엇을 의미하나요?"
"마리화나는 어느 수준의 중독성을 지니나요?"
"도박으로 잃은 돈을 되찾을 가능성은 얼마나 될까요?"
"온라인 게임과 관련된 잠재적 위험은 무엇인가요?"

치료사는 내담자의 신념에 이의를 제기하기 앞서 길잡이식 발견을 통해 내담자의 신념에 대해 가능한 한 많이 알아보는 것이 중요하다. 앞서 언급했듯이 성급한 이의 제기는 내담자를 방어적으로 만들 가능성이 높다. 앞의 질문은 개인적인 질문이 아닌 일반적인 질문이라는 점을 분명히 해야 한다. 이는 내담자가 개인적인 질문으로 받아들여 비난받는다고 느낄 가능성을 최소화하기 위해서이다. 다행히 대부분의 반응은 이와 같은 질문에 자신의 신념을 다시 살펴보는 형식을 취한다. 이는 내담자가 중독 물질 및 행동에 대한 사실 기반의 정보를 물어보는 것으로 이어질 수도 있다. 이런 경우에는, 내담자의 질문에 대한 답이 될 수 있는 근거중심의 자료(예: www.niaaa.nih.gov, www. drugabuse.gov, www.samhsa.gov)를 제공할 수도 있다.

중독 물질 또는 행동의 이점에 대한 사고와 신념

중독행동의 강화적 속성은 중독행동에 관여하게 만드는 이유로 잘 알려져 있다. 하지만 이것이 의미하는 바는 무엇인가? 중독의 강화적 속성은 각 사람마다 다르게 받아들여지므로 각 내담자가 어떤 강화적 속성과 중독행동을 어떻게 연관시켜 이해하는지 파악해야 한다. 예를 들어, 어떤 사람들은 술을 마셔야만 불안감을 멈출 수 있다고 믿는다. 또 어떤 사람들은 모두가 약물에 취해 있는 파티에서만 즐거운 시간을 보낼 수 있다고 믿는다. 어떤 사람들은 마약성 진통제를 복용해야만 어떤 일에 대한 동기부여를 얻을 수 있다고 믿는다. 또 다른 사람들은 인생의 유일한 보상이 음식이라는 신념으로 인해 폭식을 한다. 어떤 외로운 사람들은 카지노를 방문해야만 외로움에서 벗어날 수 있다고 믿는다. 즉, 어떤 사람들은 고통에서 벗어나기 위해 중독 물질과 행동을 하고, 또 다른 사람들은 좋은 기분 혹은 평상시의 기분을 더욱 좋게 만들기 위해 중독 물질과 행동을 필요로 한다.

많은 내담자들은 우울증, 불안, 성격 장애 및 기타 정신 장애 문제와 같은 공존 장애를 자가 치료하기 위해 중독 물질과 행동을 사용한다. 이러한 경우, 인지행동치료는 공존 장애 진단을 받은 내담자를 위한 이중 치료로써 활용된다. 이 이중 치료의 목적은 중독행동뿐만 아니라 중독행동으로 치료하고자 하는 정신건강 문제도 함께 치료하는 것이다. 이는 개별적이기보다 통합된 방식으로 수행되는 것이 가장 효과적이다(SAMHSA, 2009). 이를 통해 내담자에게 전달하고자 하는 메시지는 우울증, 불안, 성격 및 기타 정신건강 문제가 중독행동과 마찬가지로 문제적인 사고 및 신념과 연관되어 있다는 것이다.

기분을 좋게 하거나 특정 기분을 유지하기 위해 중독 물질을 사용하는 내담자의 경우, 중독행동을 계속할 때 얻는 이점에 대한 사고와 신념을 파악하는 것 역시 중요하다. 결국에는 치료사가 이런 사고와 신념에 대해 이의를 제기해 보도록 요청할 수 있지만, 치료 초기에는 내담자가 중독행동과 관련된 사고와 신념을 인식하도록 격려하는 것이 더 중요하다.

충동과 갈망에 대한 사고와 신념

충동과 갈망은 향정신성 심리적 · 생리적 감각으로, 향정신성 약물이나 비물질적인 중독행동을 통해 자신의 상태를 바꾸고 싶어하는 '굶주림' 또는 '추동'의 느낌이 들며 매우 불안정하고 불편한 느낌이 동반된다. 다음은 충동 및 갈망과 관련된 흔한 신념의 예시이다.

"충동과 갈망은 참을 수 없다."
"갈망을 멈추는 유일한 방법은 갈망에 굴복하는 것이다. 그렇지 않으면 더 악화될 뿐이다."
"충족되지 않은 충동이나 갈망은 나를 미치게 만든다."
"충동이나 갈망이 있을 때는 다른 생각을 하거나 아무것도 할 수 없다."

앞에서 유추할 수 있듯이, 많은 내담자들은 충동과 갈망에 대해 일방적인 관점을 가지고 있으며, 이러한 느낌은 중독행동을 통해 충족되지 않는 한 변하거나 완화될 수 없고 계속 더 커질거라고 예상한다. 이러한 잘못된 개념은 불안이 사람을 미치게 만들거나 죽게 할 때까지 계속 증가할 것이며, 불안을 멈추는 유일한 방법은 불안을 유발하는 상황을 피하는 것이라고 믿는 회피성 내담자의 불안에 대한 관점과 유사하다. 중독 문제를 지닌 내담자나 회피형 내담자 모두 불편한 기분이 드는 것은 한시적이며 결국에는 가라앉는다는 사실을 이해하지 못한다.

중독과 관련된 사고와 신념에 도전하는 방법에 대해서는 나중에 살펴보겠지만, 치료사는 내담자가 갈망이나 충동이 저절로 가라앉았던 이전 경험의 구체적인 예시를 다시 살펴보도록 도울 수 있다. 대부분의 경우, 대부분의 상황에서 느꼈던 충동과 갈망은 시간이 지남에 따라 감소한다. 많은 내담자들이 충동 및 갈망과 관련된 불편함을 극복할 수 있다는 말을 들으면 믿지 못하지만, 내담자 본인의 개인적 경험은 대개 과거에 경험했듯이 미래에도 불편함을 극복할 수 있다는 근거가 된다. 이러한 지식과 다른 전략 또는 사회적 자원(예: 상호 지원 그룹, 치료사, 상담사, 친구, 사랑하는 사람)이 결합되면 내담자는 충동과 갈망이 절정에 이르렀다가 감소하도록 내버려둘 수 있다. 이러한 노력의 성공은 자기 실현과 자조의 승리이다. 다음 장에서는 내담자가 충동과 갈망을 더 오래 기꺼이 견딜 수 있게 해 주는 지연 및 주의 분산 기법에 대해 알아볼 것이다.

중독행동의 허용적 사고와 신념

허용적 사고는 중독행동에 대한 합리화, 변명 또는 정당화라고도 일컫는다. 치료사는 내담자가 중독행동을 할 만한 충분한 이유가 있었다거나 이번엔 괜찮다는 생각에 대해 주의를 기울여야 한다. 허용적 사고의 예는 다음과 같다.

"이번 한 번만."
"진짜 조금만."
"오늘은 특별한 날이니까."
"아무도 모를 거야."
"나만 해치는 행동일 뿐이야."
"내 인생은 이보다 더 나빠질 수 없어."
"나는 충분히 오랫동안 금주했어."
"다른 사람은 하는데 나는 못하는 건 불공평한거야."

내담자가 유혹에 대해 양가감정을 느끼는 중요한 순간에 "꼭 해야만 할까?"라는 질문과 씨름할 때 허용적 사고가 활성화되곤 한다. 치료사는 길잡이식 발견을 활용하는 동안 허용적 사고가 있었는지 경청하고, 그러한 생각을 알아낸 다음 내담자에게 신중하게 생각해 보도록 권한다. 치료사는 공고한 치료적 관계를 유지하기 위해 허용적 사고가 내담자를 위험에 빠뜨릴 수 있다는 우려를 표현하되, 비판적인 태도를 보이지 않아야 한다. 내담자가 약물 사용을 고려하고, 종종 양가감정을 경험한다는 점을 감안할 때, 내담자가 본인의 허용적 신념을 확인하고 이런 신념이 의사 결정에 미치는 잠재적 영향을 이해하는 방법을 배우는 것은 매우 중요하다(Newman, 2008).

내담자들은 허용적 사고에 대응하기 위해 충분한 연습을 바탕으로 한 적응적 반응을 발전시켜야 한다. 치료 회기에서 치료사와 함께 몇 가지 적응적 반응을 만들어 본 다음, 과제를 통해 더 많은 적응적 반응을 만들어 보는 것을 권장한다. 다음 장에서 설명하겠지만, 치료사는 허용적 사고에 대한 적응적 반응을 연습하기 위해 내담자와 역할 연습을 활용할 수 있다. 몇 가지 적응적 반응의 예로는 "한 잔만 마실 수는 없으며, 한 잔이 두 잔이 되고 세 잔이 된다." "시험을 통과하는 가장 좋은 방법은 애초에 자신을 시험하지 않는 것이다." "나는 금주를 계속 유지하기로 결심했다."와 같은 말이 있다. 또한 내담자는 자기가 한 이야기에서 '오직' '단지' '조금'과 같은 단어를 사용할 때 주의를 기울이도록 배운다. 이는 내담자가 허용적 사고에 빠져 있다는 단서가 될 수 있기 때문이다. 이런 경우, 내담자에게 허용적 사고와 관련된 단어를 사용하지 않고 자신의 의견을 반복 표현하도록 권장할 수 있다. 예를 들어, "단 한 잔만 마시고 싶어요."는 "술을 마시고 싶어요."로, "단지 조금만 사용하고 싶어요."는 "사용하고 싶어요."로 바뀐다. 이 연습을 통해 내담자는 허용적 사고에 빠졌을 때, 자신이 중독행동을 하고 싶어한다는 사실을 보다 있는 그대로 파악할 수 있게 된다.

기능 분석

기능 분석은 사고, 신념, 감정을 알아내고 이들을 연관짓는 가장 간단하면서도 핵심적인 방법이다. 기능 분석은 이름에서도 알 수 있듯이 중독행동의 기능과 관련된 촉발요인, 사고, 감정, 행동의 연관성을 분석하는 데 사용된다(Budney & Higgins, 1998; Magidson, Young, & Lejuez, 2014). Liese와 Esterline(2015)은 개념 지도(즉, 촉발요인, 사고, 감정, 행동 간의 인과 관계를 나타내는 다이어그램)를 사용하여 기능 분석을 촉진할 수 있는 방법을 제시했다. 기능 분석의 가장 간단한 예는 **[그림 6-1]**에 나와 있다. 대다수의 인지행동치료사들은 이 간단한 ABC모델을 잘 알고 있는데, 여기서 A는 선행사건, B는 신념과 사고, C는 사고 및 신념과 관련된 정서적 및 행동적 결과를 의미한다.

선행요인은 사고와 신념을 활성화하여 중독행동을 활성화하기 때문에 흔히 '촉발요인(trigger)' 또는 '활성화 사건'이라고 부른다. 촉발요인은 감정적 또는 신체적으로

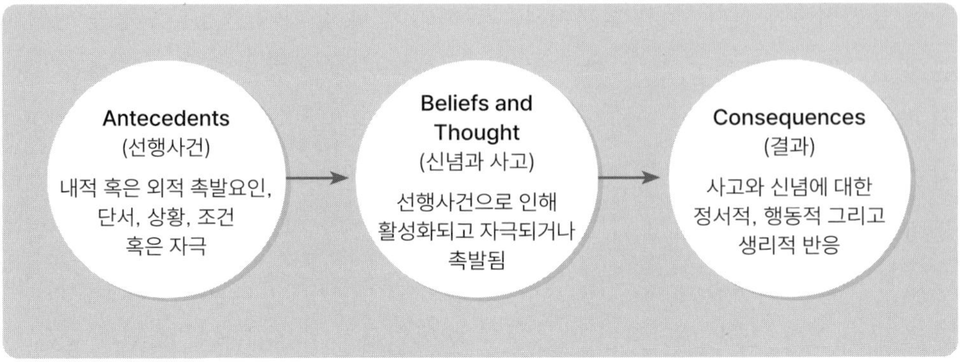

그림 6-1 ABC모델

경험하는 내적인 것일 수도 있고, 환경에서 접하는 외적인 것일 수도 있다. 내적 촉발요인의 예로는 슬픔, 외로움, 불안, 지루함, 분노, 좌절 등의 감정이 있으며, 통증, 갈망, 긴장 또는 답답함으로도 경험될 수 있다. 외적 촉발요인의 예로는 중독행동을 하는 다른 사람, 중독 물질이나 활동의 가용성, 과거에 중독행동을 했던 상황 등을 들 수 있다. 부정적 · 중립적 또는 긍정적인 상황 모두가 촉발요인으로 기능할 수 있다는 것을 유념해야 한다. 이런 상황들은 행복한 상황을 축하하거나 불행한 상황을 자가 치료하려는 생각으로 이어질 수 있고, 인간관계의 갈등이나 축하, 원하는 목표 달성의 실패 또는 성공과 관련이 있다.

Ben의 치료사는 기능 분석을 하던 중, Ben이 "번화가 모퉁이에 있는 구걸하는 사람을 지나치는 것이 불가능할 정도로 어렵다."고 느낀다는 사실을 알게 되었다. 자세히 설명해 달라는 요청에 Ben은 "길거리에서 돈을 구걸하는 사람을 보는 것만으로도 헤로인을 구하기 위해 길거리에서 돈을 구걸했던 때가 생각납니다."라고 설명했다. 그는 이러한 시각적 자극이 헤로인 사용에 대한 생각으로 이어지고, 이는 강렬한 사용 충동을 불러일으키며, 이어서 허용적 사고, 구걸, 헤로인 구매, 그리고 결국 헤로인 사용으로 연결된다고 덧붙였다. Ben은 단 몇 문장으로 치료사에게 비교적 상세한 기능 분석을 내놓았다.

철저한 기능 분석을 위해 2단계로 이루어진 과정을 따르길 권장한다. 1단계에서 치료사는 내담자가 중독행동과 관련된 가장 두드러진 현상(예: 촉발요인, 상황, 생각,

신념, 감정, 행동)을 파악하도록 돕고, 이 과정을 목록으로 나열해 정리한다. 2단계에서 치료사는 내담자가 이러한 현상들 간의 인과 관계를 도식화하도록 돕는다. 예를 들어, Margaret이 치료 회기에 와서 최근 코카인 재발에 대해 죄책감과 부끄러움을 느낀다고 이야기하면, 치료사는 길잡이식 발견을 통해 무슨 일이 있었는지 설명해 달라고 요청할 수 있다. 다음은 이에 대한 예시이다.

치료사: Margaret, 스스로에게 몹시 화가 난 것 같군요.

Margaret: 그래야 하지 않나요? 반년 동안 깨끗하게 지내다가 모든 걸 망쳐버렸어요.

치료사: Margaret, 실패에 대해 실망하는 것은 정상이지만 자책하는 것은 도움이 되지 않아요. 대신 무슨 일이 있었는지 정확히 파악해 봅시다. 무슨 일이 있었는지 이야기해 주세요.

Margaret: 어떻게 된 일인지 잘 모르겠어요. 한동안은 잘하고 있었는데 갑자기 어느 순간에 코에 그 빌어먹을 코카인을 빨고 있었어요.

치료사: 좀 더 상세히 이야기해 봅시다. 그게 몇 시였나요? 사용 전, 사용 중, 사용 후에 무엇을 하고 있었나요? 어떤 기분이었나요?

Margaret: 토요일 오후였는데 저는 아무 일도 하고 있지 않았어요. 그냥 아파트 주변을 어슬렁거리며 주로 TV를 보고 있었어요. "뭘 하고 있었나요?"라는 질문이 이런 걸 물어본 건가요?

치료사: 네, 맞아요. 더 말씀해 주시겠어요? 그리고 그 과정에서 기분이 어땠는지도 말씀해 주세요.

Margaret: 글쎄요, TV 보는 게 좀 지겨웠어요. 아마 지루하고 불안했을 거예요. 그런 감정은 항상 저에게 도화선처럼 여겨졌어요.

치료사: 계속 말씀하세요.

Margaret: 제 친구 Fran이 전화를 했어요. 저는 약을 끊은 후 약 6개월 동안 Fran과 연락하지 않았어요. 그녀는 제가 재활 프로그램을 계속하려면 피해야 될 사람 중 한 명이었어요. 그녀는 늘 파티를 하는 사람이었지만 이번에는 제가 보고 싶어서 전화를 했다고 하더군요. 그녀는 제가 점심 먹으러 가고 싶냐고 물었습니다. 저는 그날 아직 아무것도 먹지 않았고 진짜 점심만 먹으러 가자는 것처럼 보였어요.

치료사: 그리고 무슨 일이 있었나요?

Margaret: 전화를 끊고 그녀를 만날 준비를 했어요. 그때부터 예전의 감정이 다시 들기 시작했어요.

치료사: 어떤 옛날 감정이요?

Margaret: 뭔가 대단한 일이 일어날 것 같은 흥분을 느끼기 시작했어요.

치료사: 대단한 일이라 함은…….

Margaret: 다시 약에 취한 것이 느껴졌어요. Fran을 만날 생각만 해도 가슴이 두근거리더라고요. 그런 감정이 다시 머릿속에 떠오르기 시작했어요.

치료사: 다시 약에 취하는 그런 느낌요?

Margaret: 네, 그리고 제 머릿속이 복잡해지기 시작했어요. 처음에는 '안 돼, 그러면 안 돼!'라는 생각이 들었어요. 그러다가 마치 다른 누군가가 이야기하는 것처럼 '그래, 해도 돼. 이번 한 번만 그러면 돼.'라는 목소리가 들리더군요. 그리고는 '6개월 동안 약을 끊었잖아. 다시 전화해서 못 간다고 말해.'라는 생각이 들었습니다. 하지만 그러지 않았어요.

치료사: 그래서 허용적인 사고가 싸움에서 이겼나요? 그녀를 만나고 다시 약을 사용하겠다고 결정한 건가요?

Margaret: 네, 맞아요.

치료사: 그러고 나서 그녀와 점심을 먹었나요?

Margaret: 아니요, 당연히 아니죠. 식당에 차를 주차하고 주차장을 걷기 시작했는데, 주차된 차에서 Fran이 저를 부르는 소리가 들렸어요. 그녀는 점심 식사 전에 잠깐 차에 와보라고 했고, 거기에는 당연하듯이 코카인이 몇 줄 놓아져 있더군요. 제가 뭘 하려는 거였을까요? 도무지 거절할 수가 없었어요. 또 다시 "이번 한 번만!"이라는 생각이 들었어요.

치료사: 이야기해 주신 모든 상황, 생각, 감정들을 정리해 봤습니다. 제가 정리한 게 맞는지 이야기해 주세요. 토요일 오후에 그냥 집에 있었습니다. 지루함을 느끼고 있었죠. Fran에게 전화가 왔고 위기가 찾아왔다고 직감했습니다. "안 돼, 같이 놀러가지마."라

고 스스로에게 말했죠. Fran은 항상 코카인 사용을 자극하는 존재였으니까요. 그런 생각을 하다 말고 단순히 즐거운 점심 식사만 될 것이라고 스스로에게 이야기했습니다. 그런데 또 다른 생각, '조금만 사용하면 괜찮지 않을까?'는 생각이 들었습니다. 그리고 그런 생각이 들자 마음이 들떴습니다. 그러다가 '이러면 안 되는데.'라는 반대되는 생각이 들었죠. 그런 다음 점심만 먹자는 생각뿐만 아니라 다른 생각(코카인)도 한 상태로 차에 올라타서 식당으로 갔습니다. 그리고 차 안에서 코카인이 줄지어진 걸 보면서 '이번 한 번만'이라는 생각을 했죠.

Margaret: 맞아요.

치료사: 자 이 이야기를 도식화해 봅시다. (도식화를 시작한다)

앞에 제시된 대화를 통해 Margaret의 치료사는 기능 분석을 도식화할 수 있었다(**[그림 6-2]** 참조). 내담자가 기능 분석으로 정리된 자신의 사고, 감정, 행동을 시각화할 때 종종 그렇듯이, Margaret은 놀라움을 금치 못하며 이렇게 이야기했다. "말이 되네요. 이렇게 그려보는 것이 도움이 되네요. 각 지점에서 뭔가 다른 것을 할 수 있었을 것 같아요."라고 말했다. 기능 분석을 수행할 때, 대부분의 원들은 내담자가 더 혹은 덜 도움이 되는 생각이나 행동 중에서 고를 수 있는 결정 또는 선택 지점을 나

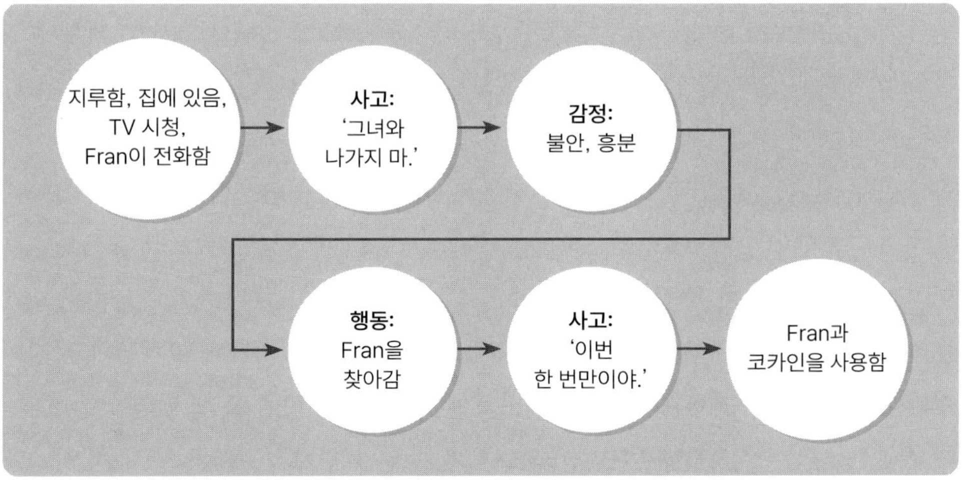

그림 6-2 Magaret의 코카인 중독 재발에 대한 기능 분석

타낸다는 것을 강조하는 것이 중요하다. 이러한 선택 중 일부는 중독행동으로 이어질 가능성이 높고 일부는 중독행동으로 이어질 가능성이 낮다. 기능 분석의 주요 목표는 의식적이고 신중한 의사 결정을 장려하여 중독과 재발의 위험을 줄이는 데에 있다.

치료사가 어떤 기법을 선택하든, 길잡이식 발견의 본질은 협력정신이라는 바탕 위에서 이루어져야 한다는 점이다. 변화의 과정은 고되고, 대부분의 중독자들은 변화에 대해 적어도 어느 정도의 양가감정을 가지고 있기 때문에, 다양한 전략적 기법들을 소개할 때는 내담자가 다양한 기법을 충실히 따르는 것이 자신이 선택한 것이라고 이해하도록 돕는 데 초점을 맞춰야 한다. 대부분의 사람들은 충동과 갈망을 이겨내기 위해 '화이트 너클링(white knuckling)'이라는 과정을 거친다. 이 용어는 중독행동을 피하는 데 수반되는 힘겹고 고통스러운 것을 견뎌 내는 과정을 의미한다. 단순히 수동적으로 견뎌 내는 것 대신, 치료사는 내담자가 중독과 관련된 사고와 신념에 도전함으로써 충동과 갈망을 줄이는 데 적극적인 역할을 수행하도록 격려한다. 이 과정이 성공적으로 이루어지면 사람들은 보다 중독행동에 적응적인 대응을 할 수 있게 된다.

적응적 대응이란 중독과 관련된 사고와 신념에 대한 새롭고 효과적인 사고 방식을 확립하는 과정을 일컫는다. 방금 살펴본 예시의 마지막 부분은 적응적 대응을 세워나가는 예시로써 치료사가 어떻게 결정 또는 선택 지점을 발견하는지에 대한 설명을 보여 준다. '적응적'이라고 명명한 이유는 내담자가 삶을 더 나쁘거나 어렵게 만드는 것이 아니라 더 나은 삶을 만드는 사고와 신념을 인식하고 선택하도록 돕는 것을 목표로 한다는 점을 강조하기 위한 것이다. 적응적으로 반응하는 방법을 배운 내담자는 일반적으로 자기효능감, 자기만족감, 희망감이 향상되었다고 느낀다.

치료사는 내담자가 중독행동과 관련된 감정 및 생리적 촉발요인(분노, 불안, 외로움, 지루함, 긴장, 충동, 갈망, 통증 등)을 경험할 때, "지금 내 마음에서 이러한 감정의 원인이 될 수 있는 것이 무엇일까?"라고 스스로에게 질문하도록 권장한다. 이 과정의 목표는 길잡이식 발견을 통해 내담자에게 특정 상황에서 자신의 자동적 사고를 알아차리고, 이러한 사고와 그에 대한 타당성을 평가하며, 더 적응적이 되도록 이런 사고들을 수정하는 기술을 가르치는 것에 있다. 사고 패턴을 인식하는 것은 사고 패턴을 해결하거나 변화시키기 위해 필요한 전제 조건이다. 연습을 통해 내담자는 중독행동을 유지하거나 악화시키는 사고를 인식하고 도전하는 방법을 배울 수 있다. 이때 내담자가 질문을 통하여 스스로 자신의 생각의 타당성이나 유용성을 재고해 보도록 돕는 것이 효과적이다. 이런 질문의 예시로는 다음과 같은 것들이 있다.

"이 상황을 어떻게 다른 시각으로 바라볼 수 있을까?"

"내 사고나 신념을 뒷받침하거나 반박하는 구체적인 증거는 무엇일까?"

"이 상황에 대처하기 위해 내가 취할 수 있는 건설적인 행동은 무엇일까?"

"같은 상황에 처한 친한 친구에게 어떤 조언을 해 줄 수 있을까?"

"이 상황에서 최악의 시나리오는 무엇이고 최상의 시나리오는 무엇일까?"

"모든 선택 사항들을 고려했을 때, 내가 할 수 있는 가장 적절한 선택은 무엇일까?"

"나의 현재 드는 생각을 계속 믿는 것의 장단점은 무엇일까?"

"내 생각을 바꾸는 것의 장단점은 무엇일까?"

이 질문은 문제가 있는 사고를 평가하고 수정하는 데 사용할 수 있지만, 모든 상황과 생각에 이 질문들을 전부 해 볼 필요는 없다. 이러한 질문은 프롬프트 역할을 하며, 내담자가 이러한 질문을 능숙하게 사용할 수 있게 되면 무조건적으로 반응하는 대신 자신의 사고, 감정(욕구 포함) 및 행동을 반추할 수 있게 된다. 다목적성의 적응적 반응으로는 "무조건적으로 반응하지 말고 반추적으로 행동하자." "어떤 것에 이끌린 반사적 반응이 아닌 내 선택에 근거한 반응적인 행동을 하자." "처음 드는 생각이 최선이 아닐 수도 있다."와 같은 것들이 있다.

요 약

이 장에서는 대부분의 표준화된 인지 및 행동기법의 근간이 되는 길잡이식 발견에 중점을 두었다. 초기 회기에서 치료사는 길잡이식 발견을 활용하여 사고, 감정, 행동에 대한 인식과 변화를 촉진한다. 그리고 내담자는 자신의 사고, 감정, 행동에 대해 스스로 질문하게 된다. 다시 말해, 내담자는 보다 적응적인 반응이 자연스럽고 자동적으로 이루어질 때까지 스스로에게 길잡이식 발견을 사용하게 된다. 인지 및 행동기법은 내담자가 원하는 사고, 행동 및 정서적 변화를 이루도록 돕기 위한 방법, 절차 및 활동이다. 따라서 문제가 되는 사고, 감정, 행동은 변화되어야 할 대상이고, 기술은 변화를 촉진하는 방법에 해당된다. 다음 장에서는 중독행동을 대상으로 하는 구체적이고 표준화된 인지행동기법에 대해 알아보고자 한다.

제7장

표준화된 CBT 기법

중독 문제를 가진 내담자를 돕기 위해 표준화된 다양한 CBT 기법을 사용할 수 있으며, 각 기법들은 구체적인 임상적 목표를 가진다. 예를 들어, '지연 및 주의 분산'은 내담자가 충동과 갈망을 견디는 데 도움을 주어 재발 가능성을 낮추는 것이 목표이다. '활동점검 및 일정 짜기'는 내담자가 중요하고 건강한 삶의 목표를 달성하기 위해 효과적으로 시간을 관리할 수 있도록 하는 것이 목표이다. 『**약물남용에 대한 인지치료**(Cognitive Therapy of Substance Abuse)』를 발간한 이후, 여러 인지행동치료사들은 다음 기법들이 중독뿐만 아니라 우울증, 불안, 성격장애 등과 같은 다른 정신건강 문제에도 도움이 된다는 것을 발견해 왔다. 더 많은 기법들이 존재하지만 지면의 제약으로 다음과 같은 열두 가지 표준화된 기법을 소개하고자 한다.

1. 자극관리
2. 지연 및 주의 분산
3. 이익-손해 분석
4. 가치위계구조
5. 활동점검 및 일정 짜기
6. 행동활성화

7. 자동적 사고 기록
8. 수용과 전념
9. 이완 훈련
10. 마음챙김과 명상 훈련
11. 유관 관리
12. 역할 연습

어떤 기법을 선택하기 전에 정확하게 사례개념화를 하는 것이 중요한데, 앞의 장에서 우리는 중독행동이 자신의 기술적 결함을 보상하기 하기 위한 전략이라는 점을 설명했다. 이와 관련하여 앞으로 소개할 기법들은 내담자의 기술 성장을 촉진하여 기술 부족으로 인한 보상의 필요성을 낮추는 것이 목표이다.

자극 관리

중독 치료에 있어서 CBT의 중요한 목표는 충동과 갈망, 중독행동의 촉발요인을 관리하는 것이다. 이런 자극을 촉발요인, 단서, 고위험 상황, 근거리 선행사건 등으로 부르는데, 이번 장에서는 내담자들이 이해하기 쉽도록 촉발요인으로 통일해서 부르고자 한다.

촉발요인 관리는 총 네 가지 단계로 구성된다. 1단계에서는 내담자들에게 중독행동의 촉발요인을 발견하고 설명하도록 한다. 2단계에서는 내담자가 촉발요인을 관리하기 위해 시도했던 방법 중에 성공했던 전략과 실패했던 전략에 대해서 논의한다. 3단계에서는 현재 가장 우려되는 촉발요인(즉, 재발을 일으킬 가능성이 가장 높은 요인)을 다룬다. 4단계에서는 내담자가 현재 겪고 있는 어려움이나, 기술의 정도, 그리고 접한 상황을 고려해 보았을 때, 현실적으로 촉발요인을 관리할 수 있는 방법을 살펴본다. 피할 수 있는 촉발요인은 최대한 피하는 것이 가장 좋으며, 피할 수 없는 촉발요인에 대해서는 자기관리전략이 필요하다.

모든 촉발요인을 피하는 것은 불가능하지만, 촉발요인이 일어날 가능성을 낮추는 것은 가능하다. 단, 이를 위해서는 내담자의 높은 동기와 경계심이 필요하다. 내담자는 여러 촉발요인들에 노출되어 있으며, 중독행동과 관련 있는 사람, 장소, 사물들과 복잡하게 얽혀 있는 경우들이 많다. 예를 들어, 중독 문제가 있는 친구나 가족이 있을 가능성이 크고, 술집, 카지노, 중독자 친구의 집 등 중독 문제가 일어날 수 있는 장소에 자주 방문할 수도 있다. 모든 촉발요인을 피할 수 있다고 비현실적으로 가정하기보다는 피할 수 있는 요인과 피할 수 없는 요인들을 분리하는 것이 필요하다. 예를 들어, 마리화나 사용장애가 있는 내담자는 집에서 마리화나나, 파이프 등의 약물 사용과 관련된 도구들을 모두 치울 수 있고(**치워야만 한다**), 술을 끊으려고 하는 사람은 집에 있는 술을 버리고, 적어도 회복 초기에는 술집에 가지 않아야 한다. 도처에 술집, 주류판매점, 주류 광고가 있는 것은 어쩔 수 없지만, 그런 촉발요인들에 대해 거리를 둘 수는 있다.

제3장에서 언급한 것처럼, 실수와 재발은 근접한 촉발요인에 의해 흔하게 일어나는데, 이러한 촉발요인에는 내부적 요인과 외부적 요인이 있다. 사례개념화 과정에서 이러한 촉발요인들을 피할 수 있는지 또는 피할 수 없는지를 구분하여, 피할 수 없는 촉발요인은 대처 기술을 통해 관리하는 것이 중요하다. 예를 들어, 중독행동을 유발하는 기분 변화는 피하기 어려울 수 있다. 그러므로 기분 변화로 인해 재발할 위험이 큰 내담자의 경우에는 치료 과정에서 감정 조절과 관련된 재발 방지 기술을 반드시 배우고 연습해야 한다. 술을 파는 식당에서 밥을 먹는 알코올 중독 내담자는 식사 전에 술을 마실 것이냐고 묻는 웨이터의 질문에 "아니요, 괜찮습니다." 라고 말하는 연습을 해야 한다. 이것은 폭식증 내담자가 친구 집에 초대받아 두 번, 세 번 음식을 먹으라는 권함을 받을 때 "아니요, 괜찮습니다."라고 말하는 것을 연습하는 것과 같다. 거절 기술을 연습하는 것 외에도, 촉발요인과 함께 일어나는 내적 충동과 갈망을 줄이는 인지적·행동적 기술을 연습하는 것이 중요하다. 다음 섹션에서는, 이와 관련된 지연 및 주의 분산 기법의 구체적인 전략들을 설명하도록 하겠다.

지연 및 주의 분산

내담자들은 갈망을 경험할 때 충동적으로 행동하는 경우가 많다. 유혹이 나타나면 반사적으로 반응하기 때문에, 깊이 사고하지 않고 충동적으로 행동하는 경우가 흔하다. 그런 반사적 반응 때문에, 갈망을 대처할 수 없고 노력해도 되지 않는다는 생각을 더 강하게 하게 된다. 그러므로 충동과 실제 행동 사이에 시간과 거리를 두는 것이 회복에 꼭 필요한 기술이다.

지연 및 주의 분산(Delay and distract: D&D)은 내담자에게 중독행동이 아닌 다른 곳으로 주의를 돌리도록 가르침으로써 충동을 조절하도록 하는 것이다. 충동과 갈망에 대처하는 인내력을 증진시키고, 잠시 멈추고 의식적으로 대체 행동을 선택하고, 중독행동을 지연할 때 결국 충동도 서서히 가라앉는다. 예를 들어, 의미 있는 활동들(예: 친구나 사랑하는 사람과의 시간, 운동, 독서, 건강한 취미 등)을 찾으면서 충동을 지연하고 충동으로부터 주의가 분산되는 것을 경험할 수 있다. 지연 및 주의 분산 행동으로 중독행동을 완전히 끊지 못하더라도 더 나은 자제력을 키울 수 있다면 내담자에게 도움이 된다.

내담자에게 인지, 행동, 도덕적인 방법까지 포함하여 생각할 수 있는 최대한 많은 주의 분산 활동의 목록을 작성하도록 권장해야 한다. 치료사와 내담자가 함께 이 목록들을 살펴보고, 내담자는 계속해서 이 목록에 활동을 추가해야 한다. 이 목록을 쉽게 찾을 수 있도록 내담자의 스마트폰에 작성할 수도 있다. 다음은 지연 및 주의 분산의 예시와 지침이다.

> 충동적으로 행동하기 전에 다음 목록 중에 가능한 한 많은 것을 시도해야 한다. 만약 이러한 주의 분산 방법을 사용하여 중독행동을 멈추게 되었다면 아주 바람직하다. 혹시 끝내 중독행동을 하게 되었다 하더라도 인내심을 키우고 충동에 따라 행동하지 않는 방법을 조금이라도 배웠다면 그것 또한 의미가 있다. 시도해 볼 수 있는 지연 및 주의 분산 방법 리스트는 다음과 같다.

1. 전화, 문자메시지, 이메일 답장하기
2. 신문, 잡지, 책, 또는 이전에 CBT 과제로 내가 직접 썼던 글 등 흥미로운 것들을 읽기
3. 긍정적인 변화를 위해 나를 믿고 응원해 주는 사람들의 얼굴을 머릿속에 떠올려 보기
4. TV나 컴퓨터로 재미있는 컨텐츠를 시청하기
5. 윗몸 일으키기 또는 팔굽혀펴기 하기
6. 건강하고 영양가 있는 음식이나 간식 먹기
7. 양치, 샤워, 기타 위생 관리하기
8. 자전거 타기
9. 산책하기
10. 식료품 쇼핑하기
11. 기도문 읽기
12. 십자말 풀이하기
13. 카드 놀이하기
14. 악기 연주하기
15. 내 기분과 생각을 일기쓰기
16. 휴식하면서 음악 듣기
17. 자조 그룹 참석하기(예: 12단계 그룹 또는 SMART Recovery 그룹)
18. 중독행동을 절제할 때의 이점 기억하기
19. 호흡연습, 요가, 기타 마음챙김 활동하기
20. 자가용 또는 집 청소 및 관리

이 목록들은 내담자의 에너지와 상상력에 따라 늘어날 수도 있고 줄어들 수도 있지만, 항목들은 많을수록 좋다. 이러한 지연 및 주의 분산 기법들을 지속적으로 연습하면, 충동에 덜 휘둘리게 되고 만족감 및 성취감을 경험할 가능성이 높다.

물질 중독 문제가 있을 경우 일반적인 전략은, 물질을 구하는 것을 가능한 한 불편

하게 만들어서 지연시키는 것이다(Newman, 2008). 술, 마약, 약물 관련 도구들을 제거하고, 일상생활 계획표를 잘 구성하여 약물사용자가 아닌 사람들과 시간을 보내도록 하는 것이 도움이 된다. 예를 들어, 일을 마치고 집으로 돌아가는 길에 자주 가던 동네 술집이 있다면, 대신 자조 모임이나 헬스장에 가는 것을 계획할 수 있다. 중독 의식(ritual)을 방해하는 지연 기법은 재발을 방지하고 금주/단약을 유지할 수 있는 가능성을 높인다.

상담 회기 중에 중독행동을 다룰 때 내담자가 충동이나 갈망을 느끼는 경우가 흔하므로, 치료사는 이에 대해 내담자에게 물어볼 수 있다. 만약 그렇다면, 지연 및 주의 분산 기법을 포함한 대처 기술을 연습할 수 있는 기회로 만들 수 있다.

이와 관련하여 Alan Marlatt는 획기적인 업적을 남겼는데, Marlatt과 그의 동료들은 충동 서핑(urge surfing)이라는 용어를 만들었다(Marlatt & Gordon, 1985; Marlatt & Witkiewitz, 2005). 충동 서핑은 충동을 없애려고 싸우는 것이 아니라 충동과 갈망의 파도를 타는 것이다(Marlatt & Kristeller, 1999). 서퍼의 비유에서 중요한 것은 파도가 서서히 밀려와 가라앉을 때까지 균형을 유지하는 것처럼 갈망이 가라앉을 때까지 지연하는 연습이 필요하다는 것이다.

지연 및 주의 분산 기법은 중독행동 및 다른 원하지 않는 행동을 절제하려고 하는 사람들에게 적합한데, 즉 변화단계의 '실행'단계에 있는 사람에게 적절하다. 이 단계에 있는 내담자들은 변화를 원하고 중독행동을 피할 수 있는 방법을 적극적으로 찾고 있기 때문이다. 앞서 언급했던 것처럼, 지연 및 주의 분산 기법을 사용하는 것은 사례개념화에 의해 결정된다. 이미 충동조절이 잘 되는 내담자에게는 지연 및 주의 분산 기법이 필요하지 않다.

이익-손해 분석

내담자들은 보통 중독행동의 이익을 극대화하여 생각하고 중독으로 인한 피해나 손해를 최소화하여 생각한다. 예를 들어, 지속적으로 도박을 하는 내담자는 도박이 재밌고 짜릿하며, 도박으로 금전적 이득을 얻을 수 있다고 주장한다.

마리화나를 사용하는 사람들도 마리화나가 안전하고 기분 전환을 할 수 있는 좋은 방법이라고 주장하면서, 중독으로 인한 손해들을 간과하거나 무시하는 경향이 있다.

이익-손해 분석(Advantage-Disadvantages Analysis: ADA)은 중독행동을 할 때와 하지 않을 때의 이익과 손해를 분석한다. **《표 7-1》**과 같이 4칸으로 구성된 분석표를 사용할 수 있다(필요할 경우 이 장의 마지막에 있는 빈 양식을 활용하라). 이 표에서 한 축은 '이익'과 '손해'이고, 다른 축은 중독행동을 '계속하는 것'과 '끊는 것'으로 이루어져 있다. 치료사와 내담자는 각 칸에 해당되는 내용을 브레인스토밍한다.

치료사는 "도박으로 인한 이익과 손해에 대한 생각이 모두 있는 것 같습니다. 괜찮으면 이 양식(**《표 7-1》**)을 사용하여 도박을 계속할 때와 끊을 때의 이익과 손해에 대한 생각을 알아보고자 합니다. 본인의 생각을 이야기해 주면 제가 이 네 칸을 채우겠습니다."라고 말할 수 있다.

내담자는 일반적으로 중독행동의 이득에 더 집중하기 때문에 '중독행동을 계속 할 때의 이익' 칸부터 시작하는 것이 좋으며, 이는 내담자가 왜 중독행동을 계속하는지의 이유에 대해 이해할 수 있는 중요한 정보가 된다. 또한 이 칸에 초점을 맞추면, 내담자는 치료사가 자신을 이해하려고 하는 노력을 보기 때문에 치료사에 대한 신뢰가 높아질 수 있고, 그로 인해 다른 칸들을 탐색할 수 있는 신뢰가 생긴다. 예를 들어, 코카인을 사용하는 내담자가 코카인 사용의 이익으로 '자신감이 생긴다.'라는 생각을 이야기할 수 있다.

이익과 손해의 비율을 계산하거나 어느 쪽이 더 중요하다라는 결론을 내릴 필요는 없다. 중독행동의 결과에 대한 내담자의 인식을 높이고 자신의 행동에 대해 더 많이 설명하고 생각하게 하는 것이 중요하다. 앞서 언급한 바와 같이, 이익-손해 분석을 통해 내담자의 추론 과정을 살펴봄으로써 내담자의 신념을 밝히고 재평가할 수 있다(예: 약물을 사용하지 않을 때의 손해는 '약에 취하지 못하면 점점 더 우울해질 것'이라는 내담자의 신념).

《표 7-1》은 Julie와 치료사가 흡연 문제를 가지고 이익-손해 분석을 한 것이다. Julie는 금연했을 때 체중이 증가할 것을 걱정하고 있으며, 흡연을 통해 체중을 조절하는 이점이 있다고 생각한다. 그러나 이익-손해 분석을 통해 Julie가 금연하는 데 있어서 느끼는 어려움이 단순한 니코틴 갈망 이상이라는 것을 알 수 있다. 네 개의 칸을 통해서 영양 개선, 운동 증가, 감정 조절과 같은 보다 근본적인 치료 목표들을 발견할 수 있다. Julie는 금연으로 인해 더 예민해지고, 더 큰 분노·우울·절망을 느끼고, 식욕이 증가하는 등의 금단 증상에 대한 두려움을 가지고 있다.

이익-손해 분석을 사용하여 중독행동이 주위 사람들에게 미치는 영향에 대해서 분석할 수 있다. 이 방법은 중독행동이 나에게 미치는 영향에 대해서 크게 신경 쓰지 않는다고 이야기하는 내담자에게 효과적이다. 주위 사람들이 중독행동으로 인한 이득을 얻지 못한다는 것을 깨닫거나, 중독행동이 주위 사람들에게 미치는 손해를 보면서 이전에는 무시했던 점에 대해 주의를 기울이게 된다.

이익-손해 분석은 내담자가 변화에 대한 숙고단계 또는 준비단계에 있을 때 사용하는 것이 좋다. 중독 문제가 없다고 생각하는 사람에게 이익-손해 분석을 실시하면 치료사가 강압적인 태도를 취한다고 생각하거나 자신의 필요와 동떨어진 것으로 생각할 위험이 있다.

이익-손해 분석의 또 다른 장점은 중독행동을 끊는 것이 다른 정신 질환을 촉발할 가능성처럼 치료사가 내담자에 대해 알지 못했던 점까지 발견할 수 있다는 것이다. 예를 들어, Julie가 금연하는 것의 단점을 이야기할 때 우울증상을 피하기 위해 담배를 피우는 것을 알 수 있었다.

표 7-1 Julie의 이익-손해 분석표

	이익	손해
담배를 피우는 것	1. 입맛을 떨어뜨려서 살이 안 찜 2. 흡연을 하면 이완됨	1. 잔 기침을 많이 함 2. 건강에 안 좋음 3. 사람들이 편견을 가짐 4. 옷과 차에 담배 냄새가 남
담배를 끊는 것	1. 돈을 절약 2. 숨쉬는 게 더 나아짐 3. 아마도 운동을 시작할 것 4. 데이트 상대가 더 많아질 것임 5. 엄마가 좋아할 것임	1. 금단 증상 2. 짜증, 화 3. 우울, 절망 4. 살이 찔 것임

즉, 이익-손해 분석은 치료 기법인 동시에 사례개념화의 도구도 된다. 만약, 중독 문제가 없다고 생각하는 내담자와 이익-손해 분석을 사용한다면, 내담자가 중독 문제가 있다는 것을 설득시키려는 의도보다는 행동 자체를 이해하려는 데 목적이 있다는 것을 설명하는 것이 좋다.

가치위계구조

가치관이란 바람직한 행동으로 이끌어 주는 원칙, 기준, 도덕, 윤리와 같은 생각을 말한다. 가치에 대한 질문을 받으면 대부분의 사람들은 가족, 친구, 지역사회 관계를 가장 중요하다고 말하거나 신뢰, 정직, 헌신, 일관성, 지혜, 친절, 연민과 같은 덕목들이 중요하다고 이야기한다. 하지만 우리는 자신의 가치관이나 기준에 따라 살지 못하는 경우가 흔하다. 중독에 빠지면, 특히나 중독행동에 과도하게 집중하다 보니 자신의 가치대로 살아가기가 더욱 힘들어진다. 중독이 시작되고, 유지되고, 회복하는 것 때문에 삶의 균형이 깨지기 때문이다.

가치위계구조(Hierarchy of Values: HoV)는 SMART Recovery 상호 지지 프로그램에서 사용하는 기법 중 하나이다(SMART Recovery, 2021). 자신이 가장 중요하다고 생각하는 가치들을 최대한 많이 나열한 후에, 이 목록을 상위 5개 가치로 줄인다. 이 과정이 어려운 내담자들을 위해, 몇 가지 예시(예: 친밀한 관계, 신체적 건강, 재정적 안녕, 개인의 청렴성)들을 제시할 수 있다. 이 목록이 완성되면, 치료사는 내담자와 함께 이를 검토하는데, 대부분의 경우에 중독행동이 이 가치 목록에 들어가 있지 않고, 오히려 자신이 가장 중요하게 여기는 가치와 충돌하거나 심지어 훼손하고 있다는 것을 알 수 있다. 그러므로 가치위계구조의 가장 중요한 목표는 중독 문제를 가지고 있는 사람들로 하여금 자신이 중요하게 여기는 원칙과 기준을 재발견하고 그 가치에 따라 행동을 하도록 돕는 것이다.

가치위계구조는 숙고단계나 준비단계에 있는 내담자에게 가장 도움이 되지만, 전숙고단계에 있는 내담자에게도 사용할 수 있다. 이 기법을 편견 없이 제공하면, 전숙고단계에 있는 내담자를 숙고단계로 유도할 가능성이 높아진다. 실제로 저자의 경험에 의하면 의무적으로 중독 치료를 받아야 하는 내담자들과 이 활동을 했을 때, 내담자들이 이 활동이 흥미롭다고 말하곤 했다. 단, 이 활동을 하는 동안, 치료사가 너무 변화를 유도한다는 느낌을 줄 경우에, 내담자가 자신의 생각을 솔직하게 이야기하는 것이 어려워 질 수 있다. 압박을 느끼는 내담자는 치료사에게 솔직하게 말하지 않고 입을 닫을 수 있고, 치료가 중단될 수도 있다.

활동점검 및 일정 짜기

중독은 사람들이 시간을 보내는 방식에 큰 영향을 미친다. 중독에 빠져 있는 사람은 중독 물질을 구하고, 사용하고, 회복하는 데 많은 시간을 소비하거나, 중요한 사회적 · 직업적 활동 및 여가활동을 줄이거나 포기하는 경향이 있다. 또한 수면-각성 주기가 교란되어 일과를 유지하는 데 어려움이 있을 수 있다. 행동점검 및 일정 짜기(Activity monitoring and scheduling)는 자기 관리의 문제점을 파악하고, 중독행동 패턴을 파악하여, 건강한 활동을 위한 새로운 기회를 찾아내는 기법이다.

치료사는 내담자에게 활동점검과 일정 짜기를 "매일 시간을 어떻게 보내는지 파악하는데 도움이 될 것"이라고 소개할 수 있다. 또한 내담자의 활동에 대한 데이터를 수집함으로써, 중독행동의 영향을 평가하는 동시에 내담자의 삶을 강화할 수 있는 강점과 자원을 파악할 수 있다. 활동을 점검하고 일정을 짜는 가장 쉬운 방법 중 하나가 일일활동 계획표이다(Daily Activity Schedule: DAS; Clark & Beck, 2010; Beck et al., 1979; 이 장 마지막에 있는 〈**양식 7-2**〉를 참조—일부는 채워져 있음). 이 표는 하루를 5시간씩으로 나누어 총 7일로 구성되어 있으며, 이 기간 동안 자신의 활동을 모니터링하고 적어야 한다. 그리고 자신의 활동에서 성취감(M: Mastery)이나 즐거움(P: Pleasure)을 느끼는 강도를 0(전혀 느끼지 않음)에서 10(아주 많이 느낌)으로 평가해야 한다. 이렇게 기록한 성취감과 즐거움 강도에 대한 정보를 통해 각 활동의 보상 또는 만족 수준을 파악할 수 있다. 또한 수면 시간과 중독행동을 하는 시간대를 표시할 수 있다(일일활동 계획표의 칸의 크기는 특정시간 동안의 활동 수준을 반영하여 조정할 수 있다). [**그림 7-1**]은 Julie의 활동 일정을 보여 준다.

시간대	월요일	화요일	수요일	목요일	금요일	토요일	일요일
5am-9am 이른 아침	6시 기상 샤워, 아침식사, 개와 산책(M=0; P=5) TV뉴스 시청, 운전해서 출근(M=2; P=2)	늦게 일어남(오전 7시 15분), 늦은 아침식사, 빠르게 개 산책, 운전해서 출근(M=0; P=0)	6시 정시에 일어남, 샤워, 아침식사, TV 시청, 일주일 이상 금연(M=10; P=10)				
9am-1pm 아침- 이른 오후	직장, 기한이 지난 프로젝트 완료(M=6; P=2)	직장, 직원회의 참석, 새로운 프로젝트 논의, 새로운 일 시작, 점심 혼자 먹음(M=0; P=2)					
1pm-5pm 늦은 오후	직장 책상에 앉아 웹서핑, 소셜미디어 확인(M=0; P=4) 친구에게 문자 메시지(M=2; P=8)	책상으로 돌아와 새로운 프로젝트를 즐기면서 시작함, 퇴근할 때까지 계속 일함, 운전해서 집으로 돌아옴(M=5; P=6)					
5pm-9pm 저녁	6시 운전해서 상담 가는 길이 너무 막힘(M=0; P=0) 집으로 돌아와 2시간 동안 TV 시청(M=0; P=6)	5시 반 저녁 만들어 TV 시청하면서 먹음, 잠시 책 읽기, 늦게 일어나지 않기 위해 일찍 취침(M=4; P=6)					
9pm-1am 늦은 저녁	취침 준비 완료, TV 좀 더 시청, 11시에 잠자리에 듦(M=0; P=4)	10시에 잠이 들어서 오전 6시까지 수면					
1am-5am 새벽	수면(M=0; P=8)	수면(M=0; P=8)					

그림 7-1 Julie의 일일활동 계획표(M= Mastery 성취감, P= Pleasure 즐거움)

다른 사람이 아는 것이 싫어서 일일활동 계획표를 기록하는 것을 주저하는 경우, 암호화된 단어를 사용하도록 하여 다른 사람이 그 의미를 파악할 수 없도록 할 수 있다. 어떤 시간의 칸이 비워져 있다면 그 자체로 중독행동의 위험 사인이 될 수도 있으므로 반드시 살펴봐야 한다. 우리는 항상 무언가를 하고 있기 때문에 어떤 시간도 빈 상태로 있을 수 없다.

또한 활동점검과 일정 짜기는 다음과 같은 세 가지 목적으로도 사용될 수 있다. 첫째, 내담자의 현재 활동을 기록하고 시간을 어떻게 사용하는지 이해한다. 둘째, 중독행동을 줄이는 데 도움이 되지 않는 활동을 변경한다. 셋째, 계획한 활동을 얼마나 실행했는지 평가한다. 종종 중독행동 때문에 또는 그로 인한 기능의 저하로 계획을 지키지 못하는 경우가 있다. 그런 경우에도 치료사는 희망을 잃지 않고, 이 과정을 통해 스스로에 대한 실제적인 정보를 얻었으므로 이를 바탕으로 앞으로 기회를 만들어 갈 수 있음을 내담자에게 이해시켜야 한다. 반면에 내담자가 중독에서 벗어나는 활동을 하기 시작했다면, 자신을 덜 무력하고 절망적인 존재로 생각하게 되거나 통제력이 있고 덜 의존하는 존재로 보는 관점의 변화가 시작된 것으로 볼 수 있다.

활동점검 및 일정 짜기는 변화의 준비 또는 실행단계에 있는 사람들에게 가장 효과적이다. 활동점검 및 일정 짜기는 우울, 불안, 만성적 지연행동 등의 다른 정신건강 문제를 해결하는 데도 도움이 된다. 활동점검 및 일정 짜기의 구체적인 진행과정은 행동활성화를 다룰 때 더 자세히 설명하도록 하겠다.

행동활성화

행동활성화(behavioral activation; Dimidjian et al., 2006; Lejuez, Hopko, Acierno, Daughters, & Pagoto, 2011; Lejuez, Hopko, & Hopko, 2001)는 우울증의 근거중심 치료로 중독 내담자에게도 효과적인 접근으로 알려져 있다. 행동활성화는 자신의 가치와 부합하는 긍정적인 활동을 증가시킴으로써 삶의 질을 개선하는 방법이다. 행동활성화는 가치위계구조와 활동점검 및 일정 짜기와 자연스럽게 이어진다.

Lejuez와 동료들(2011)은 우울증에 대한 행동활성화 접근을 다음과 같이 요약하고 있다. 프로그램의 주요 구성은, ① 일일 모니터링, ② 주요한 삶의 영역(예: 관계, 교육, 직업, 여가, 정신건강, 일상적 책임) 파악, ③ 가치 점검, ④ 활동계획으로 나누어진다.

이러한 네 가지 프로그램은 우울증뿐만 아니라 중독행동치료에도 효과적이다. 행동활성화를 중독 치료에 어떻게 적용할 수 있는지 예시는 다음과 같다.

Martha는 수년간 우울증으로 고생하다가 3개월 전부터 치료를 시작했다. 초기 회기에서 Martha가 매일 마리화나를 사용하는 것으로 인해 우울증이 심해지는 것을 발견했다. 마리화나 사용을 줄이도록 노력해 왔고 지금은 완전히 끊고자 결심한 상태이다. 상담을 하는 동안, 2주간 매일 활동점검을 작성하였고, 치료사는 회기를 진행하는 동안 계속해서 Martha가 자신의 가치위계구조를 작성하고 집중할 수 있도록 도왔다. 다음은 앞으로의 계획을 세우면서 Martha와 치료사가 나눈 대화이다.

치료사: 행동 점검표가 어땠는지 이야기해 보고, 그동안 세운 계획들을 어떻게 실행할지 이야기해 봅시다.

Martha: 행동 점검표를 작성하면서 충격을 받았어요. 마리화나 사용이 제 삶에 얼마나 큰 영향을 주고 있는지 알게 되었어요. 아침에 마리화나를 피우고 출근하고, 점심 먹고 피우고, 일 끝나고 집에 가자마자 피우고, TV를 보면서 몇 시간을 피운다는 것을 알게 되었어요. 매일매일 마리화나를 피고, 자고, TV 보고, 일하는 것밖에 없더라구요.

치료사: 이전에 함께 가치위계구조를 작성해 봤었는데, 그것과 비교하여 현재 자신의 가치와 얼마나 동떨어진 삶을 사는지에 대해 알게 되어 놀랐던 것 같군요.

Martha: 가족과의 왕래도 없고, 너무 우울해서 친구들과 만나는 것도 어렵고, 직장에 출근은 하지만 일이 즐겁지 않고, 운동도 안 했어요. 또 마리화나를 피우기 시작하면서, 사람들과 멀어지고, 우울해지고, 그러면서 마리화나를 더 피우게 되는 악순환의 반복이었던 것 같아요. 우울해질 수밖에 없던 삶이었던 것 같아요.

치료사: 앞으로는 어떻게 살고 싶으세요?

Martha: 마리화나를 끊었다고 해서 모든 게 나아질 거라고는 생각하지 않아요. 일상을 회복해야 하는 것 같아요. 또 어떤 활동을 한다고 해서 단번에 바로 좋아질 것이라고 생각하는 건 무리가 있을 것 같아요.

치료사: 맞아요. 그래서 점차적으로 삶에 의미를 주는 활동을 늘리겠다고 하셨군요.

Martha: 네, 우선 하루에 최소한 두 가지 활동을 하면 좋을 것 같아요. 아침에 출근하기 전에 마리화나를 피우는 대신 20분 이상 산책하는 것과 퇴근 후에는 친구들에게 연락하는 것을 해 보려구요. 그리고 친구들과의 약속이 없으면 TV 보는 대신 책을 읽거나 흥미로운 강의를 듣거나 해 보려구요.

치료사: 좋은 생각이에요.

이 예시를 통해 행동활성화는 점진적인 과정이라는 것을 이해할 수 있다. 가치 식별, 활동점검, 활동 일정 짜기 위에 누적되는 과정이라고 생각하면 된다. 행동활성화는 우울증 및 약물 사용장애를 동시에 해결하는 많은 CBT 기법 중 하나이다.

자동적 사고 기록

자동적 사고 기록(Automatic Thought Records: ATR)은 자동적 사고, 신념, 감정, 행동 간의 관계를 이해할 수 있는 도구이다. **[그림 7-2]**(이 장의 마지막에 있는 **《양식 7-3》**은 빈 양식이다)는, ① 날짜, 시간, 장소를 적고, ② 상황, ③ 자동적 사고 또는 관련 신념, ④ 감정, ⑤ 대체 신념 또는 반응, 그리고 ⑥ 결과 등을 작성한 자동적 사고 기록지이다.

이 자동적 사고 기록지에는 일주일에 한 번, 토요일 밤에만 약물을 사용하는 것이 '가능하다고 믿는' Billy의 사례를 보여 준다. Billy는 부정적인 결과 없이 일주일에 한 번 사용이 가능하다고 생각하고, 자신의 생각에 반박하는 듯한 치료사의 태도에 화를 내는 모습을 보였다. Billy는 "적어도 일주일에 한 번은 즐길 자격이 있다."는 말을 반복했다. 하지만, 토요일 밤에만 사용하기로 한 계획이 몇 주 동안 실패하는 것을 경험하면서 자신의 계획에 대해 다시 생각해 보게 되었다. 자동적 사고 기록지에는 내담자가 자신의 생각을 믿는 정도(신뢰도)에 대한 평가와 감정의 강도에 대한 평가(0~100점)가 포함되어 있다. 대체 반응(및 관련 결과)은 약물 후유증과 부작용을 경험하면서도 약물 사용을 포기하고 싶지 않은 Billy의 갈등을 보여 준다.

날짜, 시간, 장소	상황	자동적 사고와 관련된 신념 (0-100% 신뢰)	감정 (0-100 강도)	대체적 신념이나 반응 (0-100% 신뢰)	결과
6월 3일 수요일, 1시 15분, 상담실	약을 토요일 밤에만 사용해서 주말 동안에는 즐기되, 직장에 나가야 하는 시간에는 회복될 수 있도록 하는 계획에 대해 치료사와 이야기하는 중	"매주 한 번만 사용할 수 있다고 생각한다."(100%) "일주일에 한 번은 즐길 권리가 있다."(100%)	치료사에게 화가 남(50) 다른 사람처럼 파티를 즐기면 안 된다는 것이 화가 남(75)	"이 치료사가 나를 잘 모르는 것 같다."(90%) "내가 나를 제일 잘 안다."(85%)	토요일 밤에 친구들과 약을 할 계획을 세움
6월 5일, 토요일, 11시, 약을 한 이후 심한 후유증으로 침대에 누워 있음	토요일까지 기다리지 못하고 어젯밤에 파티를 함 후유증이 너무 심해서 몸이 많이 아픔	"오늘 밤에 친구들에게 파티에 갈 것이라고 약속을 했다."(100%) "약속시간 때쯤 되면 괜찮아지겠지."(75%)	기다리지 못하고 금요일 밤에 나가서 논 스스로에게 화가 남(80) 후유증이 심한 것이 짜증이 남(90)	"조절해서 사용하는것을 한 번 더 시도를 해 보자."(85%) "오늘은 좀 덜 사용해야겠다."(85%) "집에 조금 일찍 돌아와야겠다."(50%)	토요일 밤에 나가서 놀 계획을 유지함 어젯밤에 대해서 후회하는 것을 멈춤 파티에 다시 다녀옴
6월 10일, 수요일, 1시 10분, 상담실	우울하고 실망스러움, 치료사에게 금요일과 토요일 밤에 나가서 약에 취했었다고 이야기하기 창피함	"나는 패배자다."(75%) "나는 망했다."(100%) "절대 나아지지 않을 것이다."(85%)	실망스럽고 우울함(70) 스스로에게 화가 남(85) 절망적임(90)	"그래도 상담에 다시 왔다."(100%) "후유증으로 아프고 피곤한 게 지겹다."(100%)	그래도 도움을 받을 수 있어서 다행 상황을 좀 다르게 바라보기 삶의 좀 더 큰 변화를 위해 재다짐함

그림 7-2 Billy의 자동적 사고 기록

치료사는 자동적 사고 기록지를 작성한 것에 대해 긍정적인 피드백을 주고, Billy의 대안적 행동이 앞으로 어떤 영향을 미칠지 같이 이야기하고, 새로운 즐거움을 찾도록 도울 수 있다. 자동적 사고 기록지에서 잘 정리된 대안은 건강한 대안 활동을 찾는 데 도움이 된다. [그림 7-2]에서와 같이 완료된 자동적 사고 기록지는 내담자의 인지 및 행동의 변화를 촉진한다. 중독행동과 관련된 자신의 생각을 발견하고, 평가하고, 변화시키는 데 전문가가 되기까지 일정 기간 동안 많은 반복이 필요하다.

자동적 사고 기록은 우울증(Beck et al., 1979)과 불안장애(Beck et al., 1985)와 관련된 사고, 감정, 행동을 이해하고 처리할 수 있는 방법으로 수십 년 전에 소개되었다. 자동적 사고 기록은 내담자가 중독행동을 바꾸는 것에 대한 준비도와 상관없이 사용할 수 있는데, 꼭 중독행동이 아니더라도 자신의 중요한 문제에 대해 생각, 감정, 행동을 찾아내고 수정하는 데 사용할 수 있기 때문이다. 내담자가 중독행동을 변화시키는 데 적극적일 경우는, 자동적 사고 기록지를 통해서 중독과 관련된 사고와 신념을 유발하는 감정과 행동을 다루면 된다. 만약, 내담자가 중독행동을 바꿀 의지가 없거나 자신감이 없을 때는, 자동적 사고 기록지를 통해 감정 및 행동 조절에 대한 것을 다루면 된다. 활동점검 과정과 마찬가지로, 자동적 사고 기록은 내담자의 문제와 과정을 개념화하고 변화를 촉진시키는 데 사용할 수 있다.

수용과 전념

1940년대 초, 익명의 알코올 중독자 모임에서는 다음과 같은 평온의 기도문을 채택했다.

제가 바꿀 수 없는 것들을 받아들일 수 있는 평온함과
바꿀 수 있는 것들을 바꿀 수 있는 용기를 허락하시고,
그리고 그 차이를 아는 지혜도 허락하소서.

이 기도문은 원래 Reinhold Niebuhr가 작성한 후에 알코올 중독 치료의 핵심으로 받아들여진 기도문(Shapiro, 2014)으로, 인지적이고 행동적인 과정을 담고 있는 CBT 모델에 훌륭한 토대를 제공한다. 정신건강을 유지하기 위해서는 변화시킬 수 있는 것과 변화시킬 수 없는 것을 인지적으로 구분하고, 가능한 것에 대해서는 행동으로 변화시키는 것이 중요하다는 의미를 담고 있기 때문이다.

인지 및 행동 과정으로서 수용과 전념에 초점을 맞추는 것은 중독행동치료에 큰 도움이 된다. 실제로 중독에 대한 인지치료가 생겨나기 시작할 때부터 수용과 전념이 강조되었다(Beck et al., 1993). 우울증에 대한 인지치료가 만들어지기 훨씬 전부터, Beck 박사와 그의 동료들(1979)은 변화시킬 수 있는 사고와 행동에 대해 초점을 맞추는 동시에, 변화시킬 수 없는 (혹은 변화되어서는 안 되는) 것에 대해서는 수용하기 연습을 권고했다.

CBT 치료가 수용과 전념을 부분적으로 담고 있는 경우도 있고, 또는 수용전념치료(Acceptance and Commitment Therapy: ACT; Hayes et al., 2012)로 분리되기도 한다. 다른 CBT 접근들과 마찬가지로 수용전념치료도 중독행동을 포함하여 다양한 정신건강 문제에 적용할 수 있다. 수용전념치료에 따르면, 정신건강 문제에 기여하는 네 가지 요소는, ① 인지적 융합, ② 경험적 회피, ③ 잘못 정의된 가치, ④ 가치에 대한 전념 부족이다.

수용전념치료는 이름에 걸맞게, 내담자가 바꿀 수 없는 것은 유연하게 받아들이고, 바꿀 수 있는 것은 자신의 가치에 따라 바꾸는 것을 목표로 한다. 중독 내담자의 인지융합의 예는 "나는 중독에 갇혀있고 중독에서 벗어날 수 없다."라는 생각이다. 경험적 회피는 중독행동을 지속함으로써 어려움에 직면하기보다는 회피하는 패턴을 말한다. 결국 중독 문제가 심각한 내담자들은 자신의 가치관을 잃어버리고 타협하게 된다.

문제를 일으키는 사고, 신념, 감정, 상황, 관계, 환경 등을 변화시키는 데 어려움을 겪는다면(즉, 이 부분들에 지나치게 집착하거나 융합이 된 경우) 수용과 전념에 초점을 맞추는 것이 좋다. 이러한 집착은 중독행동 자체에 대한 애착일 수도 있지만, 중독행동을 일으키는 신념에 대한 애착일 수도 있다. 예를 들어, 많은 흡연자들이 "갈망이 있을 때 담배를 피워야만 한다."라는 생각에 갇혀 있다. 또는 "나는 항상 완벽해야 한다."라는 생각에 집착할 때, 필연적으로 긴장을 유발하기 때문에 "긴장을 풀기 위해 담배를 피워야 한다."라는 생각으로 이어진다.

Rich는 금연상담 내담자인데, 화가 나면 담배를 피우는 습관이 있다. 치료사는 Rich가 자신의 동료들, 느리게 운전하는 사람들, 이웃들에 대한 분노를 설명할 때, 다른 사람들을 판단하는 경향이 있다는 것을 알아차렸다. 긴 대화 끝에 치료사는 그의 분노가 다른 사람에 대한 많은 원칙들에서 비롯되고, 다른 사람들이 자신의 원칙에 맞게 바뀌어야 한다는 생각에서 비롯되는 것을 발견했다. 다음 대화는 회기 안에서 Rich의 이러한 경향을 어떻게 다루는지 보여 준다.

치료사: 안녕하세요, 오늘은 어떤 것에 대해 이야기하고 싶으세요?

Rich: 모르겠어요. 여기 늦지 않게 오고 싶었는데, 동료가 또 병가를 내서 제가 그 일까지 하느라 늦었어요. 지금도 너무 화가 나네요.

치료사: 그 동료에게 화가 많이 나신 것 같네요.

Rich: 그 사람은 정말 세상에서 제일 게으른 사람이고 너무 이기적인 사람이에요.

치료사: 그렇게 화를 내는 것이 본인한테 도움이 되는지 궁금해요.

Rich: 만약에…… 반대로 상담사 선생님 비서가 일을 제대로 하지 않으면 기분이 어떨 것 같으세요?

치료사: 비서가 출근하지 않거나 규칙을 어겼을 때를 말하는 건가요? 그렇다면 비서가 계속 일하는 게 맞는지 생각해 봐야겠지요.

Rich: 그러면 화가 나지 않겠어요?

치료사: 모든 사람은 실수할 수 있고 불완전하며 나와 다르게 행동할 수 있다는 것을 받아들이지 못한다면 화가 날 거에요.

Rich: 완벽한 세상에 살고 있는 것처럼 들리네요.

치료사: 아니에요. 나를 화나게 할 가능성이 가장 적은 방식으로 생각하려고 노력할 뿐이에요.

바꿀 수 없는 것을 수용하는 것과 더불어 회복에 있어서 중요한 것은 자신이 가치 있다고 여기는 것에 전념하는 것이다. 앞의 사례에서, Rich는 친밀한 관계가 없고 외로운 상태이다. 치료사는 Rich가 자신에 대해 이해할 수 있도록 돕고 사람들을 판단하기보다는 돌보고 가까워질 수 있도록 도와야 한다.

이완 훈련

중독행동은 종종 과각성과 관련이 있고, 중독행동은 과각성에 대응하는 자가 치료의 한 형태로 작동한다. 외상 후 스트레스 장애를 벤조디아제핀 계열의 항우울제로 대처하는 사람들, 만성적인 분노를 술이나 담배로 해소하려고 하는 사람들, 공황상태를 느끼고 불안을 줄이기 위해 마리화나를 피우는 사람들에게서 이러한 모습이 발견된다.

이완 훈련(relaxation training)은 내담자의 각성과 긴장의 상태를 낮추는 데 효과적인 방법이다. 이완 훈련을 하게 되면 갈망이 서서히 가라앉을 수 있는 시간을 제공할 수 있으므로 지연과 주의 분산 전략의 한 방법이 되기도 한다.

이완 훈련은 다양한 형태로 이루어질 수 있다. 가장 일반적인 두 가지 방법은 호흡조절과 점진적 근육이완법이다. 이완 훈련을 시작하기 전에 치료사는 흥분한 상태에서 중요한 결정이나 일을 수행하려고 할 때 문제가 생길 수 있음을 설명한다. 우리는 긴장하면 호흡이 얕아지고 빨라지는 경향이 있고 근육이 긴장되는 경향이 있는데, 호흡조절과 점진적 근육이완법으로 이를 조절할 수 있다. 예를 들어, 재발하거나 실수하게 되는 상황에 노출되면, 내담자들은 긴장을 경험한다. 이러한 긴장을 '회오리치는 기분'으로 경험할 수 있다.

이러한 감정은 이완된 상태와 양립할 수 없으므로 이완을 유도하는 기술을 사용하면 과각성이 완화되고 재발을 방지할 수 있다.

호흡 조절은 깊고, 느리고, 리드미컬하게 호흡하는 과정에 주의를 기울이는 것이다. 점진적 근육 이완은 한 번에 특정 신체 부위에 하나씩 집중하여, 긴장 또는 이완 상태 여부를 알아차리고 각 신체 부위를 점진적으로 긴장시킨 후 이완하는 것이다. 얼굴 근육에서부터 시작할 수 있고, 손이나 발 근육부터 시작할 수도 있다.

이완 훈련은 변화동기 수준에 관계없이 과각성 증상으로 어려움을 겪는 모든 내담자들에게 적합하다. 즉, 내담자가 중독행동을 바꿀 의지나 능력이 없을 때에도 이완 훈련을 통해서 내담자의 감정 조절과 행동 조절에 도움을 줄 수 있다. 내담자의 사례를 개념화하는 과정에서 과각성이 여러 정신건강 문제와 연결되어 있는지 파악해야 한다. 이완 훈련은 특히 트라우마, 불안, 분노, 충동조절, 관계 문제 등을 가진 사람들에게 도움을 줄 수 있다.

일부 내담자들에게는 이완 훈련이 불안을 더욱 조장하거나 분노를 자극할 수도 있다. 트라우마가 있는 일부 내담자는 이완법을 배우는 동안 외상 관련 촉발요인을 떠올리고 이로 인해 우울증, 불안, 심박수의 증가 등의 다양한 증상을 겪을 수 있다. 내담자는 이 과정에서 통제에 대한 욕구에서 벗어나야 하는데, 이를 위해서는 신뢰가 요구된다. 이런 사례는 흔하게 발생하지는 않지만, 어떤 내담자에게는 이완 훈련이 역효과를 불러일으킬 수 있기 때문에, 이완 훈련을 시작하기 전에 이러한 위험의 가능성을 미리 논의하는 것이 필요하다.

마음챙김과 명상훈련

마음챙김과 명상기술은 우울증(Segal, Williams, & Teasdale, 2013)과 재발 방지(Bowen et al., 2021; Witkiewitz et al., 2005)를 위해 개발되었으며, 인지행동치료사들은 지난 25년 동안 이 기술을 다양하게 적용해 왔다. 마음챙김 기반 접근은 CBT와 명상기술을 혼합한 호흡조절, 바디스캔, 스트레칭, 요가 등의 활동을 포함한다.

명상에는 다양한 형태와 전통이 있지만, 궁극적인 목표는 마음챙김을 증진시키는 것이다. 명상은 앉기, 서기, 걷기 등의 방법을 통해 실내, 실외의 다양한 환경에서 실시 가능하다. 마음챙김과 명상의 주요 목표는 현재와 순간의 경험을 의식하고 수용하는 것이다. 마음챙김과 명상은 감각(예: 긴장, 불안, 슬픔, 충동, 갈망)을 관찰하고 그 모든 상태가 일시적이라는 것을 이해하고 받아들이도록 돕는다.

마음챙김과 명상이 중요한 기술이라는 것은 잘 알려 있으며, 이 기술을 가르치는 데 관심있는 인지행동치료사는 전문적인 교육을 받아야 한다. 그러나 단순히 이러한 접근을 소개해 주고 싶을 경우, 내담자에게 대면 또는 인터넷 기반의 명상, 요가 수업과 같은 자원들을 검색해 보도록 권장할 수 있다.

유관관리

이 장의 앞부분에서 이익-손해 분석에 대해 소개하면서, 사람들이 중독에 빠지는 이유가(이득이) 있다는 것을 설명했다. 어떤 사람들은 보상을 얻기 위해, 어떤 사람들은 처벌을 피하기 위해 중독행동을 한다. 긍정적인 변화에 보상을 제공하는 유관관리(Contingency Management: CM)가 약물 사용장애 치료에 효과적이라는 사실은 이미 잘 알려져 있다(Higgins, Silver-man & Heil, 2007; Prendergast, Podus, Finney, Greenwell, & Roll, 2006).

대부분의 유관관리 프로그램은 기관에서 정한대로 보상이 주어지지만, 내담자가 자신만의 보상체계를 만들 수도 있다. 예를 들어, 금연으로 절약한 돈, 폭식을 중단 후에 체중 감량에 대한 보상으로 새 옷을 구입하는 것 등이다. 내적이고 본질적인 보상도 중요하지만 즉각적으로 눈에 띄는 보상도 필요하다.

효과적인 유관관리를 위해서는 정확한 사례개념화가 필요하다. 사례개념화에서는 선택한 목표에 따라 적절한 보상의 종류와 규모, 빈도, 시기(즉, 보상이 언제, 얼마나 오래 지속되어야 하는지)를 결정해야 한다.

예를 들어, 체중 감량에 대한 보상이 새 옷이어야 하는지, 어느 만큼의 체중 감량 목표가 적절한지, 옷은 몇 벌 정도 구매할 것인지, 얼마나 자주 보상을 줄 것인지 등에 대한 결정이 쉬운 것이 아니다. 다시 말해, 유관관리가 효과적이려면 신중하고 정확한 사례개념화가 필요하다.

역할 연습

역할 연습(role playing)은 효과적인 기법이지만 치료에서 자주 사용되지 않는 경향이 있다. 역할 연습은 자신이 아닌 다른 사람을 연기하면서 상호작용을 통해 배워

가는 과정이다. 예를 들어, 치료사가 술을 권하는 친구 역할을 하면 내담자가 "괜찮아요. 오늘은 안 마실래요."라고 말하는 연습을 하는 것이다. 또는 내담자가 화난 배우자의 역할을 할 때 치료사가 내담자가 되어 효과적인 갈등 완화 전략을 보여 줄 수 있다. 역할 연습은 적극적인 경청, 자기 주장, 공감, 감정 조절 등 다양한 기술을 가르치는 데 사용될 수 있다. 역할 연습을 잘 활용하면 내담자는 실제 상황에서 발생할 수 있는 부작용을 최소화하면서 대인관계들을 연습할 수 있다.

예를 들어, Nora는 메스암페타민을 더 이상 사용하지 않고 싶은데, 같이 사용했던 사람들의 반응이 걱정된다. 앞으로 어떤 상황이 벌어질 것인지 예상해 보자는 치료사의 말에, Nora는 자신이 단약하겠다는 말을 할 때 주위 사람들이 죄책감을 일으켜 자신을 조종하려고 하는 행동이 예상된다고 말했다. 치료사는 Nora와 라포를 잘 형성하고 있기 때문에 다음과 같은 역할 연습을 할 수 있다.

치료사: 주위 사람이 당신에게 죄책감을 주는 말을 함으로써 다시 약을 하도록 설득할 가능성이 있네요. 예를 들어, 그 친구가 "이따가 여기서 같이 할거지?" "나 실망시키지 않을거지?"라고 말하면 어떻게 대응하면 될까요?

Nora: "아니, 나 없이 재밌게 놀아. 나는 괜찮아."라고 말할 것 같아요.

치료사: (역할 연습 계속하기) "너는 괜찮다고? 너는 괜찮아? 너의 친구들이 누군지 잊은 건 아니지? 우리 버리고 도망칠 생각은 아니지?"

Nora: "내가 하는 말을 너무 확대해서 생각하지 말았으면 좋겠어. 지금 가석방 중이고 치료 중이라 나는 지금 나를 돌봐야 하는 입장이야. 그게 다야. 널 무시하려고 하는게 아니야."

치료사: "알았어. 네 자신이 친구들보다 중요하다는 거구나. 알겠어. 그래, 알았어. 그게 네가 원하는거라면. 잘나신 분. 너무 잘 알았어."

Nora: "네가 내 말을 잘 이해했는지 모르겠어. 내가 내 자신을 돌보려고 하는데 네가 나를 힘들게 하는 말을 하는 게 불편해."

치료사: "들어봐. 우리가 항상 약을 사용하는 게 아니잖아. 같이 놀기만 하면 되지."

Nora: "이제 약 주위에도 있으면 안 돼. 네가 이해해 줬으면 좋겠어."

치료사: (역할 연습 끝) 지금 기분이 어때요?

Nora: 화가 나네요.

치료사: 화가 나는군요. 우리가 역할 연습하는 자체가 화가 나는 건가요?

Nora: 아니요. 그냥 이 모든 상황에 화가나요. 진짜로 그렇게 대화가 흘러갈 것 같아서 화가 나요.

치료사: 지금 방금 역할 연습을 하면서 그 상황에 대응해서 말한 것에 대해서는 어떻게 생각해요? 나는 Nora가 단호하고 직설적으로 잘 말한다고 생각했어요.

Nora: (웃음) 글쎄요. 그렇게 생각해 주셔서 감사하네요. 그런데 계속 그렇게 반응할 수 있을지 모르겠어요. 그 친구가 계속 저를 자극할 것 같거든요.

치료사: 그 친구가 계속 그런다면 우리도 계속 그 친구 말에 어떻게 반응할지 같이 연습할 거에요. 그 과정에서 외롭지 않도록 Nora 삶에서 가치와 목표를 공유하는 사람들에게 더 초점을 맞출 수 있으면 좋겠어요.

또 다른 역할 연습을 통해서 치료사가 내담자의 중독적 사고와 신념을 그대로 이야기하는 '악마의 옹호자(devil's advocate)'를 맡고, 내담자는 새롭고 적응적인 사고로 치료사의 말을 반박하는 역할을 할 수 있다. 이 역할 연습을 통해 두 생각에 모두 '나'를 붙여서 Nora가 이전에 가지고 있던 역기능적 신념과 새로 생성된 적응적 반응 사이의 대화를 일으키는 것이다.

치료사: (악마의 옹호자로서) "지는 싸움인데 시도하는 게 무슨 소용 있어?"

Nora: "그런 생각을 하지 않을 거야. 그건 패배적인 사고이고 그런 생각은 이제 그만할 거야."

치료사: (악마의 옹호자 계속하기) "내 감정이 통제가 안 되는데 무슨 소리야? 제대로 풀리는 일이 하나도 없고, 약을 하는 게 유일한 즐거움인데. 약을 끊으려고 하면 결국 외로워지고, 외로워지면 결국 재발할 것이 뻔해."

Nora: "그렇지 않아. 약을 하지 않고도 기분이 나아지는 방법들을 배우고 있고, 약을 끊고 나니 조금씩 나아지는 게 느껴져. 약을 끊는 게 어떤 방법보다 우울증을 극복하는 데 도움이 되고 있어."

치료사: "갈망이 결국 나를 사로잡고, 희망이 없어질 것을 알잖아."

Nora: "내 삶을 나아지게 하는 방법들을 시도하고, 그 과정에서 다시 재발할 위험이 있다고 하더라도 감수할 거야. 내가 완벽하지 않다는 것을 인정하지만, 내 삶이 절대 중독의 굴레에 갇혀 있지는 않을 거야. 재발하더라도 나는 계속 노력할 거야."

이 역할 연습 이후에는 치료사는 Nora가 방금의 경험을 처리하도록 돕고 그 경험을 통해 배운 점을 소화할 수 있도록 돕는다. 이러한 역할 연습을 할 수 있는 내담자들은 Nora처럼 결심을 약화시키는 부정적인 생각에 직면함으로써 적응적인 생각들이 강화되는 효과를 경험한다. 이러한 악마의 옹호자의 말에 대응했던 말들을 기록해 놓고 나중에 실전에서도 활용할 수 있도록 연습하는 것이 중요하다.

자동적 사고 기록지, 활동점검 및 일정 짜기와 마찬가지로 역할 연습은 중독행동을 바꿀 의지가 있는지와 상관없이 활용 가능하다. 내담자가 끊을 의지가 있을 때 이 역할 연습은 부정적인 상호작용에 의해 중독행동이 유발될 가능성을 낮춘다. 중독행동을 끊을 의지가 없을 때는 역할 연습을 통해 우울하거나 불안을 유발하는 사고와 신념에 직면하는 방법을 배울 수 있다.

표준화된 CBT 기법들 간의 상호작용에 대한 이해

생각과 행동이 바뀐다고 해도 내담자는 불편함을 느낄 수 있다. 그러나 이러한 긍정적인 변화는 자기 공감, 연민, 통찰, 자존감을 높이고 더 나은 삶으로 이어지게 되는 토대가 된다.

표준화된 기법을 반드시 인지적 기법과 행동적 기법으로 이분화할 수는 없는데, 실제 대부분의 기법에는 인지적 요소와 행동적 요소가 모두 포함되어 있기 때문이다. 예를 들어, 신념을 파악하고 도전할 때 가장 효과적인 것은 내담자가 새로운 신념을 강화할 수 있는 행동의 변화를 일으킬 때이다. 또한 행동 변화는 자신의 개인적인 삶에 대한 관점이 바뀔 때 나타난다.

이 장에서 소개하는 기법들이 각각의 영역으로 소개되어 있지만 실제로는 서로 깊은 연결성이 있다. 예를 들어, 이완 훈련의 일부 구성 요소는 마음챙김과 명상 훈련에 필수적인 요소이며, 활동점검과 일정 짜기는 행동활성화의 핵심적인 부분이다. 촉발요인 관리는 지연 및 주의 분산 기술의 핵심 요소이며, 이익-손해 분석은 자동적 사고에서 다루는 문제적 신념을 드러내 준다. 여기서는 CBT 기술의 일부만을 다루었기 때문에 더 많은 CBT 기술을 보려면, 『인지행동치료: 실무자 가이드(Cognitive Therapy Techniques: A Practitioner's Guide)』(Leahy, 2017)를 참고하기 바란다.

삶을 개선하는 기술 촉진하기

중독 분야 전문가들은 회복이라는 것이 중독행동을 자제하는 것 이상이라는 것을 알고 있다. 회복은 전반적인 웰빙을 증진하는 삶의 기술을 촉진하고, 중독 없이도 삶을 지속할 수 있는 자신감을 증진하는 것이다. 따라서 중독 치료에는 내담자의 삶을 향상시키는 기술(예: 의사소통, 문제 해결, 시간 관리, 균형 잡힌 생활 등)이 포함된다.

대화 기술

효과적으로 대화한다는 것은 그 자체로 큰 의미를 가진다. 반대로 의사소통의 문제가 있으면 여러 문제가 발생한다. 말하기 능력과 듣는 능력 모두 CBT 회기 안에서 다룰 수 있다. 역할 연습은 이러한 기술들을 다룰 수 있는 효과적인 방법이며, 과제를 통해 이러한 연습을 강화할 수 있다. 상담장면에서 치료사와 내담자의 대화방식은 회기 밖에서 내담자의 대화방식을 보여 주기도 한다. 치료사들은 내담자의 회기 중 의사소통 패턴에 대해 다루는 것을 꺼리는 경향이 있는데, 회기 내 의사소통에 대한 피드백이 효과적으로 주어지면 라포 형성뿐만 아니라 내담자의 대화 기술 향상에도 도움이 된다.

문제 해결 기술

오랫동안 신중하게 사고하고 결정하기보다 충동에 따라 살았던 사람들은 문제 해결 기술이 부족할 수 있다. 설상가상으로, 중독에 빠진 사람들은 문제가 점점 커지고 복잡해짐에 따라 문제 해결을 회피하게 된다. 중독행동이 고유한 문제를 일으킬 뿐더러, 그 문제들이 축적되면 해결되지 못할 만큼 커지기도 한다. 어린 시절이나 청소년기부터 심각한 중독 문제를 겪어 왔던 사람들은 문제를 제대로 인식하고 해결한 경험이 없을 가능성이 크다. 지나치게 단순화할 위험이 있긴 하지만, 다음 6단계는 문제 해결 절차의 기본 순서를 나타낸 것이다(Nezu, Nezu, & Perri, 1989).

1. 문제를 명확하고 구체적인 용어로 정의하기
2. 여러 가지 해결책에 대해 브레인스토밍하기
3. 각 해결책의 장단점 살펴보기(내담자 및 사랑하는 사람, 현재와 미래에 미치는 영향 포함)
4. 어렵더라도 장점이 많은 해결책을 선택하기
5. 적절한 계획, 준비, 연습을 통해 해결책 실행하기
6. 결과를 평가하고 추가적인 해결책이 필요한지 점검하기

문제 해결 기술을 습득하기 위해서는 길고 지루한 과정을 참는 인내가 요구된다. 치료사는 내담자가 이러한 인내를 기를 수 있도록 지지하고 격려하는 것이 필요하다.

균형 잡힌 삶

대부분의 사람들은 균형 잡힌 삶을 사는 것이 중요하다는 것을 알고 있지만, 그렇게 살고 있지 못한 경우가 흔하다. “시간이 부족하다.”거나 “___할 수만 있다면”과 같은 말을 빈번하게 한다. CBT 원칙에 기반한 SMART Recovery 프로그램은 다음과 같은 네 가지 요소를 포함하고 있다.

1. 동기부여 및 유지
2. 충동과 갈망에 대처하기
3. 사고, 감정, 행동 관리하기
4. 균형 잡힌 생활

균형 잡힌 생활이 이 목록의 마지막에 있는 것은 우연이 아니다. 앞서 언급한 것처럼, 중독에 빠진 사람들은 중독행동을 하고 회복하는 데 불균형적으로 많은 시간을 소비하기 때문에 삶의 균형을 잃는 것은 피할 수 없다. 중독에서 회복하기 위해서는 앞에 나열된 세 가지, 변화에 대한 동기부여, 충동과 갈망에 대처, 중독과 관련 없는 생각, 감정, 행동을 유지하는 것이 필요하다. 이러한 기본적인 기술이 습득되면, 균형 있는 삶을 통해 의미와 성취감을 찾아갈 수 있다. 개인이 균형 있는 삶을 살아간다는 것의 의미는 자신의 가치에 따라 결정될 수 있다. 가치의 계층구조를 다룰 때, 개인의 삶에서 중심이 되는 가치를 5개 이상 고르게 하고 자신의 가치와 행동이 일치하는지 비교한다. 균형 잡힌 삶은 가치와 행동이 일치하는 것을 의미하는데, 예를 들어, 결혼, 육아, 신체적 건강, 재정적 안정, 공동체 관계를 중요하게 여긴다고 답한 사람이 실제로 이러한 가치에 맞게 살고 있다면 균형 잡힌 삶을 살고 있는 것이다.

기술을 연습하고 일반화하는 과제

인지행동치료사는 내담자를 결국 스스로를 돕는 존재로 만들어가는 사람이다. 이 장에서 소개하는 모든 기법은 상담 회기뿐만 아니라 가정에서 연습할 수 있도록 고안되었다. 상담 회기에서 치료사는 내담자가 문제를 정확하게 정의하고 해결하며 적응적인 삶을 살 수 있도록 격려한다. 각 회기가 끝날 때마다 치료사는 내담자가 해당 회기에서 배운 기술을 연습하고 일반화할 수 있도록 과제를 내준다. 내담자가 회기 안에서 배운 기술을 실제 생활에서도 연습하면 상담이 끝난 후에도 치료 효과를 오래 유지할 수 있다(Burns & Sprangler, 2000; Kazantzis, Whittington, & Dattiolio, 2010; Rees, McEvoy, & Nathan, 2005). 문제 해결책에 대해 브레인스토밍하기, 부정적 사고와 신념에 합리적으로 대응하기 등과 같이 회기에서 연습한 기법은 회기 사이에 과제로 이어져야 한다. 지연 및 주의 분산 기법 및 고위험 상황에 대한 노출을 줄이기 위한 촉발요인 조절 등 내담자가 상담실이라는 '실험실'에서 고안한 것들을 실제 일상생활이라는 '현장'에 적용할 수 있어야 한다.

과제를 제시할 때는 회기 내에서 다뤄진 내용과의 연결성을 잘 설명하고, 필요한 지침과 함께 과제의 근거를 제공해야 한다. 모든 과제는 치료사와 내담자가 협력하여 선택해야 하고, 가능하다면 과제는 회기 중에 시작을 하고 회기 사이에 완성을 할 수 있도록 한다. 예를 들어, 자동적 사고 기록을 과제로 내줄 때, 치료사는 내담자와 함께 회기 중에 사고 기록지를 시작하는 것이 좋다.

요 약

CBT 기법은 신중하고 의도적으로 선택되어야 한다. 각 내담자에 대한 정확한 사례개념화를 바탕으로 내담자의 기존 문제, 강점, 한계, 자원, 신념, 가치, 두려움, 희망, 목표 등을 신중히 고려해야 한다. 즉, 특정 기법은 치료사 중심이 아니라 내담자 중심으로 선택해야 한다. 어떤 기법을 선택하든지 그 과정은 항상 안내된 길잡이식 발견과 동기강화상담의 원칙(예: 반영적 경청, 정확한 공감, 지지적 반응 등)을 바탕으로 해야 한다. 마지막으로, 회기에서 배운 모든 기술은 실제 생활에 적용할 수 있도록 회기 간의 과제를 수행해야 한다.

양식 7-1 이익-손해 분석

지침: 다음 네 칸에, 중독행동을 지속할 때의 이익과 손해, 중독행동을 중단할 때의 이익과 손해를 적으시오. 예를 들면, 마리화나를 사용할 때의 이익을 "몸이 이완됨", 손해를 "의존됨"으로 적을 수 있습니다. 각 칸에 가능한 한 최대한 많이 적으시오.

우려되는 행동(예: 술, 마리화나, 아편류 약물, 담배 사용): ______________________________

____

	이익	손해
사용함		
중지함		

양식 7-2 **일일활동 계획표 예시**(계속)

지침: 다음 표를 사용하여 해당 시간대에 했던 활동과 0~10까지의 평점을 표시하시오.

성취감(Mastery: M) 및 즐거움(Pleasure: P)을 얼마나 경험했는지 표시하시오. 성취감은 자기개발 및 그 후의 만족감과 관련이 있고, 즐거움은 활동을 할 때의 기쁨과 관련이 있습니다(제공된 예시 참조). 새로운 시간대를 설정하거나 칸의 중간에 시작시간과 종료시간을 임의로 설정하여 적을 수 있습니다.

시간대	예시	월요일	화요일	수요일	목요일	금요일	토요일	일요일
5am- 9am 이른 아침	6시 기상 샤워, 아침식사, 개와 산책(M=0; P=5) TV뉴스 시청, 운전해서 출근(M=2; P=2)							
9am- 1pm 아침- 이른 오후	직장, 3시까지 기한이 지난 프로젝트 완료 (M=6; P=2)							

양식 7-2 일일활동 계획표 예시(계속)

시간대	예시	월요일	화요일	수요일	목요일	금요일	토요일	일요일
1pm- 5pm 늦은 오후	직장 책상에 앉아 웹 서핑, 소셜미디어 확인(M=0; P=4) 친구에게 문자 메시지(M=2; P=8)							
5pm- 9pm 저녁	6시 운전해서 상담 가는 길이 너무 막힘(M=0; P=0) 집으로 돌아와 2시간 동안 TV 시청(M=0; P=6)							

양식 7-2 일일활동 계획표 예시

시간대	예시	월요일	화요일	수요일	목요일	금요일	토요일	일요일
9pm- 1am 늦은 저녁	잘 준비 완료, TV 좀 더 시청, 11시에 취침 (M=0; P=4)							
1am- 5am 새벽	수면(M=0; P=8)							

양식 7-3 자동적 사고 기록지(계속)

지침: 다음 표에 예시와 같이 날짜, 시간, 장소, 상황, 사고 또는 신념, 감정, 대체 신념, 결과를 적으시오. 자신의 생각에 대해 신뢰하는 정도와 감정의 강도를 0~100점 사이 점수로 평가하시오. 중독행동에 대한 갈망이나 충동을 경험할 때 각 항목에 대해 전체 행을 사용하여 기록합니다.

날짜, 시간, 장소	상황	자동적 사고와 관련된 신념 (0~100% 신뢰)	감정 (0~100 강도)	대체적 신념이나 반응 (0~100% 신뢰)	결과
예시: 토요일 저녁 7시, 집에 혼자 있을 때	**예시:** 술을 끊도록 노력하는 중이므로 술이 제공되는 행사에 참여하지 **않기로** 결심함	**예시:** "토요일 밤에 집에 있는 것이 싫음"(75%) "다른 사람들은 술을 마시는데 나는 못 마시는 것이 억울하다."(65%)	**예시:** 초조함(90) 짜증이 남(95) 맥주를마시고싶은갈망(65) 술을마시면나타나는 결과가 걱정됨(90)	**예시:** "술이 내 인생을 망치고 있다."(90%) "오늘 술을 마시지 않으면 내일 훨씬 기분이 좋을 것이다."(85%)	**예시:** 집에 머물면서 영화를 시청하기로 결정함 술 안 마시는 친구와 다음 주 토요일 밤 만날 계획을 잡음

양식 7-3 자동적 사고 기록지

날짜, 시간, 장소	상황	자동적 사고와 관련된 신념 (0~100% 신뢰)	감정 (0~100 강도)	대체적 신념이나 반응 (0~100% 신뢰)	결과

제8장

목표 설정

유명한 야구선수 Yogi Berra의 말을 빌리자면, "어디로 가는지 모른다면…… 당신은 그곳에 도착하지 못할 것이다."는 말이 있다. 이 말은 중독으로 어려움을 겪고 있는 내담자들과 함께 할 때 적용될 수 있다. 목표를 설정하는 것은 치료사와 내담자가 어디로 가고 있는지, 적어도 치료를 통해 어디로 가고 싶은지를 설정하는 데 도움이 된다. 제3장에서 언급했듯이 목표 설정은 사례개념화의 필수 구성 요소 중 하나이다. 목표 설정은 변화에 대한 준비와 연결되기 때문에 내담자의 목표는 시시각각 바뀔 수 있다. 그렇기 때문에 치료사는 순간순간, 매 회기마다 내담자의 목표를 정교하게 인식해야 한다. 예를 들어, 어떤 내담자는 위기 상황에서 금주에 전념하겠다고 선언하고 치료를 시작했지만 일주일 만에 적당히 음주를 하는 것이 자신이 선호하는 목표라고 이야기할 수 있다. 즉, 내담자가 **한 회기 동안** 여러 번 목표를 변경(예: 적당히 음주를 하는 것에서 금주로, 혹은 원래대로)할 수도 있다.

치료사와 내담자가 함께 목표를 설정할 때 그 목표는 서로 간의 상호이해를 반영한다. 일반적으로 내담자는 기분이 나아지기를 바라며 치료를 시작한다. 대부분은 걱정, 좌절, 절망, 외로움, 불만 또는 기타 부정적인 감정 상태를 해소하길 원한다. 많은 사람들이 큰 행동 변화를 기꺼이 수용하려 하지만, 자신이 무엇을 바꿀 준비가 되었는지에 대해서는 제한을 두기도 한다. 내담자와 치료사가 함께 목표를 설정한 뒤에는, 이러한 목표를 달성하는 데 필요한 인지 및 행동기술을 함께 고려할 수 있는 위치에 서게 된다.

명확하게 정의된 목표가 없으면 치료사와 내담자가 서로 상충되는 방향으로 치료가 진행될 위험이 있다. 예를 들어, "기분이 나아지고 싶다."고 말하는 중증 코카인 사용장애 내담자를 생각해 보라. 적극적이면서도 숨김이 없고, 협력적인 치료 과정이 없다면, 내담자는 코카인 사용량을 줄임으로써 기분이 나아질 계획을 세우지만, 그와 동시에 치료사는 치료 목표를 코카인 사용의 완전한 중단이라고 생각할 수 있다. 치료사와 내담자는 서로에게 주의 깊게 질문하고 적극적으로 서로를 경청해야만 상호 간의 상충되지 않는 목표를 설정할 수 있다. 치료사는 내담자가 코카인 사용이 기분 개선에 방해된다는 사실을 깨달을 수 있게 도울 수 있지만 그에 앞서 아직 내담자가 코카인 사용을 중단할 준비가 되어 있지 않다는 사실을 이해하고 받아들여야 한다. 이러한 경우에는 약물 사용 중단(abstinence)을 목표로 하기보다는 폐해 감소(harm-reduction)를 목표로 설정하는 것이 더 실용적일 수 있다.

치료 목표로서의 폐해 감소

Sandra는 폐해 감소(harm reduction) 목표를 설정하여 증상의 호전을 경험한 내담자였다. Sandra는 치료를 시작할 당시 심한 우울증을 앓고 있었다. Sandra는 도박장애로 인해 집, 예금, 가족, 친구를 포함한 '모든 것을 잃었다.'는 사실 때문에 우울증을 겪게 되었다고 생각했다. Sandra는 과거 다양한 물질 중독을 극복하는 데 성공했지만 도박만은 절대 끊을 수 없다고 확신했다. Sandra는 도박에 빠져 모든 월급을 슬롯머신에 쏟아 붓고 가족이나 친구에게 돈을 빌려 매달 빚을 갚고 있다고 이야기했다. 치료사는 Sandra에게 도박을 끊을 생각이 있는지를 물었고, Sandra가 내놓은 대답은 "줄이도록 노력해 볼게요."가 전부였다. Sandra의 치료사는 인내심을 갖고 몇 차례의 치료 회기를 통해 Sandra의 도박 촉발요인, 생각, 감정, 도박과 관련된 행동들에 대해 알아보았다. Sandra가 완전히 도박을 중단할 준비가 되어 있지 않다는 것을 깨달은 치료사는 Sandra에게 폐해 감소 목표를 소개한다. 그리고 두 사람의 대화는 생산적으로 진행된다.

치료사: Sandra, 제가 현재 당신이 가지고 있는 도박에 대한 생각이나 신념을 파악한 바로는 도박을 끊는 것이 지금 당장의 목표가 될 수는 없습니다.

Sandra: (끼어들며) 맞아요.

치료사: …… 당신의 상황이 이미 심각한데도 불구하고 계속해서 돈, 가족, 친구를 잃고 있습니다.

Sandra: 제가 항상 돈을 잃는 것은 아니에요. 사실 그게 문제에요. 하루에 수백 달러를 벌 때도 있죠. 그 흐름을 계속 타기만 하면 되는데 말이죠.

치료사: 네, 그것이 바로 카지노로 돌아가게 하는 믿음, 즉 언젠가는 행운이 찾아오거나 대박을 터뜨려 모든 문제를 해결할 수 있을 거라는 믿음이죠.

Sandra: 정확해요.

치료사: 여윳돈이 생길 때마다 도박을 한다고 말씀하셨죠?

Sandra: 네. 맞아요. 때로는 전기나 수도가 끊긴다는 경고나 추심 독촉장을 받아 당황할 때가 있기도 해요. 그런 비용은 꼭 내야 하는 돈이니까 어쩔 수 없다고 생각해요. 그런데, 보통의 경우 많은 빚이 남아 있어도 도박을 할 여윳돈은 있다고 생각을 해요.

치료사: 월급날은 언제인가요?

Sandra: 매월 1일과 15일에요.

치료사: 네. 그러면 도박을 할 가능성이 가장 높은 날은 언제인가요?

Sandra: 매월 1일과 15일에요.

치료사: 그럼 월급날마다 도박을 할 가능성이 높다는 말씀이군요?

Sandra: 네, 맞아요.

치료사: 매달, 도박을 하기에 앞서 필수적인 청구서들을 우선적으로 처리할 수 있을까요?

Sandra: 그렇게 하려고 노력은 하는데요. 도저히 그럴 수가 없더라구요.

치료사: 그렇군요. 자동이체에 대해 들어본 적이 있나요?

Sandra: 은행에서 알아서 청구 비용을 지불하는 방식인가요?

치료사: (웃으며) 내 돈으로 청구 비용을 지불하는 거죠.

Sandra: 제가 자동이체를 해야 한다고 생각하세요?

치료사: 그게 합리적인 목표인 것 같네요.

Sandra: 우선 청구서상의 비용을 지불하고 이후 도박을 한다……. 알겠어요. 그게 맞는 것 같아요.

이 대화에서 Sandra의 치료사는 도박에서 가끔씩 돈을 따는 경험이 Sandra에게 간헐적 강화로 작용하여, 손해를 보았음에도 불구하고 도박을 계속해서 하게 만든다는 것을 이해했다. Sandra는 언젠가는 큰 돈을 따서 손실을 만회할 수 있을 것이라고 분명히 믿고 있다. 따라서 Sandra의 치료사는 도박을 중단하지 않아도 되는 폐해 감소 목표, 즉 도박을 하기 전에 일부 청구서의 비용을 지불하는 방법을 제안했다. 이 전략은 치료사가 도박을 중단하는 것만이 중독행동에 대한 유일한 해결책이라고 생각하지 않는 내담자를 만날 때 유용하다. 간단히 말해, 내담자가 '플랜 A'(완벽한 중단)에 관심이 없을 때는 '플랜 B'(폐해 감소)를 열정적으로 지원해야 할 때이다. 폐해 감소 접근법에 대해서는 제13장에서 더 자세히 논의할 것이다.

일부 치료사들은 치료 목표에 대한 자신의 태도를 바꿔야 한다

대부분의 중독자들은 변화를 위한 노력이 약화되거나, 실패하거나, 혹은 증상이 재발하는 것을 경험한다. 치료사 중 일부는 내담자가 중독과 관련된 치료 목표에 도달하지 못했을 때, 좌절하고, 실망하고, 심지어 화를 내기도 한다. 내담자에 대한 이러한 부정적인 감정은 보통의 경우 비생산적이며, 부정적인 생각에서부터 비롯된다. 다음은 치료 목표가 달성되지 않았을 때, 치료사가 내담자에게 가질 수 있는 부정적인 생각들을 나열한 것이다.

"내담자가 설정한 목표에 도달하지 못한다는 것은 끔찍한 결과이다."

"그들은 좀 더 배워야 한다."

"본인 스스로 하겠다고 했으면, 그대로 했어야 한다."

"나라면 변화에 대한 약속을 지켰을 것이다."

"이 사람들은 자신의 목표를 달성하지 못했고, 결국 귀중한 치료 시간만 낭비하고 있다."

"스스로에게 유익한 노력을 하지 않는 내담자를 보면 무척이나 안타깝다."

"내담자의 재발한 모습을 보면 참을 수 없다."

"재발로부터 얻을 수 있는 좋은 결과는 없다."

"내담자에게 재발해도 괜찮다고 말하며 격려하고 싶진 않다."

"내담자가 계속해서 약물을 사용하는 것은 치료에 대한 의지가 부족하다는 것을 반영한다."

이러한 생각은 필연적으로 치료사의 부정적인 감정(예: 짜증, 좌절, 귀찮음, 혐오감)으로 이어진다. 그리고 **내담자들은 치료사가 자신에 대해 부정적인 감정을 가지고 있다는 것을 인식할 수 있다.** 따라서 치료사는 내담자가 설정한 목표를 달성하지 못했을 때, 마음 속에 부정적인 생각과 감정이 있는지 스스로를 모니터링하는 것이 필요하다. 이러한 부정적인 생각과 감정이 확인되면 치료사는 다시금 교육, 문제 해결, 목표 설정에 집중할 수 있도록 부정적인 생각을 수정해야 한다. 다음은 앞서 나열된 생각들의 대안이 될 수 있는 생각들을 나열한 것이다. 이러한 생각은 치료사가 협력을 통한 목표 설정을 준비하는 데 도움을 줄 수 있을 것이다.

"사람들이 목표를 세웠다가 달성하지 못하는 것은 지극히 정상적인 일이다."

"종종 사람들은 자신에게 가장 좋은 것들을 무시하곤 한다."

"대부분의 사람들에게서 자신이 하겠다고 말한 대로 행동하지 않는 것을 발견한다."

"나 또한 그들의 입장이었다면 같은 선택과 실수를 할 수 있었을 것이다."

"치료 과정의 모든 순간이 가치 있는 시간이다."

"인간이 늘 자신에게 가장 이득이 되는 일만 하는 것은 아니다."

"내담자가 재발했다는 사실을 알게 되더라도, 나는 여전히 치료사로서 내담자를 돕고 싶다."

"재발은 배움의 기회를 제공한다."

"내담자가 재발을 통해 배우도록 격려하는 것은 좋은 방법이다."

"내담자들의 계속된 약물 사용은 그들이 치료를 받는 것이 얼마나 중요한지를 반영한다."

이와 같은 생각은 치료사의 긍정적인 감정과 더 많은 협력 정신으로 이어질 가능성이 높다. 또한 이러한 생각은 내담자가 치료사로부터 낙인을 느낄 위험을 줄이거나 없앨 수 있다.

현실적인 목표 설정과 치료이탈 피하기

치료사가 내담자에 대한 비현실적인 기대치를 가질 수 있는 것처럼, 치료에 대한 내담자의 기대치도 비현실적일 수 있다. Gina는 첫 번째 방문 때, 자신의 치료 목표는 "법원에서 빼앗긴 자녀의 양육권을 되찾는 것"이라고 이야기했다. 몇 달 전, Gina는 세 자녀만을 집에 남겨 두고 메스암페타민을 사러 마약 판매상의 아파트로 갔다. 이러한 상황에서 Gina의 4세 딸이 이웃집 아파트로 걸어가 이웃과 함께 살아도 되는지 물어보는 사건이 발생했다. 이에 주 당국에 신고가 접수되었고 Gina의 아이들은 보호 조치가 되었다. 이후 Gina는 법원으로부터 양육권을 돌려받기 위해선, 치료를 받아 마약과 알코올을 완전히 끊어야 한다는 판결을 받았다.

Gina는 처음 상담소에 방문했을 때, 치료사가 적극적으로 개입하여 자신의 자녀를 되찾아 줄 것이라 기대했다. 물론 이것은 비현실적인 목표였다. 치료사는 따뜻하고 배려심이 많은 사람이었지만, Gina가 원하는 자녀 양육권을 되찾는 것은 당장의 목표이기보다는 향후의 목표가 될 것이라고 설명했다. 치료사는 그보다 현실적인 단기 목표로 약물 사용 중단과 양육 기술 향상을 제안했다. 이 말을 듣자 Gina는 누가 봐도 잔뜩 화가 난 모습이었지만, 결국에는 "그렇게 말씀하실 줄 알았어요. 당신이 내 아이를 되찾아 줄 수 없다는 게 정말 짜증나요."라고 이야기를 한 뒤에, 치료사의 제안이 합리적임을 인정했다. 이렇듯 현실적인 치료 목표를 수립하면 내담자가 치료를 통해 기대할 수 있는 것을 명확히 인식하는 데 도움이 된다. 치료 초기에는 치료를 통해 기대할 수 있는 긍정적인 결과들에 대해 논의하고 이를 구체적인 용어로 정의하고 설명함으로써 내담자는 자신의 치료가 어디로 향하고 있는지 알게 되고, 목표를 어떻게 달성할 수 있는지 파악하기 시작한다. 다시 말해, 내담자와 치료사는 그들이 어디로 가고 있는지 그리고 어떻게 도달할 것인지를 알고 있을 때 더욱 치료에 집중할 수 있게 된다.

현실적인 목표에 초점을 맞출 때, 내담자는 잠재적인 변화에 대한 희망을 가질 수 있다. 잘 정의된 목표는 약물을 중단하는 것 너머의 다양한 가능성으로 내담자의 관심을 이끌 수 있다. Jack은 첫 번째 치료 회기에서, 최근 알코올 디톡스 프로그램(alcohol detox program)을 수료하고 몇 주 동안 금주에 성공했음에도 불구하고, 계속해서 금주하는 것은 상상할 수 없다며 현재는 매일 술을 마시고 있음을 고백했다. Jack은 다시 장기간 금주를 할 수 있다는 가능성에 집중하고 금주 상태를 유지하고 있는 자신의 모습을 상상하는 것에 어려움을 겪었다. 결국 Jack의 치료사가 Jack이 받아들일 수 있는 점진적인 목표를 제시했고 치료 결과는 성공적이었다. 예를 들어, Jack은 운전하기 전에 술을 마시지 않는 것에 쉽게 동의했다. 또한 하루에 표준 음주량 4잔 이상 또는 일주일에 표준 음주량 14잔 이상으로 정의되는 과음을 피하는 것에도 동의했다. 그런데 사실 Jack은 이러한 목표들을 달성하지 못한 뒤에야 완전한 금주라는 비현실적인 목표를 수정하는 것에 동의했고, 마침내 술을 끊게 되었다. 몇 달 동안 '알코올 중독을 이겨낸'(그의 표현을 빌리자면) Jack은 그간 과음 때문에 직장생활을 유지하는 것이 어려웠다는 사실을 깨달았다. 치료사의 도움으로 Jack은 일자리를 찾고 유지하겠다는 목표를 세웠고, 술을 마시면서 소홀했던 대인관계 및 자기조절 기술을 개선하여 6개월 만에 이 목표를 달성했다.

구체적인 목표를 설정하는 것도 치료이탈을 방지하는 데 도움이 된다. 중독에 빠진 대부분의 사람들은 직업, 가족, 법률, 건강 문제 등 심각한 문제가 누적된 뒤에야 치료를 시작한다. 내담자는 이러한 문제들이 초래한 심적 고통으로 인해 치료사를 찾게 되는 경우가 많다. 걱정거리가 너무 많으면 **회기 내 또는 회기 사이에** 다루어야 하는 주제가 다른 주제들로 쉽게 옮겨 갈 수 있다. 이런 경우, 치료를 위한 구체적인 단기 및 장기 목표를 설정하고, 달성 순서를 정하면 치료이탈을 방지하는 데 도움이 된다. 결과적으로 치료사와 내담자는 회기 중에 가장 즉각적이고 시급한 목표 한두 가지에 집중하면서도 이후 치료가 진행됨에 따라 추가적으로 다루어야 할 목표가 있다는 것을 충분히 인식할 수 있다.

목표는 나침반과 같은 역할을 하여 치료가 제대로 진행 중인지, 아닌지를 더욱 명확히 하는 장치로 기능한다. Bill은 오피오이드 사용장애로 치료를 받고 있었다. Bill은 근무 중 허리를 다친 후 발생한 통증으로 인해 옥시코돈(역자 주: 오피오이드 계열 마약성 진통제)을 복용하기 시작했다. 그러던 중 의사가 옥시코돈을 줄이면서 오피오이드 없이 생활하는 것에 대한 Bill의 불안감은 점차 커져갔다. 초기 치료 목표는 Bill이 오피오이드 없이 생활하는데 필요한 전략을 개발하도록 돕는 것이었다. 하지만 몇 차례의 상담 후(약물 복용에 대한 불안감이 다소 줄어들었을 때), Bill은 심각한 부부 불화 또한 겪고 있다는 것이 분명해졌다. Bill은 아내 또한 오피오이드를 복용하고 있으며 이로 인해 부부 사이에 큰 갈등이 있어 왔다고 말했다.

Bill과 치료사는 Bill이 가지고 있는 약물 중독 문제를 해결하는 것이 치료의 궁극적인 목표라는 사실을 충분히 인식하면서도 결혼 생활 개선이라는 목표를 추가했다. Bill이 중독 문제를 해결하지 않고 결혼 문제에만 매달렸다면 치료는 길을 잃고 표류하기 쉬웠을 것이다. 하지만 Bill과 치료사는 두 가지 주제 모두를 주요 의제로 삼고 두 주제 사이의 강력한 연관성을 인정했다. 그들은 Bill의 약물 중독과 아내와의 문제, 이 두 가지 주제 모두에 시간을 할애했으며 이 주제들 사이에 존재하는 훨씬 더 복잡한 문제에 대해서도 논의할 수 있었다(문제가 더 복잡해진 이유는, Bill의 아내가 처음부터 치료 중에 자신에 대한 이야기를 하지 말라고 요구했기 때문이다).

내담자와 치료사가 서로 합의하여 목표를 설정하면 둘 간의 치료 동맹과 협동심이 강화된다. 또한 내담자에게 치료 결과에 대한 책임감을 부여할 수 있다. 이것은 특별히 자신의 삶이 혼란스럽고 통제할 수 없으며, 의존적인 상태에 놓여 있다고 느끼는 내담자에게 중요하게 작용한다. 함께 합의한 목표 설정은 중독뿐 아니라 기타 여러 문제들을 극복하는 데 필요한 내담자의 자기효능감과 자신감을 키우는 데 도움이 된다. 예를 들어, 한 내담자는 몇 가지 작은 치료 목표를 달성한 후 다음과 같이 말했다. "약물 사용을 중단하기 위해 노력한 이후 처음으로 내 삶을 통제할 수 있다는 느낌을 받았습니다. 내가 치료에서 원하는 것이 무엇인지 명확해졌습니다. 저는 갈망에 대처하는 방법을 배울 뿐 아니라 더 나은 삶의 방식도 배우고 싶습니다. 치료사와 제가 한 팀이라고 느껴집니다. 치료는 단지 **저 혼자서만** 하는 것이 아닙니다."

목표를 검토하는 것은 각 CBT 회기의 필수적인 부분이다. 내담자가 함께 논의할 주제들의 항목을 나열하면 치료사는 각 항목을 이미 설정한 목표와 연관시키기도 하고 새로운 주제에 맞는 새로운 목표가 필요하다고 판단할 수도 있다. 예를 들어, 실패나 재발 방지와 관련된 목표는 중독행동의 중단과 관련된 다른 목표와 함께 필연적으로 포함되어야 한다. 또한 이전에 드러나지 않았던 분노에 대해서 분노 조절과 같은 새로운 목표가 필요할 수 있다. 따라서 목표 설정 및 검토는 각 회기의 치료 의제 설정 단계에서 이루어질 수도 있지만, 이전 치료 회기와 연결하거나 주제 항목의 우선순위를 정하거나, 논의하는 과정 모두에서 이루어질 수 있다.

치료사는 목표를 설정하고 검토할 때 유연성을 발휘해야 한다. 내담자들은 종종 더딘 진전, 좌절, 실패와 재발로 인해 낙담한다. 이는 결국 치료에 대해 모 아니면 도(all or none)라는 식의 생각(예: "치료는 쓸모없어!")으로 이어질 수 있다. 치료 목표를 검토하고 재설정하는 과정을 통해 잠재적으로 변화에 대한 내담자의 절망감을 줄일 수 있다. 예를 들어, Richard와 치료사는 치료를 시작할 때, ① 코카인을 끊고 ② 직업을 구하고 직장 생활을 유지한다는 두 가지 주요 목표에 동의했다. 6개월 동안 Richard는 코카인을 끊는 데 성공했다. 그러나 일자리는 찾을 수 없었다. Richard는 좌절감을 느끼고 치료에 대해 부정적인 말을 하기 시작했다. 예를 들어, Richard는 치료사에게 "답답하네요. 이 치료는 저에겐 더 이상 효과가 없어요."라고 말했다. 치료사는 Richard가 치료를 시작한 후 삶에 대한 태도와 기분이 크게 개선되었고, 직장을 구하기는 어려웠지만 코카인을 끊은 것에 대해 자부심을 느끼고 있다는 사실을 상기시켰다. 치료사는 Richard에게 완전 고용(full employment)이라는 본래의 목표를 수정하고 구직 전략 및 면접 기술 향상과 같은 단기 목표를 설정하자고 제안했다. 그들은 또한 Richard가 이력서를 작성해야 한다는 데 동의했다. 그리고 이러한 목표들에서 성과를 거둔 후 Richard는 치료에 대한 긍정적인 생각을 되살렸다. Richard는 치료사와 계속 협력하고 싶다는 희망과 동기를 느꼈다. 그리고 낙담한 지 한 달 만에 만족스러운 직장을 찾았고 지금도 계속 일하고 있다. Richard의 사례는 치료의 목표가 중독행동의 중단에만 있는 것이 아니라는 점을 강조한다. 치료의 성공 기준은 대인관계, 신체 건강, 감정 조절, 직업 개발 등 여러 가지 중요한 삶의 영역에 걸쳐 평가되어야 한다. 치료에서 논의될 수 있는 문제는 다양하다. 각 문제에 대한 목표가 있으면 치료사와 내담자는 치료 시간을 알차게 활용하고 체계적이고 조직적인 방식으로 문제를 해결할 수 있다.

목표 설정을 위한 전략

내담자는 치료를 시작할 때, 약물을 완전히 중단하는 것에 대해서 양가적인 태도를 취하곤 한다. 이러한 까닭에 치료사는 약물을 완전히 중단하는 것을 CBT의 필수 조건으로 고집해서는 안 된다. 대신 치료사는 내담자가 가지고 있는 중독행동의 장단점에 대해 탐색해야 한다. 이 작업은 "중독행동을 했을 때 어떤 이점이 있었고 어떤 단점이 있었나요?"라는 질문으로 간단히 달성할 수 있다. 내담자가 자신에게 중요해 보이는 중독행동의 이점(예: 신체적 통증의 개선)을 이야기했다면, 치료 목표에 동일한 이점을 얻을 수 있는 기술 습득(예: 심리적 통증 관리)을 포함할 수 있다. 실제로 약물을 완전히 중단하는 것을 방해하는 몇 가지 행동이 있다. 예를 들어, 과식과 폭식을 치료하는 치료사들은 내담자들이 음식을 절제할 수 없다는 것을 너무나 잘 알고 있다. 과식과 폭식의 완전한 중단이 불가능한 경우에는 해당 행동의 이점(예: 불안 감소)을 파악하고 내담자가 중독행동을 하지 않고도 비슷하지만 더 건강히 이점을 달성할 수 있는 목표(예: 향상된 불안 관리 방법)를 설정하도록 하는 것이 특히 중요하다.

목표를 설정할 때 치료사는 중독행동을 완전히 중단하는 것과 더 나은 삶의 질 사이의 상호 관계를 강조할 수 있다. 예를 들어, 치료사는 중독행동을 완전히 중단하는 것이 관계 개선을 이끌 수 있고, 개선된 관계는 중독행동을 완전히 중단하는 것에 지지적인 역할을 할 수 있다는 점을 이야기할 수 있다. 그러나 치료사는 중독행동을 완전히 중단하는 것만으로는 다른 문제를 해결할 수 없다는 점을 강조함으로써, 치료 성공의 가능성을 높일 수도 있다. Martha는 메스암페타민 사용을 중단하기 위한 목적으로 CBT에 참여했다.

Martha는 자신이 약물 사용을 완전히 중단한다면, 돈을 절약하고, 공과금을 납부할 수 있고, 성실히 출근을 하는 것에 스스로 동기부여를 할 수 있을 것이라고 말했다. 이 말을 들은 Martha의 치료사는 "당신은 여러 목표에 대해 이야기했고, 약물 중단이 그중 하나군요. 다른 목표로는 돈을 절약하고, 공과금을 납부하고, 직장을 유지하는 것을 이야기했고요. 당신은 약물 중단 하나만으로는 다른 목표들의 성공을 보장할 수 없다는 것을 이해하시는 것 같습니다. 물론, 약물 사용을 완전히 중단하는 것은 삶의 다른 영역에서 원하는 것을 얻는 방법을 배우는 데 있어, 더 나은 위치에 서는 데 확실히 도움이 될 것입니다. 다른 기술도 함께 연습해 볼까요? 저는 당신이 설정한 모든 목표에서 성공할 수 있도록 돕고 싶습니다."라고 말했다. 목표는 구체적이고, 자세하며 측정 가능한 용어로 표현하는 것이 좋다. 치료를 시작할 때 많은 내담자들이 '내 삶을 정돈하고 싶다.' '다시 예전의 나의 모습으로 돌아가고 싶다.' '이 불안을 사라지게 하고 싶다.'와 같이 추상적이고 구체적이지 않은 목표를 제시한다. 치료사는 내담자가 약물과 관련된 특정 사람 · 장소 · 사물을 피하기, 중독행동이 포함되지 않는 건강하고 보람 있는 활동 선택하기, 중요한 관계 회복하기 등 보다 측정이 가능한 행동들로 치료 목표를 정의할 수 있도록 도울 수 있다. 예를 들어, 중증 오피오이드 사용장애 내담자인 Joe가 CBT에 참가했다. Joe는 자신의 삶이 '더 이상 무너지지 않기를' 원한다고 말했다. 치료사는 보다 구체적인 목표를 장려하기 위해 Joe가 삶에서 무엇을 바꾸고 싶은지 물어보았다. Joe는 "지금은 아내와 별거 중인데, 아내가 아이들을 못 보게 해요. 아이들을 더 자주 보고 싶어요. 마약도 끊어야 할 것 같아요. 교회도 다시 가고 싶어요. 예전에는 정말 열심히 신앙생활을 했어요. 꾸준히 일할 수 있는 직업도 갖고 싶습니다. 임시직으로 생활하는 데 지쳤어요. 내 인생이 좀 더 즐거워 지기를 원합니다. 마약을 할 때를 제외하고는 대부분의 시간이 지루하거든요."라고 답했다. 치료사는 주기적으로 "당신의 삶에서 또 어떤 점을 바꾸고 싶으세요?"라고 질문하며 이 과정을 촉진했다. 그 결과 Joe의 목표는 막연한 진술에서 훨씬 더 구체적이고 측정 가능한 목표로 바뀌었다. 치료사는 Joe의 목표를 다음과 같이 요약했다.

- 오피오이드 사용을 완전히 중단하기
- 일주일에 한 번 이상 자녀를 만나기

- 정규직 일자리를 찾아서 유지하기
- 교회를 찾아 매주 출석하기
- 약물 없이도 흥미를 느낄 수 있는 활동을 한 가지 이상 찾기

내담자가 치료사와 함께 구체적인 목표를 달성하는 것에 동의를 한다면, 치료사는 내담자에게 목표를 달성하기 위한 전략을 세우는 것을 도울 뿐만 아니라 목표 달성 정도를 평가할 수 있는 기준들을 만드는 다양한 활동을 도울 수 있다. Joe는 오피오이드를 끊는 것 외에도 건설 회사에 정규직으로 취업한다는 목표를 달성했다. 또한 취직 후 아내가 주말마다 자녀를 볼 수 있도록 허용하면서 추가적인 목표까지 달성했다. 이러한 성취는 오피오이드를 끊겠다는 Joe의 의지를 더욱 굳건히 했다. 마지막으로 Joe와 치료사는 취미 그리고 신체 활동과 같은 비약물적 접근이면서도 긍정적 강화의 원천이 될 수 있는 방법을 개발하기 위해 노력했다. 이러한 구체적인 목표를 전면에 내세운 것은 Joe와 치료사가 각 치료 회기에서 정처 없이 표류하는 것을 방지하는 데 도움이 되었다. 또한 치료 시작 시 세운 목표를 적어 두었는데, 이는 치료 초기의 기능 수준과 치료가 진행되면서 변화하는 기능 수준을 비교할 수 있어 강력한 동기부여가 되었다. 치료 과정을 통해 스스로가 나아지고 있음을 인지할 수 있었기 때문이다.

중독을 위한 CBT의 공통적인 두 가지 목표는 다음과 같다. ① 중독행동을 줄이거나 하지 않는 것, ② 삶의 어려움에 대처할 수 있는 효과적인 전략을 기르는 것이다. 앞서 언급했듯이, 중독에 빠진 사람들은 치료를 시작하면 일반적으로 중독행동을 중단하는 것에 대해 양가적인 태도를 취한다. 때문에 치료 초기에는 변화에 대한 동기를 높이는 것에 초점을 맞추는 것이 중요하다. 앞서 언급했듯이 동기를 평가하고 잠재적으로 동기를 강화하는 접근 방식은 중독행동을 할 때와 하지 않을 때 얻을 수 있는 각각의 장단점에 초점을 맞추는 것에서부터 시작할 수 있다. 다음은 코카인 사용의 장단점에 대해 Roger와 치료사가 나눈 대화이다.

치료사: Roger, 코카인을 하는 것의 장단점에 대해 이야기해 줄래요?

Roger: 그럼요.

치료사: 코카인을 하면 어떤 점이 좋나요? 코카인의 어떤 점이 매력적인 장점인가요?

Roger: 사실 좋지는 않아요. 근데 기분은 좋아집니다.

치료사: 좋아요, 기분이 좋아지네요.

Roger: 네, 그게 코카인을 할 때의 장점입니다. 잠시 동안 기분이 좋아지거든요.

치료사: 또 다른 장점은 무엇인가요?

Roger: 글쎄요, 제 친구들과 같이 약을 하고 같이 기분이 좋아질 수 있는거요.

치료사: 그러니까 친구들과 어울리는 데 도움이 된다는 말씀이신가요?

Roger: 네, 제가 친구과 어울리는 데 도움이 되죠. 그게 저랑 친구들의 일상이에요. 그런데, 만약 저에게 선택권이 있었다면, 다른 친구들을 사귀었을 거예요.

치료사: 마치 진짜 친구가 아니라고 말하는 것처럼 들리네요. 어쩌면 이것은 오히려 단점일 수도 있겠네요. 당신은 결국 별로 원하지 않는 친구를 사귀게 된 것이니까요.

Roger: 네, 친구인 것 같지만 친구는 아니에요. 그들과 함께 시간을 보내고 그냥 같이 약을 하는 거죠.

치료사: 좋아요. 이제 코카인을 하지 않을 때의 장점에 대해 이야기해 봅시다. 코카인을 하지 않으면 어떤 점이 좋을까요?

Roger: 약을 끊으면요? 돈을 절약할 수 있어요.

치료사: 돈을 절약할 수 있네요.

Roger: 그리고 좀 더 정신이 명료해질 수 있을 거예요. 코카인은 제 머릿속을 엉망으로 만들어요. 아마 일도 더 잘할 수 있을 것 같아요.

치료사: 어떤 사람들은 코카인을 해야 직장에서 더 일을 잘할 수 있다고 말하던데요. 이에 대해선 어떻게 생각하나요?

Roger: 오, 저는 더 잘하지 못해요. 그냥 며칠 쉬고 싶기만 해요. 일할 기분이 안 들어요.

치료사: 그럼, 코카인을 하지 않을 때의 또 다른 장점은 일하러 가고 싶은 마음이 든다라고 말할 수 있을까요?

Roger: 네, 일하러 가고 싶을 것 같아요. 그러면 공과금도 낼 수 있겠죠. 맞아요, 코카인을 할 때는 쉬는 날이 많았거든요. 코카인 말고는 아무것도 할 동기가 없었어요.

치료사: 코카인을 하지 않을 때의 장점은 돈을 절약할 수 있고, 더 명료하게 생각할 수 있고, 일하고 싶은 마음이 생기고, 공과금을 낼 수 있다는 점이네요.

Roger: 네, 그래서 제 자신에 대해서도 기분이 나아질 수도 있어요.

치료사: 지금 코카인을 사용하지 않을 때도 종종 자신에 대해 기분이 좋아진다는 말씀이신가요? 다시 말해, 코카인을 하지 않을 때 스스로가 자랑스럽다고 느낀다는 건가요?

Roger: 네, 제가 말하는 느낌이 바로 그거예요. 코카인을 하고 나면, 스스로를 포기했다는 죄책감과 우울감이 들어요.

치료사: 좋아요, 중독에 대한 생각은 잠시 접어 두고 몇 가지 가능한 목표에 대해 생각해 봅시다. 동의하시면 적어 보겠습니다.

Roger: 좋아요.

치료사: 첫째, 당신은 명료하게 생각하고 싶습니다. 둘째, 자신에 대해 더 긍정적인 생각을 갖고 싶습니다. 셋째, 당신은 직장에서 책임감을 가지고 직업을 유지하고 싶습니다. 넷째, 돈을 절약하고 싶습니다. 저는 코카인을 끊겠다라는 당신의 목표와 함께 이러한 목표들을 적어 보았습니다. 제가 제대로 이해한 것이 맞나요?

Roger: 맞긴 한데요, 아마 저에겐 무리한 목표일 것 같아요.

치료사: 그 점을 언급해 주셔서 감사합니다. 분명 어려운 일이지만 충분히 가능한 일입니다. 이런 일들이 하루아침에 이루어지지는 않으니, 매 회기마다 목표를 향해 노력하면서 당신의 생각과 행동이 이 목표들과 일치하는지 함께 지켜보며 진행해 보도록 하죠.

Roger: 그렇군요. 그렇게 생각하니 덜 부담스러워요.

이 사례에서 치료사는 코카인 사용의 이익과 손해를 검토함으로써 돈을 절약하고 저축하기, 더 명료하게 생각하기, 공과금 지불하기 등 치료의 잠재적 목표를 발견할 수 있었다. 그러나 코카인 사용의 장점에 대해 이야기하는 과정에서 몇 가지 강조해야 할 목표를 추가적으로 발견할 수 있다. 내담자는 코카인을 사용하면 기분이 좋아지고 친구가 더 많아진다고 생각했다. 치료사는 "코카인을 하지 않고도 기분이 좋아질 수도 있고, 친구들과도 어울릴 수 있도록 돕는 것은 중요한 치료 목표가 될 수 있을까요?"라고 말하면서 관련한 목표를 도출할 수 있다. 이 전략을 사용함으로써 치료사는 코카인 사용 중단의 긍정적인 측면에 초점을 맞추고 목표를 긍정적인 방식으로 제시하는 동시에 약물에 대한 내담자의 욕구에 여전히 공감할 수 있다. 많은 내담자가 약물을 완전히 중단하는 것을 일종의 박탈의 한 형태(즉, 자신만 빼고 누구나 가질 수 있는 것)로 생각하기 때문에 이것은 무척이나 중요하다. 치료사는 내담자가 보다 긍정적인 방식으로 목표를 재구성할 수 있도록 내담자의 편에 서서 도울 수 있다. 이러한 치료사의 접근 방식을 통해 내담자는 코카인 사용의 긍정적인 측면을 인식하면서도 코카인 사용으로 인한 단점은 없이 목표를 달성하기 위해 노력할 수 있다.

목표에 대한 내담자의 양가감정 다루기

앞서 언급했듯이, 대부분의 내담자는 치료를 받는 것이나 기존의 중독행동을 포기하는 것에 대해 양가적인 태도를 보인다. Pam과 치료사의 다음 대화처럼 양가감정을 다루는 것을 초기 치료 목표로 설정할 수 있다.

치료사: Pam, 두 번째 회기에 오신 것을 환영합니다. 첫 번째 회기에서 마리화나를 끊는 것을 당신의 주요 치료 목표라고 말했습니다. 저와 그 부분에 대해 계속 이야기해 볼까요?

Pam: 그게 바로 제가 여기에 온 이유에요. 검사에서 마리화나 양성 반응이 나오면 직장을 잃게 되거든요. 제 인생 최고의 직장인데 잃을 수는 없어요. 저는 이미 경제적인 문제가 있고, 제 아이에게 나쁜 롤 모델이 되고 싶지 않아요.

치료사: 그런데, 마리화나를 끊고 싶다고 말씀하시면서도, 뭔가 망설이시는 것 같이 느껴지는데요.

Pam: 솔직히 말해서, 정말 끊고 싶지 않아요. 물론, 마리화나를 끊는 것이 제 인생에서 가장 중요한 일인 것 같다고 생각하기도 해요. 그런데 가끔은 다시 마리화나를 하는 것도 좋을 것 같다는 생각을 하기도 합니다. 무슨 말인지 아시죠? 그러니까, 마리화나를 조절해서 피우면 어떨까 싶기도 해요. 제가 처음 마리화나를 피우기 시작했을 때처럼 말이죠. 금요일 밤에만 피우면 다시 출근하는 월요일 즈음에는 '이미 혈액에서 마리화나 성분이 사라지지 않았을까'하는 생각을 하곤했죠.

치료사: 양가감정이 있으시군요. 한편으로는 마리화나를 끊고 싶지만 다른 한편으로는 끊고 싶지 않은 마음이요. 다시 말해, 경쟁이 치열한 두 가지 상반된 목표가 있는 것이지요.

Pam: 네, 그게 바로 저에요. 양가감정을 가지고 있어요.

치료사: 마리화나를 완전히 끊으면 어떻게 될까요?

Pam: 잘 모르겠어요. 제 친구들은 모두 마리화나를 피우거든요, 금요일에 퇴근하면 저랑 친구들이 가장 먼저 하는 일이 마리화나를 피우는 일이에요.

치료사: 마리화나를 피우는 친구들로 둘러싸여 있으면 끊기가 어려울 것 같은데요. 마리화나를 끊으면 직업적 안정, 재정상태, 좋은 롤 모델이 되는 것 외에 어떤 이점이 있나요?

Pam: 제 인생에서 뭔가 더 나은 곳에 있을 수 있을 것 같아요.

치료사: '더 나은 곳'이란 무슨 뜻인가요?

Pam: 올해는 힘든 한 해였어요. 사실 몇 번이나 마리화나를 끊어 보려 했지만 매번 실패했죠. 마리화나를 끊으면 더 많은 돈을 벌 수 있을 거라는 것도 압니다. 제 아이가 마리화나를 발견할까 봐 걱정할 일도 줄어들겠죠. 직장에서 불시에 소변 검사를 받을 걱정도 할 필요가 없고요.

치료사: 그것도 분명한 이점이 되겠네요. 그렇다면, 지금이 저를 만나서 치료받으시려는 목표를 신중하게 고민해 보는 가장 좋은 시기인 것 같은데요. 괜찮을까요?

Pam: 네, 괜찮아요.

치료사: 마리화나를 끊으면 더 좋은 엄마가 될 수 있을 거라고 하셨죠?

Pam: 네, 제가 마리화나에 취한 상태를 아직 아이는 모르는 것 같은데, 이제 점점 알 나이가 되어 가는 것 같아요.

치료사: 첫 번째 회기에서 마리화나를 끊으면 건강 상태가 더 좋아질 것 같다고 이야기 했던 것으로 기억합니다.

Pam: 확실히 군것질도 안 하고 정크푸드도 많이 먹지 않을 거예요. 그리고 아마 소파에만 앉아 있는 것도 벗어날 것 같아요.

치료사: 자녀 양육 그리고 더 나은 건강 상태와 관련된 목표를 세우는 데 관심이 있으신가요?

Pam: 아시다시피, 그것들도 좋은 목표지만 가장 좋은 해결책은 마리화나를 끊는 것이라고 생각합니다. 질문을 해 주신 덕에 이점을 깨닫는 데 도움이 됐어요. 다시 마리화나를 끊어야 한다는 생각으로 돌아가 보겠습니다.

이 대화는 양가감정을 가진 내담자와 치료사 사이에 팽팽하게 오가는 대화의 양상을 보여 준다. Pam은 마리화나를 끊겠다는 것을 목표로 설정할 준비가 되어 있지도 않았고, 반대로 그 목표를 포기할 준비도 되어 있지 않았다. 이 대화는 내담자가 순간순간 목표들 사이에서 얼마나 동요할 수 있는지를 보여 준다. 여기서 배울 수 있는 교훈은 치료사는 언제든지 새로운 목표의 설정이나 과거에 세웠던 목표로의 변경 등에 대비해야 하며, 내담자가 준비가 되었을 때만 확고한 목표를 설정할 수 있다는 사실을 받아들여야 한다.

목표를 달성할 수 있는 스스로의 능력에 대한 신념 재구성하기

목표 설정 과정에서 내담자들은 자신의 약점은 확대하고 강점은 축소하여 압도감을 느끼곤 한다. 이러한 생각은 변화가 불가능하고 목표를 포기하는 것이 낫다는 믿음으로 이어질 수 있다. 이럴 때 치료사는 내담자가 보다 희망적인 방식으로 문제를 재구성하도록 도울 수 있다. 문제를 재구성하는 것에는, ① 내담자가 상황에 대한 객관적인 데이터를 수집하도록 하는 것, ② 상황을 바라보는 대안적인 방법을 생성하는 것, ③ 새로운 목표에 대한 브레인스토밍을 하는 것이 포함된다. 내담자의 절망감을 극복하기 위해 목표를 재구성하는 과정은 다음의 Chris와 치료사의 대화에 잘 나타나 있다.

치료사: 여자친구가 술에 취했을 때 전화하는 문제를 오늘의 최우선 주제로 꺼내 놓았으니, 이 문제에 대해 이야기해 봅시다.

Chris: 이 문제에 대해 이야기해 봤자 소용이 없어요. 제가 할 수 있는 게 아무것도 없거든요. 여자친구는 제 아들의 엄마이기도 하고, 지겹도록 변하지 않는 사람이었어요.

치료사: 당신이 할 수 있는 일은 아무것도 없다고 믿고 있군요. 절망적이라고 생각하시겠지요.

Chris: 맞아요.

치료사: 무슨 일이 있었는지 자세히 말씀해 주시겠어요?

Chris: 여자친구는 외출을 해서 음주를 하고는 해요. 그런 다음 고주망태가 되면 저에게 전화해서 울면서 주정을 부립니다. 여자친구는 저에게 자신이 있는 곳으로 와 달라고 이야기하고 저는 보통 그렇게 합니다. 그리고 그 다음은 안 봐도 비디오예요.

치료사: 어떻게 되나요?

Chris: 저는 당연히 가서 여자친구를 진정시키려고 노력합니다.

치료사: 그리고 그때가 당신에겐 재발의 위험에 처하게 되는 때군요.

Chris: 맞아요.

치료사: 그럴 때 기분이 어떤가요?

Chris: 지옥 같죠. 먼저 여자친구에게 화를 냅니다. 그 다음엔 여자친구에게 미안한 마음이 들어요. 그러고 나면, '또 시작이군. 이제 지쳤어.'라고 생각을 합니다. 그리고 어느새 저는 여자친구와 술을 마시고 있어요.

치료사: 좀 전에 여자친구분과 통화를 할 때 할 수 있는 일이 없다고 말씀하셨는데요. 어떻게 했으면 좋겠어요?

Chris: 여자친구에게 술에 취했을 땐 전화하지 말라고 이야기하고 싶어요.

치료사: 자, 이 일에 대해 잠시만 생각해 봅시다. 여자친구가 당신에게 전화하는 사건에서 당신이 통제할 수 있는 일은 거의 없을 것 같긴 해요. 그래도 당신이 통제할 수 있는 일이 있을까요?

Chris: (여자친구가 전화할 때마다) 여자친구와 꼭 대화할 필요는 없는 것 같아요. 부른다고 해도 안 가도 돼요.

치료사: 맞아요. 그런데, 여자친구와 대화하지 않고, 부른다고 해서 가지 않는다는 것이 어떤 의미인가요?

Chris: 여자친구는 제 아들의 엄마예요. (관계의 단절을 말하는 것이 아니라) 제가 그녀를 돕지 않겠다는 의미겠지요.

치료사: 돕지 않는다고 이야기하셨는데요. 그러면 지금까지 여자친구와 대화하고 위로하는 것이 그녀를 돕는 것이라고 생각해서 그렇게 해 왔던 것인가요? 정말 그럴까요?

Chris: 사실 그렇지 않아요. 저는 계속해서 같은 일을 반복하고 있어요. 여자친구는 여전히 멈추지 않았고 저에게 어떠한 도움도 받지 못했습니다.

치료사: 그래서, 이 문제를 다른 방식으로 바라보기 위한 방법은, 여자친구가 술을 마실 때 그녀를 피하는 것이 최선인 것 같아요. 당신은 여자친구와 대화를 나누고 여자친구의 집으로 가는 것이 여자친구를 돕는 것이라고 믿었습니다. 하지만 돌이켜보면 실제로는 그녀의 상황을 돕는 것이 아니라 재발을 자초하고 있던 것이죠.

Chris: 맞아요.

치료사: 여자친구와 대화하지 않고 그녀의 집에 가지 않는 것이 해결책의 일부가 될 수 있을까요?

Chris: 말처럼 쉽지는 않겠죠.

치료사: 여자친구가 당신 안에 있는 (여자친구를 도와준다는) 이 믿음을 활성시키면 당신의 마음은 쉽게 동하고, 마치 그 믿음이 사실인 것처럼 행동하게 됩니다. 이 믿음은 당신이 가서 도와줘야 한다는 것이고, 그렇지 않으면 당신은 남자친구로서 실패했다는 것입니다.

Chris: 맞아요. 늘 같은 실수를 반복한 뒤에야 제가 실제로 도움이 되지 않는다는 것을 깨닫곤 합니다. 늘 같은 패턴이 반복되었지요.

치료사: 이 문제를 해결하기 위해 우리가 할 일이 있다고 생각해요. 첫 번째는 여자친구의 부름에 대처하는 것이고, 두 번째는 여자친구를 돕기 위해 할 수 있는 **다른**(대안이 되는) 일을 모색하는 것입니다. 아마도 이 문제를 해결할 수 있는 새로운 목표를 생각해 낼 수 있을 것 같네요.

이 예시에서 내담자의 문제는 중독행동보다는 갈등 해결과 더 큰 관련이 있었다. 이 내담자가 현재 중독행동을 하고 있을지라도 관계 문제에 집중하는 것이 더 중요할 수 있다. 그렇게 함으로써 내담자가 문제로부터 도망치지 않고 직면하는 법을 배우고, 좌절의 주요 원인을 해결하며, 치료사가 내담자의 가장 중요한 문제에 집중하고 있다는 의지를 보여 줄 수 있다.

요 약

이 장에서는 중독에서 벗어나기 위해 CBT를 받는 내담자의 목표 설정과 검토의 가치에 중점을 두었다. 내담자의 목표는 다음과 같은 경우 달성될 가능성이 가장 높다.

- ✔ 신중하고 의지적으로 결정하고 정기적으로 검토하는 경우
- ✔ 내담자와 치료사가 함께 공동의 목표를 설정하고 공유하는 경우
- ✔ 내담자에게 의미가 있는 경우
- ✔ 현실적(즉, 내담자의 기능과 자원에 기반)인 경우
- ✔ 설정한 목표가 각 회기에서 토론의 주제에서 벗어나지 않도록 하는 가이드로 사용되는 경우
- ✔ 긍정적 행동 측면에서 시행되는 경우
- ✔ 유연하게 대처할 경우(대부분의 중독 내담자는 변화에 대해 양가적인 경향이 있음)

이러한 지침을 따를 때 CBT는 내담자와 치료사 모두에게 가장 만족스러울 것이다. 숙련된 CBT 치료사는 중독 내담자를 치료할 때 실수와 재발이 불가피하다는 점을 받아들이고, 목표 달성에 어려움을 겪는 내담자와 함께 인내심을 갖고 목표를 설정하고 재설정하기를 반복한다. 그리고 내담자들이 목표를 달성하지 못했을 때, 실패를 통해서도 많은 것을 배울 수 있다는 믿음을 심어 줄 수 있다.

제 9 장

심리교육

심리교육은 직접적으로 혹은 모델링을 통해 지식이나 기술을 전달하는 것을 수반한다. 중독 문제를 지닌 내담자는 어떤 인지 및 행동 패턴이 중독행동을 지속시키는지 과도하게 학습한 상태이므로, CBT는 내담자가 어떤 대안적인 인지 및 행동 패턴이 중독행동을 극복할 수 있는지 배우도록 돕는 것을 최우선 목표로 삼는다. 치료사가 다룰 수 있는 심리교육 주제는 방대하다. 이번 장에서는 몇 가지 주요 주제(즉, 무엇을 다룰지)에 대해 설명한 다음 심리교육 과정(즉, 어떻게 다룰지)에 대해 논의한다.

심리교육에서 다룰 수 있는 다양한 주제

심리교육에서 다룰 수 있는 주제에는, ① 중독의 과학, ② 회복의 과학, ③ 중독의 CBT모델, ④ CBT 과정이 있다.

중독의 과학

CBT를 진행하는 동안 내담자들이 다음과 같은 질문을 하는 경우가 많다.

"중독이란 정확히 무엇인가요?"
"내가 중독되었는지 어떻게 알 수 있나요?"
"왜 저는 다른 사람들처럼 술을 마실 수 없나요?"
"마리화나는 중독성이 있나요?"
"사랑에도 중독될 수 있나요? 섹스는요? 초콜릿은요?"

어떤 내담자는 이와 같은 구체적인 질문을 하기도 하고 어떤 내담자는 중독의 본질에 대해 전반적인 관심을 보이기도 한다. 어쨌든 치료사는 내담자가 중독에 대한 오해를 드러낼 때마다 이런 문제를 해결할 수 있는 기회를 갖게 된다. 예를 들어, 내담자가 "마리화나는 자연 식물이기 때문에 저한테 그렇게 나쁘지 않을 것 같아요." 또는 "맥주나 와인만 마시는 한 음주 문제는 없을 것 같아요."라고 말할 수 있다. 이와 같은 내용을 내담자가 말할 때가 중독의 과학에 기반한 지식과 사실을 나눌 수 있는 기회가 된다.

『정신질환의 진단 및 통계 편람 제5판(DSM-5)』(American Psychiatric Association, 2013)은 심리교육에 관한 유용한 정보를 제공한다. 예를 들어, 많은 내담자들은 DSM-5 진단 기준이 도움이 된다고 생각한다. DSM-5는 다양한 중독을 분류하는 기준을 제공할 뿐만 아니라 중증도를 판단하는 기준을 제공하기 때문이다(예: 경증 중독의 경우 두세 가지 증상, 중등도 중독의 경우 네다섯 가지 증상, 중증 중독의 경우 여섯 가지 이상의 증상). 다음 대화는 치료사가 자신이 '알코올 중독자'인지 묻는 내담자(Jim)에게 심리교육을 제공하는 방법을 담고 있다. 이번이 Jim의 두 번째 CBT 회기이며, 치료사는 Jim이 '매일 저녁 서너 잔의 맥주를 마신다.'는 사실을 방금 알게 된 상황이다.

Jim: 제가 매일 맥주를 마신다고 했을 때 놀랐던 것 같아요.

치료사: 그때 내담자 분의 음주 패턴에 대해 더 알아봐야겠다는 생각이 들었죠.

Jim: 매일 술을 마시면 제가 알코올 중독자(alcoholic)가 되나요?

치료사: 꼭 그렇지는 않아요. 사실 알코올 중독자라는 용어는 더 이상 의료 전문가들이 음주 문제를 설명할 때 사용하지 않습니다.

Jim: 무슨 뜻이죠?

치료사: 음주 문제가 있는 사람은 이제 경증, 중등증 또는 중증일 수 있는 알코올 사용장애가 있는 것으로 이해됩니다.

Jim: 경증, 중등증, 중증은 어떤 차이가 있나요?

치료사: 중증도는 증상의 수에 따라 결정됩니다. 예를 들어, 두세 가지 증상이 있는 사람은 경증 알코올 사용장애일 수 있습니다. 중등증 알코올 사용장애가 있는 사람은 4~5개의 증상을 보일 수 있고, 중증 알코올 사용장애가 있는 사람은 6개 이상의 증상을 보일 수 있죠.

Jim: 그게 저와 어떤 관련이 있나요?

치료사: 그 질문에 답하려면 더 많은 정보가 필요합니다. 하루에 서너 잔의 맥주를 마신다고 말씀하셨잖아요. 음주가 Jim에게 어떤 영향을 미쳤는지는 아직 모르겠습니다. 예를 들어, 술을 줄이거나 끊으려고 시도했지만 실패한 적이 있나요?

Jim: 누구나 가끔 술을 줄이려고 하지 않나요?

치료사: 많은 사람들이 때때로 술을 줄이려고 노력합니다. Jim은 어떤가요?

Jim: 사실 저도 줄이려고 노력은 해 봤지만 항상 원래대로 돌아갔어요.

치료사: 원래대로 돌아갔다는건 어떤 뜻인가요?

Jim: 말했듯이, 하루에 서너 잔 맥주를 마시는 거요.

치료사: 그보다 더 많이 마시는 때가 있나요?

Jim: 네, 음주를 줄이려고 시도했던 때요.

치료사: 음주로 인해 문제가 생겨서 줄이려고 했나요?

Jim: 생각보다 많지는 않았어요. 숙취는 누구나 겪는 거잖아요, 그렇죠?

치료사: 심각한 숙취를 겪은 적이 있나요?

Jim: 네, 하지만 대부분의 경우 다음 날에는 항상 제 기능을 할 수 있었어요.

치료사: '대부분'의 경우에요?

Jim: 네. 사실, 침대에서 일어나지 못해서 며칠 이상 결근한 적도 있어요.

치료사: 숙취 때문에요?

Jim: 네.

치료사: 그럼 당신의 인간관계는 어떤가요? 다른 사람이 당신의 음주에 대해 불평했던 적이 있나요?

Jim: 제 아내는 제가 전날 밤에 무엇을 했는지 기억이 나지 않을 때 저에게 화를 냈어요.

치료사: 기억 상실(blackout)을 경험했던 적이 있나요?

Jim: 아니요, 정신을 완전히 잃었던 적은 없어요.

치료사: 사실, 기억 상실은 술을 마신 상태에서 한 일을 기억하지 못하는 것을 말합니다.

Jim: 오, 그게 기억 상실이었던 것은 몰랐네요. 기억 상실을 몇 번 겪었던 것 같아요.

치료사: 최근에 가장 길게 금주했던 기간은 언제였나요?

Jim: 살을 빼고 싶어서 몇 주 정도 금주를 했어요. 실제로 체중 감량에 도움이 되었어요. 그리고 다시 술을 마시기 시작했을 때는 정말 조금만 마셔도 취기가 올랐어요.

치료사: 술을 끊었을 때 신체적으로 불편한걸 느꼈나요?

Jim: 아니요, 사실 금주했을 때 더 편안함을 느꼈어요. 하지만 술 마시는 게 그리웠고 다시 술을 마셨을 때는 행복했어요.

치료사: 술 마시는 게 그리웠다고 하셨는데 그건 무슨 뜻인가요?

Jim: 술 한잔하고 싶다는 기분이 들었어요.

치료사: 갈망 같은 건가요?

Jim: 네.

치료사: Jim, 저에게 알코올 중독자인지 물으셨어요. 다시 말씀드리지만, 저는 알코올 사용장애라는 용어를 사용하고 싶습니다. 음주와 관련된 다섯 가지 이상의 증상에 근거하여 중등도 알코올 사용장애가 있는 것 같습니다.

Jim: 다섯 가지 증상은 무엇인가요?

치료사: 매일 술을 마신다고 하셨는데, 이는 대부분의 사람들이 술을 마시는 횟수보다 더

많습니다. 때때로 자신이 마셔야 한다고 생각하는 것보다 더 많이 마시고, 술을 줄이기가 어렵고, 술을 줄이면 술을 마시기를 갈망하죠. 아내가 음주에 대해 걱정하고, 필름이 끊긴 적도 있고 숙취로 인해 결근한 적도 있습니다.

Jim: 제가 알코올 장애가 있다는 말씀이신가요?

치료사: 제가 당신에게 알코올 중독자라고 생각하냐고 물었고 저는 중증도 알코올 사용장애가 있을 수도 있다고 설명했습니다. 그게 무슨 뜻인지 이야기해 볼까요?

이 대화에서 Jim의 치료사는 여러 가지 방법으로 심리교육을 제공했다. 첫째, 알코올 중독이라는 용어가 알코올 사용장애라는 용어로 대체되었다고 설명했다. 둘째, (DSM-5를 통해) 알코올 사용장애를 진단하고 그 심각성을 판단하는 표준 절차가 있다고 설명했다. 셋째, 기억 상실이라는 용어를 정의했다. 넷째, 알코올 사용장애의 구체적인 증상을 나열하고 Jim이 이러한 증상을 보이는 것을 확인했다. 마지막으로 Jim이 중증도 알코올 사용장애가 있다는 인상을 전달했다. 이 모든 과정은 지식 전달을 목표로 했기 때문에 Jim은 자신의 음주 패턴이 얼마나 문제가 되는지 더 잘 이해할 수 있었다.

다행히도, 수년간 수백만 달러의 투자가 중독에 대한 과학적 연구를 위해 이루어졌다. 엄청난 개수의 논문, 공공 웹사이트를 포함한 많은 문헌이 대중에게 열려 있다. 다음 웹사이트는 모두 중독 본질에 대한 답을 찾는 치료사와 내담자 모두가 신뢰할 수 있는 자료들이다.

- National Institute on Drug Abuse(NIDA): www.drugabuse.gov
- National Institute on Alcohol Abuse and Alcoholism(NIAAA): www.niaaa.nih.gov
- Substance Abuse and Mental Health Services Administration(SAMHSA): www.samhsa.gov
- Office of the Surgeon General: www.hhs.gov/surgeongeneral/reports-andpublications/addiction-and-substance-misuse/index.html

- Addiction Technology Transfer Center(ATTC) Network: www.attcnetwork.org

이 웹사이트들은 중독의 과학과 관련된 많은 질문들을 다루고 있다. 예를 들어, 각 웹사이트는 중독을 정의하고 향정신성 약물의 문제적 사용에 대한 설명을 제공한다. NIDA 웹사이트는 마리화나, 불법 약물, 담배 사용, 전자담배 등에 관한 질문을 직접적으로 다루고 있으며, NIAAA 웹사이트는 음주의 영향에 대한 광범위한 정보와 안전한 음주에 대한 가이드라인을 제공한다.

중독과 관련된 사실적인 정보 외에도 중독에 대한 과학적 연구를 바탕으로 중독성 행동의 발달과 유지에 관한 다양한 이론이 있다. 예를 들어, 널리 알려진 이론 중 하나로 Brain disease model이 있다(Volkow & Koob, 2015). 또 다른 이론으로는 Cognitive social learning theory가 있다(Niaura, 2000). 또 다른 이론은 제1장과 제2장에서 설명한 Syndrome model of addiction이다(Shaffer, 2012). 대개의 경우에 내담자는 치료사에게 중독을 의학적 질환으로 보는지, 아니면 질병으로 보는지 묻는다. 이 질문에 대한 답변으로 치료사는 중독행동이 신경화학적 및 심리사회적 뿌리를 모두 가지고 있음을 인정해야 하며, 유전의 잠재적 역할에 주의를 기울여야 한다. 특히 치료사는 내담자에게 중독과 관련된 가족력이 있는지 물어본 다음, 중독 가족력이 확인되면 모든 종류의 중독에 걸릴 위험이 더 커진다는 점을 설명해야 한다. 치료사는 중독행동은 학습되며 인지행동치료는 중독의 기저를 이루는 사고, 신념, 그리고 행동 패턴의 변화를 목표로 한다는 점을 강조할 수 있다. 인지행동치료모델에 대해 가르치는 접근 방법은 이번 장 후반부에 다루었다.

회복의 과학

중독에 대한 수많은 이론이 있듯이 회복에 대한 다양한 접근 방법이 존재한다. 다음은 내담자들이 인지행동치료를 진행하는 동안 흔히 물어보는 질문이다.

"회복에 가장 좋은 방법은 무엇인가요?"

"중독을 치료하기 위해 복용할 수 있는 약이 있나요?"

"익명의 알코올 중독자 모임(AA)에 가야 하나요?"

"여전히 여가로써 일반적인 사용자가 될 수 있나요?"

"입원 치료가 필요한가요?"

이러한 질문에 대한 답변은 특정 중독행동, 심각성, 공존 이환 장애, 경제적 자원, 사회적 지원, 사회적 환경, 개인적 가치관, 변화 준비도 등 개인차에 따라 달라진다. 어떤 사람들에게는 단주/단약에 기반한 치료 접근법이 가장 효과적일 수 있으며, 다른 사람들에게는 더 위험한 약물(예: 길거리에서 판매되는 헤로인)을 덜 위험한 약물(예: 의사가 처방한 메타돈 또는 부프레노르핀)로 대체하는 것이 가장 효과적일 수 있다. 그리고 또 다른 사람들에게는 중독행동의 양과 빈도를 줄이는 것이 가장 큰 효과를 볼 수 있다. 다음은 이전 대화에서 이어지는 Jim과 치료사의 대화이다.

Jim: 이제 알코올 사용장애가 생겼는데, 무엇을 어떻게 해야 하나요?

치료사: 여러 변수에 따라 달라지는데, 우선, 완전히 금주하고 싶으신가요?

Jim: 그럴 필요가 없다면 굳이 금주하고 싶진 않아요. 지금까지는 제가 꼭 그래야 한다고 설득하지 않으셨잖아요.

치료사: 어떤 특정한 선택을 하도록 설득할 생각은 없습니다. 저는 다양한 방법을 의논하고자 할 뿐입니다. 안전하게 술을 마시고 싶으시다면 안전한 음주의 한도에 대해 설명해 드릴 수 있습니다.

Jim: 안전한 음주 한도는 어떻게 되나요?

치료사: 우선, 음료의 양을 측정하는 표준방법을 아는 것이 중요한데요. 맥주를 마신다면 일반 맥주의 표준 양은 12온스(약 350ml)입니다. 와인을 마신다면 표준 와인 한 잔은 5온스(약 150ml)입니다. 보드카나 위스키와 같은 독주를 마시는 경우, 표준 음주량은 1.5온스(약 45ml)에 믹서를 더한 양입니다. 그리고 일반적으로 남성은 일주일에 일곱 잔을 넘게 마시지 않아야 하고, 2시간 동안 다섯 잔을 넘지 않아야 합니다.

Jim: 이걸 다 어떻게 기억하나요?

치료사: 여기 알코올 치료 내비게이터라는 유용한 웹사이트 주소를 적어 드릴게요. [종이에 www.alcoholtreatment.niaaa.nih.gov라고 적고 Jim에게 건네준다]

Jim: 두 시간에 다섯 잔은 괜찮다고 하셨나요?

치료사: 아니요, 실제로 다섯 잔 이상은 폭음으로 간주되고 네 잔은 과음으로 간주됩니다. 다시 말하지만, 안전한 음주는 남성의 경우 일주일 기준으로 표준 음주량 일곱 잔 미만, 여성은 표준 음주량 네 잔 미만입니다.

Jim: 그렇게 어렵지 않네요.

치료사: 매일 밤 맥주 네다섯 잔을 마시던 것에 비하면 큰 변화일 겁니다.

Jim: 네, 그런 것 같아요.

치료사: 안전한 음주 제한을 지키기가 너무 어렵다고 생각되면 치료 내비게이터 웹사이트에서 또 다른 방법들을 탐색해 볼 수 있습니다.

Jim: 거기에 더 쉬운 방법도 있나요?

치료사: 아니요. 사실, 내담자께서 원하는 대로 과음을 안전한 음주로 대체하는 것이 완전히 금주하는 것보다 더 어려울 수도 있어요. 그렇기에 여러 가지 방법을 알아두는 것이 좋죠.

Jim: 그런 것 같아요.

치료사: 몇 가지 과제를 해 오는 것이 도움이 될 것 같은데 한번 고려해 보시겠어요? ① 방금 논의한 안전한 음주 제한을 준수하고, ② 치료 내비게이터 웹사이트를 30분 이상 읽고, ③ 읽은 내용을 바탕으로 최소 두 가지 질문을 다음 시간까지 가져오기. 이 과제에 대해 어떻게 생각하시나요?

Jim: 한번 해 보도록 할게요. 아직 알코올 사용장애가 도대체 뭔지 이해하려고 노력하는 중이에요.

치료사: 과제를 내주는 목적도 이해를 돕기 위해서입니다.

Jim: 한 번 해 볼게요.

치료 과정에서 흔히 나오는 다른 질문은 내담자가 회복 과정의 일환으로 자조 모임을 고려해야 하는지에 관한 것이다. 상호 지원 그룹으로는 익명의 알코올 중독자 모임(AA, www.aa.org), 익명의 마약 중독자 모임(NA, www.na.org) 및 기타 12단계 치료와 SMART Recovery 프로그램이(www.smartrecovery.org) 있다. 내담자에 따라 금주 기반 접근법과 폐해 감소 접근법의 효과가 다른 것처럼, 어떤 내담자에게는 AA가 도움이 되고 어떤 내담자에게는 SMART Recovery 프로그램이 도움이 된다. 두 접근법 모두 장단점이 있으며, 일부 현명한 내담자들은 두 프로그램 모두에 참여하여 도움을 얻기도 한다. 자조 모임이 전 세계적으로 널리 퍼져 있고 그만큼 흔한 접근 방법이기 때문에 자조 모임에 대한 궁금증과 오해가 있는 경우가 많다. 다음은 Jim과 치료사의 다음 회기의 대화 내용이다.

Jim: 제가 AA에 가야 할까요? AA가 뭔지도 잘 모르겠어요. 알코올 중독자들을 위한 모임이라는 것만 알아요.

치료사: 많은 사람들이 AA와 또 다른 자조 그룹에 참여함으로써 많은 도움을 받고 있습니다.

Jim: 상호 지원 그룹은 뭔가요?

치료사: 중독행동과 같은 문제에 대해 서로 돕기 위한 모임입니다. AA 외에 또 다른 자조 그룹으로는 SMART Recovery 프로그램이 있죠. 둘 다 도움이 될 수 있지만 어떤 사람은 한 모임을 더 선호하기도 합니다.

Jim: 두 모임을 한번 확인해 보라는 말씀처럼 들리네요.

치료사: 두 가지 모두 확인해 보시라고 권해 드리고 싶네요. 온라인에서 먼저 읽어 보신 다음, 각 모임에 몇 번 참여해 보는 것은 어떨까요?

Jim: 그 모임들에 대해 좀 알려 주시겠어요?

치료사: 물론이죠. AA는 알코올에 대한 무력감을 인정하기, 자신보다 더 큰 힘을 믿기, 자신의 삶을 신에게 맡기기, 철저하고 두려움 없는 도덕적 검토를 수행하기, 그리고 타인에게 잘못을 바로잡기 등 12단계에 중점을 둡니다. SMART Recovery 프로그램은 변화의 동기를 구축하고 유지하는 것, 사용 충동에 대처하는 것, 생각, 감정, 행동을 조절하는 것, 균형 잡힌 삶을 사는 것에 중점을 둡니다. AA는 영적인 문제에 더 중점을

두는 것으로 알려져 있지만, SMART Recovery 프로그램은 중독과 회복의 과학적 접근에 더 중점을 둡니다. SMART Recovery 프로그램은 인지행동치료와 기술 훈련을 기반으로 하는 반면, AA는 영적인 문제와 대인관계에 더 중점을 둡니다.

Jim: 둘 중 어느 것이 필요한지 모르겠어요.

치료사: 최소한 두 가지 모두에 대해 자세히 알아보는 것을 권해 드립니다. 과제로 인터넷에서 확인해 보시고, 다음 회기 전까지 각각의 모임에 참석하는 것도 고려해 보시겠어요?

치료사는 회복을 위한 다양한 방법들을 숙지하고 있어야 한다. 한 가지 접근법이 다른 접근법보다 반드시 더 나은 것은 아니라는 점도 명시해야 한다. 또한 어떤 접근 방법이 특정 내담자에게 가장 적합한지 예측하기 어렵기 때문에 내담자에게 다양한 선택지를 제공함으로써 내담자가 자신의 필요에 가장 적합한 방법을 선택할 수 있도록 도울 수 있어야 한다. 실제로 많은 내담자들은 여러 시도 끝에 자신의 필요에 잘 맞는 방법을 찾기도 한다. 뿐만 아니라 중독 문제를 지니고 있는 내담자들은 여러 가지 방법을 동시에 이용하기도 한다(예: 외래 치료와 AA, 또는 AA와 SMART Recovery 프로그램). 앞서 언급했듯이 심리교육의 일환으로 다룰 수 있는 주제는 매우 방대하다. 지금까지는 논의된 주제는 일부에 불과하다. 대부분의 심리교육 주제에 대한 정보와 그에 관한 질의 응답은 문헌자료와 인터넷(예: 앞에 나열된 웹사이트)에서 찾아볼 수 있다. 치료사가 가장 신뢰할 수 있는 자료를 찾아서 내담자와 이야기해 보는 것을 권장한다. 경우에 따라서는 회기 전체를 특정 주제 영역에 대해 논의하는 데 할애할 수도 있다. 다음 이어지는 두 섹션은 CBT모델과 내담자가 CBT로부터 얻을 수 있는 것에 대해 어떤 교육이 제공될 수 있는지에 초점을 맞추고 있다.

중독의 CBT모델

제2장에서 중독의 CBT모델이 소개되었다. 내담자에게 CBT모델은 'ABC모델'이라고 종종 일컬어지며, A는 선행사건 또는 활성화 사건, B는 신념 또는 사고, C는 행동

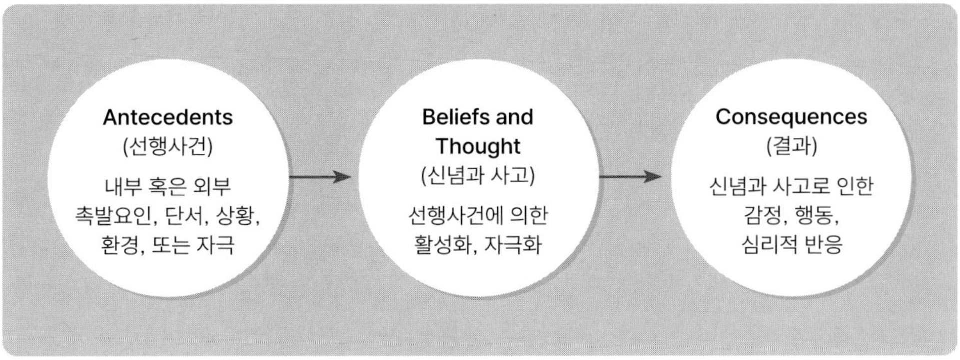

그림 9-1 ABC모델

및 정서적 결과라고 설명된다([그림 9-1] 참조, 원래는 [그림 2-2]로 제시됨). 대부분의 내담자가 이 모델이 도움이 된다고 여긴다. 따라서 치료사는 초기에 이 모델을 내담자에게 안내하고 내담자가 어떤 선택을 내릴 때 이 모델을 지속적으로 적용해 보도록 권고한다. ABC모델은 중독행동이 어떻게 유지되고 잠재적으로 변화되는지 설명하는 데 사용되므로 모든 심리교육 주제 중 가장 중요한 주제이다. 내담자들은 이 모델을 통해 자신의 신념과 사고 그리고 이런 신념과 사고가 낳은 행동 및 정서적 결과 사이의 연관성을 파악하게 되고 이를 유용하게 여긴다. 이 모델에서는 중독 문제를 지닌 사람들이 갖고 있는 중독행동에 대한 수많은 독특한 신념과 사고(예: "나는 지금 당장 술/담배/도박을 하고 싶다.")에 대해 설명한다. 또한 내부 및 외부의 촉발요인이 이러한 사고를 활성화할 수 있으며, 촉발요인을 파악하고 이를 피하거나 효과적으로 대처하는 것이 중요하다는 점이 강조된다.

촉발요인, 신념(또는 사고), 결과 사이의 관계를 설명하기 위해 개념도 사용이 권장된다(Liese & Esterline, 2015). 개념도는 이러한 관계를 설명하는 순서도이다([그림 9-1] 참조). 대부분의 인지행동치료사들은 이 모델이 머릿속에 자리잡았기 때문에 개념도를 사용하는 것이 필수적이지는 않다. 그러나 특히 CBT를 처음 접하는 사람들에게는 인쇄된 개념도를 사용하는 것이 유용하다. 다음 대화는 치료사가 Jim에게 중독행동의 ABC모델에 대해 설명하는 장면이다.

치료사: Jim, 음주에 대해 몇 가지 좋은 질문을 하셨어요. 술을 마시는 이유에 대해 이야기해주실 수 있나요?

Jim: 그 이유는 이미 알고 있죠. 저는 술을 좋아해요.

치료사: 그렇죠 그건 사실이지만, 술 마시는 보다 근원적인 이유에 대해 한번 살펴보는 것은 어떨까요?

Jim: 도움이 된다고 생각하시면 그렇게 하죠.

치료사: 좋아요. 이 빈 종이부터 시작하겠습니다. 보시다시피, 세 개의 원과 그 사이에 화살표 두 개를 그리고 각각의 원에 A, B, C를 적어 두었습니다(〖그림 9-2〗 참조). C라고 표시된 마지막 원부터 살펴보면, C는 결과라는 단어의 약자로, 정서적 · 행동적 또는 생리적 결과일 수 있습니다. 내담자 분의 상황에 비춰봤을 때, 행동적 결과로 술집에 가서 술을 마시는 걸 가정해 봅시다. 이제 원 A와 B를 살펴봅시다. 술을 마시기 직전에 어떤 생각을 했는지 기억하시나요?

Jim: 네, 물론이죠. 제 생각은 '술 한잔 하고 싶다.'입니다. 이게 그렇게 중요한가요?

치료사: 음, 사실, 음주를 완전히 제어하고 싶다면 그게 중요할 수도 있어요.

Jim: 이해가 안 되는데요.

치료사: '술을 마시고 싶어.'라는 생각이 술을 마시게 하는 거죠. 만약 당신이 근본적으로 다른 생각을 했다면 아마 술을 마시고 싶지 않았을 거예요.

Jim: '근본적으로 다르다.'는 것이 무슨 뜻인가요?

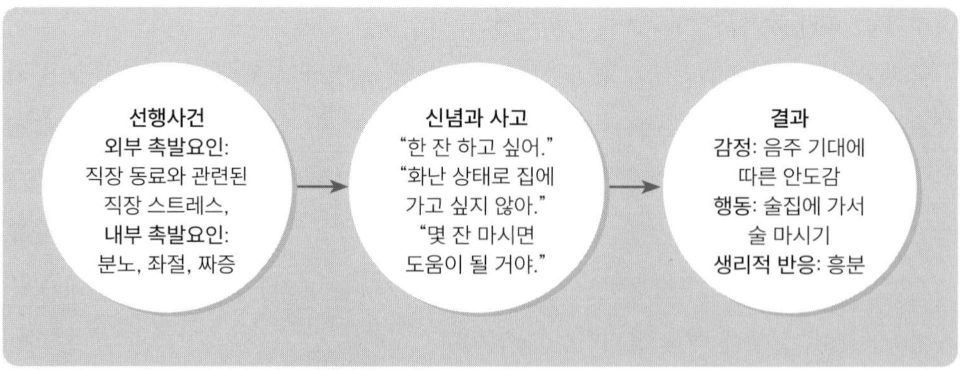

그림 9-2 Jim에게 적용한 ABC 모델

치료사: 음주와 관련되지 않은 다른 생각이 음주 이외의 행동으로 이어질 수 있다는 뜻입니다.

Jim: 설명이 필요한데요.

치료사: 좋아요, 하지만 먼저 몇 가지 질문을 좀 더 해 보죠. 하루 중 언제 처음 술을 마시나요?

Jim: 요일에 따라 달라요.

치료사: 평일은요?

Jim: (잠시 멈춘 후) 아내에게는 이런 말을 한 적이 없지만, 스트레스가 많은 날에는 일찍 퇴근해서 동네 술집에 들러서 집에 가기 전에 몇 잔 마셔요.

치료사: 솔직하게 말씀해 주셔서 감사합니다. 그 부분에 대해 더 물어봐도 될까요?

Jim: 원하신다면요.

치료사: 좋아요. 직장에서 스트레스를 많이 받은 날을 말하셨습니다. 직장에서 어떤 스트레스를 받나요?

Jim: 자기 일을 제대로 하지 않는 동료가 있어서 나머지 사람들이 그 동료의 책임을 떠맡고 있어요. 모두를 정말 열 받게 하죠.

치료사: 그러니까, 당신에게 스트레스를 유발하는 요인은 직장에서의 압박감도 있지만 분노도 있군요.

Jim: 제가 화가 났다고 했나요?

치료사: "정말 모두를 열 받게 하죠."라고 하셨죠.

Jim: 술집에 가기 전에는 화가 나지만 몇 잔 마시고 나면 더 이상 화가 나지 않아요.

치료사: 아마 '나는 화가 난 채로 집에 가고 싶지 않아.'라는 생각을 하셨던 것 같아요.

Jim: 당연하죠.

치료사: 그리고 그 전에 "몇 잔 마시고 나면 화가 나지 않아."라고 말씀하셨으니, "몇 잔 마시면 도움이 될 거야."라고 생각하시는군요.

Jim: 그냥 생각하는 게 아니라 알고 있어요.

치료사: 제가 방금 나눈 이야기들을 여기에 그려 볼게요. [**[그림 9-2]**의 개념도를 그리고 각 원에 무엇을 쓸지 결정하는 방법을 설명한다]

Jim: 이렇게 그림으로 보니까 더 잘 이해가 되네요.

치료사: 좋아요. 다음 단계는 스트레스, 분노, 좌절감, 짜증에 대처하는 다른 방법을 생각해 볼 수 있는데요.

Jim: 어떤 식으로요?

치료사: 한번 이야기해 봅시다. 음주 외에 스트레스를 줄이는 데 도움이 된 다른 방법은 무엇인가요?

이 대화는 CBT모델에 대한 심리교육의 한 예시이다. 이 밖에도 CBT 심리교육의 정신으로 가르칠 수 있는 수많은 개념들이 존재한다. 예를 들어, 내담자에게 특정 자동적 사고(예: '나는 사람들이 멍청할 때가 싫다.')가 특정 감정(예: 짜증, 분노)을 유발하고, 이는 중독행동의 촉발요인으로 작용할 수 있음을 가르칠 수도 있다. 또한 인지왜곡(예: 흑백 논리, 지나친 일반화, 반드시 해야 한다는 생각, 라벨 붙이기 등)이 불안, 우울, 분노, 긴장, 불안, 지루함 또는 중독 관련 자동적 사고를 유발할 수 있는 감정으로 이어질 수 있다는 사실을 내담자에게 교육할 수도 있다. 또한 중독행동을 유발하는 조건부 신념과 가정(예: '술을 마시면 불안하지 않을 것이다.' '술을 마셔야만 감정을 다스릴 수 있다.'와 같은)에 대해 알아 두는 것이 내담자에게 도움이 될 수도 있다.

내담자의 갈망 경험에 CBT모델 적용하기

치료사가 갈망 시나리오 도식을 이용해서 내담자에게 촉발요인, 사고, 갈망 사이의 관계에 대한 교육을 제공하는 것도 하나의 방법이다. 갈망 시나리오에서는 갈망에 대한 내담자의 인지적 · 행동적 · 정서적 경험을 ABC모델에 비추어 본다. 심리치료를 통해 Jim은 결국 술을 끊기로 결심한다. 하지만 아홉 번째 회기에서 Jim은 치료사에게 "지난 주에 죽을 고비를 넘겼어요."라고 이야기한다. 이에 대해 치료사는 Jim이 겪었던 재발 위험 상황에 대해 논의하고, 재발 위험을 높이는 사건과 사고의 순서를 갈망 시나리오를 통해 살펴본다(**[그림 9-3]** 참조).

치료사: 안녕하세요 Jim, 오늘 이야기할 내용을 정해 보죠. 어떤 것을 주로 이야기하고 싶

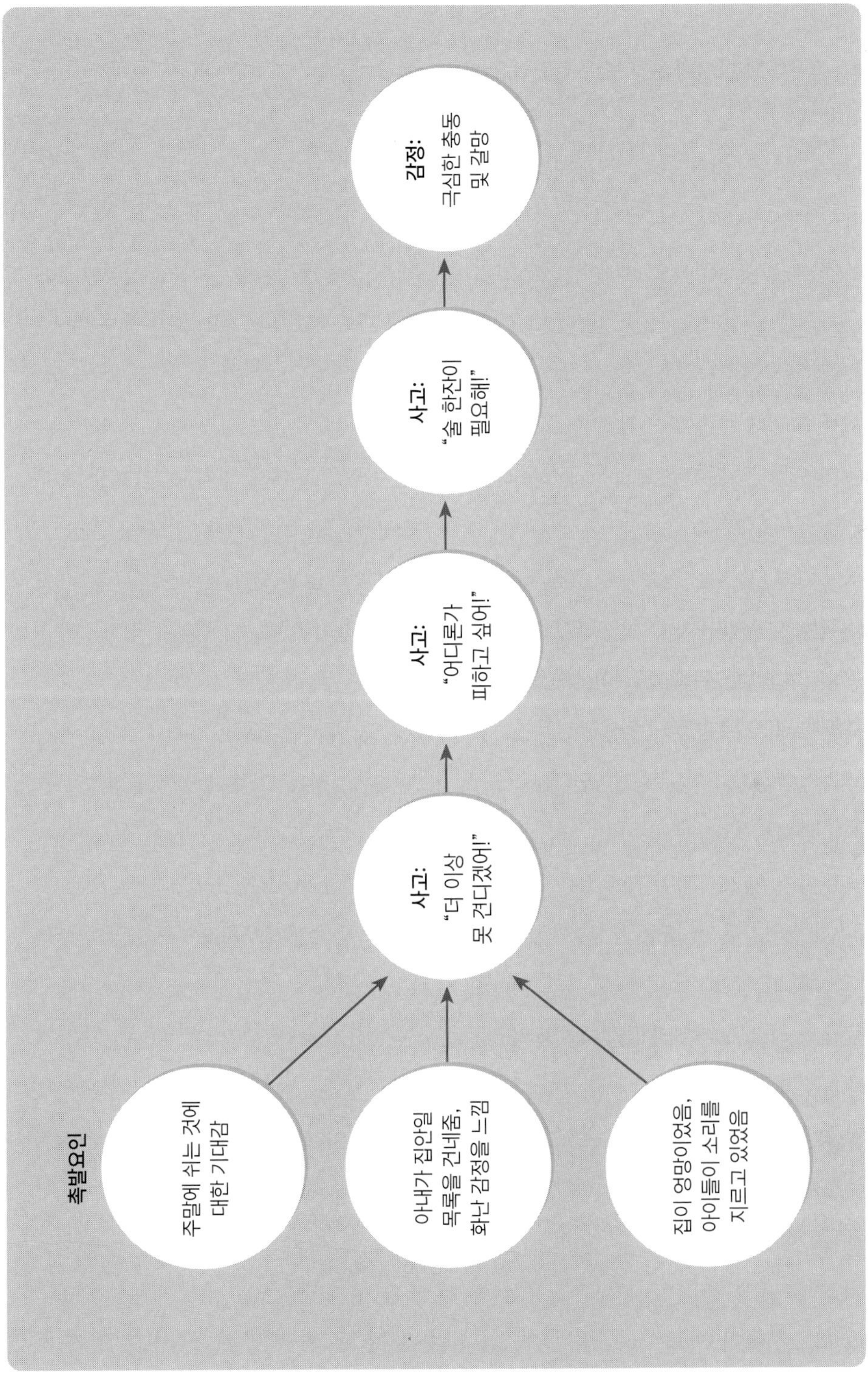

그림 9-3 Jim의 갈망 시나리오

으신가요?

Jim: 지난주에 아슬아슬한 일이 있었어요.

치료사: '아슬아슬'하다는 게 무슨 뜻인가요?

Jim: 술집으로 거의 들어갈 뻔했어요.

치료사: 더 말해 주시겠어요?

Jim: 금요일 오후였어요. 저는 직장에서 막 퇴근해서 집에 돌아왔고 좀 쉬고 싶었습니다. 힘든 한 주였기 때문에 일정에 아무것도 없어서 안도하고 있었어요. 드디어 여유로운 시간을 가질 수 있구나 하고 말이죠.

치료사: 그런데 무슨 일이 있었나요?

Jim: 아내를 집 앞에서 만났는데 포옹과 키스 대신 집안일 목록을 넘겨주더라고요. 화가 치밀어 올랐어요.

치료사: 그 다음에는 무슨 일이 있었나요?

Jim: 집에 들어갔는데, 그 안도 엉망진창이었어요. 아이들이 정말 시끄럽게 소리지르며 돌아다니고 있었어요. 도저히 참을 수가 없었어요!

치료사: 그리고 무슨 일이 있었나요?

Jim: 저는 즉시 '여기서 나가야만 해.'라고 생각했어요. 그리고 그 후 강렬한 갈망을 느끼기 시작했어요.

치료사: 갈망이 시작되기 전에 다른 생각이 있었는지 기억하시나요?

Jim: 사실 갈망은 센 술을 상상할 때 시작되었어요. 술 생각만 나더군요. '술이 필요해!'라고 생각했어요.

치료사: 그리고 그때부터 갈망이 시작되었군요.

Jim: 네, 강렬하게요.

치료사: (**[그림 9-3]**에서 그의 개념도를 가리키며) 이 그림이 그날 겪었던 강렬한 갈망으로 이어지게 만든 일들을 정확하게 반영하고 있나요?

Jim: 네, 정확합니다.

다음으로 Jim의 치료사는 이 개념도를 사용하여 Jim의 촉발요인, 사고, 감정 사이의 관계(즉, ABC모델)를 검토했다. 그리고 Jim이 술집에 가서 술을 마시지 않기로 결정했기 때문에, 술집에 가지 않게 도와주는 생각에 대해 논의했다. Jim의 치료사는 Jim이 경험한 것과 같은 아슬한 상황을 통해 많은 것을 배울 수 있다고 강조했다. 특히 이번 경우에는, 치료사가 적시에 적절한 심리교육을 제공했다는 점에서 의미가 컸다.

CBT모델을 사용하여 중독행동의 발달 설명하기

심리교육의 일환으로, 내담자들이 중독 행동의 기원을 이해하도록 도울 수 있다. 예를 들면, 어린 시절의 경험(즉, 한참 전의 선행사건)이 그 이후의 사고, 감정, 행동, 중독행동에 영향을 미치는 경향이 있다고 설명할 수 있다. 앞서 언급했듯이, 치료사들은 정기적으로 내담자에게 중독 가족력이 있는지 묻는다. 또한 중독으로 어려움을 겪는 많은 사람들이 알코올, 담배, 오피오이드, 암페타민, 도박, 온라인 게임 등에 중독될 수 있는 유전적 소인을 가지고 있음을 설명한다. 뿐만 아니라 중독에 빠지는 과정은 복잡하며 유전적 · 심리사회적 · 환경적 요인을 포함한 여러 요인이 복합적으로 작용한다는 점을 명확히 한다. 우리는 이러한 발달 과정을 개별 내담자에 맞춰 설명하기 위해 개념도를 활용할 수 있다([그림 9-4] 참조).

이 모델의 일반적인 버전은 제2장에서 설명한 바 있지만([그림 2-5] 참조), [그림 9-4]의 개념도는 Jim과 치료사 간의 대화를 기반으로 한다. 이 대화에서 Jim은 자신의 알코올 사용장애가 어떻게 발달하게 되었는지 더 잘 이해하고자 한다.

Jim: 술을 마시지 않기 위해 모든 노력을 기울이고 있지만, 여전히 '왜 나지?'라고 자문하곤 합니다. '왜 나한테만 이런 문제가 생기는 걸까? 왜 나는 다른 사람들처럼 술을 마실 수 없는 걸까?'라는 생각이 들더라고요.

치료사: 원하신다면 알코올 문제가 어떻게 발생했는지에 대한 제 생각을 이야기해 드릴 수 있습니다.

Jim: 네, 이야기해 주세요.

(치료사가 자신의 생각을 공유하면서 [그림 9-4]의 개념도를 그린다)

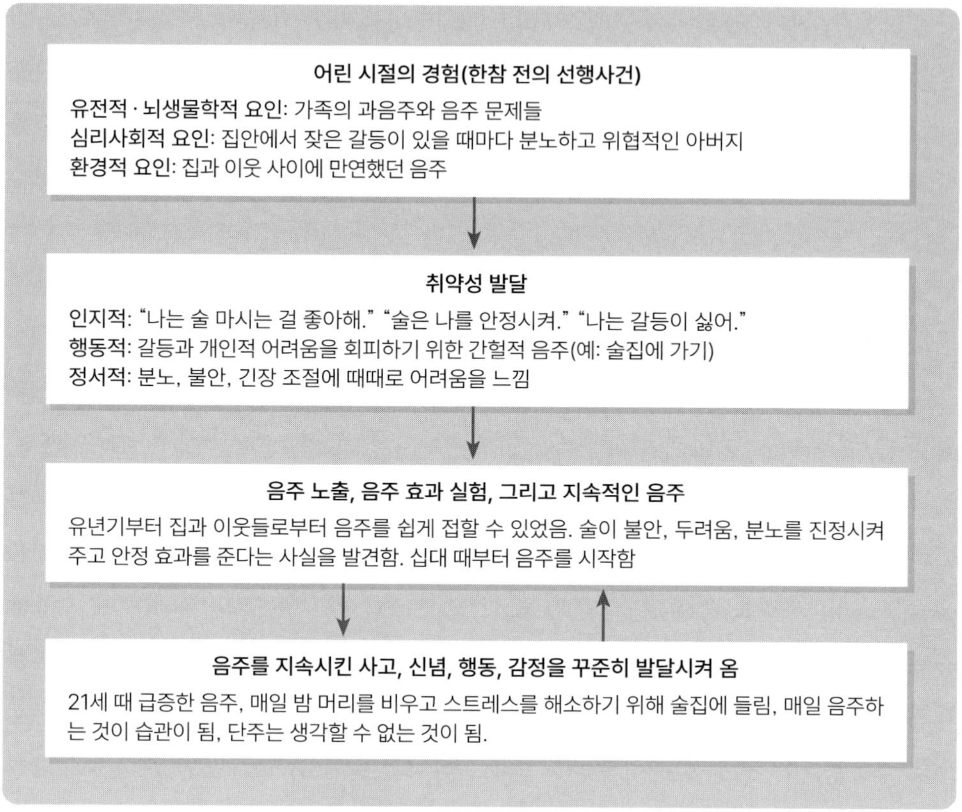

그림 9-4 Jim의 음주 문제 발달 과정

치료사: 지난 회기에서 가족들이 술을 많이 마시고 알코올 문제가 있는 사람들이 당신 주변에 늘 있었다고 말씀하셨죠. 집에는 항상 술이 있었고 주변 사람들은 언제든지 술을 같이 마시려고 했습니다. 지금까지 제가 한 말이 사실인가요?

Jim: 네.

치료사: 아버지가 가정에서 잦은 갈등을 겪을 때 화를 내고 위협적이었다고 말씀하셨어요. 아버지와 같이 화를 잘 내는 사람은 되고 싶지 않다고 말씀하셨죠.

Jim: 네, 그렇죠.

치료사: 비록 아버지처럼 되지 않을 것이라고 생각하셨지만 알코올 문제에 대한 유전적 소인은 아버지로부터 물려받았을 수도 있습니다. 어렸을 때 주말에만 술을 마셨을 때는 음주가 믿을 만한 보상으로 여겨졌지만, 그것은 더 심한 음주로 확대되기 전의 일이었

습니다. 어느 순간부터 기분 전환을 위한 음주에서 자가 치료를 위한 음주로 바뀌었죠. 술을 더 많이 마실수록 음주가 스트레스를 해소하는 최고의 방법, 혹은 유일한 방법이라고 믿게 되었고, 결국에는 술 없는 삶은 상상할 수 없게 되었습니다.

Jim: 저도 그 말에 동의합니다. 다 말이 되네요.

[그림 9-4]의 개념도를 통해 진행된 이 대화는 Jim이 자신의 알코올 문제가 아주 어렸을 적부터 시작해 수십 년에 걸쳐 발달한 여러 가지 요인의 영향을 받았을 가능성이 높다는 사실을 처음으로 이해한 순간이었다. Jim과 치료사가 주고받은 대화는 훌륭한 심리교육의 예시이다. 이 사례에서 치료사는 Jim의 과거와 현재의 행동을 연결해 설명해 주었고, 이런 순간은 많은 내담자에게 큰 깨달음을 준다.

내담자의 사고, 신념, 감정 파악 지원하기

많은 내담자들이 처음에는 자신의 사고, 신념, 감정을 파악하는 데 어려움을 느낀다. 내담자들은 "아무 생각이 없어요." 또는 "아무 생각도 안 했어요."와 같이 말할 수 있다. 이 문제를 해결하기 위해 치료사는 내담자가 회기 내에서 감정 변화를 경험할 때까지 기다린 다음 "지금 무슨 생각이 드세요?"라고 질문할 수도 있다. 타이밍을 잘 맞추어 물어본다면 내담자는 지금 무슨 생각이 드는지 알아차릴 가능성이 높다. 내담자에게 "아무런 생각이 떠오르지 않는다면 어떤 기분을 느끼는지 설명해 주시겠어요?"라고 질문할 수도 있다. 이에 대해 내담자는 "여기 있고 싶지 않은 기분이 드네요."와 같이 실제로는 자신의 생각을 이야기할 수 있다. 치료사는 이러한 반응을 감정으로 받아들일 수도 있지만, 나중에 내담자에게 사고(예: "오늘 여기 있기 싫어요.")와 감정(예: 불안, 분노, 슬픔, 수치심, 죄책감, 좌절감 등)을 구분하도록 안내한다.

일부 내담자는 경험 부족으로 인해 특정 감정에 이름을 붙이는 데 미숙하다. 이들은 "기분이 엉망이에요." 또는 "기분이 끔찍해요."와 같은 표현만으로 자신의 감정을 묘사한다. 내담자들이 감정을 명확히 표현하도록 돕는 한 가지 방법은 가능한 한 간단한 단어를 사용해 자신의 감정을 표현하도록 격려하는 것이다. 그러한 단어들의 예로는 화남, 슬픔, 짜증남, 분노, 좌절감, 상처받음, 수치심, 실망, 걱정 등이 있다.

또한 내담자가 "화가 났어요."라고 말하면 치료사는 "몸의 어느 부위에서 이런 화가 나는 느낌이 드나요?"라고 물어볼 수도 있다. 그러면 내담자는 복부 압박감, 가슴 답답함, 목 뻣뻣함 등과 같은 생리적 지표를 이야기할 수도 있다. 내담자에게 이런 불편한 신체감각이 느껴진다면 스스로에게 "지금 내 머릿속에서 무슨 일이 일어나고 있지?"와 같은 중요한 질문을 해 그 순간의 생각을 알아차리도록 교육할 수도 있다. 반복적인 연습을 통해 내담자는 자신의 사고와 신념을 알아차리고 수정하는 방법을 이해하게 되고, 이를 통해 감정과 행동을 더 잘 조절할 수 있게 된다.

CBT 과정

이 책 전반에 걸쳐 설명했듯이 인지행동치료는 사람들이 문제를 해결하고 자기 조절 기술을 개발하도록 돕는 적극적이고, 구조적이며, 협력적이고, 목표 지향적인 접근 방식이다. 내담자들은 치료사의 CBT가 어떻게 이루어졌는지에 대한 효과적인 설명을 가치 있게 여긴다. 따라서 우리는 내담자에게 CBT 과정을 안내하는 것의 가치를 믿는다. 이 안내는 내담자가 과거 경험, 친구, 가족, 인터넷, 심지어 소셜 미디어를 통해 CBT에 대해 이미 얼마나 알고 있는지 파악하는 것부터 시작된다. 어떤 내담자들은 CBT에 대해 이미 많이 알고 있고, 또 다른 내담자들은 CBT에 대해 아는 바가 거의 없기도 하다. 예를 들어, 어떤 내담자들은 이미 CBT 치료를 통해 도움을 받아본 경험이 있고, 어떤 내담자들은 CBT에 대해 들어본 적도 없고 어떤 유형의 심리치료도 받아 본 적이 없다. 다음은 내담자가 CBT 과정에 대해 이미 얼마나 알고 있는지 파악할 수 있는 질문 목록이다.

"과거에 중독 문제를 위해 어떤 도움이나 치료를 받은 적이 있나요?"

"과거에 다른 정신건강 문제로 어떤 도움이나 치료를 받은 적이 있나요?"

"과거에 받은 치료 중 어떤 것이 도움이 되었거나 도움이 되지 않았다고 생각하시나요?"

"인지행동치료(CBT라고도 함)에 대해 얼마나 잘 알고 계시나요?"

"인지행동치료에 대해 무엇을 알고 있나요?"

"인지행동치료에 대해 어떤 질문이나 우려 사항이 있나요?"

"상담실 밖에서 기술들을 연습하는 것에 대해 어떻게 생각하시나요? 그리고 제가 이 연습을 과제라고 부르는 것에 대해 어떻게 생각하시나요?"

"지금까지 인지행동치료에 관해 논의한 내용을 비추어 봤을 때, 내담자 분의 치료 목표가 어떻게 될까요?"

"지금까지 논의한 내용을 바탕으로 CBT에 대한 꺼림직한 것이 있다면 어떤 것이 있나요?"

"치료를 시작하기에 앞서, 협력 정신에 대한 질문이 있으신가요?"

이러한 질문의 답변에 따라 인지행동치료사는 CBT 과정을 설명함으로써 내담자에게 치료의 방향성을 제시한다. 대부분의 경우, 과거 경험을 통해 CBT에 대해 알고 있는 내담자는 CBT 과정에 대한 심리교육이 거의 필요하지 않을 수 있지만, CBT에 대해 거의 모르는 내담자는 CBT 과정에 대한 자세한 정보가 도움이 될 수 있다. 또한 과거에 CBT를 받은 적이 있다고 이야기했지만, 내담자가 받은 치료의 내용이 CBT와 일치하지 않는 경우도 있다. 예를 들어, "전에 CBT를 받은 적이 있는데, 사고 기록지 작성이 치료의 전부였어요." 또는 "전에 CBT를 받았는데 지루한 강의를 듣는 수업시간으로 돌아간 것 같았어요."와 같은 말을 하는 내담자들이 존재할 수 있다.

이쯤 되면 CBT를 제공하는 치료사가 사용할 수 있는 주제와 기법이 매우 다양하다는 것을 분명히 알 수 있다. 예를 들어, 치료사는 인지 왜곡, 중독행동의 장단점, 개별 사례개념화, 갈망 시나리오, 감정 조절 등에 초점을 맞출 수 있다. 하지만 인지행동치료사마다 성격이 다르기 때문에 CBT를 제공하는 방식도 상이하다. 따라서 내담자가 CBT를 정확하게 이해하고 있는 경우와 그렇지 않은 경우를 파악하는 것이 중요한데, 이에 따라 CBT 과정을 설명하는 데 사용될 수 있는 예시들을 작성해 보았다. 다음 예시들이 모든 내담자에게 효과적인 것은 아니므로 각 내담자의 특성에 맞춰 활용해야 한다.

"인지행동치료 또는 CBT는 구조화되고 집중적인 치료 접근 방식입니다."

"모든 회기는 내담자 분의 우려 사항에 초점이 맞춰지기 때문에, 각 회기마다 다루어야 할 우려 사항을 의제 항목의 형태로 책임감 있게 준비해 오시기를 부탁드릴 겁니다."

"'어떤 것을 다루고 싶습니까?' 또는 '어떤 것을 의제로 삼고 싶습니까?'라는 질문으로 매 회기를 시작할 겁니다."

"우리의 치료 방식은 협력적이고 목표 지향적입니다. 우리는 한 팀이 되어 내담자 분께서 해결하고자 하는 문제를 다룰 겁니다."

"도움이 된다고 여겨지는 범위 내에서 중독행동에 특히 초점을 맞출 것입니다."

"때로는 중독행동에 영향을 미치거나 그로 인해 발생하는 문제에 대해서도 이야기할 수 있습니다."

"치료 회기가 문제에 집중될 수 있도록 대화 방향을 바꿔야 할 수도 있습니다. 이를 무례하게 받아들이지 않으셨으면 좋겠습니다."

"비슷한 문제를 가졌던 사람들에게 도움이 되었던 기술과 기법을 배우는 것에 주로 초점을 맞추겠지만, 때로는 내담자 분의 생각, 감정, 행동을 배우는 것에 대해 초점을 맞추는 때도 있을 겁니다."

"회기 중에 종종 내담자께 피드백을 요청해 우리가 올바른 방향으로 가고 있는지, 목표를 달성하고 있는지 확인할 것입니다."

"제 목표는 내담자 분께서 회기를 끝마치고 떠날 때 유용한 지식과 기술을 배우는 유익한 시간이었다고 생각할 수 있도록 하는 것입니다."

지금까지 네 가지 범주의 심리교육 주제, ① 중독의 과학, ② 회복의 과학, ③ 중독의 CBT모델, ④ CBT 과정을 소개했다. 다시 말하지만, 이 주제는 CBT에서 가르칠 수 있는 **내용**에 관한 것이며 심리교육 **과정**과 **어떻게** 심리교육이 진행되어야 하는지에 대해서는 다음 섹션에서 중점적으로 설명한다.

심리교육의 과정

치료사는 일반적으로 내담자가 건강하고 효과적이며 만족스러운 삶을 살기 위해 **무엇**을 알고 **무엇**을 해야 하는지에 초점을 맞춘다. 하지만 안타깝게도 많은 치료사들이 CBT, 특히 심리교육 제공의 근간이 되는 과정에 대해서는 관심을 기울이지 않는다. 이 마지막 섹션에서는 효과적인 심리교육의 근간이 되는 **과정**에 초점을 맞춘다. 특히 치료사의 스타일, 경청 기술, 타이밍의 중요성에 대해 논의한다. 또한 심리교육 과정과 관련된 내담자의 변화 준비도, 인지적 유연성, 심리적 마음가짐에도 중점을 둘 것이다.

심리교육 과정에 영향을 미치는 치료사 요인

어떤 치료사는 내담자와 자신의 생각을 공유할 때 대부분 직접적이거나 권위적인 태도를 취하는 반면, 어떤 치료사는 간접적이거나 조심성 있는 태도를 취한다. 어떤 치료사는 치료 중에 자주 유머를 사용하지만 어떤 치료사는 더 진지한 스타일을 추구한다. 어떤 치료사는 더 교훈적인 반면 어떤 치료사는 더 대화적인 치료를 한다. 어떤 치료사 스타일이 다른 치료사 스타일보다 낫다고 할 수 없으며, 모든 내담자에게 완벽한 스타일도 존재하지 않는다. 따라서 치료사는 특히 심리교육 과정과 관련하여 자신의 스타일을 파악하고 있는 것이 중요하다. 직접적이거나 권위적인 치료사는 일부 내담자에게는 직장 상사처럼 보이거나 위압적으로 보이는 반면, 같은 치료사라도 다른 내담자에게는 지식이 풍부하거나 통찰력이 있는 것처럼 보일 수 있기 때문이다. 조심성 있는 치료사는 일부 내담자에게는 무심하거나 무관심해 보이는 반면, 다른 내담자에게는 사려 깊거나 통찰력이 있는 것처럼 보인다.

효과적인 심리교육과 CBT를 제공하기 위한 핵심은 치료사가 내담자와 자신의 스타일을 인식하고 다양한 스타일을 지닌 집단과 내담자의 요구에 맞출 수 있는 능력을 갖추는 것이다. Jim이 치료를 받기 시작했을 때, 그는 자기 자신과 중독에 대해 가능한 한 많이 배우고 싶어 했다. 치료사가 어떤 개념을 소개하거나 설명할 때면 Jim은 항상 가능한 한 많은 것을 배우고자 하는 열의를 보였다. 따라서 Jim의 치료사는 Jim에게 정기적으로 정보와 치료의 방향성을 제공하는 것을 편안하게 느꼈다. 반면, Jim의 치료사에게는 새로운 정보나 조언에는 관심이 없어 보이지만 대신 문제와 해결책에 대해 스스로 결론을 내리는 것을 더 중요시하는 내담자도 있었다.

요컨대, 인지행동치료사마다 고유한 스타일이 있으며, 중독에 대한 도움을 구하는 내담자들의 개인적 스타일과 치료사 스타일에 대한 선호도도 매우 다양하다. 따라서 치료사가 갖추어야 할 중요한 기술은 개별 내담자의 필요에 따라 스타일을 맞출 수 있는 능력이며, 내담자에게 걸맞은 스타일이 다양하게 존재한다는 점을 이해하는 것이다.

치료사의 경청 기술

경청 기술의 중요성은 아무리 강조해도 지나치지 않다. 심리교육 과정을 되돌아볼 때 경청의 중요성을 강조하는 것은 특히 중요하다. 간단히 말하자면, 심리교육은 치료사가 내담자의 말을 경청하고 치료 정보를 언제, 어떻게, 무엇을 전달해야 하는지 알고 있을 때에만 효과적이다. 치료사가 내담자의 말을 잘 경청하면 내담자가 무엇을 원하고, 필요로 하고, 배울 준비가 되어 있는지 알 수 있고, 최적의 심리교육 방법과 시기를 정할 수도 있다. 또한 사람들은 다른 사람이 자신의 말에 귀를 기울이고 있는지 아닌지를 판단하는 선천적인 능력이 있기 때문에 치료사가 자신의 이야기를 경청하지 않는다고 느끼면 내담자를 교육하려는 치료사의 노력은 수포로 돌아갈 가능성이 높다.

효과적인 경청을 위해 치료사는 내담자의 언어적 및 비언어적 신호에 주의를 기울여야 한다. 치료사가 가르치려는 내용에 내담자가 무관심한 경우 나타나는 초기 경고 신호는 미묘해 알아차리기 어려울 수 있다. 그 예로는 눈 맞춤의 변화, 안절부절 못함, 한숨 또는 여러 가지 다른 신호가 있을 수 있다. 어떤 주제에 대한 심리교육을 제공하기로 결정할 때는 이러한 신호에 주의를 기울여야 한다. 예를 들어, 치료사가 "ABC모델에 대해 배우고 싶으신가요?"라고 물었을 때 미지근한 반응(예: "음…… 그런 것 같아요.")을 보인다면 내담자의 열의가 충분하지 않다는 뜻이다. 이러한 상황에서는 치료사가 선호하는 다른 주제가 있는지 물어보는 것이 더 현명하다.

내담자가 특정 주제에 대한 정보나 심리교육을 통해 도움을 받을 수도 있지만, 다른 문제를 해결하거나 최소한 그 문제에 대한 논의를 거치고 나서야만 도움을 받을 수 있는 경우도 있다. 예를 들면, Jim은 한 회기에서 아버지에게 느껴지는 강한 감정에 대해 이야기했다. 치료사는 Jim의 생각과 감정을 시각화하기 위해 개념도를 소개하려고 했지만 Jim은 흥미를 보이지 않았다. Jim이 관심이 없다는 것을 알아차린 치료사는 소개를 잠시 멈추고 "Jim, 아버지에 대해 강한 감정을 느끼고 있군요."라고 말했고, Jim은 눈물을 흘리며 "아버지는 저에게 전혀 관심이 없는 것 같았어요."라고 외쳤다. Jim의 치료사는 Jim이 계속 이야기하도록 격려했고, Jim은 "그런 말을 입 밖으로 내뱉은 적이 없어요. 제 말을 들어주셔서 감사합니다."라고 말했다. 그리고 얼마 지나지 않아 Jim은 개념도를 그리는 것을 호의적으로 받아들였다.

심리교육은 새로운 정보를 전달하는 경우가 많기 때문에 심리교육을 제공한 후 내담자로부터 피드백을 이끌어 내는 것이 중요하다. 경청을 잘하는 치료사는 내담자에게 언제 어떻게 피드백을 요청해야 하는지 알 수 있다. 간략하게 이야기하자면, 치료사는 내담자에게 새로운 개념이나 기술을 설명한 후 다음과 같은 간단한 질문을 해야 한다.

"우리가 논의한 아이디어 혹은 기술에 대해 어떻게 생각하세요?"
"이 아이디어 혹은 기술이 내담자 분에게 어떻게 도움이 될 수 있을까요?"
"어떤 상황에서 이 아이디어 혹은 기술을 사용하실 건가요?"
"이 아이디어 혹은 기술을 어떻게 연습할 건가요?"

이러한 질문에 대한 답변은 치료사에게 앞으로 회기를 어떻게 구성해야 하는지에 대한 귀중한 지침을 제공한다. 즉, 이러한 질문을 통해 치료사는 심리교육이 내담자에게 도움이 되었는지, 그렇다면 앞으로 어떻게 나아갈 수 있을지 알 수 있다.

치료사의 타이밍

심리교육이 효과적이려면 적절한 타이밍을 잘 맞춰야 한다. 건강 악화, 신체적 고통, 불안정한 관계, 재정 문제, 어려운 생활 상황 등으로 어려움을 겪고 있는 내담자는 안정된 환경에 있는 내담자보다 중독행동에 대해 논의하는 데 관심이 적다. 이런 내담자와 관련해서는 중독행동이 종종 정서적 고통을 줄이기 위해 사용된다는 점을 기억하는 것이 중요하다. 이런 내담자들은 근본적인 삶의 문제에서 비롯되는 정서적 고통을 줄이거나 이로부터 시선을 돌리기 위한 중독행동을 포기할 준비가 되기 전에 근본적인 삶의 문제를 먼저 해결해야 하는 경우가 많다.

비교적 최근, 중독 치료에 관한 슈퍼비전 회기를 진행하는 동안 타이밍과 관련된 문제를 발견한 적이 있다. 녹화된 영상에서는 치료사가 내담자의 이익-손해 분석을 돕고 있었는데, 슈퍼바이저는 영상을 멈추고 치료사에게 아내가 최근 다른 남자를 만나 자신을 떠났다고 말한 내담자의 이전 발언에 대해 질문했다. 치료사는 "네, 내담자는 그 일로 정말 화가 났어요."라고 대답했다. 슈퍼바이저는 중독행동에 대한 이익-손해 분석 활동이 내담자에게 크게 와닿지 않은 것 같다고 지적했고 치료사도 동의했다. 이를 통해 슈퍼바이저는 치료사에게 CBT 기법이 적시에 제공될 때 가장 효과적이라는 점을 상기시킬 수 있었고, 치료사는 내담자가 관계 문제로 인한 어려움을 먼저 해결하도록 도왔다면 심리교육이 더 성공적일 수 있었을 것이라는 점을 즉시 이해했다.

심리교육 과정에 영향을 미치는 내담자 요인

앞의 여러 장에서 논의한 바와 같이, 치료 과정 전반에 걸쳐 내담자의 동기 또는 변화 준비 상태에 주의를 기울이는 것이 중요하다(Norcross et al., 2011; Prochaska et al., 1992; Prochaska & Norcross, 2001). 치료사는 내담자가 변화를 고려하고 있는지, 변화를 준비하고 있는지, 이제 막 변화를 시작했는지, 아니면 변화를 유지하고 있는지 파악해야 한다. 변화를 고려하지 않는 내담자에게 재발 방지에 관한 심리교육은 거의 쓸모가 없으며, 이 교육은 변화를 시작한 내담자에게 더 적합하다. 또한 수년간 금주를 유지해 온 내담자에게는 이익-손해 분석이 별로 큰 도움이 되지 않을 것이다.

내담자를 돕는 데 지나치게 열정적인 치료사는 변화에 도움이 되는 정보를 받을 준비가 되어 있지 않은 내담자에게 심리교육을 제공할 위험이 있다는 것은 잘 알려져 있는 사실이다. 충동 서핑 및 자극 조절과 관련된 기법은 적극적으로 변화를 시도

하는 사람들에게는 의미가 있지만, 변화의 전숙고단계에 있는 내담자의 관심은 끌지 못할 가능성이 높다.

내담자의 인지적 유연성

어떤 내담자는 인지 및 행동 패턴이 더 유연한 반면, 어떤 내담자는 더 경직된 패턴을 보인다. Diamond(2014)에 따르면 인지적 유연성은 "변화된 요구나 우선순위에 적응하고, 갑작스럽고 예상치 못한 기회를 활용하고, 갑작스럽고 예상치 못한 문제를 극복하거나, 새로운 정보를 얻었을 때 자신이 틀렸다고 인정할 수 있는 능력"(p. 8)을 일컫는다. 반대로 인지적 및 행동적 경직성은 '개인이 변화하지 않으려는 경향'과 관련이 있다(Schultz & Searleman, 2002, p. 166). 심리교육은 내담자가 인지적으로나 행동적으로 유연할 때 성공할 가능성이 가장 높다. 따라서 내담자에게 새로운 사고와 행동 방식을 소개할 때 이러한 역학 관계에 주의를 기울이는 것이 중요하다.

인지적 및 행동적 경직성과 관련된 과정 중 하나로 과학습이 있다. 과학습은 개인이 특정 생각과 행동을 최대화 지점을 넘어 반복하여, 그것들이 완전히 습득되고 자동화될 때 발생한다(Driskell, Willis, & Copper, 1992). 과학습은 행동을 '과안정화'시킨다고 알려져 있다(Shibata et al., 2017). 과학습된 생각이나 행동은 바꾸기 어렵다(시스템 1 사고에 관한 제10장 참조). 치료사는 경직성과 과학습을 구별하고 이러한 과정을 내담자에게 설명할 수 있어야 한다. 우리는 대부분의 정신건강 문제가 과학습된 인지 및 행동 패턴 또는 습관과 관련이 있음을 목격해 왔다. 예를 들어, 우울증을 지닌 내담자는 자신의 부적절함과 사랑받을 수 없다는 신념을 과학습하는 경향이 있으며, 불안증을 지닌 내담자는 자신의 취약성(해로움, 실패, 질병, 고통 등)에 대한 신념을 과학습하는 경향이 있다. 우울한 사람과 불안한 사람 모두 과학습된 신념을 타당화할 것 같은 상황과 환경을 자동적으로 회피하는 경향이 있으며, 회피 자체가 과학습될 때까지 이를 반복하는 경향이 있다. 같은 맥락에서 중독 문제를 지닌 사람들은 중독행동에 대한 신념, 특히 이러한 행동이 부정적인 상태를 감소시키고 긍정적인 상태를 증가시킨다는 신념을 과학습하는 경향이 있다.

CBT 심리교육의 주요 목표는 기존에 과학습된 중독 신념과 행동보다 새로운 신념과 행동의 습득이 더 현저해지도록 촉진하는 데에 있다. 예를 들어, Jim은 스트레스를 관리하기 위해 알코올 섭취와 관련된 신념과 행동을 과학습했다. 그는 직장에서 스트레스를 받은 후 술집에 가는 것을 의식하지 못할 정도로 자주 술을 마셨고, 술집을 나와 주차장에서 차에 타고 나서야 집으로 돌아가 저녁 먹을 시간이 되었다는 것을 알아차릴 수 있었다. 치료를 통해 Jim은 스트레스에 대한 대안적인 신념과 행동을 배우고 연습할 수 있었으며, 이를 통해 적응적인 과학습을 이뤄 낼 수 있었다. Jim은 인지적 · 행동적으로 유연했기 때문에 과학습된 습관을 바꿀 수 있었다. 안타깝게도 많은 사람들은 Jim보다 유연한 인지적 · 행동적 패턴을 가지고 있지 못하다. 이런 사람들은 "술을 마시는 것이 스트레스를 줄이는 유일한 방법이에요. 다른 방법은 다 시도해 봤지만 효과가 없어요."라고 주장할 수도 있다.

과학습된 사고와 신념을 가진 내담자와 치료 과정을 수행할 때는 이러한 신념 중 일부가 상대적으로 경직되거나 유연하지 않다는 점을 이해하는 것이 중요하다. 심리교육이 내담자에게 확실히 도움이 되지 않는다면, 그 원인이 인지적 및 행동적 유연성 부족에 있는지 판단하는 것이 도움이 될 수 있다. 이 경우, 과도하게 학습된 중독 관련 사고와 행동 자체를 바꾸는 데 집중하기 전에 심리 전반적인 유연성 부족을 먼저 해결하는 것이 중요하다. 예를 들어, 치료사가 내담자에게 "제 설명과 권유가 도움이 되지 않는다고 느끼시는 것 같습니다. 일반적으로 새로운 아이디어나 행동을 받아들이는 것이 어려운지 논의해 봐야 할 것 같습니다."라고 말할 수 있다.

내담자의 심리적 마음가짐

대부분의 심리적 구성물은 추상적이다. 예를 들어, 사고, 감정, 행동 간의 관계는 추상적으로 구성되어 있다. 내담자들의 추상적 사고와 구체적 사고의 수준, 특히 심리적 마음가짐의 수준은 천차만별이다. 심리적 마음가짐이란 '자신의 심리적 상태와 과정에 관심을 갖고 성찰할 수 있는 능력'을 일컫는다(Nyklícek & Denollet, 2009, p. 32). 심리적인 개념을 파악하고 이런 능력을 기르는 것은 CBT에서 꽤나 유용하게 활용될 수 있지만, 이런 능력이 부족한 내담자와 함께 일할 때는 행동적 개입을 더 많이 추구하는 것이 현명한 방법이다. 이 장에서 설명한 내담자 Jim은 심리적으로나 인지적으로나 유연하다는 이점을 가지고 있었다. 그로 인해 그는 개념을 파악하고 자신의 중독행동과는 다른 대안적 행동을 고려할 수 있었다. 반대로, 심리적으로나 인지적으로나 유연하지 않은 내담자들도 존재한다. 실제로 이러한 경직성은 중독행동의 부정적 결과로 초래되기도 한다. 이러한 내담자들과 함께 일할 때는 처음에는 자극 조절과 행동활성화에 초점을 맞추는 것이 효과적이다. 특히 촉발요인을 피하고 약물 사용과 관련 없는 행동을 할 때 보상을 주는 방법을 권장한다(자세한 내용은 제7장 참조).

심리적 마음가짐에 관심이 없는 내담자는 심리교육에 대한 치료사의 모든 또는 대부분의 노력에 무관심한 것처럼 보일 수 있다. 이러한 경우 치료사에게는 '내담자의 눈높이에 맞춰 내담자를 만나고' 내담자와 관련이 있고 흥미로운 주제를 탐색하도록 권장된다. 이 과정을 통해서 치료사가 내담자의 관심사를 CBT 원리 및 실습과 연관시킬 수 있는 예상치 못한 기회를 발견할 가능성도 존재한다.

요 약

심리교육은 CBT의 중요한 구성 요소로, 심리 및 행동기능을 개선하기 위해 사실, 원칙, 행동 및 기술을 학습하도록 촉진하는 과정으로 정의 내릴 수 있다. 치료사는 CBT를 기반으로 심리교육을 제공할 때 적어도 두 가지 질문을 스스로에게 던져야 한다. 첫째, 회복을 촉진하기 위해 내담자에게 **무엇**을 가르쳐야 하는가? 둘째, 내담자가 심리교육을 통해 성장할 수 있도록 **어떻게** 가르쳐야 하는가? 치료사는 중독과 회복의 과학, 중독의 CBT모델, CBT의 과정에 대해 내담자에게 교육할 수 있다. 하지만 심리교육에서 가장 근본이 되는 것은 아마도 삶의 경험, 촉발요인, 사고, 신념, 감정, 중독행동 간의 연관성을 시기적절하고 협력적인 방식으로 전달하는 데 있을 것이다.

Cognitive-Behavioral Therapy of Addictive Disorders
중독장애의 인지행동치료

제10장

사고와 신념

Kristen은 31세의 싱글맘으로 처음에는 우울증을 치료하기 위해 찾아왔다. 8주간의 CBT를 진행한 후 우울감이 줄어들었고, 그녀는 이제 담배를 끊고 싶어한다. 지난 2주 동안 Kristen은 혼자서 담배를 끊으려고 노력했지만 금연이 매우 어렵다는 것을 알게 되었다. 최근 상담에서 그녀는 치료사에게 담배를 끊어야 하는 다섯 가지 이유를 설명했다. 돈을 절약하고, 더 건강해지고, 두 살배기 딸을 간접 흡연으로부터 보호하고, 딸에게 좋은 롤 모델이 되고 싶고, 담배에 불을 붙일 때마다 느끼는 '깊은 자기혐오감'을 그만 느끼고 싶다는 것이었다. 이 회기에서 그녀의 극심한 분노가 두드러진다.

치료사: Kristen, 오늘은 어떤 것에 대해 이야기하고 싶으신가요?

Kristen: 담배를 끊는 것이 왜 그렇게 어려운지 알고 싶어요.

치료사: 좋은 의제예요. 왜 담배를 끊을 수 없는지 더 잘 이해하고 싶으시군요.

Kristen: 네.

치료사: 오늘 의제에 추가하고 싶은 다른 내용은 없나요?

Kristen: 금연의 비결을 알고 싶어요. 수많은 사람들은 금연에 성공했지만 저는 도저히 끊을 수가 없어요. 뭔가 비결이 있을 거예요.

Kristen: 그것도 좋은 의제예요. 금연하는 방법을 배우고 싶으시군요. 이 두 가지 의제에 대해 도움을 드리고 싶네요.

Kristen: 좋아요. 혼자서는 잘 안 되더군요.

이 대화에서 Kristen은 중독행동과 관련된 두 가지 근본적인 질문인 '왜 멈출 수 없는지' 그리고 '어떻게 멈출 수 있는지'에 대해 물었다. 내담자의 이런 질문들은 치료사에게는 지원, 심리교육 및 자기 관리 기술을 제공할 수 있는 좋은 기회가 된다. 이러한 질문에는 보다 우선적으로 중독행동에서 사고와 신념의 본질적인 역할에 초점을 맞추어 답변하는 것이 좋다. 제2장에서 언급했듯이 사고는 단순하고 즉흥적인 아이디어와 이미지로서, 오랜 시간에 걸쳐 형성되어 지속적으로 작용하는 신념으로부터 비롯된다. 다음 섹션에서는 특정 사고와 신념이 중독행동과 어떻게 연관되는지 설명하고, 이후 장에서는 중독행동과 관련된 인지과정에 대해 논의한다.

중독행동과 관련된 사고와 신념

지난 수년 동안 약물 중독 및 행동 중독과 관련된 특정 사고와 신념이 두드러지게 존재한다는 사실을 알게 되었다. 예를 들어, 중독으로 어려움을 겪는 대부분의 사람들은 자신의 중독행동을 더 잘 통제할 수 있기를 바라고, 중독행동이 감정을 조절하는 데 중요한 역할을 한다고 생각한다. 또한 대부분은 중독행동을 지속하는 것에 대해 양가감정을 지니고, 중독행동을 줄이거나 중단하는 데 따르는 고통은 사실상 견디기 불가능한 것이라고 생각하는 경우가 많다. 그리고 대부분은 자신의 중독행동이 다른 사람들로부터 낙인찍힌다고 믿으며, 자신의 중독행동을 비밀로 하는 것이 최선이라고 생각한다.

다음은 Kristen과 치료사의 이어지는 대화의 내용이다. 이 대화를 통해 Kristen이 지니고 있는 중독과 관련된 두드러진 사고와 신념을 알 수 있다.

치료사: Kristen, 어딘가 침울해 보이네요.

Kristen: 절망스러워요. 우울하지 않으면 담배를 끊는 것이 훨씬 쉬울 거라고 생각했는데 전혀 그렇지가 않네요.

치료사: 본인에게 화가 나 보이네요.

Kristen: 그럴지도 모르죠. 저한테…… (잠시 멈추고 심호흡을 한다) 이런 기분이 들 때는 멈추고 '지금 무슨 생각을 하고 있는 걸까?'라고 스스로에게 물어봐야 한다고 알려 주셨죠.

치료사: 네, 맞아요, 그 다음에는요?

Kristen: 저 스스로에 대한 판단을 멈춰야 해요…….

치료사: 맞아요.

Kristen: …… 그리고 다시 당면한 문제로 돌아가야 해요.

치료사: 그렇죠. 그렇다면 문제가 무엇일까요?

Kristen: 젠장, 담배를 끊고 싶어요. (그녀는 똑바로 앉아서 결연한 표정을 짓는다)

치료사: 본인 스스로에 대해 판단하는 생각에서 문제 해결에 대한 생각으로 넘어갔을 때 기분이 그에 따라 달라지는 게 보이는군요. 당신이 치료를 시작하고 나서 생각과 감정을 조절하는 법을 얼마나 빨리 배웠는지 보면 참 인상적이었어요.

Kristen: 네, 저도 놀랐어요.

치료사: 지난 8주 동안의 치료 성과를 돌아볼 때, 흡연 습관을 이길 수 없다고 생각하는 특별한 이유가 있나요?

Kristen: 모르겠어요. 사실 몇 년 동안 금연을 시도했었는데 도저히 끊을 수가 없었어요.

치료사: 좋아요, 그렇다면 흡연에 대한 사고와 신념에 대해 이야기해 볼까요?

Kristen: 좀 전에 말씀드렸듯이 저는 담배가 역겹고 불쾌하다고 생각해요. 돈도 많이 들고, 제 건강에도 나쁘고, Lilly가 담배 연기를 맡는 것도 건강에 좋지 않다고 생각해요. Lilly에게 제가 담배 피우는 모습을 보여 주고 싶지 않아요. 저는 Lilly의 롤 모델이 되어야 하거든요. 담배에 불을 붙이는 제 자신이 너무 싫어요.

치료사: 그런 생각들이 담배를 끊고 싶게 만드는군요. 그렇다면 담배를 계속 피우게 하는 생각으로는 어떤 것들이 있을까요?

Kristen: 모르겠어요. 담배를 피우기 직전에 드는 생각 같은 걸 말하는 건가요?

치료사: 맞아요.

Kristen: 아직도 역겹고 불쾌하다고 생각하지만, 가끔은 긴장해소를 위해 담배를 피우기도 해요. 밤늦게까지 집안일을 해야 할 때처럼 정신을 차리는 데 도움이 될 때도 있어요. 담배를 끊으려고만 하면 담배에 대한 갈망을 참을 수가 없어요. 그럴 때 저는 '딱 오늘 마지막으로 피우고, 내일부터 끊자.'라고 생각해요. 게다가 그럴 때는 Lilly가 자고 있어서 제가 담배 피우는 모습을 볼 수 없거든요. 직장에서는 지루할 때 갑자기 담배가 피고 싶다는 생각이 들고, 금연 중이어서 담배가 없을 때는 '친구한테서 한 대 빌려야겠다.'고 생각해요.

치료사: 담배를 끊기 어렵게 만드는 흡연에 대한 사고와 신념이 많이 존재하는 것 같군요. 여기, 흡연과 금연에 대해 내담자 분이 지니고 있는 사고와 신념의 목록을 작성해 볼게요. (**《표 10-1》**의 목록을 Kristen에게 보여 준다(빈칸 버전은 제2장의 **《양식 2-1》** 참조))

Kristen: 와, 제가 방금 한 말에서 이 모든 걸 알 수 있었나요?

치료사: 네, 여기 있는 사고와 신념들을 잘 파악하는 것이 중요한데요. 금연이 왜 그렇게 어려운지, 비흡연자가 되기 위해 무엇이 필요한지 이해하는 데 필수적이기 때문이죠.

Kristen: 무슨 뜻인가요? 이 목록이 어떻게 도움이 된다는 건가요?

치료사: 내담자 분이 가지고 있는 사고와 신념을 종이에 써 내려감으로써 어떤 사고와 신념들을 지니고 있었는지 더 사실적으로 느껴지고 더 구체화됩니다. 실제로 어떤 사고와 신념을 지녔는지 볼 수 있도록 종이 위에 적어 봤어요. 특정 사고와 신념은 흡연으로 이끄는 반면, 또 다른 특정 사고와 신념은 흡연으로부터 멀어지게 한다는 것을 명심

표 10-1 Kristen의 흡연과 관련된 사고와 신념 vs 자기조절적 사고와 신념

중독과 관련된 사고와 신념	자기조절적 사고와 신념
"흡연은 긴장을 완화시켜 줘."	"흡연은 역겹고 더러워."
"흡연은 정신을 또렷하게 만들어 줘."	"담배는 비싸."
"갈망은 참을 수 없어."	"건강에 좋지 않아."
"딱 한 개비만."	"간접흡연은 Lilly에게 해로워."
"내일부터 금연하면 돼."	"Lilly가 내 흡연을 보게 되는 것을 원치 않아."
"Lilly는 내가 흡연하는 걸 볼 수 없어."	"Lilly에게 나는 좋은 롤 모델이 되어야 해."
"친구에게 한 개비 빌려서 피울 거야."	"담배에 불을 붙이는 내 자신이 싫어."

해야 해요.

Kristen: 그렇군요. (목록을 보며) 왼쪽 열에 있는 생각은 저를 잘못된 방향으로 이끌고, 오른쪽 열에 있는 생각은 저를 올바른 방향으로 이끄네요.

치료사: 맞아요.

Kristen: 그렇다면 왜 저는 왼쪽에 있는 생각을 오른쪽에 있는 생각으로 바꿀 수 없는 걸까요?

치료사: 곧 그 질문에 대한 답을 드리도록 하죠.

이 대화에서 Kristen의 치료사는 흡연과 금연에 관련된 생각이 함께 존재한다는 개념을 소개했다. 앞서 언급했듯이 이러한 사고와 신념 중 일부는 모든 중독에서 공통적으로 나타나기도 한다. 실제로 **《표 10-1》**의 흡연이라는 단어는 모든 중독행동으로 대체 가능하다. 예를 들면, '술을 마시면 신경이 안정된다.' '마리화나를 피우면 신경이 안정된다.' 또는 '폭식을 하면 신경이 안정된다.'와 같이 말이다.

일부 내담자는 그들의 사고와 신념을 다음과 같이 범주화함으로써 도움을 얻기도 한다.

- 기대적 사고 및 신념(예: '중독행동을 통해 원하는 결과를 얻을 수 있다.')
- 안도 지향적 사고 및 신념(예: '중독행동을 하면 불쾌한 감정이 사라질 것이다.')
- 허용적 사고 및 신념(예: '중독행동을 계속하는 데에는 타당한 이유가 있다.')
- 도구적 사고 및 신념(예: '중독행동을 하려면 딜러에게 전화를 해야 한다, 주류 판매점까지 가야 한다, 담배 한 갑을 사야 한다.')
- 변화와 관련된 사고 및 신념(예: '중독행동은 더 이상 내게 도움이 되지 않는다. 이제 뭔가 다른 것을 해야 할 때이다.')
- 통제 관련 사고 및 신념(예: '중독행동을 완전히 그만두기보다는 조절하고 싶다.')
- 금욕 관련 사고 및 신념(예: '나는 중독행동을 완전히 그만둘 계획이다.')

이들은 중독행동과 관련된 사고와 신념을 정리할 수 있는 여러 가지 범주 중 일부에 불과하다. 대부분의 내담자들은 이러한 범주가 도움이 된다고 생각하지만, 간혹 내담자들은 자신만의 범주를 선호하기도 한다. 예를 들어, 많은 내담자들이 허용적 신념이라는 용어를 "아, 변명과 합리화를 말하는 건가요?"라고 받아들이기도 한다. 어떤 사람들은 중독행동과 관련된 모든 사고와 신념에 대해 '악취 나는 생각'이라는 용어를 사용하는 것을 선호하기도 한다. Kristen은 자신의 사고와 신념을 되돌아보면서 범주에 맞춰 사고와 신념을 정리하는 것이 효과적일 거라고 생각했다. 실제로 그녀는 치료사가 설명하는 범주에 맞춰 자신의 생각을 쉽게 정리할 수 있었다.

치료사: Kristen, 이 범주에 대해 어떻게 생각하세요?

Kristen: 말이 되는 것 같아요. 왼쪽 열은 기대감, 안도감, 도구적인 생각으로 가득 차 있고 오른쪽 열은 변화와 관련된 생각으로 가득 차 있네요.

치료사: 그렇다면 이 목록들 중에서 어떤 사고나 신념이 기대와 관련된 범주에 속할까요?

Kristen: 담배를 피우면 신경이 안정된다. 담배를 피우면 주의력을 유지하는 데 도움이 될 것이다. 이렇게 첫 두 가지요.

치료사: 훌륭하군요. 안도 지향적이고, 허용적이며, 도구적인 생각으로는 어떤 게 있을까요?

Kristen: '갈망을 참을 수 없어.'는 담배를 피우면 안도감이 들기 때문에 안도 지향적인거 같고. '딱 한 개비만' '내일부터 끊으면 돼.' 'Lilly가 못보는 상황이야.'는 흡연을 허락하는 것과 관련 있기 때문에 허용적인 생각이네요. 그리고 '담배 한 개비만 빌려 피우지.'는 제가 담배를 피울 수 있는 방법과 관련되기 때문에 도구적 사고네요.

치료사: 아주 좋아요. 통제와 관련된 생각은 어떻습니까?

Kristen: 저 목록의 오른쪽에 있는 것들이 통제, 변화, 금욕과 관련되었네요.

치료사: 정말 잘하셨어요.

Kristen: 그런가요. 하지만 저는 여전히 어떻게 변화해야 할지 도저히 모르겠어요.

이 대화를 통해 Kristen의 치료사는 치료의 초점을 흡연과 관련된 생각 그 자체로부터 흡연과 관련된 사고 방식이 어떻게 이루어지는지로 돌려야 할 때가 되었다는 것을 알 수 있었다. 다음 섹션에서는 인지과정(즉, 중독 문제를 지닌 내담자의 사고 방식)에 초점을 맞추는 방법에 대해 설명한다.

중독행동과 관련된 인지과정

지난 수십 년 동안 견지해 온 인지과정에 대한 접근 방식은 2002년 노벨 경제학상을 수상한 Daniel Kahneman의 연구에 깊은 영향을 받았다. Kahneman과 그의 동료들(예: Kahneman, 1973; Kahneman, 2011; Kahneman & Frederick, 2002; Tversky & Kahneman, 1992)은 주의력, 의사 결정, 인지적 오류와 편향, 직관, (CBT와 가장 연관이 깊은) 시스템 1 및 시스템 2 사고를 포함해 복잡한 인지과정에 대해 연구했다(**《표 10-2》** 참조). 시스템 1 사고는 자동적이고, 자발적이며, 별 노력 없이, 직관적이고, 충동적으로 이루어진다. 시스템 1 사고는 일상을 모든 행동과 결정들을 숙고해 계산할 필요 없이 살아가는 데 도움을 준다. 시스템 1 사고는 우리가 아침에 양치질을 하고 옷을 입고, 낮에는 일을 하고, 밤에 잠자리에 드는 데 별다른 생각 없이 이 모든 것을 수행하도록 해 준다. 또한 시스템 1 사고는 수프를 먹을 때 포크 대신 숟가락을 사용한다거나 차가 지나갈 때까지 기다렸다가 길을 건너는 것과 같이 간단한 의사결정을 내리는 데 관여한다.

대부분의 시스템 1 사고는 과학습의 결과이다. 우리가 어떤 행동이나 일련의 행동에 더 많이 참여할수록 그 행동은 더욱 자동적으로 이루어진다. 이는 필요한 동작을 반복 학습함으로써 운전을 배우는 것과 같다. 처음 운전을 배울 때는 키를 시동 장치에 올바르게 꽂고, 시동을 걸고, 변속기를 맞추고, 다가오는 차량을 확인하고, 갓길

표 10-2 시스템 1 사고와 시스템 2 사고의 특징

시스템 1 사고	시스템 2 사고
빠른	느린
자동적인	수단적인
즉발적인	의도적인
본능적인	노력을 수반하는
직관적인	신중한
반응적인	의식적인
충동적인	주의 깊은

에서 차를 빼내고, 방향 지시등을 켜고, 우회전할 때 갓길을 침범하지 않는 등 세세한 행동에 주의를 기울여야 하지만 시간이 지나면 이런 행동들은 자동화되기 마련이다. 실제로 이러한 일련의 행동들이 자동화된 후에는 운전을 하면서 어떤 세부 동작들이 필요하고 수행되는지 인식하기란 불가능에 가깝다. 요약하자면 우리의 일상 활동 대부분은 시스템 1 사고의 지배를 받는다.

이와 대조적으로 시스템 2 사고는 느리고, 의도적이며, 고의적이고, 의식적으로 이루어진다. 시스템 2 사고는 우리의 온전한 주의 집중과 상당한 정신적 노력을 필요로 한다. 하루에 빗대어 보면 시스템 2 사고는 시스템 1 사고보다 훨씬 덜 사용된다. 실제로 시스템 1 사고를 사용해 큰 어려움을 겪지 않는 한 시스템 2 사고는 활성화되지 않는다. 시스템 2 사고는 평소에 운전하는 차와 다른 차를 빌려서 운전할 때 혹은 완전히 낯선 장소를 운전할 때 필요한 법이다. 시스템 2 사고는 신중하고 세심한 주의를 통해 작동되기 때문에 복잡한 주제에 대해 처음 공부하거나, 새로운 기술을 배우거나, 오래된 습관을 바꾸거나, 중독행동을 고치려고 할 때 시스템 2 사고가 관여되는 것이다. 시스템 1 사고는 적응력이 높고 외부의 소란스러움에도(예: 멀티태스킹) 견뎌 작동될 수 있는 반면, 시스템 2 사고는 이런 상황에서 쉽게 중단된다. 이런 이유에서 도서관은 전통적으로 조용한 장소여야 하는 것이고, 어떤 사람들은 공부할 때 헤드폰이나 귀마개를 착용해야 하는 것이다. 또한 시스템 1 사고와 2 사고의 차이점은 왜 이렇게 중독행동으로부터 변화되기 어려운지를 설명한다. 왜냐하면 완전 자동화가 되어 있는 중독행동을 변화시키기 위해서는 의식적이고 끊임없는 노력이 필요하기 때문이다.

Kahneman(2003)의 또 다른 연구 분야로는 선택과 의사 결정 오류로서, 이는 그의 이론들이 중독행동에 대한 설명을 제공해 줄 수 있는 이유이기도 하다. 반복적인 중독행동을 선택함으로써 중독과 관련된 생각들은 이성적이고 신중한 사고에 의한 것이 되기보다는 직관적이고 일차적인 것이 된다. 이에 따라 건강에 해로운 선택을 최선의 선택이라고 잘못 판단 내리게 된다. 예를 들어, 스트레스를 해소하기 위해 담배를 피우거나 과도한 양의 술을 마시는 사람들은 담배나 술을 마시는 것이 자신에게 가장 이로울 것 같다는 직관적 사고에 따라 행동을 반복하게 된다. 이러한 의사 결정

오류로 인해 장기적으로는 중독행동이 생명의 위협을 초래할 수도 있게 된다. 내담자들은 종종 무의식적이거나 비자발적으로 나도 모르게 중독행동을 해왔다고 설명하며 그 예로는 '흡연이나 음주에 대해 생각조차 하지 않았는데 갑자기 술과 담배를 손에 쥔 자신을 발견했다.'와 같은 것이 있다. Kahneman(2003; 2011)도 의사 결정 오류의 원인을 친숙함과 좋아함(즉, 보상)으로 지적했다. 보상이 큰 행동일수록 의도적으로 선택될 가능성이 높아져 그 행동을 자동화되기 전까지 계속 선택하게 된다. 초기에는 중독행동이 의도에 기반하고 자동적으로 일어나지 않았지만, 시간이 지남에 따라 중독행동은 더욱 선호되고 익숙해지며 결국에는 완전히 자동화되어 시스템 1 사고에 따르게 된다. 시스템 1 사고는 자동적이고, 노력이 필요하지 않으며, 직관적일 뿐만 아니라 특정 사건이나 활동과 반사적으로 연관되어, 이런 사건이나 활동들은 추후에 촉발요인이 된다.

시스템 1과 시스템 2 사고에 대한 앞의 설명은 중독행동을 변화시키기가 왜 그렇게 어려운지 명확히 설명하고 있다. 많은 사람들이 중독행동에 끊임없이 빠져들어 실수하는 것은 놀라운 일이 아니다. 때때로 시스템 2 사고가 변화를 위해 도움을 요청하는 데 수년 또는 수십 년이 걸리기도 한다. 그때까지 시스템 2 사고가 변화를 위해 기울여야 하는 노력의 양은 상당하기 마련이다. 이러한 흐름을 통해 우리는 Kristen이 '왜'와 '어떻게'에 대한 답을 찾을 수 있는 과정을 보게 된다. 다시 Kristen의 이야기로 돌아가보자. 그녀의 치료사는 시스템 1과 시스템 2 사고에 대한 설명을 통해 그녀의 이해를 돕고자 한다.

치료사: Kristen, '왜 그만둘 수 없는지' 그리고 '어떻게 그만둘 수 있는지' 두 가지 중요한 질문을 하셨어요. 지금까지 생각의 내용에 대해 이야기해 보았으니 이제부터는 생각이 어떤 방법으로 이루어졌는지 이야기해 보죠.

Kristen: 좋아요. 받아들일 내용이 너무 많아서, 메모를 좀 더 해도 될까요?

치료사: 물론이죠. (Kristen의 생각이 적혀 있는 메모장을 집어든다) 하루 종일 하는 일의 대부분이 별 노력 없이 자동적으로 이루어져 왔음을 알아차린 적이 있나요?

Kristen: 전에는 잘 몰랐는데 지금 말씀하시니까…….

치료사: 맞아요. 이러한 행동들은 자동적이고 손쉽게 이루어지기 때문에 이에 대해서 그동안 알아차리지 못했군요.

Kristen: 우울했을 때는 모든 것이 큰 짐처럼 느껴졌어요. 이제 우울하지 않으니 일상적인 활동이 다시 정상적으로 느껴지기 시작했어요.

치료사: 예를 들자면요?

Kristen: 아침에 침대에서 일어나 옷 입는 것 같은 거요.

치료사: 그렇군요, 이런 행동은 평생 동안 반복적으로 해 왔기 때문에 자동적이게 되었죠. 우울했을 때는 무력하고 절망적인 부정적 사고와 신념이 자동적으로 지배적이었기 때문에 침대에서 일어날 수 있다는 생각조차 하지 못했겠군요.

Kristen: 맞아요. 그럼 이제 어떻게 해야 할까요?

치료사: 이제 중독행동을 변화시키는 것이 왜 그렇게 어려운지, 그리고 어떻게 하면 금연이라는 원하는 변화를 만들 수 있는지 설명해 드릴 수 있을 것 같아요.

Kristen: 네, 해 주세요.

치료사: 좋아요, 시스템 1과 시스템 2 사고에 대해 설명해 볼텐데요. [대화하는 동안 Kristen의 치료사는 노트에 새로운 목록을 작성한다(이 목록은 《**표 10-2**》와 매우 유사하다)] 시스템 1 사고는 별다른 생각 없이 아침에 침대에서 일어나 옷을 입을 수 있게 해 주는 사고 방식이에요. 시스템 1 사고는 빠르고, 자동적이며, 자발적이고, 별다른 노력 없이 이루어지죠. 그냥 별다른 생각 없이 이루어지는 것처럼 말이죠. 어떤 사람들은 시스템 1 사고를 직관적 사고라고 부르기도 하고, 반사 작용처럼 작동하는 것처럼 보이기도 하죠. 또한 시스템 1 사고는 충동적이라고 생각해 볼 수도 있어요.

Kristen: 왜 시스템 1 사고에 대해 설명하셨는지 알 것 같아요.

치료사: 그렇군요. 좋아요. 한번 이야기해 보시겠어요?

Kristen: 담배를 피우는 것이 저에게는 시스템 1 사고와 같은 거에요. 더 이상 담배에 대해 무슨 특정한 생각이 들지도 않아요. 담배를 피우고 있는데 불을 붙인 기억조차 나지 않을 때가 있어요. 혹은 재떨이에 불이 붙은 담배를 보고 "내가 언제 불을 붙였지?"라고 스스로에게 물어볼 때도 있어요.

치료사: 방금 말씀하신 것들이 시스템 1 사고의 아주 훌륭한 예시들이에요. 흡연에 대한

기대, 안도, 허용, 도구적 사고는 대부분 시스템 1을 통해 이루어지죠. 이런 생각은 의식적으로 들리지 않는 머릿속의 작은 목소리 같죠.

Kristen: 그래서 금연이 그렇게 어려운 건가요?

치료사: 맞아요.

Kristen: 그럼, 금연 성공의 비밀은 무엇인가요?

치료사: 그럼 이제 시스템 2 사고에 대해 이야기해 보죠. 시스템 2 사고는 훨씬 느리고 복잡한 문제를 해결하고 싶거나 낯선 상황에 처했을 때와 같이 시스템 1이 처리할 수 없는 상황에 직면했을 때 활성화됩니다. 실제로 담배를 피우고 싶지만 담배를 피우는 것이 불편하거나 금지되어 있을 때 시스템 2 사고가 활성화되죠. 예를 들어, 비흡연자 사람들과 함께 저녁 식사를 하고 있는데 담배 피우는 게 간절할 때 몰래 나가서 담배 피울 방법을 계획하는 것처럼 말이죠.

Kristen: 저도 그런 일이 자주 있었어요. 어떻게 알았어요?

치료사: 저도 친구들과 가족들이 안에서 서로 즐겁게 지내는 동안 밤에 식당 밖에서 추위에 떨면서 담배를 피우는 흡연자들을 많이 봤거든요. 그럼 이제 담배를 끊으려면 무엇이 필요한지 이야기해 볼까요?

Kristen: 네.

치료사: 흡연에 대해 과학습된 시스템 1 사고를 바꾸기 위해서는 시스템 2 사고를 활성화하고 낮은 에너지 모드 대신 높은 경계 모드를 유지해야 해요. 시스템 2 사고는 느리고, 체계적이고, 의도적이고, 노력이 들고, 신중하고, 의식적이고, 주의 깊기 때문이죠.

Kristen: 와, 너무 복잡해 보이는데요.

치료사: 여기 방금 이야기한 단어들을 적어 두었어요. (메모에 적은 새 목록을 보여 준다) 우리가 함께 시스템 1과 시스템 2 사고에 대해 작업할수록 흡연과 금연에 대한 내담자분의 사고와 신념은 더 체계적이고, 의도적이고, 노력적이고, 숙고적이고, 의식적이고, 주의 깊게 바뀌게 될겁니다.

Kristen: 그게 바로 성공의 비밀인가요?

치료사: 더 이상 비밀은 아닌 것 같은데요?

Kristen: 저를 우울하게 만든 사고와 신념을 극복하기 위해 제가 해 왔던 것들이랑 비슷해 보여요.

치료사: 정확히 보셨네요.

이 대화에서 Kristen은 시스템 1과 시스템 2 사고에 대해 처음 접하게 되었다. 치료사는 시스템 1과 2 사고에 대해 설명하고 각 시스템 특징들에 대한 목록을 Kristen에게 제공했다. 하지만 Kristen이 기존의 시스템 1 사고 과정을 극복하기 위해 시스템 2 사고의 패턴을 완전히 이해하고 수용하기 위해서는 여러 번에 거친 논의가 필요하다. 특히 시스템 2 사고에 대한 논의는 옆길로 빠지기 쉽다는 점을 감안해 치료사는 Kristen의 변화가 느리게 이루어질 수 있다는 점을 충분히 인지하고 있으며 조급해 하지 않는다.

내담자의 사고와 신념 변화 돕기

지금까지 이 장에서는 중독행동과 행동 변화를 돕는 사고, 신념 및 인지과정을 확인했다. 이 섹션에서는 중독행동을 바꾸고자 하는 내담자에게 이러한 지식을 적용하기 위한 체계적인 전략을 제시한다. 이 전략을 5단계로 간단히 정리하자면 다음과 같다. ① 중독행동의 근간이 되는 사고와 신념 이끌어 내기, ② 중독 관련 사고와 신념에 대한 내담자의 인식과 이해 촉진하기, ③ 변화를 돕는 사고와 신념 개발 및 유지하기, ④ 사고와 신념 변화를 방해하는 장애물 예상하기, ⑤ 새로운 적응적 사고와 신념의 명료성과 지속성을 높이는 전략 실천하기이다. 이러한 단계는 개별적이거나 순서대로 진행되는 것은 아니다. 각 단계는 다음 단계가 시작된 후에도 지속되는 것이 이상적이다.

1단계: 중독행동의 근간이 되는 사고와 신념 이끌어 내기

누구나 사고와 신념을 가지고 있지만, 자신이 무엇을 어떻게 생각하는지에 대해 신중하게 생각하는 사람은 거의 없다. 중독행동을 바꾸도록 돕는 첫 번째 단계는 중독행동의 근간이 되는 사고와 신념에 대해 배우는 것이다. 메타인지라고도 불리는 이 사고 방식은 대부분의 내담자나 치료사에게 자연스럽거나 자동적으로 이루어지지 않는다. 앞서 설명한 것처럼 사고와 신념(생각에 대한 사고 포함)이 자동적으로 형성되기 위해서는 지속적인 반복이 요구된다. 오랫동안 CBT를 행해 온 숙련된 치료사라면 "담배에 불을 붙이기 직전에 무슨 생각을 했나요?" 또는 "항상 술을 마시던 술집에 들어가면서 무슨 생각을 했나요?"와 같은 질문을 자연스럽게 내담자에게 건넨다.

내담자의 사고와 신념에 대한 지식은 중독이 발전하고 유지되는 토대를 이해하는 데 필수적이다. 내담자의 사고와 신념을 이끌어 냄으로써 치료사는 내담자의 중독행동의 기저에 있는 본질적인 주제와 패턴을 이해할 수 있다. 예를 들어, 일부 과음하는 사람들은 술을 마시지 않고는 사회생활을 하거나 직장에서 제 역할을 할 수 없다고 생각한다(예: "나는 친구가 없을 거야." 또는 "내 업계에서는 모두 술을 마셔."). 많은 흡연자들은 담배를 끊으면 장기간 긴장과 짜증을 느낄 것이라고 생각한다(예: "나는 담배가 없으면 비참할 거야." 또는 "내가 담배를 끊으면 가족들이 내 성질을 못 견딜 거야."). 매일 마리화나를 피우는 일부 사람들은 매일 마리화나를 피우지 않고는 긴장을 풀 수 없다고 생각한다(예: "그게 내가 긴장을 푸는 방법이야." 또는 "마리화나는 내 불안을 막아 주는 유일한 방법이야."). 1단계에서 치료사는 내담자의 사적인 사고와 신념에 대해 가능한 한 모든 것을 배움으로써 내담자를 더 깊이 이해할 수 있는 기회를 갖게 된다.

안타깝게도 스스로를 인지행동치료사라고 여기는 많은 치료사들은 치료 과정에서 이 중요한 첫 단계를 축소시킨다. 이런 치료사들은 사고와 신념에 초점을 맞추기보다는 내담자의 행동에만 초점을 맞춘다. 이는 내담자 스스로가 생각 대신 행동에 집중하는 경향이 있기 때문에 어느 정도 발생할 수 있는 일이기도 하다. 예를 들어, 내담자는 다음과 같이 재발을 유발하는 행동에 대해서만 재고하기도 한다. "직장에서 점심시간에 우리 모두 밖으로 나갔어요. Mary가 담배에 불을 붙였고 Amy와 Chelsea도 담배를 피웠습니다. Mary가 저에게 한 대를 권하자 저는 좋다고 했고 Mary는 라이터에 불을 붙였죠. 결국 한 대를 다 피우게 되었어요. 모든 것이 순식간에 일어난 것이죠."

내담자들이 이런 방식으로 이야기를 나눌 때 치료사는 내담자의 사고와 신념에 다시 초점을 맞출 수 있는 기회를 얻게 된다. "쉬기 직전에 흡연자들과 함께 있을 때 어떤 생각이 들었나요?" 또는 "다른 사람들이 담배에 불을 붙이는 것을 보면서 어떤 생각이 들었나요?"와 같은 질문을 할 수 있다. 이러한 질문의 반복을 통해 내담자의 사고와 신념을 이끌어 냄으로써 치료사는 내담자가 자신의 사고와 신념에 주의를 기울이도록 가르칠 수 있다. 다음은 중독행동에 대한 사고와 신념을 이끌어 내기 위한 몇 가지 추가적인 개방형 질문의 목록들이다.

"[흡연, 음주, 도박, 폭식 등]을 하기로 결정하기 직전에 어떤 생각이 들었나요?"

"[흡연, 음주, 도박, 폭식 등]을 통해 무엇을 얻고 싶었나요?"

"[흡연, 음주, 도박, 폭식 등]을 마친 후 어떤 생각이 들었나요?"

"금단 증상을 경험하고 다시 [흡연, 음주, 도박, 폭식 등]으로 돌아간다면 어떨 것 같다고 상상했나요?"

"이제 [흡연, 음주, 도박, 폭식 등]을 한 지 어느 정도 시간이 흘렀는데, 자신의 변화 가능성에 대해 어떻게 생각하시나요?"

내담자가 이러한 질문에 답할 때 치료사는 내담자의 중독행동과 가장 연관성이 높은 사고와 신념에 세심한 주의를 기울여야 한다. 이 과정을 더 자세히 설명하기 위해 Kristen과 치료사의 회기를 다시 살펴보자.

치료사: 흡연에 대한 내담자 분의 사고와 신념에 대해 더 알아보고 싶군요.

Kristen: 무엇을 알고 싶으신가요?

치료사: 지난주에 흡연과 관련해 가장 걱정했던 날을 선택해 주시면 그날에 대해 몇 가지 질문을 드리겠습니다.

Kristen: 오, 그건 쉽죠. 바로 어제요. 끔찍했거든요. 담배 한 갑을 다 피워버렸어요. 오늘 일어났을 때 기분이 어찌나 엉망이던지 마치 담배 숙취 같았어요.

치료사: 어제의 사고와 신념을 다시 한번 살펴볼까요. 언제 처음 담배를 피웠고 담배를 피우기 직전에 무슨 생각을 했나요?

Kristen: 평소보다 늦은 오전 10시쯤이었어요. 저는 사실 '오늘이 담배를 끊는 날이다.'라고 생각하며 일어났어요.

치료사: 좋아요. 내담자 분은 '오늘 담배를 끊어야겠다.'는 생각을 했군요. 그런데 오전 10시에 담배를 피우셨네요. 담배를 피우도록 부추긴 어떤 생각이 있었을 것 같은데 그게 무엇이었는지 기억하시나요?

Kristen: 전남편이랑 양육비를 아직 못 받은 것에 대해 통화를 하고 있었는데 전남편이 전화를 일방적으로 끊어버렸어요. 정말 나쁜 놈이에요!

치료사: 분명 스트레스를 많이 받은 상황이었군요. 전남편이 나쁜 사람이라는 생각 외에 어떤 생각이 들었나요?

Kristen: 저는 정말 그 사람한테 화가 많이 났다고 생각했어요. 그리고 Lilly에게 제가 Lilly 아빠에게 화난 모습을 보여 주고 싶지 않았어요.

치료사: 그래서, 든 생각은…….

Kristen: '진정해야 해.' '담배가 필요해.'

치료사: 그 다음에는 어떤 생각이 들었나요?

Kristen: '지금 당장 담배가 필요해.'

치료사: 그러고 나서요?

Kristen: '담배 없이는 견딜 수 없어.'라고 생각했던 기억이 나요.

치료사: '도저히 견딜 수 없어.'라는 생각은 당신의 우울증을 유발했던 생각들을 떠올리게 하네요.

Kristen: 맞아요. 제 생각이 모두 무력감에 관한 것이라고 말씀하셨죠. 그게 제가 바꿔야 할 패턴이나 주제라고 하셨어요.

이 대화에서 Kristen과 치료사는 흡연에 대한 무기력한 생각이 우울증으로 이어졌던 무기력한 생각과 비슷하다는 것을 알아차리기 시작했다. 치료사는 Kristen이 우울증으로 이어졌던 수많은 무기력한 생각을 효과적으로 해결해 냈던 경험을 통해 금연 치료도 성공적일 거라는 희망을 엿볼 수 있었다.

사고와 신념을 이끌어 내는 과정은 치료가 진행되는 동안 지속되어야 한다. 내담자는 치료 과정에서 자신의 사고와 신념을 지속적으로 확인함으로써 상당한 이점을 얻을 수 있기 때문이다. 사고와 신념을 이끌어 내는 과정은 치료사가 사례개념화를 시작하고 내담자가 새롭고 적응적인 방식으로 자신을 개념화하도록 돕는 CBT의 초기 단계에서 특히 중요하다.

2단계: 중독 관련 사고와 신념에 대한 내담자의 인식과 이해 촉진하기

1단계에서는 사고와 신념을 이끌어 내고, 2단계에서는 사고와 신념이 감정과 행동에 미치는 영향에 중점을 두고 이를 내담자에게 반영하는 데 초점이 맞춰진다. 2단계에서 치료사는 내담자에게 자신의 사고와 신념을 인식하고 이해하도록 가르치기 위해 꽤나 많은 양의 심리교육을 제공한다. 앞서 언급했듯이 2단계에 들어간다고 해서 치료사가 사고와 신념을 이끌어 내는 것을 중단한다는 것이 아닌, 내담자에게 자신의 생각 중 많은 부분이 중독행동을 유지하는 데 영향을 미친다는 사실을 반복적으로 상기시켜야 한다는 점을 명시해야 한다. 다음 대화는 치료사가 Kristen의 사고와 신념을 이끌어 내는 동안 노트에 그 내용을 기록하고, Kristen이 구체화된 노트를 통해 이를 인식하고 그 중요성을 깨닫도록 돕는 내용의 일부이다.

치료사: Kristen, 최근에 제가 하는 질문의 대부분이 당신의 생각에 관한 것 같지 않나요?

Kristen: 네, 그게 제 우울증을 치료하는 데 도움을 주었었죠.

치료사: 전에 함께 당신의 우울증이 주로 부정적인 생각 때문이라는 것을 인식하고 이해하는 법을 배웠었죠. 흡연과 관련된 생각에 대해 질문하는 이유는 담배를 피우게 만드는 생각을 파악하도록 도움을 주기 위해서에요. 흡연에 대한 사고와 신념이 없이 담배를 피우지는 않기 때문이죠. 흡연과 관련된 사고와 신념이 없다면 담배 자체가 떠오를 일이 없겠죠. 담배를 피워 본 적이 없는 사람은 스트레스를 해소하기 위해 담배가 필요하다고 생각하지 않는 것처럼 말이죠.

Kristen: 말이 되네요.

치료사: 흡연에 대한 절망과 무력감을 포함하는 모든 생각은 담배를 다시 피우는 위험에 처하게 만들어요. 예를 들어, '나는 담배를 끊을 수 없어.' '나는 능력이 없어.' '나는 그럴 가치가 없어.' '나는 제대로 하는 일이 없어.' 등과 같은 생각들 말이죠. 이런 생각은 우울증에 걸릴 위험도 높입니다.

Kristen: 결국 같은 종류의 생각들 같네요. 맞나요?

치료사: 네. 맞아요. 이제 패턴이 보이시죠.

이와 같은 길잡이식 발견 과정(제6장에 자세히 설명되어 있음)은 치료 과정 내내 지속되어야 한다. Kristen이 금연을 주제로 삼는 동안 치료사는 금연을 이루는 데 성공적이었던 노력 또는 실패하게 만들었던 일들에 대해 자세한 질문을 던지는데, 이는 흡연 촉발요인을 파악하도록 돕기 위해서이다. 또한 이러한 촉발요인에 의해 활성화된 사고와 신념에 초점을 맞추는 것의 중요성을 놓쳐서도 안 된다.

Kristen이 흡연에 대한 충동을 참는 데 성공한 사례에 대해 설명할 때 치료사는 Kristen이 흡연을 참을 수 있게 해 주었던 구체적인 사고와 신념에 대해 초점을 맞춘다. 이때 치료사는 Kristen이 흡연 충동에 저항하기 위해서는 먼저 시스템 2 사고를 활성화해야 한다는 점을 강조한다. 의도적이고 계획적인 사고 방식을 통해 담배를 피우지 않을 수 있다는 사실을 상기시켜 주기 위해서이다. 치료사는 Kristen에게 이러한 과정을 반복하면 나중에는 별다른 노력 없이도 시스템 2 사고를 시스템 1 사고처럼 자동적으로 활성화할 수 있다는 점을 확신시켜 준다. 다음 섹션을 통해 이 과정에 대해 더 자세히 알아보자.

3단계: 변화를 돕는 사고와 신념 개발 및 유지하기

내담자가 중독행동의 근간이 되는 사고와 신념의 역할을 인식하고 이해하게 되면, 이를 반대되는(즉, 변화와 관련된) 사고 및 신념과 연결 짓기 시작한다. 예를 들어, '나는 지금 당장 담배를 끊을 수 없어.'와 같은 생각이 흡연을 지속시킨다는 사실을 깨닫게 되면, 이 생각은 단지 생각일 뿐이며 지금 당장 끊을 수 있을지도 모른다는 사실을 깨닫게 된다. 중독 문제를 지닌 내담자를 도울 때 흔히 발생하는 오류는 내담자가 변화할 준비가 되었는지를 고려하지 않고 선의만을 지닌 치료사가 성급하게 내담자의 사고와 신념을 바꾸려는 데 있다. 아마도 더 흔한 오류는 시스템 1 사고의 강력한 영향력을 고려하지 않고 변화를 권하는 데 있을 것이다.

양가감정에 대한 작업 및 설명

양가감정은 자신에게 있어 중요한 문제에 대해 모순된 사고와 신념을 가질 때 발생한다. 대부분의 사람들은 중독행동을 바꾸거나 자제하려고 할 때 양가감정을 경험한다. 그 예로는 '약에 취하는 이 맛이 너무 좋아.'라고 생각하면서 동시에 '바로 이 느낌이 나를 죽이고 있어.'라고 생각하는 것을 들 수 있다. 양가감정은 변화 단계 중, 숙고단계에서 가장 흔하게 나타나지만, 실행단계에서 나타나기도 한다. 실제로 회복 중에 있는 많은 사람들이 변화에 대한 열정으로 숙고에서 준비, 실행단계로 올라가다가도 중독과 관련된 오래된 자동적 생각이 떠오르면서 양가감정을 맞이하게 된다. 예를 들어, 아침에 일어나면 '오늘은 금연하기 좋은 날이야.'라고 생각하는 자신을 발견하지만 정오가 되면 '오늘은 금연하기 좋은 날이 아니야.'라는 생각이 떠오를 수 있고, 이에 따라 저녁이 되면 다시 흡연을 하게 될 수도 있다.

우리는 치료사들이 양가감정을 중독과 변화 사이를 오가는 불가피한 인지적 다리로 생각할 것을 권한다. 치료사는 양가감정이 변화와 관련된 사고(시스템 2)가 중독과 관련된 자동적 사고(시스템 1)와 생각의 지배권을 차지하기 위해 싸우는 과정의 일부라는 점을 내담자에게 이해시키고 가르침으로써 양가감정에 대해 설명하고 이를 겪는 내담자의 경험을 타당화할 수 있다.

Kristen은 최근에서야 비흡연자가 되기로 결심했고, 그녀의 금연 실패는 그녀의 결심과 관련된 상당한 양면성을 보여 준다. 최근까지 흡연에 대한 그녀의 사고와 신념의 대부분은 무력감, 나약함, 부적절함이라는 주제와 일맥상통했는데, 이런 사고는 그녀가 우울증에 걸리기 전부터 존재해 왔으며, 그녀의 우울감이 심각해졌을 때 더욱 두드러졌다. 우울증에서 회복되기 시작한 후에야 그녀는 자신의 삶을 변화시킬 수 있는 능력에 대해 보다 회복 탄력적인 사고와 신념을 가질 준비가 되었다. Kristen의 치료사는 다음과 같은 대화를 통해 이러한 사고와 신념에 초점을 맞추기 시작한다.

치료사: 이제 흡연으로 이어지는 사고와 신념을 인식했으니, 내담자 분이 원하는 변화를 뒷받침하는 사고와 신념을 확립하는 것이 중요합니다.

Kristen: 이론적으로는 좋게 들리는데, 어떻게 하면 이 새로운 생각이 오래된 생각을 밀어내게 할 수 있을까요?

치료사: 이전에 논의했던 것처럼, 새로운 생각이 시스템 1 사고가 될 수 있을 때까지는 지속적인 반복이 필요합니다. 먼저 내담자 분이 겪고 있는 오래된 생각과 새로운 생각 사이의 전투에 대해 이야기해 볼까요?

Kristen: 무엇을 알고 싶으신거죠?

치료사: 예를 들어, 어느 날 아침에 일어나서 '오늘이야말로 담배를 끊는 날'이라고 생각했다고 말씀하셨죠. 그리고 전남편과 이야기를 나눈 후 다시 담배를 피우기 시작했다고 하셨죠. 또한 감정을 조절하고 Lilly 앞에서 화를 내고 싶지 않다는 생각이 들었다고 이야기하셨어요.

Kristen: 맞아요.

치료사: 처음 일어났을 때 '오늘이야말로 담배를 끊는 날'이라는 생각을 하게 된 계기는 무엇인가요? 그 전에 어떤 생각이 그런 결론을 내리게 했나요?

Kristen: 그날은 참 아름다웠던 걸로 기억해요. Lilly를 공원에 데려갈 즐거운 계획을 갖고 있었죠. 담배를 피운다고 해서 하루가 더 좋아질 거라고는 상상조차 들지 않았어요. 심지어 '이렇게 좋은 날에 누가 더러운 담배를 피우고 싶어 할까?'라는 생각도 들었죠. '나는 할 수 있어!'라는 생각을 했죠.

치료사: 그날 아침, 오전 10시 이전에 변화와 관련된 생각이 많이 떠올랐군요. 그 생각들을 적어 볼까요? (그는 Kristen에게 필기할 수 있는 노트를 건네고 Kristen은 받아 적는다) '오늘은 아름다운 날이야.' 'Lilly와 공원에 갈 거야.' '담배를 피우는 게 더 기분 좋은 날을 만들 수는 없을 거야.' '추잡하고 더러운 담배를 피우고 싶지 않아.' '난 할 수 있어!'

Kristen: (패드에 적힌 글귀를 내려다보며) 힘이 나게 만드는 생각이네요.

치료사: 네, 하지만 이런 생각들이 여전히 흡연에 대한 오래된 자동적 사고와의 싸움에서는 이기지 못했죠. 여전히 금연에 대해 양가감정을 가지고 있는 것 같군요.

Kristen: 양가감정이라는 게 무슨 뜻이죠?

치료사: 흡연에 대한 장단점, 찬성과 반대되는 생각이 동시에 드는 것을 의미해요.

Kristen: 네, 전 아직도 양가감정을 가지고 있는 것 같아요.

치료사: 원하는 변화를 뒷받침하는 생각을 적는 것은 아주 좋은 출발이에요. 더 이상 양가감정을 느끼지 않을 때까지 이 새로운 생각을 마음속에 완전히 새겼으면 하는데요.

Kristen: 좋은 생각들을 포스트잇에 적어 집안 곳곳에 붙이고 차 안에도 붙여 두면 어떨까요?

치료사: 아주 좋은 생각이네요. 우리가 지금 목표로 하는 것은 그런 생각들이 시스템 2 사고처럼 이차적으로 만들어 내야 하는 것이 아니라 시스템 1 사고처럼 우선적으로 떠오르게 만드는 데 있어요.

Kristen: 그게 바로 금연의 비결이군요. 새로운 생각을 시스템 1 사고로 만들어서 자동적으로, 그리고 흡연에 대한 오래된 생각보다 더 크게 들리도록 만들면 되는 거네요. 잘 이해가 되네요.

길잡이식 발견과 심리교육 적용하기

앞서 언급했듯이, Kristen의 치료사는 길잡이식 발견과 심리교육을 통해 Kristen이 최근의 실수와 흡연과 금연에 대한 양가감정을 이해할 수 있도록 도왔다. 두 사람은 변화를 뒷받침하는 사고와 신념을 확립하기 위해 함께 노력했고, 치료사는 양가감정을 느끼는 동안 작동하는 인지과정(시스템 1 및 시스템 2 사고)에 대해 성찰했다. 길잡이식 발견은 내담자의 중독 관련 사고와 신념을 이끌어 내고 이를 보다 적응적이고 변화와 관련된 사고와 신념으로 대체하기 위해 지속적으로 사용되어야 한다. 특정 중독에 관계없이 길잡이식 발견은 내담자가 자신의 중독적 사고와 신념을 검토하고 변화와 관련된 신념으로 대체하기 시작하도록 자극한다. 새로운 변화 지향적 신념을 도입하는 몇 가지 구체적인 질문은 다음과 같다.

"[중독행동]의 부정적인 결과는 무엇인가요?"

"[중독행동]에 대해 어떻게 다른 생각을 할 수 있나요?"

"[중독행동]을 할 수 없다면 어떻게 하시겠습니까?"

"[중독행동] 대신 동일한 결과를 얻기 위해 다른 무엇을 할 수 있나요?"

앞서 중독행동은 거의 항상 사고 오류를 수반한다고 언급했다. 길잡이식 발견은 내담자가 중독행동에 대한 증거와 반대 증거를 검토하는 데에도 사용할 수 있다. 중독 관련 신념을 확인하려면 내담자에게 이러한 신념의 타당성을 테스트하는 질문을 던져야 한다. 다음은 이 과정에 적합한 질문의 예다.

"(중독행동)에 대한 사고나 신념에 대해 얼마나 확신하십니까?"

"그런 사고나 신념을 어디서 배웠나요?"

"그 사고나 신념이 사실이라는 것을 어떻게 알 수 있나요?"

"그 사고나 신념에 대한 증거는 무엇입니까?"

"자신의 상황에 대해 생각할 수 있는 다른 방법은 무엇인가요?"

이러한 질문은 중독과 관련된 사고와 신념에 도전하고 변화와 관련된 생각과 신념을 지지하는 데 도움이 된다. 이러한 질문을 통해 내담자는 중독과 관련된 많은 사고와 신념이 근거가 없는 반면, 변화와 관련된 많은 생각은 실현될 수 있다는 것을 깨닫게 된다.

심상적 노출법

내담자가 변화 관련 신념을 확립하고 유지하도록 도울 수 있는 또 한 가지의 방법으로는 회기 내에서 진행되는 심상적 노출법 연습이 있다. 연습 도중 내담자는 중독행동과 관련된 상황을 상상한다. 이러한 상황은 내담자에게 갈망을 불러일으키는데, 이런 상황 속에서 변화 관련 신념을 활성화하면 충동과 갈망을 줄이는 데 도움이 된다. 다음 Kristen과 치료사의 대화를 통해 이 기법에 대해 알아보자.

치료사: 간단한 활동을 해 볼게요. 전남편이 전화를 끊었던 순간을 마음속으로 떠올려 보세요.

Kristen: 꼭 그래야 하나요? 농담이에요. 이런 상황을 더 잘 대처해야 한다는 거 알아요.

치료사: 좋아요, 그때 생각하고 느꼈던 것을 다시 기억해 볼 수 있나요?

Kristen: (의자에 똑바로 앉는다) 마치 방금 일어난 일처럼 말이죠?

치료사: 그 장면을 떠올리면 지금 어떤 느낌과 생각이 드나요?

Kristen: 아까 말했듯이, 화가 나고 담배를 피우면 진정될 것 같아요.

치료사: 그 다음에는 어떤 생각과 느낌이 드나요?

Kristen: 담배를 피우고 싶어요.

치료사: 어떤 느낌인가요?

Kristen: 강력한 충동 같은 게 느껴져요. 강렬한 갈망처럼요.

치료사: 1에서 10까지의 척도에서 비하자면 어느 정도의 갈망을 느끼나요?

Kristen: 전화기를 던지고 나서를 생각하면 4, 5점 정도요. 그냥 정말 화가 나요.

치료사: 그러고 나서요?

Kristen: 충동이 커지는 것을 느낄 수 있어요. 점점 더 커져요.

치료사: 1에서 10까지 얼마나 커지나요?

Kristen: 마침내 담배를 피우기로 결심했을 때는 완전히 꽉 찬 10이요.

치료사: 지금도 그 느낌이 드나요?

Kristen: 네, 여기 앉아서 생각만 해도 담배가 당기기 시작해요.

치료사: 이제 이렇게 해 봅시다. 앞에서 논의한 변화 지향적 언어를 사용하여 스스로에게 말을 걸어 볼까요?

Kristen: 제가 담배를 피우지 못하도록 돕는 생각들을 말하는 건가요?

치료사: 네, 맞아요.

Kristen: (잠시 생각하다) 그래요, 흡연은 더럽고 역겨워요. 흡연은 저와 딸에게 좋지 않아요. 제 딸이 저를 보고 담배를 배우게 되는 걸 원하지 않아요. 저는 그런 엄마보다 더 나은 엄마에요. 그녀는 더 나은 대우를 받을 자격이 있어요. (눈물을 흘리기 시작한다)

치료사: 지금 어떤 생각과 느낌이 드세요?

Kristen: 제가 슬퍼하고 있다고 생각하실지 모르겠지만, 사실 Lilly를 떠올리면서 제가 Lilly를 얼마나 사랑하는지 생각하고 있어요. 어떤 면에서는 정말 기분이 좋아요. (그녀의 눈을 가리키며) 이건 기쁨의 눈물이에요.

치료사: 아까 느끼기 시작했던 갈망은 얼마나 강하게 느껴지세요?

Kristen: 무슨 갈망이요? 전혀 느껴지지 않아요. (웃음)

변화지향적 반응의 일환으로 심상적 노출을 사용하는 이 과정은 Kristen과의 다음 몇 번의 회기 동안 여러 번 반복된다. 물론 Kristen은 담배를 피우고 싶은 유혹이 있든 없든 이 연습을 계속 하도록 과제를 부여받는다. 이후 각 회기에서 Kristen은 과제를 완료했고 상당한 도움을 받았다고 보고한다.

자동적 사고 기록 및 이익-손해 분석

중독적 신념을 분석하고 검사하기 위한 또 다른 전략으로는 자동적 사고 기록이 있다(ATR, 제7장 참조). 자동적 사고 기록은 중독과 관련된 생각을 나열하고 수정하기 위한 표준화된 기법이다. 또한 이는 중독의 종류에 관계없이 중독 과정의 모든 단계로 이어질 수 있는 사고와 신념을 분석하고 수정하는 데 유용한 방법이다. 예를 들어, 중독에 빠진 친구와 시간을 보내는 것이 어떤 잠재적인 위험성을 지니는지 깨닫는 데 사용되거나 중독행동이 발생하기 직전에 중독행동을 멈추게 하는 생각을 깨우치는 데도 사용될 수 있다. 구체적으로 자동적 사고 기록은 상황, 자동적 사고 또는 관련 신념, 감정, 대안적 사고, 신념 또는 반응, 결과의 다섯 가지 항목으로 구성되어 있다(**[그림 7-3]**의 ATR 예시 참조). 내담자는 충동이나 갈망을 경험할 때 이를 촉발하는 자동적 사고와 신념을 나열한다. 그런 다음 대체 신념 항목에 변화 지향적인 신념을 나열한다. 예를 들어, 중독적 신념이 '나는 [음주, 흡연, 도박 등] 없이는 스트레스를 견딜 수 없어.'인 경우, 변화 지향적 반응은 '그래, 나는 할 수 있어. 실제로 [음주, 흡연, 도박 등을] 하지 않아서 기분이 좋아지는 날이 많은 걸.'이라고 이야기할 수 있다.

통제 신념을 발전시키기 위한 또 다른 전략으로는 이익-손해 분석(ADA, 제7장)이 있다. 이익-손해 분석의 목적은 내담자의 주의를 중독행동에 참여할 때의 이익과 손해로 재구조화하는 데에 있다. 이에, 내담자는 두 가지 대안적 결정의 이익과 손해를 비교하는 2×2 표를 사용하게 된다(《**양식 7-1**》 참조). 많은 경우, 이 연습을 통해 치료사와 내담자는 변화의 이익과 중독행동을 지속할 때의 손해를 더욱 분명히 인식하게 된다.

4단계: 사고와 신념 변화를 방해하는 장애물 예상하기

사고와 신념, 그리고 궁극적으로 중독행동의 변화를 만들어 내는 것은 어려운 일이다. 순식간에 자신감이 양가감정으로 바뀌고, 양가감정이 단념으로 바뀌고, 단념이 재발로 이어질 수도 있다. 실제로 내담자들은 중독과 관련된 오래된 사고와 신념을 활성화하는 수많은 촉발요인을 맞닥뜨리게 된다. 따라서 촉발요인은 변화 과정에 나타날 수 있는 장애물 중 하나이다. 그러나 중독과 관련된 사고와 신념을 바꾸는 데 가장 큰 장애물로 예상되는 것은 바로 중독적 시스템 1 사고이다. 즉, 내담자의 자동적 · 즉발적 · 반사적 · 충동적인 중독 관련 생각이 변화를 가로막는 가장 큰 장애물일 것이다.

시스템 1 사고와 시스템 2 사고에 대한 내담자의 이해는 변화의 장애물에 대비하고 대응하는 데 도움을 준다. 스트레스를 받고, 복잡하고, 어렵고, 새로운 상황에 직면한 내담자들은 중독행동을 중단하는 데 있어 시스템 2 사고와 오래된 중독 관련 사고와의 힘겨루기가 필수적이라는 것을 배우게 된다. 따라서 치료사는 이와 같은 사고 과정에 대해 지속적으로 내담자와 논의하고 회복 과정 중에 시스템 2 사고를 어떻게 사용할 수 있을지 예상할 수 있도록 돕는 역할을 수행한다. 다음은 Kristen과 치료사가 나눈 대화의 일부이다. 이 대화는 Kristen이 일주일 내내 담배를 피우지 않았지만 금연이 쉽지 않았다고 말하는 것으로 시작된다.

Kristen: 일주일 내내 롤러코스터를 타는 것 같았어요.

치료사: 그게 무슨 말인지 설명해 주시겠어요?

Kristen: 담배를 피우지는 않았지만 쉽지 않았어요.

치료사: 어떤 점이 어려웠나요?

Kristen: 가끔씩 느껴지는 흡연에 대한 갈망이 참 고통스럽더군요.

치료사: 일주일 내내 금연에 성공하신 것을 축하드려요. 어떤 점 때문에 갈망이 그토록 고통스럽게 느껴졌었나요?

Kristen: 잘 모르겠어요. 담배, 라이터, 재떨이를 모두 치웠기 때문에 담배를 피우는 것은 불가능했을 테지만 정말 피우고 싶더군요.

치료사: 특히 힘들었던 시간을 기억하시나요?

Kristen: 네, 물론이죠. 수요일 밤 청구서를 납부하기 위해 앉았는데 이번 달에 납부할 돈이 부족하다는 사실을 깨달았어요. 어떤 청구서를 납부할 수 있고 어떤 청구서를 미뤄야 할지 고민하기 시작하니까 점점 더 걱정이 커지면서 가슴이 두근거리기 시작했어요.

치료사: 그러고 나서요?

Kristen: 당연히 '담배가 필요해.'라는 생각이 들었죠.

치료사: 계속 말씀하세요. 특히 생각에 초점을 맞춰서 이야기해 주세요.

Kristen: 왔다 갔다 했어요. 담배를 피고 싶다고 생각했다가 피고 싶지 않다고 스스로에게 되뇌었죠. 그러다 담배가 없다는 사실을 깨닫고 어떻게 하면 담배를 구할 수 있을지 생각하기 시작했어요. 딱 몇 개비만 피우고 나머지는 버릴 거라고 생각하면서 말이죠. 그때 마침 Lilly는 자고 있었어요. 편의점에 잠깐 들러서 담배 한 갑을 살까하는 생각까지 들더군요.

치료사: 담배와 관련해 안도 지향적 · 도구적, 심지어 허용적인 생각까지 많은 생각이 들었군요. 그리고 이 모든 생각들은 건강을 유지하고 Lilly에게 좋은 롤 모델이 되고 싶다는 새로운 생각과 싸우고 있었네요. 하지만 어떻게 된 일인지 새로운 생각이 이겼네요. 어떻게 그런 일이 일어날 수 있었죠?

Kristen: 먼저 아파트를 돌아다니며 붙여 두었던 포스트잇을 읽으며 왜 더 이상 담배를 피우지 않기로 했는지 스스로를 상기시켰어요. 그러다 Lilly의 침실을 들여다보았는데 Lilly가 안전하고 평온하게 자고 있는 모습이 보였고, 그때 깨달음을 얻었죠. 담배를 피울지 말지가 갑자기 삶과 죽음의 문제처럼 느껴졌어요. 그리고 저는 삶을 선택한 거죠.

치료사: 와! 공과금을 내지 못할지도 모른다는 극심한 불안감 때문에 흡연에 대한 시스템 1 사고가 넘쳐났지만, 시스템 2 사고를 최대한 발휘하여 그 싸움에서 승리하셨군요!

Kristen: 그렇게 된 것 같아요.

치료사: Kristen, 재정적 어려움과 같은 일부 촉발요인은 불가피하고 반드시 피할 수 있는 것이 아니라는 점을 방금 실제 벌어진 삶의 이야기로 보여 주셨어요. 또한 담배를 피우지 않으려는 노력을 시작하려고 하면 그 앞에 장애물이 기다리고 있다는 점도 배우고 있죠. 그러나 진짜 장애물은 촉발요인 자체가 아니라 여전히 담배를 피우라고 말하는 오래된 자동적 사고와 신념인 점이에요. 이러한 장애물을 극복하고 그 싸움에서 승리하기 위해 참 많은 노력을 기울이셨어요. 축하드려요!

이 대화에서 언급했듯이, Kristen이 극복한 실제 장애물은 끈질긴 시스템 1 사고에서 비롯된 중독 관련 생각이었다. Kristen의 경우 재정 문제와 관련된 불안이라는 촉발요인을 피할 수 없었기 때문에 이를 해결하기 위해서는 효과적인 대처방안이 필수적이었다. 최근 치료 회기에서 그녀는 새롭고 건강한 사고를 방해하는 시스템 1 사고의 장애물이 있을 것으로 예상하고 집 주변에 시스템 2 사고를 적어 놓은 포스트잇을 붙여 놓음으로써 이에 대비할 수 있었다. 또한 그녀의 가장 강력한 시스템 2 사고인 '나는 담배보다 Lilly를 더 사랑한다.'를 활성화함으로써 이 위기를 효과적으로 대처할 수 있었다.

5단계: 새로운 적응적 사고와 신념의 명료성과 지속성을 높이는 전략 실천하기

반복은 새로운 시스템 2 사고(예: '나는 더 이상 흡연자가 아니다.')를 시스템 1 사고의 위치로 옮기는 데 핵심적인 역할을 수행한다. 따라서 이러한 새로운 적응적 사고와 신념의 명료성과 지속성을 높이기 위해서는 연습이 필수적이다. 내담자는 새로운 사고와 신념을 확인할 때 이를 기억하고 시스템 1 사고로 이들을 편입시키기 위해 다양한 방법을 사용해 보도록 권장된다. 이전 대화에서 Kristen은 눈에 잘 띄는 곳에 포스트잇을 붙이는 것이 이러한 목적을 달성하는 데 도움이 될 수 있을 거라고 제안했다. 다른 내담자들은 새로 개발한 신념을 활성화하고 강화하기 위해 플래시 카드를 만드는 것도 고려해 볼 수 있다. 예를 들자면, 카드의 한 면에는 중독과 관련된 신념을 적고 반대쪽에는 변화와 관련된 신념을 적어 보는 것이다.

반복 연습과 관련해 특정 기법을 선택할 때 가장 중요하게 고려해야 할 사항은 내담자가 최종적으로 선택한 기법에 얼마나 몰입하고 있는지 여부이다. 어떤 기법을 선택할지는 회기 중에 다양한 기법에 대해 논의하면서 결정하는 것이 좋다. 내담자에게 "변화를 돕는 새로운 사고와 신념을 기억하는 데 도움이 될 만한 활동이 있다면 무엇이 있을까요?"라는 질문을 던져야 한다. 대답에 따라 치료사는 기법을 제안할 수도 있고(내담자가 아무 생각도 나지 않는다고 말할 경우), 내담자가 제시한 방법을 보강할 수도 있다. 대부분의 사람들이 스마트폰을 사용한다는 점을 고려할 때, 변화와 관련된 생각을 확립하고 유지하기 위한 많은 기법이 전자기기 사용을 통해 이루어 질 가능성도 높다.

과제는 변화 지향적 사고와 신념을 연습할 수 있는 가장 좋은 기회를 제공한다. 따라서 내담자들은 과제를 통해 자신의 삶에서 변화의 계기를 발견하고 변화의 이유에 주의를 기울이도록 스스로를 지속적으로 상기시키게 된다. 유혹적인 고위험 촉발요인에 직면하여 변화 지향적 신념을 활성화할 수 있는 모든 활동이 과제로 활용될 수 있다. 앞서 언급했듯이 중독으로 어려움을 겪은 사람들은 평생토록 모든 촉발요인을 피할 수는 없다. 이와 관련된 예로, Kristen은 가까운 시일 내에 재정 상황이 개선될 가능성이 낮기 때문에 치료사로부터 매일 청구서를 검토하고, 당황하지 않고 자신의 불안을 관찰하며, 담배를 피운다고 해서 청구서가 사라지지 않는다는 사실을 스스로에게 상기시키도록 권장 받는다. 실제로 그녀는 담배를 피우면 돈이 든다는 사실을 스스로에게 상기시킬 수 있으며, 금연으로 인한 금전적 이익을 청구서를 지불하는 데 사용할 수 있다는 점을 깨달을 수 있다. 제5장에서 설명한 대로, 과제는 각 회기가 끝날 때 주어지고 다음 회기가 시작될 때 검토하는 방식으로 이루어진다. 처음에 내담자에게 주어지는 과제는 체계적으로 이루어진다. 매일 자동적 사고 기록을 작성하도록 안내받는 것을 예시로 들 수 있다. 그러나 나중에는 내담자가 새롭고 적응적인 사고 패턴을 개발함에 따라 과제는 좀 더 자유로운 형식을 띄게 된다.

요 약

이 장에서는 중독으로 어려움을 겪는 사람들과 함께할 때 특정 사고와 신념에 집중하는 것이 중요하다는 점을 논의했다. 또한 특정 사고 과정이 중독행동을 발달, 유지 및 변화시키는 데 중요한 역할을 한다는 점에 대해 설명했다. 하지만 이보다 더 중요한 것은 사람들이 중독에 빠지고, 중독 상태를 유지하며, 중독행동을 끊기 위해 고군분투하는 방식에 큰 영향을 미치는 두 가지 사고 패턴 또는 시스템이 존재한다는 점이다. 이 두 가지 시스템은 인간의 다양한 활동 또는 기능을 성취하고 조절하는 역할을 수행한다. 시스템 1 사고는 우리의 일상을 담당하는데, 이 시스템을 통해 습관이 형성되므로 우리가 취하는 모든 행동에 대해 숙고할 필요가 없도록 해 준다. 시스템 1 사고가 존재하지 않는다면 우리의 삶은 몹시 힘들어질 것이다. 시스템 2 사고는 시스템 1 사고로 해결할 수 없는 더 복잡한 문제를 해결할 때 쓰이기 위해 준비되어 있고, 시스템 1 사고가 우리의 필요를 충족시키지 못할 때 활성화될 수 있도록 대기하고 있다.

걷기, 말하기, 앉기, 서기, 친구에게 손 흔들기, 사랑하는 사람을 안아 주기, 도움이 필요한 사람에게 즉각적인 도움의 손길을 내미는 것 등은 모두 시스템 1 사고 덕분에 가능한 행동의 예이다. 이러한 행동은 다른 수많은 행동과 마찬가지로 의식적이고 의도적인 작업을 필요로 하지 않는다. 안타깝게도 중독으로 어려움을 겪는 사람들에게는 중독과 관련된 많은 행동이 시스템 1 사고의 지배를 받는다. 대부분의 사람들은 인생의 어느 시점에서 결국 변화를 해야 할 때라고 결심하지만, 막상 변화를 시도해 보면 중독행동이 자동적으로 이루어져 왔기 때문에 중독을 극복하기 위해서는 강력하고 지속적이며 의도적인 노력이 필요하다는 사실을 금방 깨닫게 된다.

중독 내담자와 함께 일하는 치료사들은 그들에게 도움을 주기 위해서 앞의 내용을 숙지하고 있어야 한다. 또한 중독행동을 변화시키는 것이 왜 그렇게 어려운지, 어떻게 변화할 수 있는지 알고 싶어하는 내담자들에게 이 과정을 설명할 수 있어야 한다. 치료사와 내담자 모두 시스템 1 사고와 시스템 2 사고의 작동방식을 이해해야 시스템 2 사고가 시스템 1 사고의 습관을 바꿀 때까지 인내심을 지니고 노력할 수 있다. 시스템 2 사고를 촉진하는 기술과 연습 방법들이 존재한다. 수많은 반복을 통해 시스템 2 사고는 시스템 1 사고로 결국 전환된다. 그때에 비로소 중독과 관련된 생각이 지배하는 대신 중독 없는 삶을 가능하게 하는 새로운 생각이 주인으로 자리잡게 된다. 이런 성공적인 일이 일어날 때, 치료사는 성공의 몫을 내담자들에게 돌리며 진심 어린 축하를 건넬 수 있다.

제11장

모드와 중독행동

Phil은 46세이다. Phil은 아내 Laura, 두 딸 Molly와 Cyndi와 함께 살고 있다. 지역사회의 많은 사람들이 Phil을 알고 그를 존경한다. 그는 성공한 사업가이며, 자선단체에 대한 아낌없는 지원으로 널리 존경 받고 있다. 또한 그는 County homeless shelter와 Community food pantry를 비롯한 여러 비영리 단체의 이사로 활동하고 있다. 비단 성공했기 때문이 아니라, Phil은 따뜻하고 친절하며 사교적인 사람으로 알려져 있다. 그의 친구들은 그를 **르네상스 맨(renaissance man)**이라고 부른다.

하지만 Phil에게는 비밀이 있다. 그는 대부분의 성인기 동안 술주정뱅이였으며, 간경변으로 돌아가신 아버지처럼 될까 봐 두려워하고 있다. Phil은 종종 술을 끊거나 음주량을 줄이려고 노력해 왔지만 번번이 실패했다. 그는 술을 마시는 날과 음주량을 줄이려고 노력했지만 모두 성공하지 못했다. Phil은 음주량에 대한 걱정뿐만 아니라 술을 마실 때의 자신의 행동에 대해서도 걱정하고 있다. 그는 자신의 아버지가 '화를 잘 내는 술주정뱅이'였다는 사실과 그 역시도 술을 마실 때 종종 화를 낸다는 걸 알고 있다. 그리고 그는 가끔 '사과는 나무에서 멀리 떨어지지 않는다.'는 말을 농담처럼 하곤 한다. Phil의 음주 문제를 걱정하는 사람은 Phil뿐만이 아니다. Laura, Molly, Cyndi 모두 Phil이 매일 밤 술을 마시고, 짜증을 내고, 다양한 문제에 대해 불평하는 모습에 점점 더 답답함을 느끼고 있다.

모드 이론

중독에 빠진 사람이 중독행동을 할 때와 그렇지 않을 때 사고, 감정, 행동이 다르게 나타나는 것은 일반적이다. 최근 Beck은 중독행동을 할 때와 그렇지 않을 때의 차이를 개념화하는 데 유용한 접근 방식인 모드(Mode) 이론(Beck, Finkel, & Beck, 2021)에 관한 글을 썼다. Beck 박사는 수년 전부터 내담자들이 우울하거나 불안할 때와 그렇지 않을 때의 차이를 관찰하면서 모드 이론을 공식화하기 시작했다. 이를 통해, 그는 조현병 내담자가 사회적으로 위축되고, 정신병적이며, 공격적인 모습에서 '활기차고, 의사소통이 잘되며, 친절하고, 현실과 완전히 접촉하는'(p. 393) 모습으로 바뀔 수 있다는 점에 대해서도 언급했다. Beck은 한 개인이 다양한 방식으로 기능하는 여러 패턴을 확인한 것이다.

모드는 사고, 감정, 동기, 행동, 그리고 관련된 생리적 반응을 포함하는 인간 기능의 패턴 또는 흐름이다. 앞에서 설명한 Phil은 분명 두 가지 기능의 모드를 갖고 있다. Phil이 술을 마시지 않을 때, 그의 모드는 매우 적응적이다. 예를 들어, 직장에 있을 때는 대체로 긍정적인 생각을 한다. 그 결과, 그의 정서는 밝고, 좋은 일을 하고자 하는 의욕이 넘치며, 행동이 활기차고, 신체적으로도 편안함을 느낀다. 그러나 집에 도착하면 다양한 요인[예: 시간, 캐비닛에 있는 버번(bourbon) 위스키, 사회적 인정의 부재, 내적 불안감]에 의해 음주에 대한 생각이 활성화되고, 자동적으로 술을 마시기 시작한다. 그렇게 되면 그는 부정적인 생각, 짜증스러운 감정, 비생산적인 동기, 불쾌한 행동, 신체적 긴장을 특징으로 하는 부적응적 모드로 되돌아간다.

Beck 등(2021)은 모드가 자동으로 활성화되며, 개인이 부적응적 모드에 들어갈 위험이 있을 때 이러한 모드가 활성화되지 않도록 하는 것이 **상위 인지과정(superordinate cognitive process)**이라고 설명했다. 예를 들어, 분노 모드에 들어갔을 때, '저기 가지 마.'와 '분노는 상황을 악화시킬 뿐이야.'와 같은 고차원의 사고 프로세스가 대응될 수 있다. Beck과 그의 동료들은 이러한 상위 프로세스가 약물 사용으로 인해 손상될 수 있다고 설명했으며, 중독행동을 하는 사람들이 "논리나 이성에 맞지 않는 부적응적인 결정을 내리고, 이는 자신의 인지적 자원에 접근하지 못하고 반성적이며 적응적인 사고 과정에 참여하지 못할 뿐만 아니라 억제가 느슨해지기 때문일 수 있다."는 것을 명시적으로 밝혔다(Beck et al., 2021, p. 395).

Phil의 두 가지 모드의 기원과 발현 방식

가족들과 유난히 힘든 저녁 시간을 보낸 후, Phil은 마침내 의료 전문가와 알코올 문제를 상의하기로 결심했다. 그는 주치의를 찾아갔고, 주치의는 중독 분야에 특화된 인지행동치료 전문가를 추천했다. 첫 방문에서 치료사는 Phil의 가족요인에 대해 질문했다. 이를 통해 그는 Phil이 아버지처럼 될까 봐 걱정하고 있다는 사실을 알게 된다.

치료사: 몇 차례에 걸쳐서 당신은 아버지에 대해 언급했죠. 좀 더 말씀해 보시겠어요? 아버지는 어떤 분이셨나요?

Phil: 아버지는 하루 일과를 마치고 집에 오셔서 우리 모두에게 간단한 인사를 하신 후 주방으로 가셨어요. 유리잔에 얼음이 부딪히는 소리, 주류 캐비닛이 열리는 소리, 위스키 병에서 액체가 쏟아지는 소리, 수도꼭지에서 물이 튀는 소리를 들으면 거실에 있는 아버지가 가장 좋아하는 의자로 향하실 거라는 걸 알 수 있었죠.

치료사: 그러고 나서요?

Phil: 처음에는 괜찮았어요. 우리 중 누구라도 주위에 있으면 아버지는 쾌활해지기 시작했죠. 그러다 한 잔씩 더 마실 때마다 점점 더 신경질적으로 변하셨어요.

치료사: 신경질적이셨다고요?

Phil: 네, 신경질적이셨죠. 우리 모두는 아버지를 내버려두고 각자의 일을 해야 할 때가 언제인지 알 수 있었죠.

치료사: 아버지에 대해 더 이야기해 보세요.

Phil: 무슨 이야기요?

치료사: 술을 마시지 않을 때는 어떠셨나요?

Phil: 아버지는 완전히 다른 사람이었어요. 겉으로 보기에는 친절하고, 외향적인 사람이었어요. 아버지에게 낯선 사람이라는 정의는 없었어요. 모두 금방 친구가 되었죠.

치료사: 아버지의 다른 성격을 어떻게 이해하셨나요? 그의 좋은 모습과 나쁜 모습, 술 이외의 부분에서 말이죠.

Phil: 아버지는 힘들게 자랐어요. 제 할아버지는 대부분의 시간을 지독한 주정뱅이로 보냈고요. 아버지는 술을 몇 잔 드신 후 저에게 할아버지 때문에 어린 시절이 힘들었다고, 심지어 아버지가 꽤 우울해지신 적도 있었다고 말씀하신 적이 있어요.

치료사: 그러니까, 아버지는 우울증으로 고생하셨던 것 같군요. 그리고 아버지는 술을 마실 때와 마시지 않을 때의 두 가지 모드가 있었던 건가요?

Phil: 네, 그렇게 말할 수 있을 것 같아요.

치료사: 자기를 위로하기 위해 술을 마신 건지 궁금하네요. 우울증을 예방하기 위해서요.

Phil: 그거 말 되네요.

치료사: 하지만 술 자체가 사실은 그 반대의 결과를 초래했을 거에요. 기분을 나아지게 하는 대신 다른 모드, 즉 심술궂은 모드가 자리 잡게 된 거죠. 심지어 비참해지기도 했죠.

Phil: 무슨 말인지 알겠어요. 저를 묘사하는 거죠?

치료사: 제가 당신에게 아버지에 대해 묘사해 달라고 부탁하는 이유는, 당신이 아버지를 목격하고 궁극적으로 아버지로부터 무엇을 배웠을지 더 잘 이해하기 위해서입니다.

Phil: (바닥을 내려다보며) 당신은 제 최악의 두려움을 깨닫게 해 주고 있어요.

Phil의 치료사는 Phil과 Phil의 아버지가 두 가지 주요한 모드를 보인다는 사실을 이해하기 시작했다. 하나는 친절하고 외향적이며 사교적인 스타일이며, 다른 하나는 불만스럽고 침울하며 다른 사람들과 거리를 두는 스타일이다. 실제로 Phil과 아버지는 시간이 지남에 따라 적응적 모드와 부적응적 모드가 모두 발달했다. Phil의 적응적 모드는 주로 사회적 상황에서 활성화되며, 특히 음주하지 않을 때에 나타난다. 반면, 그의 부적응적 모드는 인정을 받지 못하는 상황에서 활성화되며, 특히 음주를 시작했을 때 나타난다. Phil의 아내와 딸들은 그를 사랑하지만, Phil이 지역사회에서 받는 감사와 인정을 받아들이지 않는다. Phil은 인정 외에도 커뮤니티 활동을 통해 많은 지적 자극을 받고 있다. 그는 특히 술을 마시기 시작한 후 집에서 비슷한 수준의 자극을 경험하지 못했다. 오히려 그 반대의 현상이 일어나는데, Phil은 버번(bourbon)과 물을 들고 텔레비전 앞에 혼자 앉아 있을 때, 자극을 느끼기는커녕 무감각해지고 심지어 지루함을 느끼고는 한다. 술을 계속 마실수록 Phil은 자신의 부족함에 대한 생각을 피할 수 없게 되고, 자기 혐오의 감정을 가족에게 돌리게 된다. 이 패턴은 자신과 아내, 두 딸을 포함한 집안 식구 모두가 무능력하다고 느낄 때까지 계속되었다.

Phil의 치료사는 이러한 패턴을 파악한 후, Phil이 직장과 공공장소에서 활성화하는 적응적 모드를 집에서도 동일하게 작동시켜야 한다는 것을 깨닫게 되었다. 그의 치료사는 Phil의 적응적 모드에 대해 물어보고, Phil이 집에서도 일관되게 적응적 모드를 활성화해야 한다는 것을 깨닫도록 도와주었다. 치료사는 Phil의 사교적 모드가 공공장소와 직장에서의 생활에 긍정적으로 영향을 끼치며, Phil이 Laura와 딸들에게도 똑같이 적극적이고 활기차게 대해야 한다는 것을 이해하도록 도왔다. Beck 등(2021)은 "치료에서는 개인의 이러한 에너지와 열정을 활성화하는 요소를 '**sweet spot**'이라고 부른다."(p. 397)고 설명한다. 다음 대화는 Phil의 치료사가 sweet spot에 대한 이해를 돕기 위해 Phil을 어떻게 안내하는지 보여 주고 있다.

치료사: Phil, 당신은 직장과 지역사회에서 활동하는 것을 정말 좋아하지 않나요?

Phil: 네, 그렇다고 할 수 있습니다.

치료사: 그럼 집에서는 어떤가요?

Phil: 무슨 뜻이죠?

치료사: 직장에 있는 것과 집에 있는 것은 어떻게 다른가요?

Phil: 모르겠어요. 직장과 친구들이 흥미롭고 자극이 되는 것 같아요. 저는 에너지가 넘치는 사람들과 함께 있어요. 그들은 그들의 일과 우리가 함께 해 나가는 일에 대해 열정적입니다.

치료사: 집에 있을 때는 어떤가요?

Phil: 어…… (잠시 멈춤) 저는 보통 이 두 가지를 이렇게 비교하지는 않아요. 집에 오면 현관문을 열고 들어가서 긴장을 풀고, 술도 몇 잔 마시고, 입도 뻥긋거리고, 스스로 큰 문제에 휘말리기도 하죠.

치료사: 그래서 집에 도착하면 자극과 인정이 멈추고 '버번을 마실 시간이다!'라고 생각하게 되는거군요.

Phil: 거의 그렇죠.

치료사: Phil, 당신은 사람들이 당신을 인정하는 곳에서 자극이 되는 활동에 참여할 때 활력과 열정을 갖게 되는 것 같군요.

Phil: 맞아요. 그럴 때면 시간이 금방 지나가는 것 같아요.

치료사: 우스운 용어처럼 들릴지 모르지만, 바로 그 순간이 당신의 sweet spot입니다. 당신의 최고의 모습을 활성화시키는 모든 요소가 존재하고 가장 적응력이 높은 모드, 즉 일반적으로 자극이 되는 활동에 참여하고 사람들이 당신을 인정해 줄 때의 상태 말이에요.

Phil: 집에 오지 말아야 할지도 모르겠네요. 농담이에요. (억지로 웃음)

치료사: 다른 생각이 있어요. 집에 돌아와서 직장에서나 다른 사람들에게 하는 것처럼 가족들에게도 활기차고 열정적으로 행동한다면 어떨까요?

Phil: 가족들은 아마 제 몸에 외계인이 살고 있다고 생각할 거에요! (다시 한번 웃다가 잠시 멈추고 방금 말한 내용을 더 진지하게 생각해 본다) 그 아이디어에 장점이 있을 수도 있습니다. 하지만 어떻게 해야 할까요?

치료사: 그건 앞으로 우리가 함께 알아내야 할 문제에요.

이 대화에서 Phil과 치료사는 Phil이 집에 돌아왔을 때 더 잘 적응할 수 있는 모드를 생각하기 시작했다. 치료사는 Phil이 자신의 집을 좀 더 자극적인 환경으로 만들 수 있는 일부 권한을 가질 수 있다는 생각을 이야기했다. 그는 Phil이 집에서도 다른 곳에서와 마찬가지로 적응적인 사고와 행동을 함으로써 보다 긍정적인 모드를 확장할 수 있도록 돕기 시작했다. 치료가 계속되는 동안 Phil의 치료사는 Phil의 음주에 대해 Phil과 대면하는 것을 피했다. 대신 그는 Phil이 술에 취한 상태에서는 적응적 모드를 활성화하는 것이 어렵다는 것을 깨닫도록 도움을 주었다.

치료사: Phil, 집에서의 가족과의 관계 방식을 바꿔야 한다는 생각에 동의하는 것 같군요.

Phil: 사람들과 일에 완전히 몰입하고, 제가 좋아하는 일을 하고, 그 일을 잘 해낼 때 제 자신이 최고의 모습을 보인다는 게 더욱 분명해지고 있어요.

치료사: 집에서는 어떻게 그렇게 할 수 있을까요?

Phil: 제가 무언가 바꾸어야 한다고 말씀하시는 건가요?

치료사: 네, 집에 돌아가면요.

Phil: 글쎄요, 제 아내 Laura는 항상 제 하루가 어땠는지 물어보는데, 아마 그녀에게 이에 대해 이야기할 수 있을 것 같지만, 에너지와 열정을 가지고 할 수 있을지 모르겠어요.

치료사: Laura에게 당신의 일에 대해 이야기하는 것이 좋은 첫걸음이 될 것 같군요. Laura나 Molly, Cyndi와 마지막으로 즐거운 시간을 보낸 게 언제였나요?

Phil: 오래됐어요. (멈추고 생각하다가) 아이들이 아이스크림 먹으러 가는 걸 좋아해요.

치료사: 당신은요?

Phil: 누가 아이스크림을 좋아하지 않겠어요?

치료사: 마지막으로 아이스크림을 먹은 게 언제였나요?

Phil: 기억도 안 나요. 앞으로 달력에 적어야 할 것 같아요.

치료사: 달력에요?

Phil: 네, 아마 이번 주에 가능할 것 같아요.

치료사: 과거에 아이들과 아이스크림 먹으러 가는 것을 즐겼나요? 그리고 그들과 함께 있는 것도요?

Phil: 네. (잠시 멈추고 바닥을 내려다본다) 저는 남편과 아빠 노릇을 정말 못해요.

치료사: 연습이 부족한 것 같아요. 술에 대해서는 아무 말도 하지 않으시네요.

Phil: 무슨 뜻이죠?

치료사: 이번 주에 퇴근 후에 가족들과 아이스크림 먹으러 갈 생각이지요?

Phil: 네.

치료사: 가기 전에 술을 마실 건가요?

Phil: (질문에 놀란 표정을 지으며) 절대 안 마실 거예요. 저는 절대 음주운전을 하지 않습니다.

치료사: 아이스크림을 사러 나가기 전에 술을 마시지 않는 다른 이유가 있나요?

Phil: 무슨 말인지 알겠어요. 저는 술을 먹고 집에 돌아와서 비참한 기분이 들기 시작하고, 기분이 나아지려고 술을 마시고, 기분이 더 나빠지고, 가족에게 나쁘게 대하고, 가족들이 저를 미워하게 만들고, 가족들이 저를 미워하는 것을 피하기 위해 집에 돌아와서 술을 마시는 악순환에 빠졌었네요.

치료사: 저는 당신의 가족이 당신을 미워한다는 느낌을 받은 적이 없습니다. 사실, 그들은 당신을 그리워할 거예요. 술을 마시지 않고 아이스크림을 먹으면서 가족들이 당신을 미워하는 것처럼 행동하는지 살펴보도록 하죠. 이건 아마 다른 모드로 이어질 수도 있을 것 같네요.

Phil: 새로운 모드 같은 거요?

치료사: 아니요, 그저 당신이 집 밖에서 즐기는 모드를 가족에게도 보이는 것 말이에요.

Phil: 그거 좋네요.

Phil의 치료사는 이제 모드에 대해 설명하기 시작했다. 다만, 그는 아직 모드의 역학 관계, 즉 모드가 다양한 프로세스를 제어하여 조절할 수 있는 사고, 감정, 행동 및 생리적 반응의 패턴이라는 사실에 대해 자세히 설명하지는 않았다. 다음 섹션에서는 모드에 대한 더 많은 예시를 제공할 것이다.

모드 다루기

모드라는 용어는 치료에서 특정 사고, 감정, 행동의 실타래와 패턴을 간략하게 하는 데 유용하다. 예를 들어, 치료사는 내담자에게 "특정 자극을 접하면 다양한 사고, 신념, 도식이 활성화되어 궁극적으로 다양한 생리적 반응, 감정, 행동으로 이어집니다."라고 설명하는 대신 이러한 복잡한 설명을 생략하고 "분노 모드에 빠지는 것 같습니다." 또는 "무력 모드에 빠지는 것 같습니다."라고 말할 수 있다. 그런 다음 내담자가 자신의 특정 사고, 감정, 행동 및 생리적 반응을 식별하고 명명하는 방법을 배우면서 이러한 모드에 대한 자세한 설명이 이어질 수 있다.

중독행동은 종종 원하는 모드(예: 친근한, 유쾌한, 편안한, 용기 있는 모드)를 달성하려는 개인들에 의해 시작된다. 즉, 사람들은 음주, 흡연, 도박, 폭식 등의 행동을 통해 보람을 느끼거나 적어도 만족감을 주는 패턴을 느끼고 이를 수행할 수 있다고 생각할 때 이러한 행동이 시작된다. 예를 들어, 청소년은 인기 있는 모드에 들어가기 위해 흡연이나 음주를 시작할 수 있다. 대학생은 공부나 파티 모드에 들어가기 위해 암페타민(amphetamines)을 사용하기 시작할 수 있다. 일부 사람들은 편안한 모드에 들어가기 위해 맛 좋은 음식을 폭식할 수 있다. 또한 일부 사람은 승리 모드에 들어가기 위해 도박을 시작할 수 있으며, 어떤 사람은 특정 약물[예: 오피오이드(opioids), 벤조디아제핀(benzodiazepines)]을 사용하거나 심지어 온라인 게임을 통해 도피 모드에 빠질 수 있다. 또 다른 사람들은 파워 모드 또는 생산 모드에 들어가기 위해 특정 약물[예: 메스암페타민(methamphetamine), 코카인(cocaine)]을 사용하기 시작할 수도 있다.

문제는 사람들이 부정적인 결과에도 불구하고 이러한 행동을 지속할 때 발생한다. 예를 들어, 과음으로 더 이상 인기를 얻지 못하고, 도박으로 더 이상 돈을 벌지 못하며, 마약으로 도피처를 찾지 못하는 상황이 있다. 이는 원하는 결과로 이어지기보다는 원치 않는 결과(예: 우울, 불안, 분노 또는 기타 불편한 모드)로 이어진다. 이러한 현상이 발생하는 이유 중 하나는 대부분의 사람들이 중독행동에 내성을 갖게 되어 동일한 효과를 얻기 위해 점점 더 많은 양을 필요로 하게 되고, 결국 원래 원했던 모드를 더 이상 달성할 수 없게 되기 때문이다. 이를 많은 사람들이 'chasing the high'라고 부른다. 이어지는 대화에서 Phil과 치료사는 Phil이 알코올 사용장애를 발전시켜 온 과정에 대해 논의한다.

치료사: Phil, 음주를 시작한 나이가 몇 살이었나요?

Phil: 16세 정도였어요. 고등학교 1학년과 2학년 사이의 여름이었죠. 몇 명이 모여서 해변으로 가서 술을 가져오고는 했어요. 맥주 여섯 개 또는 다른 술을 가져오곤 했죠. 그리고 누군가는 항상 담배 한 갑을 가져왔어요. 그때 술 맛이 어땠는지 거의 기억이 납니다. 우리 모두 해변에서 술에 취해 담배를 피웠어요. 술은 항상 싸고 맛이 없었고, 담배는 정말로 역겨웠던 기억이 나요. 그때 습관이 생기지 않아서 다행이에요.

치료사: 술과 담배가 싫고 불쾌한데, 왜 참여했나요?

Phil: 그 질문에 대한 답은 당신도 알잖아요. 멋진 일이라서요.

치료사: 친구들과 술이나 담배를 하지 않았다면 기분이 어땠을까요?

Phil: 저는 괴물처럼, 아웃사이더처럼 느껴졌을 거예요.

치료사: 그래서 그때 당신은 아웃사이더 모드에서 벗어나서 멋진 아이의 모습을 유지하고 싶었군요.

Phil: 네, 맞아요. 모든 아이들이 멋지고 싶지 않나요?

치료사: 멋진 아이 모드는 얼마나 오래 지속되었나요? 그리고 어떻게 분노 모드로 바뀌었나요?

Phil: 특정 날짜나 시간을 특정할 수는 없지만, 제가 술집에 갈 수 있을 만큼 나이가 들었을 때 낯선 사람이 조금만 무례하게 굴어도 화가 났던 기억이 납니다. 인정하고 싶지 않지만 술집에서 몇 번이나 싸움을 벌인 적이 있어요.

치료사: 술이 어떻게 당신을 화나게 만들었다고 생각하십니까?

Phil: 아마도 제가 얼마나 많이 마셨는지와 관련이 있을 것 같아요. 처음 술을 마시기 시작했을 때는 소량만 마셔도 취하고 즐거운 시간을 보낼 수 있었어요. 하지만 나이가 들면서 점점 더 많은 양을 마시게 되었죠. 자제력을 잃은 것 같았어요.

치료사: 알코올에 대한 내성이 생겨서 억제하거나 숨길 수 없을 정도로 술을 많이 마시기 시작한 것 같군요.

Phil: 그때 제가 왜 불행했을까요?

치료사: 당신은 당신의 아버지가 당신을 포함한 가족들에게 화풀이를 하는 지독한 주정뱅이였다고 말했었죠. 또 가족 중에 우울증이 있다고도 말씀하셨고요. 어릴 적 음주로 인해 우울증과 분노의 감정이 억제되었을 가능성이 매우 높아요. 이것이 행복하고, 멋진 아이 모드를 만들고 싶어 한 것에 기여한 것으로 보이기도 하고요. 그러다가 나중에 술의 양이 늘어가면서 역효과가 발생하여 화를 내고, 심지어 우울한 모드에 빠지게 되었을 수도 있죠. 알다시피, 술은 많은 사람들에게 우울증 치료제처럼 작용하기도 하니까요.

Phil: 그렇군요. 그 이야기를 들으니 술을 마시지 않을 때는 분노를 잘 억제하는 것 같아요.

치료사: 무슨 뜻이죠?

Phil: 제가 속한 커뮤니티의 모든 사람들은 제가 지구상에서 가장 행복하고 운이 좋은 사람이라고 생각하는 것 같아요. 그들은 제가 사소한 일로 짜증이 날 때가 있다는 것을 모릅니다.

치료사: 어떤 것들이요?

Phil: 예를 들면…… 사람들이 늦을 때요. 아니면 약속을 해 놓고 지키지 않을 때도요.

치료사: 그럴 때 화를 억누른다고요?

Phil: 네, 괜찮다고, 별일 아니라고, 세상이 끝나지 않을 거라고 스스로에게 말해요.

치료사: 그게 당신이 좋은 적응적 모드를 유지하는 방법이군요. 술을 마시지 않을 때는 화를 내는 대신 스스로를 달래는 데 능숙하죠. 그럼 당신의 분노 모드가 어떻게 시작되었는지 다시 생각해 보죠. 술을 마셨을 때는 사소한 일에도 화를 내고 공격적인 생각을 하게 됩니다. 그 당시에는 술을 너무 많이 마셨고, 좋은 사람 모드가 우세하지 않았을 거고요.

Phil: 그때부터 제가 아버지처럼 되기 시작했나 봐요. 요즘은 집에 앉아있으면 아내나 딸들이 아주 사소하고 하찮은 일을 하곤 합니다. 저는 짜증을 내며 '저건 멍청한 짓이야.'라고 생각하고 화를 내죠. 그리고 당신이 말하는 대로 분노 모드에 빠지곤 하고요. 그리고 가끔은 집에서 술을 마시면 기분이 좋아질 거라고 생각해서 술을 더 마시기도 하지만, 절대 기분은 좋아지지 않아요.

치료사: 그러니까, 당신은 술을 마시기 시작하면 좋은 사람 모드를 유지할 수 없군요. 그리고 가족에 대한 부정적인 생각도 많이 하시네요.

Phil: 가족뿐만 아니라 종교, 정치, 사회적 부조리, 기후 변화 등 거의 모든 것에 대해 생각해요. 이름만 대면 다 신경 쓰이죠.

이 대화에서 Phil은 불안과 우울감에서 벗어나기 위해 술을 마신다는 동기에 중점을 두었다. 치료사는 Phil이 음주 초기에는 이러한 목적을 달성할 수 있었지만, 이제는 술을 너무 많이 마셔야 하기 때문에(즉, 알코올에 내성이 생겨서) 더 이상 효과가 없다는 것을 이해하도록 도와주었다.

인지행동치료(CBT)에서 '모드'에 초점을 맞추는 것은 다양한 이점이 있다. 예를 들어, 대부분의 내담자는 모드라는 용어의 의미를 쉽게 이해한다. 이 용어는 내담자들이 중요한 생각, 감정, 행동 패턴을 식별하고 명명하는 데 편리한 방법을 제공한다. 또한 이러한 방식은 내담자들이 자신의 초기 중독행동 경험이 현재의 중독행동 관계에서는 더 이상 달성할 수 없는 모드를 추구하는 데 주로 초점을 맞췄다는 것을 이해하는 데 도움을 줄 수 있다. 뿐만 아니라, 중독 문제가 있는 사람들은 중독행동에 관여하지 않고도 적응적 모드를 활성화할 수 있는 방법을 배울 수 있다. 중독행동을 통해 편안함, 권력, 인기, 도피 모드를 추구하기보다는 대처 기술, 건강한 생활 방식, 긍정적인 관계를 발전시킴으로써 건강하고 적응적인 모드를 달성할 수 있기 때문이다. 다음 대화에서 Phil의 치료사는 지난 회기에서 Phil의 과제(아이스크림을 먹으러 가족 외출 시 적응적 모드의 활성화)에 대해 묻고 있다.

치료사: Phil, 지난번 과제 기억나시나요?

Phil: 가족들과 아이스크림을 먹으러 가기로 한 것 말이죠. 그렇게 했어요. 생각보다 훨씬 좋았어요.

치료사: 더 자세히 이야기해 주실래요?

Phil: 집에 도착했더니 모두 모여 있었어요. 제가 저녁 식사 후에 아이스크림을 먹으러 가자고 제안했더니 예상했던 대로 가족들은 저를 외계인처럼 쳐다보았지만, 당연히 좋다고 하더군요. 아이스크림을 먹으러 가기 전에 저녁을 먹어야 하기 때문에 몇 시간 동안은 술을 마실 수 없다는 것도 깨달았죠.

치료사: 어떻게 되었는지 듣고 싶어요.

Phil: 저녁 식사가 얼마나 즐거웠는지 놀랐어요. 술 한 잔도 안 마시고 꽤 힘들 거라고 생각했는데 그렇게 나쁘지 않았어요. 아무도 제가 술을 마시지 않는 것을 눈치채지 못했지만, 분명 알아차렸을 거예요.

치료사: 아무도 술 이야기를 꺼낸 적이 없나요?

Phil: 네, 그랬어야 했나요?

치료사: 꼭 그렇지는 않아요. 그럼 저녁 식사 때와 그 후에 무슨 일이 있었나요?

Phil: 저녁 식사 때 여러 가지 이야기를 나누고 웃다가 어느새 아이스크림을 먹으러 가고 있었어요.

치료사: Phil, 눈물이 나네요.

Phil: 제가 얼마나 많은 것을 놓치고 있었는지 깨닫기 시작했어요.

치료사: 무엇을 놓치고 있었나요?

Phil: 제 딸들이 얼마나 예쁜지 거의 잊고 살았어요. 그리고 Laura도요. [흐느끼기 시작하고 휴지를 꺼내어 코를 풀기 시작한다]

치료사: (Phil이 울음을 그치고 다시 집중할 수 있게 된 후 시작) 귀중한 교훈을 얻으신 것 같네요.

Phil: 네, 저는 정말 형편없는 아빠였어요.

치료사: 조금 다르게 생각해 보도록 하죠. 이 경험을 새로운 모드로 전환하기 위한 시작이라고 보는 것은 어떨까요?

Phil: 그 모드는 무엇일까요?

치료사: '멋지고, 술을 마시지 않는 아빠' 모드라고 해 봅시다.

Phil: 정말 좋은 생각이네요.

요 약

모드는 다양한 시점에 개인에게 나타나는 기능패턴(예: 생각, 감정, 행동, 생리적 반응)으로, 주로 특정 환경적 상황(비슷한 자극들)에 대한 반응으로 나타난다. 예를 들어, 개인은 사회적인 인정을 받을 때 적응적 모드로 들어가고, 인정을 받지 못하거나 혼자일 때 부적응적 모드로 들어갈 수 있다. 중독 문제가 있는 사람들은 종종 특정 모드(예: 사교적, 무감각, 생산적)를 달성하기 위해 중독행동을 시작하지만, 결국 중독행동과 관련된 문제로 인해 이러한 모드를 달성할 수 없게 된다. 실제로, 부적응적 모드는 중독행동을 하는 동안에는 대부분의 중독 내담자들에게 일반화된다.

치료사와 내담자 모두 적응 및 부적응적 모드를 식별하는 것이 유익하다. 이러한 패턴 인식은 중독행동에 관한 전반적인 상황을 이해하는 데 도움이 되기 때문이다. 또한 치료사가 내담자의 모드가 어떻게 작동하는지를 설명함에 따라, 내담자들은 중독행동에 의존하지 않고 적응적 모드를 달성하기 위한 생각, 감정, 행동 패턴을 변경하는 목표를 설정할 수 있게 된다.

Cognitive-Behavioral Therapy of Addictive Disorders
중독장애의 인지행동치료

제12장

중독집단 CBT

중독집단 CBT 회기를 시작하기 전, 여섯 명의 사람들이 테이블에 둘러앉아 서로 시선을 피하면서 기다리고 있다. Tom은 음주운전으로 3번 체포된 후에 이제는 술을 끊어야겠다고 다짐한 상태이다. Rick은 보호관찰 중 마리화나 검사에서 양성이 나와서, 변호사가 중독재활센터에 가기를 권했다. Mary의 의사는 Mary가 중독 치료를 받기 전까지 더 이상의 통증치료제를 처방해 주지 않겠다고 했으며, Sarah는 폭식증으로 어려움을 겪고 있다. Bill은 도박으로 아이들의 대학등록금을 모두 탕진했고, 이를 발견한 아내는 이혼을 하겠다고 선언했으며, Kristen은 2세 된 딸을 위해 금연을 결심하고 이 자리에 오게 되었다. 치료사인 Lois가 방으로 들어와 자리에 앉아 첫 상담에 온 내담자들을 반기자, 기다리던 사람들의 모든 눈은 그녀를 향했다.

집단치료는 중독 치료의 핵심이며, 대부분의 중독 치료 센터들은 집단치료를 진행하고 있다. 세계적으로 다양한 치료집단과 상호 지지 집단 프로그램(예: SMART Recovery 집단, 12단계 접근, 절주 관리, 여성집단 등)이 진행되고 있다.

집단치료는 물질사용장애를 포함한 많은 정신과적 문제 해결에 효과적이고 (Burlingame, Strauss, & Joyce, 2013), 집단 CBT는 개인 CBT 치료만큼 알코올과 약물 사용장애에 효과가 있는 것으로 보고되고 있다(Magil & Ray, 2009; Weiss, Jaffee, de Menil, & Cogley, 2004). 미국약물남용치료센터(Center for Substance Abuse Treatment)

는 집단 상담의 이점을 다음과 같이 소개하고 있다.

> 집단치료는 고통과 문제를 겪는 구성원들을 지지하면서 건강한 방식으로 성장하도록 돕는다. 집단치료는 내담자들에게 설득, 안정, 지지를 제공하는 강력한 자원이 될 수 있으며, 숙련된 치료사가 리더로 있는 집단에서는 건강한 애착관계, 긍정적인 또래관계, 자기표현의 방법, 새로운 사회적 기술들을 배울 수 있다. 집단치료는 다양한 이점을 제공하고 개인치료의 효과성과 비슷한 수준의 효과성을 보인다.

약물남용치료센터에서는, ① 심리교육, ② 기술증진집단, ③ 인지행동 또는 문제해결 집단, ④ 지지집단, ⑤ 대인관계 집단의 다섯 가지의 효과적인 집단치료모델을 제시하고 있다. 실제 현장에서 이루어지는 집단들도 이러한 모델들을 활용하고 있다. 앞에서부터 우리는 CBT의 다섯 가지 중요한 구성 요소(즉, 구조화, 사례개념화, 협력, 심리교육, 표준화된 기법)에 대해 설명하였는데, 이를 효과적으로 조합하면 바로 약물남용치료센터가 권장하는 지식, 문제 해결 기술, 정서적 지지, 대인관계를 증진시키는 집단 CBT를 만들어 갈 수 있다.

집단 CBT가 효과적이라면, 구성원들은 다음과 같은 말을 하게 될 것이다.

"내 생각, 감정, 행동에 대해 이해할 수 있다."
"내 삶에 중요한 기술들을 습득하는 중이다."
"문제를 피하는 대신, 해결하는 방법을 배우고 있다."
"집단에서 존중받고 지지 받는다고 느낀다."
"다른 사람을 배려하고, 공감하는 방법을 배우고 있다."

중독집단 CBT 구성 및 내담자 등록

저자는 지난 20년 동안 중독집단 CBT를 개발하고 발전시켜 왔다(cognitive-behavioral therapy addiction group; Liese et al., 2002; Wenzel et al., 2012). 경험상 중독 집단 CBT는 5명에서 8명 사이로 구성하는 것이 가장 좋으며 한 회기당 보통 90분 동안 진행하는 것이 좋다. 한 집단에 12명까지 구성할 수는 있으나 이 경우 회기당 더 많은 시간을 배당하기를 권장한다. 집단 회기는 대부분 매주 한 번 진행하지만, 필요할 경우 더 자주 진행할 수도 있다. 참여자들은 이 프로그램을 잘 알고 있는 지역사회 기관에서 연계를 받아서 오거나, 의사의 추천에 의해 올 수도 있고, 이전에 프로그램에 참여했던 사람의 추천에 의해 오거나, 스스로 프로그램을 발견하고 올 수도 있다. 개인치료와 집단치료 둘 다를 참여하는 것이 시너지 효과를 일으킬 수 있기 때문에, 개인상담 차료사가 내담자를 집단치료에 참여하도록 하는 경우도 있다. 개인치료에서는 집단치료에서 했던 활동이나 있었던 일들을 되짚으며 생각할 기회를 가질 수 있고, 집단치료에서는 개인 CBT 회기에서 배운 기술들을 연습할 수 있다.

또한 중독집단치료는 구성원들이 원할 때 들어오고 나갈 수 있는 개방집단으로 운영하기를 권장하는데, 중독 문제에 도움을 필요한 사람에게는 대기시간이 없이 쉽게 이용할 수 있는 서비스가 효과적이기 때문이다(Liese & Monley, 2021). 재발 및 위기 상황에 닥친 구성원들이 중간에 집단을 이탈하는 경우가 있는데, 그런 사람들이 도움이 필요할 때 개방집단으로 언제든 다시 돌아올 수도 있다. 이전에는 개방집단에서 집단 회기의 연속성이 부족할까 봐 걱정했으나, 오히려 기존 집단 구성원들이 새로운 구성원이나 돌아오는 구성원을 반기고, 기존 구성원들이 새로운 구성원들과 함께 기본적인 CBT 원칙과 기술을 복습할 수 있는 기회를 가지게 되는 것을 경험했다.

포함, 제외 기준과 선별

저자는 수년 동안 집단에 대한 포함 및 제외 기준을 신중하게 검토해 왔다. 내담자 대부분의 경우에 물질 및 행동 중독 문제를 가지고 있으면서 폭식이나 성 문제 등 다른 문제 행동을 가지고 있다. 우울증, 불안, 외상 후 스트레스 장애, 성격장애, 조울증 등의 공존 정신장애를 가지고 있는 경우도 빈번하다.

구성원의 변화단계도 다양한데, 어떤 사람들은 진지하게 자신의 중독행동을 바꾸고 싶어하고, 어떤 사람들은 중독행동의 변화에 대한 양가감정을 가지고 있으며, 어떤 사람들은 집단에 참여하는 것 자체에 양가감정을 가지고 있다. 또 중독행동을 끊고 싶은 마음이 전혀 없는데 의무적으로 집단에 참여해야 하기 때문에 오는 경우도 있다. 중독집단 CBT에서 중요한 포함기준은 '**참여의지가 있는 구성원**'이다. 즉, **적어도 자신의 생각을 나누고 다른 구성원들을 지지할 의향이 있는 구성원을 선별**해야 한다.

중독집단 CBT 선별 시 제외되거나 퇴출하는 기준은 **다른 구성원들에게 방해가 될 가능성이 있는 경우**이다. 방해가 될 수 있는 행동으로는 다른 구성원에게 협박이나 공격을 하거나, 반복적으로 집단 규칙을 위반(예: 다른 사람에게 지속적으로 충고하거나, 방어적이거나, 자신의 문제를 다른 사람에게 전가)하거나, 집단 활동에 참여하기를 거부하는 경우이다. 저자는 20년 이상 중독집단 CBT를 실시해 왔지만, 집단에서 이런 행동으로 퇴출되는 사례는 극히 드물었다.

대면으로 하는 것이 이상적이지만 전화나 화상회의를 통해 집단 구성원을 선별하기도 한다. 신중하게 구성원을 선별하는 것은 집단의 안녕을 위해 매우 중요한 일이며, 이런 선별과정을 통해서 새로운 구성원은 집단 규칙과 과정, 활동, 기대하는 바에 대해 배우는 기회를 가질 수 있다. 주 진행자의 책임은 집단이 구성원들의 필요를 만족시키지 못해서 발생할 수 있는 피해를 최소화하는 것으로, 선별과정은 이로부터 구성원을 보호하기 위한 첫 단계이다. Rick이 집단에 참여하기 전에 선별과정에서 진행자인 Lois와 나누는 다음의 대화를 살펴보자.

Lois: 중독 집단에 관심있다고 들었는데, 본인 소개를 해 주시고 어떤 이유로 집단상담에 관심이 생겼는지 이야기 나눠보고 싶습니다. 집단 참여가 본인에게 도움이 될지 한번 같이 이야기해 보면 좋겠습니다.

Rick: 크게 할 말은 없어요. 작년에 코카인 소지로 보호관찰을 받다가 소변에서 마리화나 성분이 나와서, 변호사가 중독재활센터에 가라고 하더라구요.

Lois: 여기는 중독재활 프로그램은 아니고 인지행동치료 프로그램인데, 이 프로그램을 원하시는 게 맞나요?

Rick: 저에게는 재활이나 인지행동치료나 다 마찬가지에요. 뭐든 시작을 해야 해서요.

Lois: 집단에 참여하는 것에 대해 관심은 별로 없으신 것 같네요.

Rick: 관심이 있어야 하나요?

Lois: 집단 참여는 본인 스스로 결정할 수 있어요. 저는 개인적으로 인지행동 집단치료가 중독행동 변화에 매우 효과적인 것을 경험했고, 그래서 오랫동안 이 집단치료를 해 오고 있어요. 집단 구성원들은 자신의 중독 문제에 대해 고민하고 변화하기 위해 모이고, 집단 안에서 서로를 지지하고 격려하는 것이 필요해요. 구성원들은 모임을 가질 때마다 자신의 중독상태, 목표, 그와 관련한 고민들을 나누고, 서로의 목표에 대해 경청하면서 각 회기마다 어떤 기술이 가장 적절할지 결정해요. 개인치료와 비슷하기는 하지만, 한 개인이 아니라 모든 구성원에게 도움이 될 만한 기술을 배워요. Rick 씨의 경우에는, 자신이 겪었던 문제에 다시 빠지지 않도록 하는 기술이 도움이 될 수 있어요.

Rick: 어떤 종류의 기술을 말하는 건가요? 아직 치료를 받아 본 적이 없어서요.

Lois: 아직 확실히 말하기는 어렵지만, 의사결정, 충동조절, 또는 문제 해결과 같은 기술에 집중하는 것이 도움이 될 수 있을 것 같아요.

Rick: 좋을 것 같은데요. 집단에 등록할 수 있는 방법만 알려주세요.

Lois: 그보다 먼저 생각해 봐야 하는 것은, 본인이 **적극적으로 참여하는 구성원**이 될 의향이 있는가에요.

Rick: 적극적으로 참여하는 구성원라는 게 무엇을 해야 한다는 의미인가요?

Lois: 매주 또는 가능한 한 자주 집단에 참여하고, 집단 활동에 적극적으로 참여한다는 뜻입니다. 자신의 어려움에 대해 솔직하게 이야기하고, 다른 사람의 문제에 공감할 수 없는 순간에도 다른 사람의 이야기를 잘 경청하는 것이 필요해요.

Rick: 여기까지 왔으니 한번 해 보죠.

Lois: 적극적으로 참여하는 구성원이 되기 위해 최선을 다하겠다는 뜻인가요?

Rick: (한숨) 네, 최선을 다하겠습니다.

이 대화를 나눈 후에 Lois는 Rick의 이야기를 자세히 들어보고 Rick이 집단에 적합하다고 판단했다. 그 후에 집단 규칙을 설명하고, 집단에 참석하기 위해 모든 구성원이 규칙을 준수해야 한다고 강조했다.

중독집단 CBT의 원칙과 구조

집단을 안전하게 지키고, 비밀을 보장하고, 집단활동의 생산성을 높이는 것은 집단 진행자의 중요한 책임 중 하나이다. 오랫동안 어떤 규칙이 꼭 필요하고 중요한지 판단해 왔는데, 결론적으로 저자는 집단 구성원으로 참여하기 전에, 참가자들에게 다음의 사항에 대해 동의를 받는다.

1. 집단 외부에 있는 사람에게 집단 구성원에 대한 이야기를 하지 않습니다.
2. 나에게 효과 있었던 방법을 공유하는 것은 할 수 있으나, 다른 구성원에게 직접적인 조언은 하지 않습니다.
3. 다른 집단 구성원의 피드백을 수용합니다(즉, 방어적인 태도를 취하지 않습니다).
4. 다른 집단 구성원에게 공격적으로 행동하지 않습니다.
5. 상담 동안에 철학, 정치, 지식을 논하기보다 자신의 생각, 감정, 상황, 행동에 대해 이야기합니다.
6. 다른 구성원에게 소외감을 줄 수도 있으므로, 외부에서 집단 구성원들과 소그룹이나 모임을 만들지 않습니다.

이러한 규칙을 나누는 방식은 자유롭지만, 이 규칙들을 동의하는 것이 집단 등록에 동의하는 필수 절차임을 확실히 해야 한다. 이 규칙에 대한 인쇄본을 나눠 주거나 방 앞에 있는 게시판에 적어 놓고, 규칙을 따르지 않을 때 규칙을 상기시켜 주는 것도 필요하다.

첫 회기

첫 번째 회기에서는 집단의 원칙과 목표, 구조와 규칙을 반복해서 이야기하는 것이 중요하다. 이러한 내용은 구성원들이 집단이 처음인 경우에는 특별히 도움이 된다.

Lois: 모두 환영합니다. 저는 인지행동치료집단의 진행자인 Lois입니다. 이 집단에 등록하기 전에 여러분 한 분 한 분과 이야기를 나누었기 때문에 집단 운영방식과 기본적인 규칙을 이해하셨을 것입니다. 다시 한번 말씀드리자면, 이 집단은 모든 중독자들을 위한 그룹입니다. 어떤 분은 음주로, 어떤 분은 흡연으로, 처방약이나 약물 중독으로, 폭식이나 도박 같은 행동 중독으로 어려움을 겪고 있습니다. 중독의 종류는 다르지만 중독이 일어나는 과정은 공통적이기 때문에 한 치료집단으로 만나게 되었습니다. 스스로 끊으려고 노력해 보았지만 어려움이 있었을 것이라 예상합니다. 자신의 행동에 후회하고 다른 사람에게 숨기기도 하면서, 중독에서 벗어나고 싶다는 생각을 해본 적이 있을 것이라 생각합니다.

Rick: 질문이 있는데요. 모임이 얼마나 걸리나요? 몇 시에 끝나나요? 방해해서 죄송하지만 여자 친구가 몇 시에 와야 하는지 알려달라고 해서요.

Lois: 90분 걸리므로 6시 30분에 끝납니다. 시간에 대해 질문을 하신 김에, 회기 시간과 구성을 설명하는 게 좋을 것 같습니다. 저희는 오후 5시부터 90분간 모임을 갖습니다. 의무 조건은 없기 때문에 회기에 원하시는 만큼 참여할 수 있지만, 서로를 알아갈 수 있도록 가능한 한 정기적으로 참여하는 것을 권장합니다. 오늘 여러분 모두 정시에 도착하셨는데, 앞으로도 5시 정시에 도착해 주시기 바랍니다. 회기 중에 전화를 사용해야 하는 경우에는 복도로 나가 주세요. 우리 센터에 처음 오신 분들도 계신 것 같은데, 화장실은 복도 바로 아래 있습니다. 지금까지 설명한 것 중에 질문이 있나요?

Rick: 감사합니다. 나중에 문자를 보낼게요. 방해해서 죄송합니다.

Lois: 괜찮습니다. 집단에 대한 몇 가지 사항을 더 공유한 다음 여러분이 본인 소개하는 시간을 가지고자 합니다. 한 명씩 자신의 이름을 소개한 다음 자신의 중독상태, 중독을 해결하기 위한 목표, 가족이나 법적 문제, 주거, 재정상태 등 중독에 영향을 미치는 모든 문제를 알려 주세요. 더 개방적이고 솔직하게 이야기할수록 집단에서 도움을 받을 가능성이 커집니다. 제가 어떤 분의 이야기가 끝난 후, 다른 분들의 비슷한 경험을 듣는 것이 좋겠다고 판단할 때는, 다른 분들에게 비슷한 생각, 감정, 경험을 했는지 물을 것입니다. 아마도 자신의 생각과 감정이 다른 사람들의 생각과 감정과 상당히 비슷하다는 것에 놀라게 될 것입니다. 그 후 목표 달성에 도움이 되는 인지행동치료의 원칙과 기술을 설명하고 적용하는 시간을 가질 것입니다. 혹시 여기까지 질문이 있나요?

첫 회기에서, Lois는 집단의 가장 기본적인 요소들을 소개했다. 만약 모든 규칙과 CBT의 원칙, 세부사항들을 소개했다면, 너무 많은 시간이 소요되었을 것이고 집단 구성원들은 지루해 하면서 산만해졌을 것이다. 대신에 Lois는 집단원이 궁금한 사항이 있는지 질문을 했다. 집단 구성원들이 참여하면서 관련된 규칙들을 적절한 타이밍에 소개할 수도 있다. 예를 들어, Rick이 집단에서 하는 이야기들이 보호관찰소에 보고가 되는지 물어볼 수 있다. 그때, Lois는 "그 질문과 연결하여 집단에서의 비밀보장 원칙에 대해 이야기해 보면 좋을 것 같습니다. 집단에서 가장 중요한 규칙 중 하나는 집단 내의 다른 사람에 대한 정보를 다른 곳에서 이야기하지 않는 것입니다. 저도 여러분의 동의 없이는 여러분에 대한 어떤 정보도 다른 사람에게 공개하지 않을 것입니다. 이와 관련된 다른 규칙도 함께 검토해 보면 어떨까요."라고 말할 수 있다.

중독집단 CBT의 구조

집단의 구조를 설정하는 것은 집단의 생산성을 유지하는 데 큰 도움이 된다. 구조가 너무 많으면 집단이 경직되거나 비인격적이 되고, 구조가 너무 잡혀 있지 않으면 혼동에 빠질 수 있다. 집단 구조는 구성원이 각 회기에서 서로 질문하고 관련 경험을 공유함으로써 상호작용을 하는 것을 바탕으로 한다. 물론 CBT모델을 검토하거나 기술을 가르치는 동안에도 질문을 하고 개인적인 생각과 경험을 공유할 수 있다. 이러한 상호작용을 통해 집단 구성원은 서로를 알아가고 관심을 가지게 되며, 응집력을 키우게 된다. 동시에, 진행자는 구성원들의 대화와 관련 있는 CBT 개념이나 기술로 연결하고 훈련시킬 책임이 있다.

집단 구성원 간의 상호작용은 대화기술을 배우고 연습할 수 있는 기회를 제공한다. 어떤 사람들은 다른 사람들을 돕기 위해 자신이 문제를 해결할 때 썼던 전략들을 이야기하면서 조언을 하려고 할 수 있다. 이럴 때 진행자는 구성원들에게 개방형 질문, 성찰적인 경청, 공감 표현 등의 효과적인 방식으로 소통하도록 인도해야 한다.

또한 진행자는 참여자들이 집단의 기본구조를 유지하고 회기의 의제에 집중할 수 있도록 해야 한다.

진행자는 각 모임마다 동일한 구조를 따라야 하지만, 집단 구성원들의 문제와 질문에 따라 다음의 부분에 소요되는 시간을 조정할 수 있다.

- 집단 진행자 안내
- 집단 구성원 나눔
- 중독행동에 대한 CBT모델 설명 및 검토
- 중독행동과 관련된 인지, 행동, 대인관계 기술 제시
- 집단 구성원 피드백
- 요약 및 검토

각 요소는 다음 섹션에서 자세히 설명한다.

집단 진행자 안내

집단 목표, 지침, 규칙을 소개하는 데 필요한 시간은 새로운 구성원이 있는지 여부와 집단이 모인 기간 등 여러 변수에 따라 달라진다. 앞의 예에서는 첫 번째 회기이기 때문에 길게 소개를 하였지만, 집단 구성원이 서로를 알고 집단 과정을 이해하면 진행자 소개에 소요되는 시간은 줄어든다.

회기 시작 전에 지난 회기 후에 일어난 일 중에 같이 이야기할 주제가 있을 수 있다. 나에게 일어난 예를 들자면, 지난 모임이 끝난 후 한 구성원이 나가다가 빙판길에 미끄러져 넘어졌는데, 여러 구성원들이 그를 도왔고, 심각하게 다치는 것을 방지할 수 있었다. 그 구성원이 진행자에게 연락하여 그 일에 대해 이야기했고, 다음 회기에서 도와준 사람들에게 감사할 기회를 가졌으며, 이 일은 그 집단이 앞으로 더 나아가는 기회가 되었다. 또 다른 예로는 집단 진행 중에 한 구성원이 갑자기 울면서 "죄송하지만, 오늘은 못하겠어요."라고 말하고 나갔다. 이후에 그는 진행자에게 최근 어머니가 위독해지셨고 그 상황 때문에 매우 괴로워하고 있다고 말했다. 언젠가

집단에 다시 참여하겠다고 말하며, 진행자에게 본인의 상황을 다른 구성원에서 설명해 달라고 부탁했다. 진행자는 내담자의 공식적인 동의를 받아서 다음 회기를 시작할 때 그 상황에 대해 다른 구성원들에게 설명하는 시간을 가졌다.

집단 구성원 나눔

모든 회기에 구성원들은 자신의 이름, 중독상태, 목표, 삶의 중요한 문제나 중독과 관련된 문제를 나눈다. 이때 집단 진행자는 **[그림 12-1]**과 같은 집단 추적 시트에 구성원들의 이야기를 기록하는 것이 좋다.

Lois: 먼저 이야기하고 싶은 분 있나요? 본인 이름, 중독상태, 목표, 그리고 삶에서 중요한 문제나 중독과 관련 있는 문제를 이야기해 주시고, 다른 분들은 관련된 질문을 하셔도 되고 자유롭게 생각을 공유해 주세요.

Tom: 제가 먼저 할게요. 제 이름은 Tom이고 43세입니다. 알코올 중독 문제가 있고, 3주전에 마지막으로 술을 마셨고, 단주를 유지하는 것이 제 목표입니다. 마지막 항목이 뭐였죠?

Lois: 알코올 사용과 관련된 다른 문제들을 알려 주세요.

Tom: 이게 '다른' 문제가 맞는지 모르겠지만, 최근에 세 번째 음주운전으로 걸려서 여러 가지로 문제가 많이 생겼습니다. 자세히 설명하긴 그렇지만, 그 이후로 다시는 술을 마시지 않기로 결심했습니다.

Rick: 음주운전이 세 번째이군요. 두 번 음주운전으로 걸린 이후로도 계속 술을 마시게 되었던 이유는 뭐였나요?

Tom: 처음 음주운전으로 걸린 후 1년 동안 술을 끊었어요. 여러 프로그램에 참여하면서 술을 끊었는데, 프로그램이 끝난 후 다시 술을 마시고 또 걸렸어요. 그때는 면허를 잃었고, 벌금 내고, 주말마다 보호관찰소에 갔어요. 차에 '잠금 장치'를 설치하고 나서는 몇 년 동안 술을 끊었죠.

Sarah: '잠금 장치'가 뭔가요?

Tom: 차에 시동을 걸기 전에 음주 여부를 감지하는 장치인데, 거기에 입김을 불어넣는 거에요. 만약 알코올이 검출되면 차에 시동을 걸 수가 없어요.

이름(나이)	중독 종류	중독상태	변화목표	관련 문제/상황
Tom (43세)	알코올	3주 전에 술을 끊음	단주	기혼, 부인과 같이 살고 있음, 작은 엔진 수리점을 운영하고 있음, 세 번 음주운전으로 걸린 후 단주 중
Rick (29세)	마리화나, 코카인	마리화나－가끔 핌 코카인－6개월동안 하지 않음	보호관찰 동안 끊는 것, 그 이후에 다시 생각해 볼 것	미혼, 친구와 같이 살고 있음, (보호관찰, 변호사) 법적 문제가 단약과 집단에 참여하게 된 동기
Mary (50세)	오피오이드 (통증치료제)	'매일 아주 많이 복용함' 의사가 처방하는 최대치 사용	이제는 줄여야 한다는 것을 알고 있음, 얼마나 줄일 수 있을지 말하기는 어려움	기혼, 만성통증, 매일 담배를 피고 과음하는 남편과 살고 있음
Sarah (34세)	폭식	지난 금요일 밤에 폭식	폭식을 그만하고 싶음	미혼, 비만, 혼자 살고 있음, 외로움, 우울
Bill (59세)	도박	마지막으로 도박, 한 달 전에 도박으로 800불을 잃음	단도박이 목표이지만 양가감정이 있음, "조절해서 도박하는 것도 가능할 것 같아요."	부인과 별거 중, 패스트푸드 음식점에서 밤에 매니저로 일함, 부모님과 거주 중
Kristen (31세)	흡연	현재 매일 반 갑 정도 피움, 금연을 계속 시도하는 중	금연	싱글, 2세 딸(Lilly)과 같이 살고 있음, 우울증으로 힘듦

그림 12-1 CBT 중독집단 추적시트

Rick: 그럼 세 번째 음주운전은 어떻게 일어난 거에요?

Tom: 작은 엔진 수리점을 운영하고 있는데, 하루 일과가 끝나면 직원들이 맥주를 마셔요. 3주 전에 퇴근 후에 맥주를 마시고 운전하다가 음주운전으로 다시 걸렸어요. 변호사가 이번에는 아마 교도소에 들어가게 될 거라고 하더라구요. 이번에는 정말 술을 끊으려구요.

Sarah: 정말 유감이네요.

Tom: 저도요.

Rick: (잠시 침묵 후) 다음은 제가 할게요. 제 이름은 Rick이구요. 솔직히 저는 여기 있을 이유가 없다고 생각합니다. 마리화나를 피우고 가끔 술을 마실 뿐이고, 그것 때문에 문제가 생긴 적이 한 번도 없습니다. 예전에는 코카인을 하긴 했는데 한번 잡힌 이후로는 이제는 하지 않아요. 문제는 보호관찰 중에 불시로 약물 검사를 한 날에 그 전날 마리화나를 피운 것이 걸렸고, 변호사가 여기에 참여해야 한다고 하더군요.

Sarah: 바보 같은 질문일 수도 있는데 불시 약물 검사는 어떻게 하는 건가요?

Mary: 그건 제가 말씀드릴 수 있어요. 저는 항상 '소변 약물 검사를 통해 약물복용 여부를 불시에 검사할 수 있습니다.'라는 문자를 받아요.

Lois: 바보 같은 질문이 아니에요. 누구든지 편하게 질문을 하고, 질문이나 생각을 공유해 주셨으면 좋겠어요. 그것이 서로를 알아가고 공통점을 발견하는 데 큰 도움이 됩니다.

Sarah: 네, 감사합니다.

Lois: Rick 씨가 이곳에 어울리지 않는다고 말씀하셨죠. 그럼에도 여기에 오셔서 참여하고 있는 것이 기쁘네요. 모두 중독 문제에 대해 생각하는 바가 달라요. 본인의 중독상태를 이야기하고 싶으면, 코카인과 마리화나가 본인에 삶에 어떤 영향을 끼치는지 나눠주면 됩니다.

Rick: 지금 말할게요. 코카인을 사용했고 마리화나를 많이 피웠지만 솔직히 문제가 되는지 모르겠어요. Tom과 마찬가지로 저도 해결해야 하는 법적 문제가 여러 가지 있고, 지금은 감옥에 가고 싶지 않아서 끊은 상태이고, 아직 다시 사용할 계획은 없어요. 마리화나를 피우는 친구들하고 같이 살고 있지만, 그 친구들 파티에 참석하지 않을 계획이에요.

Mary: (잠시 후) 불시 약물 검사에 대한 이야기가 나왔으니, 제가 그 다음으로 이야기할게요. 제 이름은 Mary이고 저는 진통제 옥시코돈 중독자에요. 옥시코돈은 마약이고 중독성이 있어요. 의사가 너무 많이 복용한다고 경고했고, 저도 알고 있습니다. 만성 통증이 있어서 진통제가 필요하고 그래서 끊는 게 힘들어요. 그리고 하루 종일 담배를 피우고 술을 많이 마시는 남편과 살고 있는데, 그게 스트레스가 되어서 진통제를 더 찾는 것인지도 몰라요. 제 친구가 제가 몸이 아파서 진통제를 먹는게 아니라 정신적으로 고통스러워서 먹는 것 같다고 말하는데, 일리가 있어요. (다시 잠시 멈춤) 그게 다입니다.

Sarah: 제가 할게요. 제 이름은 Sarah이고, 제 중독 문제는 폭식증입니다. 이 집단에 참여하고 술을 끊은 친구가 중독과 관련된 다양한 문제를 가진 사람들이 올 수 있다고 추천해서 오게 되었어요. 저는 거의 음식 중독입니다. 한 번도 마약을 해 본 적도 없고 술을 많이 마시지도 않지만, 이전에 영화에서 누가 코카인을 하는 장면을 본 적이 있는데, 그 모습이 마치 제가 폭식을 하는 장면 같다고 느꼈어요. 속이 아플 정도로 음식을 먹다가 그 후에 며칠은 끔찍한 기분이 들어요. 마치 음식으로 인한 '숙취'를 경험하는 느낌이고 배가 더부룩하고 역겹고 제가 그렇게 먹었다는 것이 심하게 부끄러워요. 가장 최근에는 지난주 금요일 밤에 폭식을 했어요. 다른 문제라고 하면…… 혼자 살고 있고, 외로움과 우울함을 심하게 느낍니다.

Mary: Sarah, 마음이 얼마나 힘들었을지 이해가 갑니다. 저는 결혼했지만 외로워요. 차라리 결혼하기 전으로 돌아가고 싶을 때가 많지만 그렇다고 해서 문제가 해결되지 않을 것을 알아요. 남편이 없었어도 저는 여전히 비참했을것 같아요.

Lois: (잠시 침묵 후) 모두 비슷한 문제를 가지고 있는 것 같습니다. 중독행동이든 물질이든 처음에는 우리에게 즐거움이나 안도감을 주었지만, 그것 때문에 오히려 점점 고통스러워진 것 같습니다.

Mary: 맞아요.

Lois: 아직 자기소개와 나눔을 하지 않은 분이 두 분 남았어요. 다음은 누가 할까요?

Bill: 제가 할게요. 제 이름은 Bill이고 저의 중독은 술도, 마약도, 폭식도 아니고 도박입니다. 한 달 전에 도박을 해서 800달러를 잃고 집에서 쫓겨났어요. 아이들의 대학 학자금으로 모으는 돈이었고 그걸 알고는 아내는 이혼하자고 합니다. 제 목표는 결혼 생활을 다시 정상으로 되돌리는 것입니다. 처음에는 도박을 진짜 완전히 끊는 것만이 방법이라고 생각했었는데, 지금은 잘 조절하면서 할 수 있을 것 같습니다. 앞으로는 20~30불정도 가지고 카지노에 가서 놀다가 그 돈이 떨어지면 집에 오려고 합니다. 사실 돈도 없고 연로하신 부모님과 같이 살고 있고, 패스트푸드 음식점에서도 일하고 있어서 도박을 할 생각이 별로 없어요.

Tom: 본인이 잘 조절하면서 도박을 할 수 있다고 생각하시나요?

Bill: 네, 지금 도박을 안하고 있는 것처럼, 제가 원하면 언제든 끊을 수 있고, 문제가 되기 전에 그만하면 되죠.

Tom: 저도 사실 세 번째로 음주운전으로 걸리기 전에 그렇게 생각했었어요. '나는 잘 조절하면서 술을 마실 수 있다.'라고 생각했는데, 지금 보니 헛된 생각이었던 것 같아요.

Lois: 두 분 생각을 듣게 되어 좋네요. Kristen이 자기소개 및 나눔을 한 후에, 중독행동과 관련된 사고와 신념에 대해 이야기하는 시간을 가지도록 하겠습니다.

Kristen: 제 이름은 Kristen이고, 제 중독은 담배에요. 저는 매일 담배를 반 갑 정도 피우고 있는데 완전히 끊고 싶습니다. 현재는 싱글이고 2세짜리 딸 Lily와 함께 살고 있어요. 다른 분들처럼 저도 우울증 때문에 괴로웠는데 조금씩 나아지고 있습니다. 제 치료사가 이 집단이 많이 도움이 될 것이라고 추천해서 오게 되었어요. 오늘 와 보니 그럴 것 같네요.

구성원 소개가 끝날 때쯤, Lois는 집단 추적시트(**[그림 12-1c]** 참조, 내용이 적혀 있지 않는 추적시트 버전은 이 장 마지막에 있으므로 내담자에게 적용하여 사용할 수 있음)를 완성했다. 이 시트는 Lois가 각 집단 구성원의 문제와 필요에 지속적으로 관심을 가지는 데 도움이 될 것이다.

구성원들의 소개와 나눔은 나머지 시간에 대한 일종의 로드맵으로 작용한다. 모든 구성원은 중독행동의 부정적인 결과에 대해 언급했고 변화의 동기에 대한 자신의 생각을 이야기했다. 구성원들이 자신에 대해 이야기할 때 Lois는 모든 구성원들이 공통적으로 가지고 있는 사고와 신념에 주의를 기울였다.

중독행동에 대한 CBT모델 설명 및 검토

각 회기에서는 중독 및 회복에 관한 사고, 신념, 감정 및 행동에 중점을 두고 CBT 모델을 설명하고 논의한다. 제2장에서 언급한 것과 같이, CBT에서는 사람의 감정, 행동, 그리고 생리적 반응이 사고와 신념에 의해 크게 영향을 받는다고 간주한다(제2장의 **[그림 2-2]**와 다음 **[그림 12-2]** 참조). CBT모델을 설명하고 적용하는 것은 보통 구성원 나눔 후에 진행하지만, 한 회기에 여러 번 반복해서 이야기할 수도 있고, 집단의 초기 나눔과 밀접한 관련이 있을 때 그 전이라도 언제든지 언급할 수 있다.

다음은 구성원 소개에 이어 Lois가 CBT모델을 소개하는 예시이다.

Lois: 지금부터는 중독행동의 근본적인 원인과 과정을 이해하기 위해 이 집단에서 사용하는 접근 방식과 모델을 설명하고자 합니다. 우리 집단은 중독을 일으키는 인지와 행동 과정에 초점을 맞추기 때문에 인지행동치료집단이라고 부릅니다. 인지란 사고, 신념과 같은 정신적 과정을 의미합니다. 자신의 사고와 신념을 이해해야 중독행동을 변화시킬 수 있습니다. 우리는 우리에게 일어나는 일들을 모두 통제할 수 없지만, 그 일을 해석하는 사고와 신념은 바꿀 수 있습니다. 사고와 신념이 바뀌면 감정과 행동도 바뀌고, 또 감정과 행동이 바뀌면 덩달아 사고와 신념도 바뀌게 될 것입니다.

첫 모임이기 때문에, Lois는 CBT에 대한 아주 기본적인 설명으로 시작했고, 만약

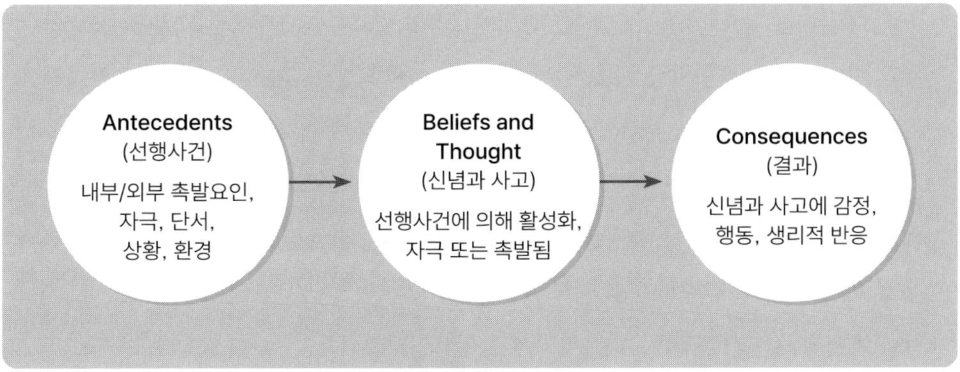

그림 12-2 ABC모델

중간에 새로운 구성원이 들어온다면 다시 이 설명을 반복해야 할 수도 있다.

그 다음 Lois는 일어나서 방 앞에 있는 화이트보드로 걸어가서 [그림 12-2]와 같은 A, B, C 원과 이를 연결하는 화살표를 그린다. 구성원들에게 촉발요인을 정의해 달라고 요청하고 구성원들의 논의에 따라 단어의 정의를 A 선행사건에 적는다. 그런 다음, C 결과로 이동하여 감정, 행동, 생리적 반응이라고 적는다. 대부분의 사람들이 자신의 감정 행동, 생리적 반응(예: 충동 및 갈망)을 자신이 통제할 수 없는 촉발요인, 상황, 환경 때문이라고 말한다. Tom의 예에서도 일과가 끝난 다른 직원들이 술을 마셨기 때문(상황)에 Tom이 술을 다시 마시게 되었다(결과). 그리고 진행자는 B(신념과 사고)를 적고 Tom의 음주에 대한 사고는 결국 다른 직원들이 술을 마시는 상황이 음주하게 되는데 영향을 미치는 통로가 된 것이라고 설명한다. 다음의 Lois와 구성원들의 대화를 살펴보자.

Lois: 방금 제가 세 개의 원과 두 개의 화살표를 그렸습니다. 앞으로도 ABC 과정을 이해할 수 있도록 반복적으로 이 그림을 그릴 것입니다.

Kristen: 제 개인치료사한테 ABC모델에 대해 들어 본 적 있어요. 실제로 우울증이 나아지는 데 도움이 되었고, 제 치료사가 이 모델이 금연하는 데도 도움이 될 거라고 말했었어요.

Lois: 나눠주셔서 감사합니다. Kristen, ABC모델을 가지고 더 많은 이야기를 할 수 있을 것 같습니다. 모두에게 질문을 하나 하고 싶습니다. 중독행동을 유발하는 상황은 어떤 것들이 있나요? 음주, 흡연, 폭식, 약물사용이 일으키는 내부적인 요인이나 외부적인 요인에는 어떤 것이 있나요? 여기 화이트보드에 적겠습니다.

Tom: 퇴근 후에 직원들에 술집에서 술을 마시면서 권했는데, 그게 촉발요인이 되었죠.

Lois: (칠판에 적는다: '다른 사람들이 술을 마시고 있다.') 고마워요. Tom. 다른 분들은요?

Kristen: 저는 긴장될 때나, 피곤한데 집안일을 해야 할 때, 주로 밤에, 담배를 피우고 싶을 때가 많아요. 갈망이 심할 때도 있고요.

Lois: (칠판에 적는다: '긴장감, 피곤, 갈망, 주로 밤') 감사합니다.

Rick: 제 친구들은 파티를 하면 대부분 약을 하죠. 사실 제 나이대 사람들에게는 그게 정상이라고 생각해요.

Lois: (칠판에 적는다: '파티, 친구, 약에 취함') 고마워요. 다른 분들도 본인의 촉발요인을 말해 주시겠어요?

Sarah: 저는 우울증이 가장 큰 문제에요.

Lois: (칠판에 적는다: '우울증') 이제 원 B를 봅시다. B는 신념, 생각, 규칙, 기준 등의 정신적인 과정을 말합니다. 대부분의 사람들은 외부의 촉발요인을 파악하는 것에 비해 자신의 생각과 신념을 파악하는 것을 훨씬 더 어렵다고 느낍니다.

Kristen: 저는 개인치료받으면서 계속 이런 부분을 이야기해 왔기 때문에 말할 수 있을 것 같아요. '담배를 피우고 싶다.' '담배가 필요하다.' '담배를 피우면 기분이 나아질 것 같다.' 같은 생각이 들어요.

Lois: 좋습니다. 생각을 나눠 주셔서 감사합니다(이 내용을 칠판에 적되, Kristen 사용한 담배라는 단어를 지우고 공란으로 남겨 둔다). Kristen이 담배라는 단어를 사용한 곳에 빈칸을 두었는데, 제가 왜 그렇게 했는지 짐작이 가나요?

Sarah: 짐작이 가네요. 우리 각자의 중독으로 빈칸을 채워야 한다는 거죠? 저 같은 경우에는 음식이겠네요.

Lois: 맞아요. 다른 분들은 어떤가요?

Rick: 저는 마리화나겠죠. 그런데 저는 마리화나를 피우면 뭐가 더 나아질 것 같다는 생각은 안 들어요. 그냥 '마리화나를 피우고 싶다.'죠.

Lois: 그럴 수도 있겠네요.

Lois는 모든 집단 구성원이 중독행동과 관련된 촉발요인, 생각, 신념, 감정, 행동, 생리적 반응을 알아차릴 수 있도록 돕고, 가능한 한 많은 촉발요인과 생각을 떠올릴 수 있도록 격려한다. 이전에 촉발요인과 생각을 효율적으로 피하거나 수정한 적이 있는지도 논의하면서 삶에서 통제력을 얻기 위한 전략을 이야기한다.

ABC모델을 이야기하면서 집단 구성원들은 중독의 촉발요인과 생각이 여러 중독에 걸쳐 비슷하다는 것을 이해하고 서로 공통적인 부분을 가지고 있음을 확인할 수 있다. 예를 들어, 이야기를 나누면서, 지루함, 불안, 충동, 갈망, 흥분, 또는 사회적 사건을 비슷하게 직면하고 있으며, '나는 …… 하고 싶다.' 또는 '나는 …… 해야 한다.'와 같은 비슷한 생각을 가지고 있다는 것을 알게 된다. 결국 중독행동을 해결하기 위한 전략 또는 기술도 비슷하다는 것을 깨닫는다.

중독행동과 관련된 인지, 행동, 대인관계 기술 제시

앞으로 학습할 기술에 대해 선택하는 것은 구성원들이 현재 경험하고 있는 문제에 따라 다를 수 있다. 예를 들어, 여러 구성원이 인간관계에 어려움을 겪고 있다면 의사소통, 공감, 갈등 해결 등의 대인관계 기술에 초점을 맞출 수 있다. 구성원들이 충동과 갈망으로 어려움을 겪고 있다면 이익-손해 분석 및 주의 분산 기술에 초점을 맞출 수 있다.

Lois는 집단 구성원들의 고민을 경청하면서 가장 관련성이 높은 기술을 선택한다. 이러한 기술을 습득하는 것으로 '(중독행동)을 하고 싶다.'에서 '다른 방식으로 문제를 해결하고 싶다.'라는 생각으로 전환할 수 있게 된다. 다음은 중독 문제를 가지고 있는 사람들에게 도움이 될 수 있는 기술들이다.

- **거절 기술**: 중독행동을 권유 받을 때 "아니요." 라고 말할 수 있는 기술
- **감정 조절 기술**: 중독행동을 하지 않고 원치 않는 감정상태(예: 불안, 우울, 분노)를 중립적이나 긍정적인 상태(예: 평온, 편안함, 만족)로 전환할 수 있는 기술
- **충동 조절 기술**: 촉발요인에 대한 반응을 멈출 수 있도록 하는 기술
- **대인관계 기술**: 다른 사람들과 효과적이고 원하는 방식으로 상호작용하는 기술
- **문제 해결 기술**: 다양한 해결방식을 확인하고 최선의 방법을 실행하는 기술
- **마음챙김 기술**: 생각을 집중시키고, 방해요소를 줄여서 중요한 문제에 집중할 수 있도록 하는 기술
- **수용 및 전념 기술**: 바꿀 수 없는 것은 받아들이고, 바꿀 수 있는 것은 바꾸기로 다짐하며, 이 둘을 분별할 수 있는 기술
- **행동활성화 기술**: 중요한 가치를 인식하고 자신의 가치와 일치하는 일상행동을 계획하는 기술

이러한 다양한 기술들을 고려할 때 중요한 질문은 '이 중에서 회기에서 다룰 기술을 어떻게 선택해야 하는가.'이다. 구성원들에게 가장 관련성이 높은 주제를 선택해야 하고 능숙한 진행자는 각 기술을 집단 구성원 각자의 케이스에 연결시킬 수 있다.

만약, Lois가 집단원들의 소개와 나눔을 들은 후에 가장 먼저 집중해야 할 기술로 감정 조절을 선택했다고 가정해 보자. 많은 구성원들이 중독행동을 하기 전에 어떤 긴장(감정) 상태를 가진다. Mary, Sarah, Kristen에게는 중독행동 전에 일어나는 부정적인 감정(예: 우울, 불안, 분노)을 인식하는 것이 어렵지 않다. 그러나 Tom, Rick, Bill에게는 중독행동 전에 일어나는 충동과 양가감정을 인식하기 어려울 수 있으므로, 충동과 중독행동을 할지 말지에 대한 양가감정도 긴장의 한 형태임을 이야기해 줄 수 있다.

이후에, Lois는 집단원들이 각자의 가치관에 부합하는 활동이 부족하다는 것을 인식하고, 행동활성화를 가르칠 수 있다. 화이트보드를 사용하여 구성원들이 자신에게 중요한 가치를 나열했을 때, 가족, 우정, 직업, 성실성, 신체건강, 다른 사람을 돕는 것 등의 목록이 나올 수 있다. 이를 통해, 다음 주 동안 이러한 가치에 맞는 활동을 계획하고 실행하도록 도울 수 있다.

집단 구성원 피드백

진행자는 각 회기에서 구성원들에게 피드백을 요청할 수 있다. 구성원이 "이 새로운 기술 또는 토론이 나에게 도움이 되는 이유는 ……이다."라고 자발적으로 말할 수도 있다. 그러나 더 많은 경우는 진행자가 "오늘 여러분은 이 회기를 통해 무엇을 배웠나요?"라고 질문을 할 것이다. 피드백을 들을 때, 회기 내용이 구성원에게 얼만큼 도움이 되는지 알 수 있고, 구성원이 자신이 배운 것을 명확하게 표현함으로써 이후에 기억하고 적용할 수 있는 가능성이 높아진다.

회기의 마지막에는 "오늘 무엇을 배웠나요?"라는 질문을 하는 것이 좋다. 보통 회기가 끝나기 5분 전에는 이 질문을 하고, 그날 배웠던 기술들을 다시 되새기면서 적용점을 나눈다. 예를 들어, "엄마가 나를 통제하고 있다는 사실을 인정하고, 또 엄마와 대화를 잘하기 위해서 의사소통 기술을 연습해야 한다는 것을 배웠습니다."라고 대답할 수 있다.

어떤 경우에는 집단의 다른 구성원이 한 이야기를 바탕으로 자신의 상황에 적용해 보기도 한다. 예를 들어, "Bill이 하는 말을 들으면서, 제가 항상 '딱 한 번만' '조금만' 하자고 스스로 허락을 할 때 결국 제가 재발했었다는 것을 깨달았습니다."라고 말할 수 있다.

또한 진행자는 한 주제에서 다른 주제로 넘어갈 때 이 질문을 할 수 있다. 예를 들어, 충동과 갈망을 조절하는 전략을 배웠고 다른 주제로 넘어가기 전에 진행자는 지금까지 말한 내용을 요약하고 무엇을 배웠는지 물어보면서 주제를 전환할 수 있다.

요약 및 검토

무엇을 배웠는지에 대한 질문과 함께 요약과 검토를 하는 시간을 가지는 것이 좋다. 요약과 검토를 할 때도 최대한 그날의 주제가 모든 구성원에게 관련이 있는 주제임을 설명한다. 다음은 Lois가 집단원들과 첫 번째 집단 회기를 마무리하면서 주고받는 대화이다.

Lois: ABC모델로 자신의 상황에 적용하여 해석한 것을 나눠 주셔서 감사하고, 특히 갈망과 충동을 관리할 때 어떻게 ABC모델을 사용할 것인가를 이야기한 것이 좋았습니다. 여러분이 오늘 모임을 통해 배운 부분들이나 오늘 집단 경험이 어땠는지에 대해 들어보면 좋겠습니다.

Tom: 솔직히 중독이 다 다른데 서로 비슷한 점이 많다는 사실에 좀 놀랐습니다. 저는 항상 알코올 중독자들로만 구성된 집단을 생각해 왔었거든요. 제 문제가 폭식, 도박, 마리화나 문제와 크게 다르지 않다는 것을 알게 되었어요. 다른 문제를 겪고 있긴 하지만 어떤 면에서는 참 비슷하다는 생각이 들었어요.

Rick: 오늘 집단을 하면서 집단 진행이 생각보다 유동적이라는 생각이 들었어요. 한 시간 반 동안 마리화나와 마약의 폐해에 대한 강의만 들을 줄 알았거든요.

Lois: Rick, 고마워요. 생각했던 것보다 나쁘지 않아서 다행이네요. 본인에게 특별히 도움이 되었던 부분이 있나요?

Rick: 저도 Tom과 마찬가지로 서로 공통적인 부분이 많다는 사실에 놀랐고, ABC모델로 여기 모든 사람의 문제를 설명할 수 있다는 것이 인상적이었습니다.

Kristen: 제 개인치료사가 ABC모델이 우울증뿐만 아니라 금연하는 데에도 도움이 될 것이라고 했는데 정말 그런 것 같아요. 담배를 끊어 보고 싶어요. 치료사가 제가 집단을 좋아할 것이라고 했는데, 정말 좋네요.

Sarah: (잠시 침묵 후) 정크푸드를 사거나 먹지 말아야 할 음식을 먹기 전에 스스로에게 무슨 말을 하고 있는지 알아차리는 연습을 해야 할 것 같아요. "내가 정말 이것을 먹어야 하는 건가?"라거나 "지금 이렇게 많은 과자를 먹으면 내일 기분이 어떨까?"하고 스스로 물어보려구요.

Mary: 오늘 여러 가지로 많은 생각을 하게 된 것 같아요. 통증을 견디는 게 무섭긴 하지만 진통제를 많이 먹지 않도록 뭔가 변화해야 한다는 것을 알게 되었어요. 조금 더 진지하게 생각해 보려고요. 저는 생각하는 데 시간이 좀 많이 걸리는 편이거든요.

Lois: 솔직하게 말해 줘서 고마워요, Mary. 확실히 더 좋은 방향으로 가고 있으신 것 같아요. 다음 주에 더 많은 이야기를 나누도록 해요. Bill 씨는 오늘 어땠나요? 어떤 것을 배운 것 같으세요?

Bill: 아직 잘 모르겠어요. 모두 좋은 분이신 것 같은데, 솔직히 이 모임이 저에게 도움이 될지 아직 확실히 모르겠어요. 도박이 다른 중독과 같은 것인지 잘 모르겠구요. 저에게 도박은 오락과 같기도 하고 잃은 돈을 다시 찾을 수 있는 기회이기도 하거든요. 모임에는 계속 오겠지만, 다른 분들처럼 아직 느껴지는 것은 없어요. Mary처럼 저도 좀 천천히 생각을 해 봐야겠어요.

Lois: 솔직하게 말씀해 주셔서 감사해요. 더 생각을 해 보시고 다음 주에 다시 오겠다고 하셔서 기쁘네요. 오늘은 여기까지 하고 다음 주에 모두 뵙기를 희망합니다.

집단의 목표 설정

중독집단의 주요 목표는 중독행동을 줄이고 중독 없는 삶을 효과적으로 관리하도록 하는 것이다. 그럼에도 불구하고 각 집단 구성원은 각자의 고유한 목표를 설정할 수 있고, 그 목표는 단약, 단주, 금연에서부터 조절해서 사용하고 완전히 끊지 않는 것까지 다양할 수 있다.

이는 여러 가지 요인이 구성원이 가지는 목표에 영향을 미치기 때문이다. 예를 들어, 중독 물질을 계속 사용할 경우 법적이나 가정문제가 일어날 것이라 완전히 끊는 것을 원하는 경우도 있고, 건강에 위험한 신호가 있을 때 결심하는 경우도 있다. 어떤 사람들은 뭔가 물질 또는 행동에 의존하지 않고 싶기 때문에 끊기를 원한다. 또 무조건 끊는 것이 자신에게 맞는 방법이 아니라고 판단하는 사람도 있다. 자신의 의지에 반하여 치료를 받아야 하는 경우나, 가족이나 제도에 의해 의무적으로 끊어야 하는 것이 강제라고 생각하고 반감을 가지는 경우도 있다. 그럼에도 불구하고, 진행자와 집단 구성원들을 각자의 목표에 대해 판단하거나 평가하지 않고 있는 그대로를 인정하고 지지할 때 구성원들이 얻는 혜택은 크다.

중독집단치료사는 내담자의 목표를 선택하거나 강요할 수 있는 위치에 있어서는 안 된다. 내담자가 집단에 참여하여 중독행동을 계속할 것이라고 말할 때 치료사가 중독 행동을 그만하라고 하는 것은 진행자로서의 역할은 아니다. 구성원들은 집단에 참여하고 다른 사람들의 이야기를 경청하면서 자신의 목표를 수정하고 영감을 받는다. 집단 구성원 중 한 명이 끊을 생각이 없다고 하면 반대로 다른 사람들이 끊어야 한다고 말하는 역동이 생기기도 한다. 집단의 원칙이 조언을 하지 않는 것이기 때문에, 구성원들을 자유롭게 질문을 하고, 자신의 문제를 나누고, 끊는 것에 대한 어려움을 나눌 수 있어야 한다. 다음은 Rick이 마리화나를 끊는 것이 꺼려지는 이유에 대해 서로의 생각을 나누는 장면이다.

Rick: 사실 마리화나 피우는 것이 문제인지 모르겠어요.

Kristen: 마리화나 때문에 감옥에 갔다고 하지 않았어요?

Rick: 마리화나가 아니라 코카인 때문에 감옥에 갈 뻔 했어요. 코카인은 많이 하지도 않았구요. 그런데 마리화나는 달라요. 마리화나는 중독도 안 되고 문제가 되지도 않아요. 많은 나라에서 합법이잖아요.

Sarah: 어떤 일이 일어나면 마리화나가 문제라고 생각하게 될까요?

Rick: 나중에 진짜 그만둘 수 없게 된다면요.

Sarah: 이전에 그만두기 어려웠고, 그것 때문에 감옥에 갈 뻔했다고 했잖아요.

Lois: Rick, 다른 분들이 Rick이 마리화나로 인한 문제가 없다고 하는 것을 이해하려고 노력하고 있는 것 같고, 질문에 답해 준 것 감사합니다. 이런 질문들이 본인한테 어떻게 느껴지나요?

Rick: 저를 밧줄로 옭아매는 것 같아요.

Lois: 그게 어떤 뜻인가요?

Rick: 압박감이 느껴져서 불편하네요.

Lois: 다른 분들이 당신의 목표에 대해서 질문하는 것은 괜찮나요?

Rick: 그래야겠죠. 저한테 선택의 여지가 있나요?

Lois: Rick, 여기서 본인의 목표를 설정할 수 있는 사람은 본인뿐이에요. 모두는 우리에게 필요한 지식과 기술을 습득하고, 서로의 목표를 돕기 위해 여기 있어요. 가장 중요한 것은 각자에게는 자신의 목표를 설정할 권리가 있고 그것을 지지하기 위해 여기 있다는 것이에요. 누구도 다른 사람의 목표를 판단하거나 평가하지 않을 거에요.

Rick: 그게 제가 원하는 거에요.

결과적으로 이 대화는 집단에 대한 Rick의 태도에 전환점이 되었다. 이후 Rick은 Lois와 다른 구성원의 질문을 더 잘 받아들이고, 오히려 다른 사람들에게 중독행동의 목표와 동기에 대한 질문을 하기도 했으며, 다른 사람들을 지지하는 태도를 보였다. 저자는 이런 변화를 경험할 때마다 큰 보람을 느낀다.

집단 구성원의 목표가 중독행동과 무관한 것처럼 보이지만 실제로는 회복과 직접적인 관련이 있을 수 있다. 예를 들어, 많은 구성원들이 외로움을 덜 느끼기 위해 집단에 참석하는데, 다른 구성원의 보살핌으로 긍정적인 변화가 일어날 수 있다. 그 외에도 집단에 참여하는 구성원들의 목표는 다음과 같을 수 있다.

- 비슷한 문제를 경험하는 사람들과 함께 있고 싶음
- 다른 사람들이 문제를 해결하는 방법을 듣고 싶음

- 삶의 의미 찾기
- 생각과 감정에 대한 통제력을 키우기
- 사회성, 대인관계 능력 향상
- 대처능력 증진
- 다른 사람 돕기

구성원들은 다른 사람들이 이와 같은 목표를 달성하는 것을 목격하면서 자신도 변한다. 집단에 처음 들어왔을 때, Tom의 유일한 목표는 단순히 술을 끊는 것이었는데, 집단 3회기를 거친 후 "저에게 새로운 목표가 생겼습니다. 집에 있으면 심심해서 퇴근 후 직원들과 술을 마신다는 사실을 깨달았고, 술을 끊는 것 외에도 아내와 같이 할 수 있는 취미를 만드는 것이 제 새로운 목표입니다."라고 말했다.

집단의 주제 및 기법 선택하기

많은 사람들이 집단치료 회기가 진행되는 동안 주제와 기법을 어떻게 선택하는지에 대해 질문한다. 대답은 비교적 간단한데, 개인치료 회기에서 주제와 기법을 선택하는 것과 크게 다르지 않다. 각 집단 회기에서 선택하는 주제와 기법도 집단 구성원의 문제, 필요, 목표에 따라 달라진다. 예를 들어, 개인치료 회기에서 우울한 내담자가 감정 조절 기술을 배워야 할 필요가 드러날 수 있다. 이에 대응하여 치료사는 내담자의 사고와 신념을 수정하거나, 즐거운 활동을 늘리거나, 바꿀 수 없는 것을 수용하거나, 삶의 질을 향상시킬 수 있는 변화에 헌신하도록 돕는 데 초점을 맞출 수 있다. 개인치료와 집단 CBT의 차이점은 회기초점(예: 갈망 다루기, 감정 조절, 관계 개선, 충동 조절하기)의 선택이 한 개인의 요구보다 전체 집단 구성원의 요구에 따라 달라진다는 점이다.

상호 지지 집단인 SMART Recovery 프로그램(www.smartrecovery.org)에서는, ① 동기부여 및 유지, ② 갈망에 대처하기, ③ 생각, 감정, 행동 관리하기, ④ 균형 잡힌 삶 관리하기라는 네 가지 주제에 초점을 맞춘다. SMART Recovery 프로그램은 전 세계적으로 제공되는 근거중심 프로그램으로 CBT에 기반을 두고 있으며, 이 네 가지 영역에서 목표를 달성하기 위한 다양한 도구를 제공하고 있다.

진행자의 관심사, 훈련, 기술, 경험도 집단의 주제 선택에 영향을 미친다. 예를 들어, 어떤 진행자는 인지치료, 어떤 진행자는 합리적 정서행동치료, 수용 및 전념치료, 또는 변증법적 행동치료에 훈련과 경험이 많거나 개인적 흥미와 선호가 있을 수 있다. 인지행동치료사들도 특정 접근 방식에 더 친숙함을 느낄 수 있고, 치료자가 가장 선호하는 이론도 집단에서 가르칠 기술을 선택하는 데 영향을 미친다.

제7장에 중독에 대한 개인 및 집단 CBT의 표준화된 기법을 소개했다. 30년 전부터 개발된 이 기법들은 내담자에게 지속적으로 도움이 되어 왔다. 이 기법 중에서도 가장 활용도가 높은 기법에는 이익-손해 분석(advantages-disadvantages analysis), 자동적 사고 기록(automatic thought records), 일일활동 계획표(daily activity schedule) 등이 있다. 다음의 대화를 통해, Lois가 어떻게 이익-손해 분석 기법을 소개하고 실시하는지 살펴보자.

Lois: 여러분 중에 많은 분들은 자신의 행동을 바꾸는 것에 대한 양가감정을 이야기했습니다. Rick은 마리화나나 코카인이 크게 문제를 일으키지 않는다고 말했고, Bill은 도박행동은 조절하려고 마음먹으면 조절할 수 있으므로, 가벼운 도박을 통해 손실을 만회하고 싶다고 말했어요. Mary는 본인보다는 의사가 더 자신의 옥시코돈 사용을 우려하고 줄이기 원한다고 말하셨어요.

Mary: 의사가 왜 옥시코돈 사용을 줄이라고 하는지 알고 있어요. 제가 과복용해서 죽는 걸 원치 않아서겠죠. 그럼에도 제가 끊는 게 망설여지는 이유가 약에 대한 양가감정이 있어서 그런 것인지, 아니면 약을 줄였을 때 통증이 느껴지는 것이 두려워서 그런 건지 모르겠어요.

Rick: 저는 코카인은 끊어야 한다고 생각해요. 다만 마리화나가 문제라고 생각하지는 않아요.

Lois: 명확히 설명해 줘서 고마워요.

Bill: 전 양가감정이 아니라, 도박을 다시 하고 싶어요.

Lois: 고마워요. 지금 나온 이야기들을 바탕으로 이익-손해 분석이라는 연습을 소개하려고 합니다. (방 안에 있는 화이트보드에 **[그림 7-1]**과 같은 그림을 그린다) 정사각형이 있고, 네 개의 사분면으로 나누어져 있습니다. 가로축에는 이익과 손해라는 단어를, 세로축에는 중독행동 유지와 중독행동 중단이라는 단어가 적혀 있지요. 지금부터 이 사분면의 내용을 채워 볼 텐데요. 같이 이야기를 하면서 공통된 패턴이 있는지 살펴보도록 하겠습니다. 마리화나, 통증치료제, 술, 도박, 또는 중독행동으로부터 얻는 이익에 대해 먼저 이야기해 봅시다.

Tom: 술의 장점 같은 것 아니면 제가 왜 술을 좋아하는지에 대해 물어보는 건가요?

Lois: 맞아요.

Tom: 그건 말하기 쉽죠. 기분이 좋아지잖아요.

Lois: 술을 마시고 기분이 어떻게 변하나요?

Tom: 기분이 좋아지면서 다른 사람들과 자연스럽게 어울릴 수 있게 돼요.

Lois: ('사용의 이익'에 '기분이 좋아진다.'와 '사교적이 된다.'를 적는다) 중독행동의 이익에 대해 또 이야기하고 싶은 분 있나요? (Lois는 집단원이 말하는 것을 화이트보드에 적는다. **[그림 12-3]** 참조)

Mary: 약 때문에 통증이 줄어드니, 이게 제 자신을 돌보는 방법이 아닌가 싶어요.

Bill: 도박은 제 유일한 취미생활이고, 잃은 돈을 조금이라도 되찾을 수 있는 기회이기도 하죠. (Lois는 계속 화이트보드에 쓴다)

Lois: 이 부분은 거의 다 채웠으니, 다른 칸으로 가 볼게요. 어디를 채워 볼까요?

Kristen: 흡연을 계속할 경우의 손해에 대해 이야기해 보고 싶어요. 제가 먼저 이야기해도 되나요?

Lois: 네, 그럼요.

Kristen: 담배가 확실히 제 건강상태에 악영향을 주고 있는 것 같아요. 계단을 오르내릴 때도 이전보다 숨이 훨씬 많이 차요. 제 딸 Lilly도 흡연이 얼마나 나쁜지 아는 나이가 되면 절 걱정하게 될 것이고, 나중에 Lilly가 커서 혹시라도 담배를 피게 될까 봐 무서워요. (눈물을 흘림) 이런 사실을 이야기하는 게 부끄럽네요.

Bill: Kristen이 말한 게 저한테 좀 와닿는 것 같아요. 저는 개인적으로 도박이 문제라고 생

	이익	손해
중독행동 유지	기분이 좋아짐 사교적이 됨 통증이 줄어듦 유일한 오락거리 돈을 되찾을 기회	건강 문제 딸과 다른 가족에게 미치는 영향 죄책감, 수치심 관계 문제 법적 문제 의존되는 것이 싫음
중독행동 중단	법적 문제가 없어질 것임 돈을 아낄 수 있음 사람들과 더 잘 지낼 수 있음 더 많은 자유 건강해짐 자존감 향상	돈 손실을 만회할 가능성이 없어짐 친구들과 어울릴 수 없음 이완할 방법이 없음 금단 증상 갈망이 생김 박탈감

그림 12-3 이익-손해 분석 완성본

각하지 않지만 가족에게는 문제가 되는 것 같아요. 도박 때문에 가족을 잃고 싶지 않아 여기에 온 거에요. Kristen이 딸에 대해서 이야기하는 것을 들으니, 저도 아이들 대학 학자금을 도박으로 날리기 전에 아이들을 먼저 생각을 했어야 하는데…… 하는 생각이 드네요.

Lois: 두 분의 대화가 의미 있는 대화 같아요. 공감되는 이야기를 해 주셔서 감사합니다. 이런 이야기를 하니 저희가 좀 더 가까워진 것 같다는 생각이 드네요.

Lois가 이야기하듯, 표준화된 집단 기법은 통찰력을 증진시킬 뿐 아니라 집단의 응집력을 높일 수 있다. 한 집단 구성원이 마음을 열고 자신의 취약한 감정을 표현하게 되면 다른 구성원도 이에 대해 관심을 갖게 된다. 또한 취약한 감정을 함께 공유함으로써, 보다 쉽게 상호작용할 수 있게 된다.

Lois는 이익-손해 분석을 집단원들과 이야기해 가면서 작성했다. 그 과정 속에서 집단원들은 서로의 중독행동이 주는 점들이 비슷하다는 사실에 놀라게 될 것이다. 이 연습이 끝나면 구성원들은 자신과 다른 사람들에 대해 더 많은 것을 알게 되고,

더욱 서로를 지지하는 느낌을 받게 될 것이다.

집단 과정과 문제

CBT 집단이 잘 진행된다면 그 집단은 지지적이고, 안전하고, 교육적이고, 효과적일 것이다. 집단을 긍정적으로 이끌 수 있는 치료적 요인에 대해 최초로 연구한 학자는 Corsini와 Rosenberg(1995)로, 이들은 집단치료에 관한 약 300여 편의 논문을 검토하면서 궁극적으로 열 가지 치료적 요인을 추출했다. Yalom(1975)은 이러한 요인 중에 가장 두드러진 요인에 초점을 맞추고 또 이를 확장하였으며, 2005년에 Yalom과 Leszez는 집단치료의 열한 가지 성공적 치료요인을 다음과 같이 발표했다.

- **희망**: 다른 사람의 변화를 관찰함으로써 동기부여를 받음
- **보편성**: 자신의 생각, 감정, 행동, 문제를 혼자 겪는 것이 아니라는 것을 발견함
- **정보전달**: 집단에서 학습한 내용들이 자신에게 이득이 된다고 느낌
- **이타주의**: 다른 사람을 지지하는 긍정적인 경험을 함
- **원가족에 대한 교정적 재현**: 원가족에 받지 못했던 관심, 지원, 지지를 받음
- **사회기술 개발**: 사회적 대인관계 기술을 습득함
- **모방행동**: 가치 있는 지식이나 기술을 집단 내 다른 사람들로부터 배움
- **대인관계 학습**: 타인의 시각을 통해 자신이 타인에게 어떻게 인식되는지 배움
- **집단 결속력**: 집단 내에서 신뢰와 소속감을 느낌
- **카타르시스**: 집단에서 부끄러움, 판단을 느끼지 않고 취약한 감정을 표현함
- **존재론적 요소**: 구성원들이 좀 더 의미 있는 것에 집중하는 것을 보고 배움

이러한 치료 과정은 모든 중독집단에서 반드시 필요하다. 숙련된 진행자는 이러한 치료적 요소를 알고, 의도적으로 그 중요성을 집단에서 강조한다. 예를 들어, 이러한 어려움을 겪는 사람이 본인만이 아니며(보편성), 서로를 돕는 데서 이득을 얻고(이타주의), 다른 사람들로부터 자극을 받아 성장할 수 있으며(희망), 서로에게 배울 수 있

고(모방행동), 집단으로써 서로에게 더 가까워질 수 있음(집단 결속력)을 강조한다.

그러나 다양한 문제가 이런 중요한 치료적 요소들과 그 과정을 방해할 수 있다. 예를 들어, 협력적으로 임할 준비가 되어 있지 않은 구성원 때문에 문제가 될 수 있다. 다음은 집단에서 일어날 수 있는 문제에는 어떤 것들이 있으며, 어떤 구성원들로부터 이러한 문제가 유발되는지 소개하고 있다.

- 집단에서 침묵하거나 중간에 그만두는 경우
- 회기에 지속적으로 지각하거나 결석하는 경우
- 집단의 대화를 독점하는 경우
- 조언을 하지 않도록 이야기함에도 계속해서 다른 사람에게 조언하는 경우
- 계속해서 방어적인 경우
- 지속적으로 주의를 산만하게 만들거나 대화를 방해하는 경우

이 장의 초반부에 집단 포함기준, 제외기준, 그리고 집단 규칙에 대해 설명했었는데, 이러한 규칙의 대부분이 이러한 문제에 대응하기 위해 개발된 것이다. 예를 들어, 집단 내에서 말을 하지 않는 구성원으로 인해 다른 구성원들의 동기가 떨어질 수 있기 때문에, 집단에 참여하기 전에 자신의 이야기를 적극적으로 나눌 수 있는지 여부와 다른 사람들을 지지해 줄 수 있는지에 대해 이야기해야 한다.

30년 동안 CBT 집단을 해 왔지만 중간에 다른 치료로 옮기로 싶다고 이야기하는 사람도 소수 존재했다. 어떤 사람은 자신의 모든 문제를 아내 탓으로 돌리고, 변화를 생각해야 하는 시간에는 방어적인 태도를 보였었다. 그 내담자는 중간에 집단 참여를 중단했는데, 이후에 다시 집단에 들어오고자 하는 의사를 밝혔을 때, 집단에 참여하기 전에 부부상담을 먼저 받도록 권고했다. 다른 집단원들이 자신을 해치려는 음모를 꾸미고 있다고 의심하는 편집증이 강한 사례도 있었다. 또 경계선 성격장애를 겪는 내담자가 집단에서 자신을 도우려는 다른 사람들의 노력에 분노하면서 "아무도 나에게 관심이 없고, 나를 이해하지 못한다."고 하는 경우도 있었다. 이러한 내담자들에게는 개인미팅을 통해 다른 치료서비스를 권했는데, 그럴 때 이유를 이해하지

못하고 불만을 토로하기도 했다. 치료사가 이렇게 다른 치료를 권하게 될 때는 다른 치료가 내담자에게 더욱 도움이 될 수 있음을 잘 설명하고, 모든 사람에게 최선의 이익을 줄 수 있는 방법이라는 것을 설명하는 것이 필요하다.

또한 우리는 '방어적 태도 금지' '해결책 제시는 자신에게 적용하기' '조언 금지'와 같은 조항을 규칙에 넣었는데, 이런 규칙이 집단에서 대인관계 문제 발생을 줄이는 것을 경험했기 때문이다. 집단을 시작하기 전에 이러한 규칙을 미리 설명해 두면, 중간에 필요할 때 상기시키기 유용하다. 다음의 대화에서 이러한 예를 살펴보자.

Sarah: 다른 사람들은 너무 쉽게 회복하는 것 같아요. 저는 너무 우울해서 시도조차 못하고 있어요.

Kristen: Sarah, 우리가 배운 ABC모델에서 감정을 바꾸고 싶으면 생각을 바꿔야 한다고 하잖아요. 우울한 기분을 느끼게 하는 생각을 바꾸는 노력을 해야 돼요.

Sarah: 그게 말처럼 쉽지 않아요.

Lois: Kristen이 ABC모델을 얼마나 중요하게 생각하는지 알겠고, 그리고 진심으로 Sarah를 돕고 싶은 것은 알겠어요.

Kristen: 제가 뭘 잘못했나요? 죄송해요.

Lois: 잘못한 것은 아닙니다. 다만, 집단 구성원들이 서로를 더 효율적으로 돕기 위해 특정 규칙이 존재해요. 방금 말을 "저는 우울한 기분이 들 때 ABC모델을 떠올려서 생각을 바꾸려고 해 본 적이 있어요."라고 바꿔서 이야기해 볼 수 있을 것 같아요.

Kristen: 그러게요. 제가 해결책을 제 자신에게 적용시켜 이야기했어야 하는데 실수를 했네요. 다른 사람에게 '해야 한다.'라고 말하면 안 되는데 제가 조언을 했네요.

Lois: 대신 뭐라고 말했으면 좋았을까요?

Kristen: 제 생각을 바꾸는 데 도움이 되었다라고 말했으면 될 것 같아요. Sarah 씨, 정말 미안해요!

Lois: 미안해하는 것을 보니 Sarah를 정말 걱정하는 게 느껴지네요.

Kristen: 맞아요. 제가 받은 도움을 Sarah도 받았으면 좋겠어요.

Sarah: (눈물을 흘리며) 고마워요. 방금 한 말이 감동이네요.

Lois: (Sarah에게) Kristen이 아까 조언한 것이 도움이 되었나요?

Sarah: 솔직히 말해서, 사람들이 저에게 무엇을 하라고 말할 때 저는 입을 닫아요. 제 주위에 그런 사람들이 많았거든요.

Lois: 아까 Kristen이 본인한테 효과가 있었던 것과 Sarah에게 관심이 있다는 것을 이야기하면서 해결책을 자신에게 적용해서 말하는 것은 얼마나 도움이 되었어요?

Sarah: 정말 많이 도움이 되었어요. Kristen, 다시 한번 고마워요.

이러한 대화는 잘 운영되는 CBT 집단에서 흔하게 볼 수 있는 모습이다. 많은 사람들이 살아오면서 상처를 받지 않기 위해 자신의 감정과 거리를 두기도 하고, 다른 사람들이 자신의 슬픔, 실망, 절망, 걱정들을 무시할 때 상처를 받는다. 자신의 아픔을 나누며 다른 사람을 도우려다가 후회한 적도 있을 것이다. 이 집단에서는 자신의 생각과 감정을 나누되 다른 사람들을 지지하는 것을 배운다. 앞에서 말한 집단 규칙은 집단 안에서 만족스러운 상호작용이 일어날 가능성을 높인다.

요 약

중독집단치료는 구성원과 진행자 모두에게 큰 도전이자 보람이 될 수 있다. 집단이 잘 진행되면 내담자와 치료사 모두 중요한 기술을 개발하고 연습할 수 있고, Yalom과 Leszez(2005)가 설명한 집단의 치료요인의 혜택을 경험하게 될 것이다. 어떤 사람은 처음으로 자신이 혼자가 아니라는 사실을 알게 되고, 다른 사람을 돕는 경험을 처음으로 해 보거나, 이전에는 받아 본 적 없는 배려와 건설적인 피드백을 받는다. 어떤 사람들은 인생에서 처음으로 서로를 배려하는 '가족'의 일원이 되는 것이 어떤 것인지 경험하기도 한다.

많은 임상의들이 집단치료가 개인치료보다 진행하기 훨씬 어렵다고 말한다. 실제로, 그럴 수도 있고 아닐 수도 있지만 효과적인 CBT 집단을 운영함으로써 얻을 수 있는 보상은 노력할 만한 가치가 있다. 개인 CBT를 효과적으로 운영하는 인지행동치료사는 자신의 기술을 확장하여 집단 CBT 과정의 이점을 배우기를 권장한다.

양식 12-1 CBT 중독집단 추적시트

지침: 이 양식은 각 회기에서 집단 진행자가 작성한다. 이 양식을 사용하는 중요한 목적은 참가자의 출석과 회기별 진행 사항을 추적하기 위한 것이다. 각 회기에 참가자는 자신의 이름, 나이(선택사항), 중독 종류, 중독상태, 변화목표, 중독과 관련된 기타 문제(예: 자신이 살고 있는 환경)를 이야기하면서 자신을 소개한다. 진행자가 이 양식을 작성하면 각 회기에서의 집중도가 높아질 수 있다.

이름(나이)	중독 종류	중독상태	변화목표	관련 다른 문제/상황

제13장
재발 방지와 폐해 감소

65세의 Barb는 양로원에서 20년 동안 요리사로 일해 왔다. 오랫 동안 그녀는 은퇴를 기다려 왔지만, 이제는 그 꿈이 실현되기 어렵다는 현실을 받아들이게 되었다. 그녀는 도박으로 인해 심각한 재정적 문제를 겪고 있기 때문이다. 그녀는 모든 신용카드의 한도를 다 써 버렸고 은퇴 저축금을 모두 도박에 탕진했다. 단도박을 여러 차례 시도했지만 번번이 실패했고 지친 나머지 "나는 언제나 도박판으로 돌아갈 것"이라고 자신의 신세를 한탄한다.

48세의 Larry는 주치의로부터 폐암 진단을 받았다. 담배를 피우던 그가 평생을 두려워했던 소식을 듣고야만 것이다. Larry와 그의 아내에게는 고등학생인 두 딸이 있다. Larry의 기억에 의하면 그의 딸들이 아빠의 금연을 수없이 바라왔고 그도 수없이 금연을 시도해 왔다. 암울한 진단 소식을 들은 Larry는 엄청난 죄책감과 수치심을 느낀다. 그는 자신의 죽음을 마주하는 것과 딸들에게 이 소식을 전하는 것 중 어느 것이 더 두려운지 분간하기 어려웠다. Larry는 여러 번 금연을 시도했다가 실패했던 경험을 떠올리며 더 일찍 담배를 끊지 못한 자신에게 경멸감을 느끼기까지 한다.

39세의 Lynn은 몸무게가 150kg가 조금 넘는다. 그녀는 쉬지 않고는 몇 미터 이상 걷지 못하기 때문에 이동 시 전동 스쿠터를 필요로 한다. Lynn은 자신을 평생 폭식과 싸워온 '요요 다이어터'라고 설명한다. 100파운드까지 감량했다가 다시 살이 찐

적도 여러 번 있었다. 그녀는 종종 '내 식습관이 내 인생을 망쳤어.'라고 생각한다. 하지만 그녀는 맛있는 음식이 없는 삶은 상상할 수 없다.

올해 46세인 Jim은 지역 병원의 중환자실에서 막 의식을 되찾았다. 그는 고개를 들어 아내의 얼굴을 알아보았고, 그 눈에 맺힌 눈물을 보았고, 아내의 고통스러운 목소리를 들었다. "당신, 그 망할 진통제 때문에 죽을 뻔했어. 어떻게 나한테 이럴 수가 있어?" Jim은 안정을 되찾기 시작하면서 복용하는 진통제의 양을 줄이려는 시도가 실패로 돌아갔었던 일들이 떠오르기 시작한다. 그는 "내가 왜 나 자신에게 이런 짓을 하고 있는 걸까?"라고 수백 번 자문했다.

Barb, Larry, Lynn, Jim에게 찾을 수 있는 몇 가지 공통점이 있다. 모두 중독행동으로 어려움을 겪었고, 모두 이러한 행동을 바꾸려고 노력했지만 실패를 경험했다. 또한 이들 모두 수차례의 실수와 재발을 겪었고, 모두 재발 방지와 폐해 감소에 초점을 맞춘 치료적 접근의 혜택을 받을 수도 있었다는 점이다.

실수, 재발, 재발 방지 및 폐해 감소라는 용어는 무엇을 의미할까? 과실 또는 실수는 해당 중독행동을 끊어 내기로 다짐한 후 다시 중독행동(예: 도박, 흡연, 폭식, 오피오이드 오남용)을 접하게 될 때를 의미한다. 반면에 재발은 중독행동으로 완전히 되돌아가는 것으로 정의된다. 재발 방지는 일반적으로 재발 가능성을 줄이기 위한 모든 치료적 개입으로 간주된다. 그리고 폐해 감소는 중독행동과 관련된 피해 또는 손상을 줄이기 위한 노력을 의미한다.[1]

중독에 빠지기를 원하는 사람은 아무도 없다. 중독 문제를 겪는 많은 사람들이 아무런 피해를 입지 않으면서 중독행동을 계속하기를 바라지만, 또 다른 다수는 중독행동을 지속하거나 그에 의존해야 한다는 강박감을 느끼기 원치 않는다. 앞에 소개한 네 사람은 모두 아무런 해를 입지 않고 자신의 중독행동을 계속할 수 있기를 바

1 재발 방지와 폐해 감소에 대한 기초적인 연구는 Alan Marlatt와 그의 동료들에 의해 이루어졌다는 점을 상기시킬 필요가 있다(Hendershot, Witkiewitz, George, & Marlatt, 2011; Logan & Marlatt, 2010; Marlatt, 1996; Marlatt & Gordon, 1985; Marlatt & Tapert, 1993; Marlatt & Witkiewitz, 2005). Alan Marlatt은 비전가이자 지도자로 묘사되기도 했으며(White, Larimer, Sher, & Witkiewitz, 2011), 저자들도 이에 동의하는 바이다. 이 장은 2011년에 세상을 떠난 Alan Marlatt을 기리기 위한 헌정의 목적으로 쓰였다.

랐다. Barb는 "다른 사람들이 취미를 즐기는 것처럼 도박을 즐길 수 있길 바라는 거죠."라고 이야기했다. Larry는 '그냥 가끔 흡연을 하면서 즐길 수 있기를', Lynn은 '평범한 사람들처럼 음식을 먹을 수 있기를' 희망한다. 그리고 Jim은 '통증을 완화할 수 있을 만큼만 진통제를 복용'할 수 있기를 바란다. 이런 모순에 의해 많은 내담자들은 중독행동을 줄이거나 중단하는 데 실패하면서 좌절감을 느끼기 마련이다. 안타깝게도 재발로 인해 좌절감을 느끼는 것은 내담자뿐만이 아니다. 친구, 가족, 동료, 심지어 치료사도 중독으로 어려움을 겪는 사람들을 도와주면서 좌절감을 느낄 수 있다.

이 장에서는 다음 다섯 가지 원리를 중심으로 재발 방지 및 폐해 감소에 대하여 설명한다.

1. 재발은 회복 과정의 일부분이다.
2. 재발 사례는 배움의 기회를 제공한다.
3. 재발 방지 실천은 학습과정을 촉진한다.
4. 재발이 계속될 경우, 폐해 감소 전략을 고려해야 한다.
5. 재발 방지 및 폐해 감소 전략은 모두 내담자가 처한 현실적인 상황을 고려하므로 내담자와의 치료적 관계와 치료의 장기적인 성공을 증진한다.

원치 않는 행동을 일시적으로 중단하는 것은 비교적 쉽지만, 행동 변화를 지속하는 것은 훨씬 더 어렵기 마련이다. 앞서 언급한 바와 같이, 대부분의 중독 문제를 겪는 사람들은 금단 증상과 재발이라는 좌절을 경험한다. 따라서 CBT는 내담자가 이러한 좌절 경험으로부터 배우는 것을 주요 목표로 삼도록 도우며, 치료사는 내담자가 좌절을 경험할 때 인내심과 협력 정신을 갖고 이런 문제에 전략적으로 대처하는 것을 주요 목표로 삼는다. 재발 방지 및 폐해 감소 사례로부터 깨달은 교훈을 통해 궁극적으로 치료사와 내담자 모두의 지식, 숙련도, 끈기를 향상시킬 수 있기를 기대한다.

이 장에서는 재발 방지를 위한 CBT 접근법에 대해 논의하지만, 더 중요한 점은 재발이 변화 과정의 불가피한 측면이라는 점을 강조하는 데에 있다. 우리는 내담자들에게 재발을 경험했을 때 스스로를 낙인찍지 말고 재발을 있는 그대로 받아들이고, 향후 재발을 방지하기 위한 기술을 살펴보고 점차 이런 기술들을 연습해 나가기를 권장한다. 또한 내담자와 치료사에게 재발을 회복의 자연스러운 과정이자 배움과 개인적 성장의 기회로 인식할 것을 촉구한다. 치료사들은 중독을 겪는 내담자는 희망하는 치료사의 계획에 맞춰 변화하는 것이 아니라 자신만의 속도에 맞춰 변화해 나간다는 점을 명심해야 한다. 또한 중독행동을 그만둘 준비가 되지 않은 내담자에게는 중독행동과 관련된 피해를 줄이는 것을 목표로 도움을 주어야 한다는 점 또한 강조하고 싶다.

대부분의 재발 방지 전략은 구조화, 협력, 사례개념화, 심리교육, 표준화된 기법 등 CBT의 기본 구성 요소로 이루어져 있다. 그리고 대부분의 구체적인 재발 방지 기법은 이미 이전 장에서 설명된 기법들과 일맥상통한다(예: 제7장 참조).

CBT 관점으로 본 재발 방지와 폐해 감소

앞서 설명한 바와 같이, 중독은 개인이 중독 관련 촉발요인에 직면했을 때 활성화되는 과학습, 자동화된 인지적 · 행동적 · 생리적 · 정서적 과정을 수반한다. 이러한 촉발요인은 내부적(예: 부정적 및 긍정적 정서, 충동, 갈망, 배고픔, 피로, 신체적 고통)이거나 외부적(예: 중독행동과 관련된 사람, 장소, 사물)일 수 있다. 중독행동의 초기 결과는 주로 긍정적이거나 적어도 바랐던 효과를 경험하는 것이겠지만, 장기적으로는 결국 원치 않는 결과들을 낳게 된다. 실제로, Larry, Lynn, Jim은 모두 초기에는 중독행동들을 즐겼지만, 나중에는 결국 그럴 수 없게 되었다. 중독행동의 장점이 줄어들고 단점이 커지면서 대부분의 중독 문제를 겪는 사람들은 자신의 중독행동을 통제하기 위해 노력한다. 이 과정에서 중독 문제를 겪는 사람들은 재발을 경험하게 되고 중독 문제를 해결하기 위해 재발을 극복해야 한다는 점을 깨닫게 된다. 실제로 치료를 받으려는 대부분은 스스로 변화를 시도했지만 실패하고 재발에 지쳐 전문가의 도움을 받기로 결심한 사람들이다. 치료를 받으러 올 때면, 대부분은 "중독행동을 끊고 싶지 않지만 끊어야만 하는 상황에 이르렀어요."라는 말처럼 양가감정을 느끼고 있다.

Larry, Lynn, Barb, Jim은 모두 '중독과 함께 살 수 있다.'에서 '중독과 함께 살 수 없다.'로 저울이 기울어지는 지점에 도달했다. Barb는 재정적인 문제가 걱정되고, Larry는 암 진단과 그것이 가족에게 미칠 영향이 두렵고, Lynn은 전동 스쿠터에 의존하지 않고 혼자 돌아다니고 싶고, Jim은 마약성 진통제에 중독되기 전의 온전한 삶을 원한다.

CBT 관점으로 본 재발 방지

재발 방지는 재발과 관련된 촉발요인, 생각, 감정, 행동 및 결과를 파악하고 내담자가 재발을 방지할 수 있는 기술을 개발하는 것으로 크게 이루어져 있다. 어떤 내담자는 긍정적인 감정을 경험할 때, 어떤 내담자는 부정적인 감정을 경험할 때, 어떤 내담자는 중독행동과 관련된 외부 사건에 노출되었을 때 재발 위험이 가장 높으며, 대부분의 내담자들은 이러한 모든 상황으로부터 재발 위험을 경험한다. 따라서 일부 재발 방지 전략으로는 촉발요인을 피하는 방법, 촉발요인에 대처하기 위한 인지 및 행동기술을 배우는 방법, 의미 있는 활동을 통해 중독행동을 덜 매력적으로 만드는 방법 등이 있다.

CBT 관점으로 본 폐해 감소

인지행동치료사는 중독행동을 완전히 끊는 것을 결심하지 않은 내담자를 대상으로는 폐해 감소 전략을 항상 염두에 두어야 한다. 예를 들어, 알코올 사용장애가 있는 사람은 안전한 음주 한도를 배우고 음주 상태에서 잠재적으로 위험한 행동(예: 운전 또는 위험할 수 있는 장비 조작)을 피하는 것을 통해 도움을 얻을 수 있다. 흡연자는 니코틴 대체 제품 사용을, 마약성 진통제 사용장애가 있는 사람은 마약성 진통제 사용장애 치료 약물을, 폭식을 하는 사람은 고칼로리 음식을 피하거나 식사 시간 사이에 건강에 좋은 간식을 먹어 식사 시간에 배고픔을 덜 느끼도록 하는 것이 도움이 될 수 있다.

불법적이거나 심지어 생명을 위협하는 행동을 하는 내담자와 단순히 이러한 행동을 줄이는 것에 대해 논의하는 것처럼 폐해 감소에 초점을 맞추는 것이 치료사에게는 나중에 더 큰 문제를 일으킬 것만 같이 느껴질 수 있다. 대부분의 치료사는 내담자가 이러한 행동에 일절 관여하지 않기를 바라며, 일부 치료사는 내담자가 자신이 이런 중독행동을 하고 있다는 사실을 드러내 보이기를 원치 않는다. 내담자가 "주말에만 코카인을 사용할게요." 또는 "차를 운전하기 전에 술을 덜 마실게요."와 같은 말을 할 때 불길한 징조가 생길 것만 같다. 이러한 이야기를 들을 때 치료사는 내담자가 만들고 있는 긍정적인 변화를 파악하고, 이런 변화를 달성하기 위한 방법에 대해 논의하는 것이 권장된다. 폐해 감소를 실전에서 사용하는 치료사는 다음과 같이 내담자를 판단하는 것 같은 반응이 비효과적이거나 심지어 역효과를 낼 수 있다는 사실을 알고 있다.

"[중독행동]을 즉시 그만두셔야 해요."

"[중독행동]이 건강에 해롭거나 불법이라는 사실을 모르시나요?"

"[중독행동]으로 인해 많은 문제가 생길 수 있어요."

"[중독행동] 외에 시간을 보낼 수 있는 더 좋은 일들이 얼마든지 있어요."

"정말 변화하고 싶은 마음은 없는 것 같네요."

이와는 대조적으로, 유능한 치료사의 반응은 폐해 감소의 방향으로 나아가는 작은 변화들을 강조한다. 예를 들면, "변화하고 싶어하는 것을 이해해요." "좋은 시작인 것 같네요." "그건 내담자 분에게는 큰 변화네요." "어떻게 그 변화를 만들어 낼지에 대해 이야기 나눠 보죠." "그 일이 어떤 변화로 이어질지 참 궁금하네요." 등이 있다.

이와 같은 강화 발언(reinforcing statement)을 하는 것 외에도 새로운 행동이 어떻게 이루어질 수 있는지에 대해 질문하고 이에 대해 대화를 시작하는 것이 치료사에게 권장된다. 폐해 감소 전략에 성공하려면 치료사는 "이 기술을 배워서 지금 당장 변화하세요."에서 "여러분에게 가장 적합한 변화 계획을 찾아보죠."로 생각을 전환해야 한다. 다시 말하지만, 중독에 빠진 사람들은 치료사의 시간이 아닌 자신의 시간에 따라 변화를 만들어 낸다.

폐해 감소와 재발 방지로 내담자 안내하기

재발 방지 및 폐해 감소에 대해 CBT 과정 초기에(예: 내담자에게 CBT에 대해 안내할 때) 소개하는 것을 치료사들은 고려해 보아야 한다. Barb와 치료사가 처음 만났을 때 나눈 다음 대화는 이러한 상황에 대한 예시이다.

치료사: 어서 오세요. 만나서 반가워요.

Barb: 감사합니다, 저도 만나서 반갑습니다.

치료사: 어떤 것에 대해 함께 이야기해 보고 싶으신가요?

Barb: 담당 의사가 상담을 받아보라고 해서요. 제가 우울증인 것 같대요. 저는 65세고 항상 지쳐 있어요. 요양 시설에서 요리사로 일하고 있거든요. 이 일을 하기엔 너무 늙었죠. 제 손을 좀 보세요. (치료사가 볼 수 있도록 손을 내민다) 이 손을 셀 수 없을 만큼 많이 베고 화상을 입었어요. 지금쯤이면 다 끝났을 줄 알았는데, 돈 때문에 스트레스가 이만저만이 아니에요.

치료사: '지금쯤이면 다 끝났을 줄 알았다.'는 말은 무슨 뜻인가요?

Barb: 올해 65세에요. 지금쯤이면 은퇴할 줄 알았어요.

치료사: 돈 때문에 스트레스를 받는다고도 하셨죠?

Barb: (끼어들며) 좋아요, 제가 겁먹기 전에 그냥 말해야겠어요. (잠시 멈추고 심호흡을 한다) 도박에 돈을 다 쓰지 않았다면 은퇴할 수 있는 돈이 있었을 거에요.

치료사: (잠시 멈춘 후) 무슨 말씀이신지 설명해 주시겠어요?

Barb: 자랑스러울 만한 일은 아니죠. 어디부터 이야기를 해야 할까요. 우선, 저는 혼자 살고 있어요. 몇 년 전, 몇몇 친구들이 저를 도박에 발을 들이게 했어요. 처음에는 즐기지 않았는데 점점 빠져들더군요. 실제 도박장에 있을 때는 둘째 치고, 도박을 하지 않을 때 카지노 소리, 번쩍이는 조명, 도박판에 둘러싸인 사람들, 슬롯머신 등 카지노에서 볼 수 있는 모든 것들을 갈망하는 제 자신을 발견했어요. 그러던 어느 날 갑자기 '여기 있으면 외롭지 않다.'는 생각이 들더군요.

치료사: 그러니까 도박이나 적어도 카지노에 있을 때 삶에서 충족되지 않던 특정 욕구들이 충족된다는 말씀이시군요.

Barb: 맞아요. 문제를 일으키기 전까지는요.

치료사: 무슨 뜻이죠?

Barb: 처음에는 문제가 있다는 사실을 인정하지 않았어요. 신용카드 승인이 거부되기 시작하고 나서야 제가 너무 멀리 갔다는 것을 깨달았죠.

치료사님: 너무 멀리 갔다고요?

Barb: 네, 몇 년에 걸친 일이긴 하지만, 도박으로 인해 저축과 은퇴 자금을 모두 탕진해 버렸어요. 그러고 나서 저는 재정적으로 거의 파산단계에 이르렀다는 걸 알게 됐죠.

치료사: 이 사실을 깨닫고 충격을 받으셨겠군요.

Barb: 충격을 받았다고요? 공포스러웠어요.

치료사: 다시 재정 문제를 해결하기 위해 어떤 노력을 하셨나요?

Barb: 도박을 그만둬야 한다는 건 분명 알았죠. 모든 방법을 다 써 봤어요. 도박에 너무 많은 돈을 쓰지 않겠다고 스스로에게 약속했죠. 그래서 카지노에 갈 때는 20달러나 30달러 같은 소액의 돈만 가지고 갔어요. 신용카드는 집에 두고요. 그리고 또 카지노에 그렇게 오래 있지 않겠다고도 스스로에게 약속했어요. 그런데 모두 수포로 돌아갔죠. 제 자신과의 모든 약속을 어긴 거에요.

치료사: 이런 목표들을 세웠었지만 실패를 거듭했군요. 그리고 지금 저와 함께 여기 상담실에 앉아있네요. 도박 중독에 대한 도움을 찾고 계신다고 가정해도 될까요?

Barb: 이것 외에는 선택의 여지가 없는 것 같이 느껴져요.

치료사: 도움을 드리고 싶어요. 여러 번의 재발 때문에 어려움을 겪으셨으니 재발 방지에 대해 이야기를 나누고 싶은데 괜찮으신가요?

Barb: 재발 방지요? 그런 것도 있나요?

치료사: 재발 방지란 재발을 유발하는 모든 요소를 더 잘 이해하기 위해 현미경으로 들여다보듯이 하나하나 면밀히 살펴보는 걸 의미해요.

Barb: 요소들이요?

치료사: 네. 저희는 내담자 분께서 도박을 하기 직전에 어떤 생각을 하고, 무엇을 느끼고, 어떻게 행동했는지에 대해 이야기를 나눠 볼 거고 이와 관련된 패턴을 찾아볼 거에요. 예를 들어, 도박을 하러 가기 전에 주로 집에 있는지 직장에 있는지, 외롭거나 우울한지, 지루하거나 불안한지 알아볼 거에요. 카지노를 충동적으로 가는지, 신중하게 계획해서 가는 지와 같이 카지노를 가는 방식에 대해서도 논의해 볼 거에요. 지금 드린 이야기가 어떻게 들리시나요?

Barb: 일리가 있긴 한데, 이 모든 것을 알아낸 다음에는 어떤 걸 하나요?

치료사: 재발을 방지하거나 최소한 재발 가능성을 줄이기 위해 무엇을 바꿀 수 있는지 알아내야 하죠.

Barb: 좋아요, 하지만 제가 계속 재발하면 어떻게 되는 거죠? 이게 효과가 없으면요? 정말 노숙자만큼은 되고 싶지 않아요.

치료사: 좋은 질문이에요. 저희가 집중적으로 다룰 또 다른 요소로 폐해 감소라는 게 있어요.

Barb: 폐해 감소요?

치료사: 네. 앞으로 도박으로 인한 피해를 줄이기 위해 어떤 것을 할 수 있는지에 대해서도 이야기를 나눠 볼 거에요.

Barb: 카지노에 소액의 돈만 가져가고 신용카드는 집에 두는 것과 같은 방법을 말하는 건가요? 그게 효과가 없다는 건 이미 알고 있어요.

치료사: 그 방법이 효과가 없었으니, 왜 그랬는지에 대해 알아볼 거에요. 또한 실행 가능한 다른 폐해 감소 전략에 대해서도 찾아볼 거에요.

Barb: 흠. (잠시 멈춤) 제가 바꿀 수 있는 게 무엇인지 벌써 생각나네요.

치료사: 어떤 건가요?

Barb: 카지노 VIP 자격 때문에 고급스러운 호텔 방을 아주 좋은 가격에 얻을 수 있어서 종종 거기서 하룻밤을 보내요. 가끔은 주말 내내 머물기도 하죠. 온수 욕조와 자쿠지 등 다양한 시설이 갖춰진 참 좋은 방이죠. 하지만 정작 저는 방에서는 거의 시간을 보내지 않아요. 침대에 누워 잠을 자려고 하면 도박을 더 하고 싶어서 잠에서 깨어나죠. 결국 일어나서 다시 아래층으로 내려가 도박을 시작해요. 그 호텔방에서 2~3시간 이상 잠을 자는 경우는 거의 없어요. 그렇게 시간을 보내고 나면 며칠 동안 아주 끔찍한 기분이죠. 술을 마시지 않았는데도 숙취에 시달리는 것 같아요. 제 스스로에게 솔직해지면 카지노 호텔에서 하룻밤을 묵어서는 안 된다는 사실을 깨닫게 되네요.

치료사: 더 이상 카지노에서 하룻밤을 묵지 않는 것으로 폐해 감소 계획을 시작할 마음이 있으신 것 같네요. 그런가요?

Barb: 네. 오랫동안 그 방법에 대해 고려하고 있었어요.

Barb와 새 치료사는 이 짧은 만남을 통해 많은 것을 이루어 냈다. Barb의 치료사는 재발 방지와 폐해 감소라는 두 가지 중요한 개념을 소개하고 Barb가 이에 대해 생각해 볼 수 있도록 도와주었다. Barb는 (아마도 처음으로) 도박에 대한 자신의 걱정을 털어놓았고, 심지어 자신의 행동 패턴 하나를 바꿀 의향이 있다는 의사를 밝혔다. 이러한 상호작용을 바탕으로 볼 때, Barb와 치료사의 첫 회기는 좋은 출발 신호로 보인다. 앞으로의 회기에서 Barb의 치료사는 Barb의 재발과 관련된 상황적 · 인지적 · 행동적 · 정서적 · 생리적 과정에 대해 훨씬 더 깊이 있게 살펴볼 것이다. 또한 Barb와 치료사는 재발 가능성을 줄이거나 재발로 인한 최소한으로 피해를 줄이기 위한 전략을 세울 것이다.

재발 방지와 폐해 감소를 위한 기능 분석

제6장에서는 중독행동을 해결하기 위한 치료 과정에 대해 설명했다. 기능 분석은 그중에서도 가장 중요한 요소로 손꼽힌다. 기능 분석에서는 치료사와 내담자가 중독행동과 관련된 맥락적 · 인지적 · 행동적 · 정서적 · 생리적 과정을 살펴보고 이를 도표화한다. 이를 통해 두 사람 모두 어떤 요인이 재발에 영향을 미치는지 깨닫고, 잠재적인 변화 목표를 파악하게 된다. 다음 Larry가 치료사와 첫 회기 방문 때 주고받은 내용을 통해 앞에 소개한 내용에 대해 더 알아보자.

치료사: Larry, 폐암 진단을 받고 금연에 대한 도움을 얻고 싶어서 여기를 찾아오신 걸로

알고 있어요.

Larry: 사실 금연은 이미 하고 있어요. 폐암 진단을 받은 지 10일이 지났는데, 짐작하시겠지만 그날 이후로 담배를 피우지 않고 있어요.

치료사: 금연을 하고 계시군요. 축하할 만한 일이네요. 폐암 진단을 받고 나서 어떻게 대처하고 계십니까?

Larry: 잘 지내고 있어요. 가족과 더 많은 시간을 보내기 위해 직장을 휴직했기 때문에 담배를 멀리하는 것은 꽤 쉬워졌죠. 저 자신보다 가족을 더 걱정하고 있어요.

치료사: 가족을 참 중요하게 생각하시는군요. 가족과 더 많은 시간을 보낼 수 있게 되어서 다행이네요. 이미 금연을 하고 계신데, 저와는 어떤 것에 대해 함께 이야기해 보고 싶으신가요?

Larry: 의료적인 부분은 잘 해낼 수 있을 것 같아요. 의사들도 의료적인 부분에 대해서는 희망적인 것 같아요. 초기 단계에서 암을 발견했다고 하더군요. 다시는 절대로 담배를 피우지 않았으면 좋겠어요.

치료사: 잘됐네요. 본인, 가족, 흡연, 그리고 이 모든 것과 관련되었다고 생각되는 것들에 대해 더 자세히 말씀해 주시겠어요? 오늘 처음 만나게 되었으니 특히 본인 스스로에 대해 어떤 이야기든 듣고 싶네요.

Larry: 저는 48세고 기혼이고 고등학생인 예쁜 두 딸이 있어요. 저는 법률 사무소의 시니어 파트너로 일하고 있고, 열흘 전까지만 해도 일 때문에 꽤 바쁘게 지냈어요. 아내와 딸, 그리고 저는 각별한 사이에요. (눈물을 삼키며 거의 1분간 말을 잇지 못한다) 죄송해요. …… 그게…… 그래서 너무 힘들어요…… 다시는 이런 식으로 아이들의 마음을 아프게 하고 싶지 않아요.

치료사: Larry, 죄송하다는 말씀은 안하셔도 돼요. 가족을 깊이 아낀다는 점이 분명해 보이네요. 가족에 대해 느껴지는 복받치는 감정에 대해 더 이야기하고 싶으신가요? 아니면 흡연과 관련해 계속 이야기하고 싶으신가요? 저는 Larry의 결정에 따르도록 할게요.

Larry: 전 정말 다시는 담배를 피우지 않기 위해 여기에 찾아왔어요. 그래서 치료사님의 도움이 필요해요.

치료사: 그렇군요. 그러면 다시 흡연 이야기로 돌아가 봅시다. 흡연 습관과 금연을 위해 어떤 노력을 했었는지 말씀해 주시겠어요?

Larry: "금연은 쉽다. 이미 수천 번이나 해 봤기 때문이다."라는 말을 들어보셨을 거에요. 그게 바로 저에요. 저는 수천 번 금연을 시도했지만 성공은 단지 몇 시간 혹은 며칠 동안만 지속되었죠.

치료사: 그러니까 금연을 시도했다가 재발하기를 반복하셨군요.

Larry: 네, 맞아요.

치료사: 재발 경험에 대해 좀 더 자세히 살펴볼까요? 금연을 시도했을 때 어떤 일이 있었나요? 마지막으로 금연을 시도했을 때를 떠올려 보시겠어요?

Larry: 그럼요. 쉽게 떠올릴 수 있어요. 폐암 진단을 받기 전에 기침이 멈추지 않아서 처음 병원을 찾았었죠. 평소에 담배를 피울 때 했었던 기침과는 달랐기 때문에 조금 걱정이 들기 시작했죠. 첫 진료 예약을 하고 각종 검사와 촬영을 받은 후, 담배를 끊기 위해 정말 열심히 노력했지만 소용없었어요. 기침과 검사 결과가 너무나도 걱정스러워서 평소보다 두 배는 더 많이 담배를 피웠을 거예요.

치료사: 그러니까, 기침 때문에 놀라서 의사를 찾아가기로 결정하신 거군요. 또한 의사를 만나기 전에 금연을 시도했지만 아직 금연할 준비가 되어 있지 않으셨고요.

Larry: 맞아요. 정확히 짚으셨어요.

치료사: 스트레스나 긴장이 담배를 피우도록 하는 것 같네요.

Larry: 네, 맞아요. 제가 하는 일 때문에 받는 스트레스가 너무 많고 정말 힘들어요. 일이 끝나는 적이 없어요. 매일 새로운 일 아니면 새로운 문제가 발생하죠. 어떤 이유에서인지 큰 프로젝트나 문제가 있을 때마다 모두 저를 찾아요. 담배를 끊으려고 할 때마다 큰 프로젝트에 부딪히게 되는 것 같아요. 그때마다 담배를 끊을 때가 아니라는 생각이 들곤 하죠.

치료사: 이해가 되는군요. 종이에 내담자 분의 흡연 패턴을 그려 봐도 될까요?

Larry: 물론이죠.

치료사: (치료사가 기능 분석의 원과 화살표를 그리기 시작한다) 내담자 분의 흡연 촉발요인으로는 스트레스나 긴장감 같은 내적 요인과 극심한 업무 압박 같은 외적 요인이 있

어요.

Larry: 그런 것 같네요.

치료사: 그리고 이러한 촉발요인은 '담배가 필요해.'와 같은 특정 생각을 활성화시키고요.

Larry: 네.

치료사: 그때부터 담배를 피우고 싶은 충동이 시작되고 담배를 갈망하게 되는 거죠.

Larry: 네.

치료사: 그러고 나면 '지금 금연 중이잖아. 더 이상 담배를 필 수는 없어.'라고 생각하게 되죠.

Larry: 네, 그리고 저를 미치게 하는 다른 수많은 생각들이 있어요.

치료사: 어떤 다른 생각들이요?

Larry: '딱 한 대만 더 피우는 거야.'라는 생각 같은 거요.

치료사: 그런 생각이 들면 담배를 피우나요?

Larry: 그런 생각이 들면 담배에 불을 붙이고 피우기 시작하죠.

치료사: 제가 여기에 그린 것 좀 보시겠어요? (**[그림 13-1]**의 기능 분석을 Larry에게 보여 준다)

Larry: 맞아요. 이게 바로 저에요. 종이에 적힌 것을 보니까 도움이 되네요. (동그라미 두 개를 가리키며) '금연 중이야. 담배를 피울 수는 없어.' 그리고 '딱 한 대만 더 피우는 거야.' 이 생각들이 저를 미치게 만들어요.

치료사: 그런 생각들이 당신을 어떻게 돌아버리게 하는지 잘 알 것 같네요. 그 느낌을 지칭하는 특정 용어가 있는데.

Larry: 그게 무엇인가요?

치료사: 양가감정이라고 하죠. 이 시기 동안에 담배를 끊는 것에 대해 극심한 양가감정을 느끼시는 것 같아요.

Larry의 치료사는 **[그림 13-1]**의 간단한 기능 분석을 도표화하고, 이 작업이 앞으로 Larry의 생각, 감정, 행동을 반영하기 위해 함께 작업할 수많은 기능 분석 중 첫 번째 기능 분석이라는 점을 설명한다. 또한 이러한 기능 분석이 Larry가 앞으로의 의사 결

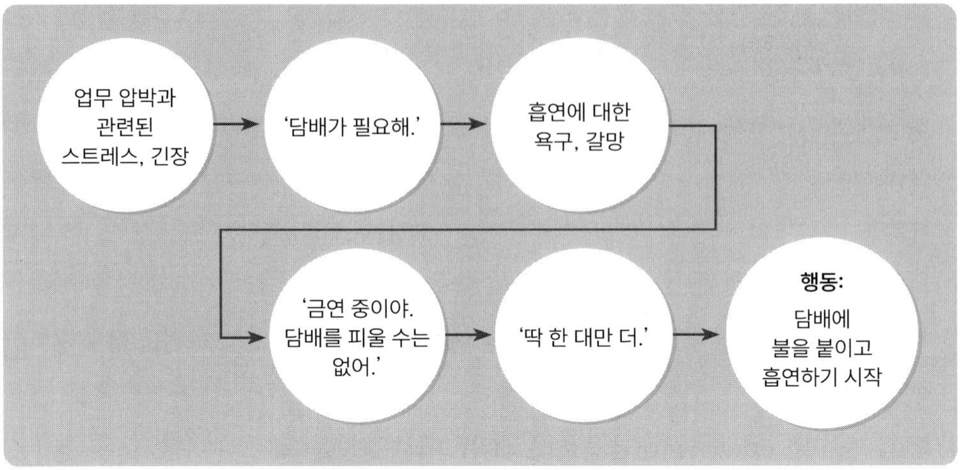

그림 13-1 Larry를 위한 간단한 기능 분석

정을 더 신중하고 의식적으로 내리는 데 도움을 주어 담배를 피울지 말지 그리고 이런 갈등을 어떻게 다룰지에 대해 더 의식적인 선택을 내리게 될 것이라는 점에 대해서도 설명한다.

중독행동으로 이어지는 사고와 신념을 파악하고 해결하기

Larry의 치료사는 Larry가 재발 위험을 높이는 생각과 재발을 방지하는 생각을 파악할 수 있도록 도울 계획이다. 예를 들면, Larry는 담배를 갈망할 때 허용적인 생각이 들면 재발할 가능성이 가장 높다. 허용적 사고(제10장에서 정의)는 중독과 관련된 사고의 한 요소로, 중독과 관련된 물질 또는 행동을 허가하도록 하는 사고이다. 그 예는 다음과 같다.

"한 번만 더."
"오늘 마지막으로 하는 거야."
"내일부터 새롭게 시작할 거야."
"조금만 할 거야."

"아무도 모를 거야."

"나 말고 다치는 사람은 아무도 없어. "

"내가 저지른 일들을 되돌리기에는 너무 늦었어."

"내 인생에서 기분 좋게 해 주는 것은 아무것도 없어."

촉발요인을 맞닥뜨리면, 충동과 갈망이 시작되고, 허용적인 사고가 들기 시작하면, 한 차례의 실수로 이어질 가능성이 높다. 이러한 과실 또는 실수 경험은 또 하나의 새로운 촉발요인이 된다. 예를 들어, Larry는 담배 한 대를 피운 후 '내가 또 망쳐버렸어.'라고 생각할 수 있다. 또 다시 담배를 피우게 만드는 자동적 사고가 연쇄적으로 이어지게 되면 이와 같은 개인에 대한 부정적 신념이 자리잡을 수 있다. 이런 일이 발생하면 Larry는 담배를 더욱 더 강렬하게 갈망하게 되고, 본격적인 재발(즉, 전형적인 중독행동 패턴으로 돌아가는 것)이 일어나기 전까지 흡연을 하게 되는 횟수가 늘어날 가능성이 높다.

이상적으로, 치료사는 내담자가 실수와 재발을 적응적인 사고와 행동 방식을 실천할 수 있는 기회로 여기도록 돕는다. Larry의 치료사는 Larry가 직장에서 경험하는 긴장들을 다루는 데 더 적응적인 방법이 있다는 것을 이해하도록 도울 수 있다. Larry는 자신이 담배의 노예가 되어 담배를 피워야 한다고 믿기보다는 업무 압박에 대처하는 성공적인 전략에 초점을 맞출 수 있다. 또한 담배 한 개비를 피우기로 결정을 내렸더라도 자신은 실패자고 더 이상 담배를 통제할 수 없다고 생각할 필요가 없다. 대신 재발을 방지하는 데 도움이 될 수 있는 사고 통제 연습을 할 수 있는 기회였다고 생각해 볼 수 있다. 사고 통제의 예는 다음과 같다.

"지금 당장 담배를 끊는다면, 나는 담배보다 더 강하다는 것을 스스로에게 보여 주는 거야."

"금연은 내가 가족을 위해 할 수 있는 가장 아름다운 일이야."

"나는 한번 하기로 마음먹으면 해내는 사람이야."

"충분히 오랫동안 참아 내면 흡연 욕구는 사라지기 마련이야."

"나는 장기적인 성공을 위해서 단기적인 고통을 이겨 낼 거야."

이와 같은 대부분의 사고 통제는 중독행동을 끊고 있는 사람들에게는 익히 잘 알려진 내용들이다. 앞에서 언급했듯이 중독 관련 사고와 사고 통제 사이의 싸움은 양가감정으로 가장 잘 이해된다. 회복 과정 초기에 내담자들은 일반적으로 자신의 변화에 대해 양가감정을 갖게 된다. 그리고 많은 사람들이 양가감정도 결국에는 자기가 통제할 수 있는 생각들의 줄다리기라는 사실을 깨닫게 됨으로써 큰 도움을 얻는다. 내담자들은 자신의 재발을 되돌아보면서 중독과 관련된 신념을 믿지 않고 통제와 관련된 신념을 더욱 발전시키고 신뢰하는 방법을 배우게 된다.

재발 예측, 관리, 이해하기

재발 방지를 주제로 쓰여진 책, 논문, 교과서는 이미 넘쳐나기 때문에 이 장에서는 재발을 예측하고, 이해하고, 관리하고, 방지하기 위한 권장사항에 대해 간략하게 알아보고자 한다. 다음 섹션에서는 재발 촉발요인의 식별 및 관리, 재발 방지를 위한 인지적 접근법, 재발 방지를 위한 행동적 접근법, 재발 방지 및 재발 방지를 위한 사회적 지원 접근법에 대해 설명한다.

촉발요인 식별 및 관리

이 책 전반에 걸쳐 설명했듯, 촉발요인에는 중독 관련 사고를 활성화하여 중독행동을 유발하는 경우가 포함된다. 촉발요인은 내부적 또는 외부적 요인일 수 있다. 다음은 일반적인 내부 촉발요인의 예이다.

- 부정적인 감정 상태(예: 슬픔, 분노, 걱정, 외로움, 좌절, 실망, 절망, 지루함, 불안)
- 긍정적인 감정 상태(예: 행복, 흥분, 기쁨, 자부심, 희열)
- 신체적 또는 생리적 상태(예: 배고픔, 통증, 갈망, 피로, 탈진, 긴장)

다음은 일반적인 외부 촉발요인의 예이다.

- 사랑하거나 소중히 여기는 대상에 대한 실제적 상실(예: 애완동물, 물질적 소유물, 직업)
- 사랑하거나 소중히 여기는 사람에 대한 실제적 상실(예: 친구, 동료, 멘토, 가족)
- 대인관계 갈등(예: 최근 다툼 또는 오랜 의견 불일치)
- 중독행동을 하거나 이를 권하는 다른 사람(예: 친구, 가족, 동료)
- 중요한 성공 또는 성취(예: 주요 학업적 또는 직업적 성취, 과제 완료, 졸업, 승진, 경쟁에서의 승리)
- 중요하다고 여기는 것에 대한 성취 부족 또는 수많은 실패 경험

중독으로 고통받는 사람들은 언젠가는 촉발요인을 맞닥뜨리게 되어 있다. 모든 인간이 언젠가는 슬픔, 분노, 걱정, 외로움, 좌절(모두 내부 촉발요인)을 경험한다는 사실에 비추어 봤을 때 이 사실이 더욱 더 분명해진다. 중독에 빠진 사람들이 이러한 촉발요인에 대한 인식이 부족한 경우가 흔하기 때문에 내적 및 외적 촉발요인을 식별하는 것은 재발 방지 과정에서 매우 중요하다.

중독 촉발요인에 대한 인식을 높이면 중독에 노출될 가능성과 그에 대한 반사적 반응을 줄일 수 있다. 회기 내에서 내담자는 향후 재발을 유발할 수 있는 모든 촉발요인을 식별하기 위해 최근부터 과거에 이르기까지 재발에 대한 기억을 주의 깊게 검토하도록 권장된다. 다음은 폭식 촉발요인을 파악하는 데 도움을 주는 치료사와 Lynn의 대화 내용이다.

치료사: Lynn, 폭식 또는 과식 경험을 유발할 가능성이 가장 높은 상황으로는 어떤 것이 있나요?

Lynn: 모르겠어요. 특별한 상황에서 일어나는 일이 아니라 그냥 먹고 싶을 때 먹게 돼요.

치료사: 폭식을 하고 싶어 하지 않는다고 저는 생각하는데 맞으시죠?

Lynn: 물론 폭식하고 싶지 않아요! 식탁에 놓인 빈 감자칩 봉지나 아이스크림 상자를 보

고 어떻게 내가 이걸 다 먹었을까 하는 생각이 들 때가 너무 많았어요. 생각만 해도 속이 메스꺼워요.

치료사: 그런 장면을 떠올릴 때면 참 괴로우시군요. 어떻게 그런 일이 일어나는지 이해하기 위해 함께 노력해 봅시다. 제 목표는 이러한 실수를 촉발하는 요인을 파악해 앞으로 이런 상황에 효과적으로 대비하고 대처할 수 있도록 돕는 데에 있어요.

Lynn: 촉발요인을 찾아보자는 말이 어떤 뜻인지 이해가 되네요.

치료사: 지난번에 했던 폭식에 대해 한번 살펴볼까요? 어떻게 시작되었나요?

Lynn: 폭식이 정확히 무엇이죠? 폭식이 과식과 어떻게 다른가요?

치료사: 계획했던 것보다 더 많이 먹고, 먹고 나서 지나친 포만감을 느끼며, 먹고 나서 죄책감을 느끼거나 스스로에게 혐오감을 느끼는 것. 이 모든 것들이 폭식의 증상이에요.

Lynn: 아, 어젯밤에 있었던 일 같은 것을 의미하는군요.

치료사: 어젯밤에 대해 이야기해 주시겠어요?

Lynn: 6시 30분경에 완벽하게 건강한 저녁을 먹었어요. 저칼로리 드레싱과 구운 닭가슴살을 얹은 샐러드를 만들었어요. 정말 맛있었는데 9시쯤부터 다시 배가 고파지기 시작했어요. 주방으로 들어갔지만 그때 먹을 만한 건강한 음식을 찾을 수 없었어요. 서랍장과 냉장고를 샅샅이 뒤졌지만 아무것도 없었죠. 그러다 냉동실을 살펴보니 손님이 올 때를 대비해 사둔 냉동 피자가 보였어요. 마트에서 파는 커다란 냉동 피자 중에 하나였어요. 크러스트가 올라가 있고 고기와 모든 재료가 들어 있는 거요. 디럭스 혹은 슈프림 피자라고 하는 것 같더라고요. '맛있겠다.'라는 생각이 들었어요.

치료사: 그 다음에는 어떻게 되었나요?

Lynn: 그 다음에는 어떻게 되었냐고요? 냉동실에서 피자를 꺼내고 상자 포장을 벗겨 오븐에 넣었죠. 그러고 45분 정도가 지나고 보니 피자는 다 먹고 없어지고 상자 껍데기만 남아 있었어요.

치료사: 그러고 나서요?

Lynn: 치료사님이 이야기하신 것처럼 저는 계획했던 것보다 더 많이 먹었고, 포만감과 역겨움을 느꼈고, 죄책감과 비참함을 느끼며 아침에 일어났어요.

치료사: 9시쯤에 배가 고팠다고 하셨죠. 어떤 계기로 인해 피자를 통째로 먹게 되었는지 알아볼 수 있을까요?

Lynn: 적어도 이건 말씀드릴 수 있을 것 같아요. 그 피자를 샀을 때 손님이 올 때까지 냉동실에 보관하고 먹지 않는게 어려울 수도 있다고 생각했던 것 같아요.

치료사: 냉동실에 피자가 있다는 것 자체가 피자를 먹게 된 계기가 되었다는 말씀이시군요.

Lynn: 네, 맞아요. 피자가 냉동실에 오래 있으면 있을수록 피자가 저를 부르는 소리가 더 크게 들렸어요.

치료사: 당신을 부르는 소리요?

Lynn: 네, 집에 그런 음식이 있으면 마치 저를 부르는 것 같아요. 소파에 앉아 아무렇지 않게 TV 프로그램을 보고 있는데 머릿속에서 저를 부르는 목소리가 들리는 것 같아요. '나 지금 냉동실에서 널 기다리고 있어. 정말 맛있을 거야. 와서 날 잡아!'

치료사: 진짜 목소리처럼요?

Lynn: 아니요, 당연히 아니죠! 제 상상이죠.

치료사: 그러니까, 냉동실에 피자가 있다는 것 자체가 외부적인 촉발요인인 거군요. 내부 촉발요인으로는 뭐가 있을까요?

Lynn: 내부 촉발요인이 무슨 뜻인가요?

치료사: 저녁을 먹고 나서 다시 배가 고프다고 느낄 때 감정적으로 어떤 기분이 드는지 같은 걸 의미해요.

Lynn: 오, 그건 쉽죠. 지루하고, 외롭고, 불안하고, 제가 너무 잘 알고 있는 다른 많은 나쁜 감정이 느껴져요.

치료사: 피자를 배부르게 먹을 만큼 먹었는데도 멈추지 못하는 이유는 무엇인가요?

Lynn: 좋은 질문이네요. 저는 피자를 반 정도 먹은 다음 남은 피자를 보면서 '정말 또 망쳐 버렸어. 차라리 다 먹어 치워 버리는 게 낫겠어.'라고 생각하죠.

치료사: 남아 있는 피자가 또 다른 촉발요인이 된다는 이야기 같네요. 눈앞에 피자가 놓여 있는 것을 보면 배가 부른데도 불구하고 다 먹어야겠다는 생각이 들게 되는 것 같아요.

Lynn: 맞아요.

이 대화에서 살펴본 Lynn의 이야기는 흔한 시나리오 중 하나에 속한다. **중독에 빠진 사람들은 내적 요인과 외적 요인이 복합적으로 작용하여 중독행동으로 이어질 가능성이 높다.** Lynn의 경우 처음에는 지루함, 외로움, 불안감으로 인해 중독행동이 시작되었다. 이 때, 이런 부정적 감정이 생리적 변화를 일으켜 가벼운 수준의 갈망을 경험했을 가능성이 높다. 냉동실에 피자가 있다는 것을 알게 된 Lynn의 갈망은 피자라는 특정 대상에 집중되었다. 그 후 그녀는 피자를 요리하고, 먹고, 즐기고, 순간적인 안도감을 얻는 과정을 상상하기 시작했고, 어느새 피자는 사라져 있었다.

촉발요인을 식별하는 과정은 치료사에게 매우 중요한 과정이다. 내담자들은 중독행동이 언제 촉발되었는지조차 인식하지 못할 정도로 자동적으로 중독행동을 하는 경우가 많다. 치료사와 내담자가 자신의 촉발요인을 식별하고, 이름을 붙이고, 목록을 작성하고, 이를 분류하면 내담자가 언제 재발에 취약해질지 예측할 수 있다. 앞서 언급했듯이 치료사는 내담자가 촉발요인을 피하거나 대처할 수 있도록 돕기 위해서는 반드시 내담자의 촉발요인을 파악해야 한다.

Lynn의 치료사는 Lynn의 촉발요인에 대해 계속 이야기를 나눈다. 치료사는 Lynn이 예상할 수 있는 내부 및 외부 촉발요인 목록을 작성한다. 이 과정에서 Lynn은 자신의 삶이 보상이라고는 거의 찾아볼 수 없는 '끔찍하게 쪼그라든' 상태이며, 이로 인해 재발 위험이 상당하다는 사실을 깨닫게 된다. 또한 그녀는 가능한 한 지나칠 정도로 맛있는 (혹은 '금기시되는') 음식에 노출되는 것을 피해야 한다는 사실도 깨달았다. 예를 들어, 손님에게 그러한 음식을 제공하기로 결정한 경우, 그녀는 손님이 방문하는 날까지 해당 음식을 구매하지 않아야 한다. 더 나아가 그녀는 손님에게 제공할 음식으로 건강에 좋은 음식만 구입하는 것도 고려할 수 있다. 그녀는 또한 과일, 채소 등 건강에 좋은 간식만 집으로 가져오고, 건강에 덜 좋은 식품은 구매하지 않을 수 있다.

사람들은 저마다의 촉발요인을 지니고 있다. 치료사는 내담자 개개인의 촉발요인을 주의 깊게 평가해야 한다. 이를 위한 유용한 방법으로는 자기 점검 과제가 있다. 구체적으로, 내담자는 내부 및 외부 촉발요인에 의한 갈망 경험을 일기로 작성한다. 그런 다음 필요에 따라 이 일기를 내담자와 함께 검토한다. 또한 각 회기가 끝나기 전에 다음 회기 전까지 발생할 수 있는 특정 촉발요인을 예상하고 내담자에게 그러한 촉발요인에 대처하기 위한 전략을 계획하도록 요청하는 것도 현명한 방법이다.

재발 방지를 위한 인지적 접근법

촉발요인이 중요한 이유는 촉발요인이 실수와 재발에 취약한 사고와 신념을 높이기 때문이다. 따라서 재발 방지를 위한 근본적인 인지적 전략은 실수와 재발에 대한 취약성을 줄이는 통제 신념을 발전시키는 데에 있다. 다음은 실수와 재발에 대한 취약성을 줄이는 통제 신념의 예이다.

"나는 기분을 좋아지게 하기 위해 [중독행동]이 필요하지 않아."

"[중독행동] 없이도 내 삶은 더 나아질 거야."

"나는 [중독행동]을 하지 않고도 불쾌한 감정에 대처할 수 있어."

"나는 [중독행동]을 포함한 내 자신의 행동을 통제할 수 있어."

"한 번의 실수 때문에 중독행동을 지속해야 할 이유는 없어."

"한 번의 실수가 재발로 이어질 필요는 없어."

CBT 접근법의 가장 기초가 되는 길잡이식 발견은 내담자가 중독과 관련된 사고와 신념을 식별하고 이를 자기 통제 사고와 신념으로 대체하도록 돕는 데 사용된다. 다음 Jim과 치료사 간의 대화는 이러한 과정이 어떻게 이루어지는지 보여 준다.

치료사: Jim, 병원에서 깨어났을 때 "내가 왜 나 자신에게 이런 짓을 하고 있지?"라고 스스로에게 물었다고 하셨죠?

Jim: 네, 왜 진통제를 줄일 수 없는지 모르겠어요.

치료사: 약을 줄이기 어려운 이유 중 하나는 약 먹는 것을 뒷받침하는 사고와 신념이 너무 많기 때문이에요.

Jim: 무슨 말인지 잘 이해가 안 되네요.

치료사: 중독과 관련된 사고와 신념, 그리고 자기 통제를 돕는 사고와 신념 이렇게 크게 두 종류의 사고와 신념에 대해 이야기해 보고 싶어요. 중독과 관련된 사고는 과도한 약물 사용으로 이어지고 자기 통제에 도움이 되는 생각은…….

Jim: [끼어들며] 제가 맞춰 볼게요. 자기 통제를 키우는 데 도움이 된다는 것이죠?

치료사: 맞아요. 중독과 관련된 사고와 자기 통제에 대한 생각을 종이에 적어 봐도 될까요?

Jim: 물론이죠.

치료사: 좋아요. (종이를 꺼낸다) 약을 먹기 직전에 어떤 생각이 드는지 말해 보세요.

Jim: '진통제가 필요해.' 같은 생각 말인가요?

치료사: 맞아요. ('Jim의 중독 관련 사고와 신념'이라는 제목 아래에 '진통제가 필요해.'라고 적는다)

Jim: 아, 생각이 너무 많아요. 진통제 없이는 통증을 견딜 수 없어요. 진통제 없이는 제 기능을 할 수 없어요. 다른 방법을 다 써 봤지만 진통제가 제 통증을 완화시켜 주는 유일한 방법이에요. (잠시 멈춘다)

치료사: 또 다른 생각이 있을까요?

Jim: 네. 조금만 통증이 느껴져도 약을 더 먹어야 할까 봐 겁이 납니다. 그렇지 않으면 통증이 저를 짓밟을 테니까요. 병원에 입원하기 전에는 약을 과다 복용하는 사람이 되지 않기 위해 조심하고 있다고 생각했거든요.

치료사: 좋아요, 이야기해 주신 사고를 다 적어 봤어요. (Jim에게 중독 관련 사고 목록을 보여 준다)

Jim: 와, 정말 빨리 쓰시네요.

치료사: 고마워요. 이제 약 복용을 더 잘 조절하는 데 도움이 되는 몇 가지 사고를 이야기해 볼까요?

Jim: 좋아요. 재미있을 것 같네요. (잠시 생각에 잠긴다) 약을 너무 많이 먹으면 몸에 좋지 않다는 걸 알아요. 죽을 수도 있다는 것도 알아요. 그리고 제가 진통제를 너무 많이 먹는다는 사실을 알면 아내가 겁을 먹어요. 제가 복용하는 약을 과하게 먹고 죽어가는 사람들이 곳곳에 있다는 것도 알아요. 제가 지금보다 더 잘 해낼 수 있다는 것도 알아요.

치료사: 계속 말씀하세요.

Jim: (각 문장마다 잠시 생각에 잠기면서) 저는 의사의 지침대로 약을 복용할 수 있어요…… 통증 자체보다는 통증에 대한 두려움이 약을 먹게 하는 강력한 요인이에요…… 저는 전에 느꼈던 극심한 통증을 다시 느끼는 것이 두려워요…… 약 복용에 대해서는 의사들이 전문가라는 것을 알고 있어요…… 저는 의사가 제 통증을 해결하는 데 도움을 줄 것이라고 믿어요…… 제가 직접 복용량을 조절할 필요가 없죠.

치료사: 잘 하셨어요. 이제 이 두 그룹의 생각을 다시 한번 살펴볼까요? (Jim에게 중독 및 자기 통제 관련 생각을 나란히 나열한 《**표 13-1**》을 보여 준다. 이 표는 제2장 마지막에 있는 《**양식 2-1**》에서 찾아볼 수 있다) 첫 번째 그룹에는 현재 약물 복용 행동을 유발하는

표 13-1 **Jim의 중독 관련 및 자기조절적 사고와 신념**

중독 관련 사고와 신념	자기조절적 사고와 신념
"나는 진통제가 필요해." "진통제가 없으면 고통은 견딜 수 없어." "진통제 없이 나는 기능할 수 없어." "모든 걸 시도해 보았지만 진통제만이 내 고통을 줄여주었어." "고통이 아주 조금이라도 늘어난다면 그만큼의 진통제를 더 먹어야 해." "고통을 느끼자마자 진통제를 먹어야 해. 그렇지 않으면 나를 완전히 무너뜨릴 거야."	"나는 과다복용하는 사람 중 하나가 되지 않기 위해 조심하고 있어." "내가 복용하는 진통제 양이 나에게 좋지 않다는 걸 알아." "너무 많은 진통제는 나를 죽일 수도 있어." "내가 그렇게 많은 진통제를 복용한다는 사실을 아내가 알면 그녀는 두려움에 빠질 거야." "내가 복용하는 것과 같은 진통제로 죽어가는 사람들이 곳곳에 있어." "나는 더 잘할 수 있다는 걸 알아." "처방된 대로 약을 복용할 수 있어." "통증 자체가 아니라, 통증에 대한 두려움이 내 약 선택을 좌우해." "전에 느꼈던 강렬한 통증을 다시 느낄까 봐 두려워." "의사들의 처방은 신뢰할 수 있어." "의사들이 내 통증을 조절하는 데에 도움을 줄 것이라고 믿고 있어." "내가 스스로 복용량을 계속 조절할 필요가 없어."

사고가 나열되어 있고, 두 번째 그룹에는 약물 복용 행동에 대한 자기 통제력을 향상 시키는 데 도움이 될 수 있는 사고가 나열되어 있어요.

Jim: 제 생각이 이렇게 정리된 걸 보니 정말 흥미롭네요. 뭘 이야기하고 싶으신지 잘 알겠어요.

치료사: 처방된 약보다 더 많은 약을 복용할 가능성을 높이는 사고와 의사가 처방한 대로 약을 복용할 가능성을 높이는 사고, 이 두 가지 사고와 신념을 모두 파악하는 작업을 지속적으로 하면 좋겠어요.

Jim: 그 말에 전적으로 동의해요.

이 예시문에서 Jim은 중독과 관련된 사고와 신념을 인식하고 나열하도록 도움을 받았다. 이를 통해 Jim은 사고와 신념에 대해 보다 신중하고 의도적인 선택을 할 수 있게 되었다. 대부분의 사람들은 사고를 인식하고 구별하는 과정에 익숙하지 않다. 이 기술을 익히면 내담자는 자신의 행동과 능력을 더 잘 통제할 수 있게 되어 재발을 방지할 수 있다. 재발 방지를 위한 다른 인지적 접근법으로는 이익-손해 분석, 일일 사고 기록 등이 있다. 이러한 기술에 대한 자세한 내용은 제7장에 제시되어 있다.

재발 방지를 위한 행동적 접근법

내담자는 촉발요인을 인식하고, 중독 관련 사고를 인식하고, 자기 통제 사고를 만들어 내는 방법을 배우면서 동시에 촉발요인에 대처하기 위한 행동 전략을 연습하도록 권장 받는다. 어떤 특정 행동 전략을 선택할지는 촉발요인 자체에 따라 크게 달라진다. 정서적 고통과 관련된 내부 촉발요인은 정서적 고통을 줄이는 행동 전략이 필요할 수 있다. 예를 들어, 우울증을 경험할 때 중독행동을 시작하는 내담자에게는 행동활성화 전략이 제공될 수 있다. 불안감을 느낄 때 중독행동을 시작하는 내담자에게는 호흡 및 이완 기술을 가르칠 수 있다. 만성적인 신체적 통증과 관련된 내부 촉발요인을 다룰 때는 운동이나 요가와 같은 재발 방지 전략을 사용할 수 있다. 충동이나 갈망과 관련된 내부 촉발요인을 위해서는 행동주의 분산 기술과 관련된 전략을 이용할 수 있다.

재발 방지를 위한 모든 접근법 중 가장 간단한 방법은 주의를 분산시키는 것이다. 구체적으로, 촉발요인이 발생했을 때 사용할 수 있는 주의 분산 활동 목록을 작성할 것을 내담자에게 권장한다. 주의를 분산시키는 활동에는 중독과 관련이 없는 모든 활동(예: 운동, 친구와의 대화, 독서, 글쓰기, 산책, 정원 가꾸기)이 포함될 수 있다. 주의 분산 기법은 단기적인 대처 수단일 수 있지만, 갈망의 시작과 중독행동을 추구하고 실행하는 행동이 바로 이어지지 않도록 시간 지연을 제공하는 중요한 기능을 한다. 이러한 지연은 내담자가 중독행동의 부정적인 결과를 충분히 생각할 수 있는 시간을 제공할 뿐만 아니라 중독행동을 하지 않을 경우 갈망이 감소하는 것을 경험할 수 있는 기회를 제공한다.

Jim의 치료사는 Jim과 더 많은 시간을 보내면서 Jim의 결혼 생활이 순탄치 않다는 사실을 알게 된다. 자녀들은 모두 성장하여 집을 떠났고, 부부는 거의 매일 다투고 있는 상황이다. 결국 Jim은 결혼 생활의 문제에서 벗어나기 위해 가끔 진통제를 복용한다는 사실을 토로한다. 이 사실을 알게 된 Jim의 치료사는 Jim의 결혼 생활을 개선하고 재발 가능성을 줄이기 위한 행동기술에 초점을 맞춘다. 예를 들어, Jim은 아내와의 갈등을 해결하는 방법을 개발하고 연습하는 데 도움을 받는다. 그는 어떻게 하면 정서적 지원을 효과적으로 제공하고 또 아내로부터 받을 수 있는지 생각해 보도록 권장 받는다. Jim은 아내와 효과적으로 의사소통함으로써 회피적 대처(예: 진통제 사용) 대신 문제 중심적 대처(예: 효과적인 의사소통)를 연습하게 된다. 이를 통해 Jim은 앞으로 진통제를 부적절하게 사용할 가능성을 줄이게 된다. Jim의 사례에서 알 수 있듯이 재발 방지를 위해서는 내담자가 일반적인 생활 스트레스 요인(예: 부부 불화)과 중독행동에 대한 유혹 및 이와 관련된 불편감 모두에 대처하는 방법을 배워야 한다.

실수가 재발로 이어지는 것 방지하기

앞서 언급했듯이 실수는 인지 및 행동기술을 적용할 수 있는 기회를 제공하고 재발의 작동 원리에 대한 이해를 증진시킨다. 따라서, 실수를 반드시 나쁜 것으로 인식할 필요는 없으며 오히려 배움의 기회로 받아들일 수 있다. 재발 방지의 중요한 주제는 실수가 재발로 이어지지 않도록 내담자를 돕는 것에 있다.

재발은 여러 원인으로 인해 발생한다. 예를 들어, 중독 내담자는 자신의 중독행동을 통제할 수 있는 능력을 시험해 보기 위해 '슬립(Slip, 실수)'을 선택할 수 있다. 이런 선택의 밑바탕에는 '이번 한 번만 해 보자. 내가 중독을 통제하고 있다는 것을 증명할 수 있을 거야.'라는 생각이 자리 잡을 수 있다. 앞에서 언급했듯이, 어떤 사람들은 이러한 촉발요인에 인지적 또는 행동적으로 대응할 준비가 되지 않은 상태에서 '우연히' 또는 의도적으로 촉발요인에 노출된다. 실수의 또 다른 원인으로는 중독행동의 이익이 손해보다 크다고 다시 믿는 것이 있을 수 있다. 실수가 수많은 이유로 인해 발생할 수 있음을 고려할 때, 재발의 인지적 모델을 기반으로 각 결정 시점의 주요 요인을 파악하는 것은 재발 방지에 있어 중요한 요소 중 하나이다. 예를 들어, 술자리 친구 등 외부 촉발요인을 피하지 못해서 실수가 발생했는지 아니면 불가피한 촉발요인(예: 직장 마감일)에 맞설 수 있는 통제 신념이 부족해서 실수가 발생했는지 파악해 볼 수 있다.

실수가 재발로 이어지는 이유는 '한 번 실수했다는 것은 내가 통제할 수 없다는 것을 의미해.' '이번 슬립은 치료가 전혀 효과 없다는 걸 증명해.' '실수는 곧 실패야.'와 같은 흑백논리 신념이 기저에 자리잡고 있기 때문이다. Marlatt와 Gordon(1985)은 이러한 사고 과정과 그로 인한 재발을 절제파기효과(AVE)라고 명명했다. 따라서 재발 방지를 위한 중요한 전략은 이러한 이분법적 사고에 도전하여 실수가 재발로 이어지지 않도록 하는 데에 있다. 실수가 발생했을 때 이미지 기법은 실수를 초래한 촉발요인, 신념, 사고, 감정, 행동의 순서를 재구성하는 데 유용하다. 또한 각 결정 시점을 복기하고 어떤 기술을 사용할지 리허설을 해 보는 것은 내담자가 향후 유사한 상황에 대처할 수 있도록 돕는다는 점에서 중요하다.

재발 방지를 위한 사회적 지원 접근법

사회적 및 대인관계 과정은 재발과 관련이 있는 것으로 알려져 있다. 예를 들어, Cummings, Gordon과 Marlatt(1980)은 재발 경험의 44%가 대인관계 갈등과 관련이 있다는 사실을 발견했다. 긍정적인 사회적 지원의 부재와 관련이 있는 외로움은 적어도 두 가지 이유로 인해 고위험 촉발요인으로 인식된다. 첫째, 외로움 자체가 불편한 감정(즉, 내부 촉발요인)이기 때문이다. 둘째, 중독행동은 외로움을 피하기 위해 특별히 선택한 사회적 상황(예: 술집, 카지노, 중독된 친구의 집)에서 발생하는 경우가 많다. 따라서 재발 방지 노력은 중독 위험이 없는 사회적 지원 네트워크를 확보함으로써 향상될 수 있다.

치료사들은 일부 내담자들이 관계에 대한 기본적인 신념과 자동적 사고를 가지고 있으며, 이러한 관계 관련 신념이 그들의 중독행동에 영향을 미친다는 점을 이해하고 있어야 한다. 예를 들어, 어떤 내담자들은 '중독에 걸린 사람만이 나를 이해할 수 있어.' '중독에 걸리지 않은 사람은 나를 이해하거나 받아들이지 않을 거야.' '술이나 약에 취하지 않는 사람은 지루해.' 등과 같은 신념을 지니고 있을 수 있다. 이러한 신념이 사회적 불편함이나 불안감, 그리고 어느 정도의 사회적 회피를 초래할 수 있다는 분명한 사실을 고려한다면, 치료사가 이러한 과정을 이해하고 이와 같은 신념을 수정하는 작업을 통해서 내담자에게 도움을 줄 수 있다는 점 또한 명백하다. 중독으로 어려움을 겪지 않는 친구와 가족은 중독 내담자에게 중요한 사회적 자원이 될 수 있다. 그러나 중독 문제를 겪는 많은 사람들은 판단과 거절에 대한 두려움 때문에 가족과 친구를 멀리한 경험을 해 본 적이 있다.

회복 중에 있는 많은 사람들에게 상호 지지 그룹은 재발 방지에 매우 중요한 중독 위험이 없는 사회적 지원 네트워크를 제공한다. 앞서 설명했듯이 상호 지지 그룹은 '비슷한 문제를 공유하는 사람들이 정기적으로 만나 정보를 교환하고 심리적 지원을 주고받는 모임'이다(Pistrang, Barker, & Humphreys, 2008, p. 110). 상호 지지 그룹의 예로는 12단계 프로그램(AA, NA, OA, GA 등), 절주를 위한 여성 모임, LifeRing Secular Recovery, SMART Recovery 프로그램(www.SMARTrecovery.org) 등이 있다.

상호 지지 그룹은 일반적으로 유익한 것으로 연구에서 보고되고 있다(Grant et al., 2018; Kelly, Humphreys, & Ferri, 2020; Pistrang et al., 2008; Zemore, Kaskutas, Mericle, & Hemberg, 2017). 실제로 Pistrang 등(2008)은 두 차례의 무작위 배정 실험에서 상호 지지 그룹이 비용이 많이 드는 전문가 개입과 동등한 효과를 보인다고 설명했다. 상호 지지 그룹은 참가자들에게 사적인 환경과 회복을 위해 서로를 지지하는 사람들을 제공한다. 또한 참가자들에게 구조, 금단에 기반한 규범, 역할 모델, 대처 기술을 제공한다(Moos, 2008). 이러한 메커니즘은 온라인이나 전화로 상호 지원을 제공하는 경우에도 작동할 수 있다(Liese & Monley, 2021).

치료사는 재발 방지 과정의 일부로 상호 지지 그룹을 소개하도록 권장된다. 이를 소개할 때는 내담자에게 상호 지지 그룹에 대해 이미 알고 있는 것이 무엇인지 물어보는 것으로 시작하는 것이 가장 좋다. 대부분의 내담자는 AA 또는 SMART Recovery 프로그램에 대해 들어 본 적이 있을 것이며, 일부는 이미 이러한 그룹이나 다른 상호 지지 그룹에 참여한 경험이 있을 것이다. 치료사는 지역 내 상호 지지 그룹 네트워크에 대해 가능한 한 많이 알아보고, 경험이 없는 내담자에게는 다양한 그룹에 참여해 보도록 권장하는 것이 좋다. 다양한 그룹에 참여해 봄으로써 내담자는 자신의 필요와 개인적 취향에 가장 적합한 그룹을 결정할 수 있게 된다. 또한 SMART Recovery 프로그램과 12단계 프로그램에 모두 참석하면 이점이 있다는 것을 알게 될 수도 있다. 이와 관련해 Barb와 치료사 사이의 다음 대화를 살펴보자.

치료사: Barb, 마지막으로 도박한 날이 언제였죠?

Barb: 2주 정도 된 것 같아요.

치료사: 축하해요. 어떻게 지내세요?

Barb: 모르겠어요. 좋아요, 그냥 그런 것 같아요.

치료사: 성공에 대해 별로 만족하지 않는 것 같네요.

Barb: 저에게는 성공이라고 느껴지지 않아요. 벌을 받은 것 같아요.

치료사: 왜 그렇게 느끼세요?

Barb: 저는 집에 앉아서 항상 느껴 왔던 똑같은 기분을 느끼고 있고, 기분이 나아질 만한 곳이 없어요. 항상 외롭다고 말했잖아요.

치료사: Barb, GA에 대해 들어 본 적 있나요?

Barb: GA요?

치료사: 익명의 단도박 모임이에요.

Barb: 알코올 중독 문제를 겪는 사람 모임 같은 건가요?

치료사: 네, 12단계 프로그램 중 하나예요.

Barb: 그 이야기를 하니까 들어 본 것도 같네요.

치료사: SMART Recovery 프로그램에 대해서는 들어 보셨나요?

Barb: 그것도 잘 모르겠어요.

치료사: 이 두 가지는 도박장애로부터 회복하는 데 도움이 될 수 있는 상호 지지 그룹으로 원하신다면 참여하실 수 있어요.

Barb: 상호 지지 그룹이요?

치료사: 네. 정기적으로 모임을 갖고, 무료로 진행되고, 예약이 필요하지 않고, 중독 문제를 겪는 사람들을 돕는 것을 목표로 하는 상호 지지 그룹이에요. 전문적인 서비스 기관은 아닙니다. 이 모임에 참석하는 사람들은 모두 비슷한 문제로 어려움을 겪고 있고, 서로를 돕기 위해 중독과 회복에 대해 배운 것을 공유하기 때문에 상호 지지 그룹이라고 불립니다.

Barb: 좀 꺼림직하게 들리네요.

치료사: 꺼림직하다고요?

Barb: 그런 게 저한테 맞는지 모르겠어요. 낯선 사람들에게 제 문제에 대해 이야기하는 게 편하지 않은 것 같아요.

치료사: 그러시군요. 전적으로 이해합니다. 이 그룹에 대해 더 자세히 말씀드리면 도움이 될 수도 있을 것 같아요. 방금 말씀드린 상호 지지 그룹들은 전 세계적으로 크고 작은 커뮤니티에 걸쳐 형성되어 있어요. 온라인으로도 참석할 수 있고요. 다른 사람들에게 공유하고 싶은 내용만 공유해도 되고, 듣고 배우기만 하고 싶은 경우에는 자기 이야기를 공유하지 않아도 돼요. 새로운 사람들에게도 매우 환영적인 태도를 보입니다.

Barb: 한번 생각해 봐야겠어요.

치료사: 제가 이 그룹들을 추천하는 이유 중 하나는 외로움이 문제라고 여러 번 말씀하셨기 때문이에요. 이 그룹들은 대체로 따뜻하고 서로를 지지해 줍니다. 제 생각에는 내담자 분과 같은 많은 사람들이 회복 과정 중에 외로움을 덜 느끼도록 도와주기 때문에 그룹 모임에 참석하는 것 같아요.

Barb: 말씀드렸듯이 한번 생각해 볼게요.

치료사: 다음 회기 전까지 이 모임들에 대해 좀 더 조사해 보시겠어요?

Barb: 모임에 참석해 보라는 이야기인가요?

치료사: 꼭 그렇지는 않아요. 온라인으로 조사해 보는 것도 도움이 될 것 같아요. 단도박 모임과 SMART Recovery 프로그램과 관련해 수백, 수천 개의 웹 사이트들이 있을 거예요. 인터넷에서 '상호 지지 그룹'을 검색하면 다른 유사한 방법들도 찾을 수도 있어요.

Barb: 그 정도는 할 수 있을 것 같아요.

치료사: 그 다음에는 이런 모임에 참석하는 것이 편하게 느껴지면 이러한 그룹들 중 몇 개를 방문해 어떤 그룹이 도움이 될 수 있는지 알아보고 결정해 볼 수 있을 거예요. 자신에게 가장 적합한 그룹을 결정하기 위해 여러 그룹을 두세 번 방문하는 것을 고려해 볼 수도 있겠네요.

Barb: 천천히 한 단계씩 진행해 나가죠.

치료사: 좋은 생각이에요. 다시 말씀드리지만, 이런 그룹들이 재발 방지와 외로움에 도움이 될 수 있다고 생각해요.

이 대화를 나누는 동안 Barb가 상호 지지 그룹에 가입하는 것을 꺼려한다는 사실을 알게 되었다. 회복 중인 대부분의 사람들은 Barb와 같은 생각을 가지고 있다. 낯선 사람들로 구성된 그룹에 뛰어들어 지극히 개인적인 정보를 공유하는 것이 쉽지 않다고 생각하는 사람들이 대부분이다. Barb의 치료사는 Barb의 우려에 민감하게 반응하며 Barb가 편안한 속도로 이 단계를 나아가도록 격려했다. 또한 치료사는 먼저 이러한 옵션에 대해 조사하고 여러 유형의 지지 그룹에 참여해 볼 것을 권장했다.

사회적 지원에 대한 이 섹션을 마치기에 앞서, 효과적인 치료사 자체가 내담자의 사회적 지원 네트워크의 핵심적인 부분이라는 점을 강조하고자 한다. 치료사는 중독 문제를 겪는 내담자에게 따뜻함, 수용성, 일관성, 공감, 지혜를 제공함으로써 재발 방지에 중요한 역할을 수행한다. 이러한 지지적인 관계를 통해 중독 내담자는 대처 기술을 개발하고 중독행동에서 벗어나 만족스러운 삶으로 전환하는 데 도움이 되는 기술을 배울 수 있다. 다시 말해, 치료사는 내담자가 중독과 재발의 삶에서 훨씬 더 건강하고 중독 없는 삶으로 나아가는 다리의 일부가 되어 줄 수 있다.

치료 종료 및 보강 회기

금단이 장기간 유지되면 내담자와 치료사는 중독행동을 자제할 수 있는 능력에 자신감을 갖게 되고 정식 치료를 종료할 수 있다. 그러나 일부 내담자에게는 보강 회기가 권장된다. 보강 회기로는 전화 통화, 서신 또는 대면 만남이 포함될 수 있다. 보강 회기 속에서 내담자와의 만남은 여러 목적을 수행하기 위해 사용된다. 첫째, 재발 방지를 위한 경계의 필요성에 대해 내담자의 주의를 집중시킨다. 둘째, 내담자에 대한 치료사의 지속적인 관심은 금단에 대한 동기를 부여하는 사회적 지지를 제공한다. 셋째, 치료사는 재발 위험이 있는 내담자에게 전문적인 지침을 지속적으로 제공할 수 있다.

내담자와의 장기적인 만남은 상당한 효과로 이어질 수 있다. 추가 방문이나 전화 통화는 내담자의 재발 가능성을 줄이거나 적어도 치료사가 촉발요인에 대처하는 데 활용될 수 있는 잠재적 자원임을 내담자에게 상기시킬 수 있다. 치료가 종료된 후 내담자가 재발하는 경우, 가능한 한 빨리 치료를 재개하여 대처 기술을 개선하도록 권유하는 것이 좋다. 다시 말하지만, 각 실수와 재발을 주의 깊게 검토하면 내담자는 재발 과정에 대한 이해도를 높이고 궁극적으로 재발 과정을 더 잘 통제할 수 있게 된다.

요 약

이 장에서는 재발 방지와 폐해 감소에 대해 논의했다. 중독 치료의 주요 목표는 재발 방지, 즉 회복 중인 내담자가 실수를 저지르거나 재발에 빠질 가능성을 줄이는 데에 있다. 폐해 감소의 주요 목표는 지속되는 중독행동으로부터 발생할 수 있는 피해를 최소화하는 것이다.

이 글 전체에 걸쳐 재발 가능성을 예측하고 줄이기 위한 전략과 기법을 제시하였다. 또한 재발 방지와 폐해 감소는 기술만큼이나 치료사의 태도도 중요한 역할을 한다는 점을 강조하고자 했다. 중독으로 계속 어려움을 겪고 있는 내담자들을 지지하고 도움을 주는 치료사가 내담자를 도울 가능성이 가장 높으며, 치료사 역시 중독 내담자와 함께 일하면서 성취감을 느낄 가능성이 높다. 내담자가 실수와 재발로 어려움을 겪을지라도 말이다.

참고문헌

12step.org. (2018). Recovery slogans. Retrieved from *https://12step.org/references/commonly-used/recovery-slogans*.

American Psychiatric Association. (2013). *Diagnostic and statistical manual of mental disorders* (5th ed.). Author.

Beck, A. T. (1967). *Depression: Clinical, experimental, & theoretical aspects*. Harper & Row.

Beck, A. T., Davis, D. D., & Freeman, A. (Eds.). (2015). *Cognitive therapy of personality disorders* (3rd ed.). Guilford Press.

Beck, A. T., Emery, G., & Greenberg, R. L. (1985). *Anxiety disorders and phobias: A cognitive perspective*. Basic Books.

Beck, A. T., Finkel, M. R., & Beck, J. S. (2021). The theory of modes: Applications to schizophrenia and other psychological conditions. *Cognitive Therapy and Research, 45*, 391-400.

Beck, A. T., Rush, A. J., Shaw, B. F., & Emery, G. (1979). *Cognitive therapy of depression*. Guilford Press.

Beck, A. T., & Steer, R. A. (1993). *Beck Anxiety Inventory manual*. Psychological orporation.

Beck, A. T., Steer, R. A., & Brown, G. K. (1996). *Manual for the Beck Depression Inventory-II*. Psychological Corporation.

Beck, A. T., Steer, R. A., Kovacs, M., & Garrison, B. (1985). Hopelessness and eventual suicide: a 10-year prospective study of patients hospitalized with suicidal ideation. *American Journal of Psychiatry, 142*(5), 559-563.

Beck, A. T., Wright, F. D., Newman, C. F., & Liese, B. S. (1993). *Cognitive therapy of substance abuse*. Guilford Press.

Beck, J. S. (2021). *Cognitive behavior therapy: Basics and beyond* (3rd ed.). Guilford Press.

Bevilacqua, L., & Goldman, D. (2009). Genes and addictions. *Clinical Pharmacology and Therapeutics, 85*(4), 359-361.

Bickel, W. K., Johnson, M. W., Koffarnus, M. N., MacKillop, J., & Murphy, J. G. (2014). The behavioral economics of substance use disorders: reinforcement pathologies and their repair. *Annual Review of Clinical Psychology, 10*, 641-677.

Bolton, J. M., Robinson, J., & Sareen, J. (2009). Self-medication of mood disorders with alcohol and drugs in the National Epidemiologic Survey on Alcohol and Related Conditions. *Journal of Affective Disorders, 115*, 367-375.

Bowen, S., Chawla, N., Grow, J., & Marlatt, G. A. (2021). *Mindfulness-based relapse prevention for addictive behaviors: A clinician's guide* (2nd ed.). Guilford Press.

Brand, M., Laier, C., & Young, K. S. (2014). Internet addiction: Coping styles, expectancies, and treatment implications. *Frontiers in Psychology, 5*, 1-14.

Bromwich, J. E. (2020). This election, a divided America stands united on one topic: All kinds of Americans have turned their back on the destructive war on drugs. Retrieved December 28, 2020, from *https://www.nytimes.com/2020/11/05/style/marijuana-legalizationusa.html*.

Brorson, H. H., Arnevik, E. A., Rand-Hendriksen, K., & Duckert, F. (2013). Drop-out from addiction treatment: A systematic review of risk factors. *Clinical Psychology Review, 33*, 1010-1024.

Buckner, J. D., Ecker, A. H., & Welch, K. D. (2013). Psychometric properties of a valuations scale for the Marijuana Effect Expectancies Questionnaire. *Addictive Behaviors, 38*(3), 1629-1634.

Budney, A. J., & Higgins, S. T. (1998). *Therapy manual for drug addiction: Manual 2: A community reinforcement plus vouchers approach: Treating cocaine addiction*. National Institute on Drug Abuse.

Burlingame, G., Strauss, B., & Joyce, A. (2013). Change mechanisms and effectiveness of small group treatments. In M. J. Lambert (Ed.), *Bergin and Garfield's handbook of psychotherapy and behavior change* (6th ed., pp. 640-689). Wiley.

Burns, D., & Spangler, D. (2000). Does psychotherapy homework lead to improvements in depression in cognitive-behavioral therapy or does improvement lead to increased homework compliance? *Journal of Consulting and Clinical Psychology, 68*, 46-56.

Casteneda, R., Galanter, M., & Franco, H. (1989). Self-medication among addicts with primary psychiatric disorders. *Comprehensive Psychiatry, 30*, 80-83.

Center for Substance Abuse Treatment. (2005). *Substance abuse treatment: Group therapy* (DHHS Publication No. (SMA) 05-3991). Substance Abuse and Mental Health Services Administration.

Clark, D. A., & Beck, A. T. (2010). *Cognitive therapy of anxiety disorders: Science and practice*. Guilford Press.

Connors, G., DiClemente, C., Velasquez, M., & Donovan, D. (2013). *Substance abuse treatment and the stages of change: Selecting and planning interventions*. Guilford Press.

Corsini, R. J., & Rosenberg, B. (1955). Mechanisms of group psychotherapy: Processes and dynamics. *The Journal of Abnormal and Social Psychology, 51*(3), 406-411.

Cummings, C., Gordon, J., & Marlatt, G. A. (1980) Relapse: Prevention and prediction. In W. R. Miller (Ed.), *The addictive behaviors: Treatment of alcoholism, drug abuse, smoking and obesity* (pp. 291-321). Pergamon Press.

Curreri, A. J., Farchione, T. J., & Wang, M. (2019). Fostering engagement in early sessions of transdiagnostic cognitive-behavioral therapy. *Psychotherapy, 56*(1), 41-47.

Daughters, S. B., Magidson, J. F., Anand, D., Seitz-Brown, C. J., Chen, Y., & Baker, S. (2018). The effect of a behavioral activation treatment for substance use on post-treatment abstinence: A randomized controlled trial. *Addiction, 113*, 535-544.

Daughters, S. B., Magidson, J. F., Lejuez, C. W., & Chen, Y. (2016). LETS ACT: A behavioral activation treatment for substance use and depression. *Advances in Dual Diagnosis, 9*(2/3), 74-84.

Diamond, A. (2014). Understanding executive functions: What helps or hinders them and how executive functions and language development mutually support one another. *Perspectives on Language and Literacy, 40*, 7-11.

Dimidjian, S., Hollon, S. D., Dobson, K. S., Schmaling, K. B., Kohlenberg, R. J., Addis, M. E., ... Jacobson, N. S. (2006). Randomized trial of behavioral activation, cognitive therapy, and antidepressant medication in the acute treatment of adults with major depression. *Journal of Consulting and Clinical Psychology, 74*(4), 658-670.

Driskell, J. E., Willis, R. P., & Copper, C. (1992). Effect of overlearning on retention. *Journal of Applied Psychology, 77*(5), 615-622.

Enoch, M. (2011). The role of early life stress as a predictor for alcohol and drug dependence. *Psychopharmacology, 214*(1), 17-31.

Eubanks, C. F., Burckell, L. A., & Goldfried, M. R. (2018). Clinical consensus strategies to repair ruptures in the therapeutic alliance. *Journal of Psychotherapy Integration, 28*(1), 60-76.

Eubanks, C. F., Muran, J. C., & Safran, J. D. (2018). Alliance rupture repair: A meta-analysis. *Psychotherapy, 55*(4), 508-519.

Evans, K., & Sullivan, J. M. (2001). *Dual diagnosis: Counseling the mentally ill substance abuser* (2nd ed.). Guilford Press.

Fergusson, D. M., Horwood, L. J., & Woodward, L. J. (2000). The stability of child abuse reports: A longitudinal study of the reporting behaviour of young adults. *Psychological Medicine, 30*, 529-544.

Gluhoski, V. (1994). Misconceptions of cognitive therapy. *Psychotherapy, 31*(4), 594-600.

Goldman, D., Oroszi, G., & Ducci, F. (2005). The genetics of addictions: Uncovering the genes. *Nature: Genetics Reviews, 6*, 521-532.

Grant, K. M., Young, L. B., Tyler, K. A., Simpson, J. L., Pulido, R. D., & Timko, C. (2018). Intensive referral to mutual-help groups: A field trial of adaptations for rural veterans. *Patient Education and Counseling, 101*(1), 79-84.

Griffiths, M. E. (2005). A "components" model of addiction within a biopsychosocial framework. *Journal of Substance Use, 10*(4), 191-197.

Hayes, S. C., Strosahl, K. D., & Wilson, K. G. (2012). *Acceptance and commitment therapy: The process and practice of mindful change*. Guilford Press.

Hendershot, C. S., Witkiewitz, K., George, W. H., & Marlatt, G. A. (2011). Relapse prevention for addictive behaviors. *Substance Abuse Treatment, Prevention, and Policy, 6*(1), 17.

Higgins, S. T., Silverman, K., & Heil, S. H. (Eds.). (2007). *Contingency management in substance abuse treatment*. Guilford Press.

Ilgen, M. A., Roeder, K. M., Webster, L., Mowbray, O. P., Perron, B. E., Chermack, S. T., & Bohnert, A. S. (2011). Measuring pain medication expectancies in adults treated for substance use disorders. *Drug and Alcohol Dependence, 115*(1-2), 51-56.

Kahneman, D. (1973). *Attention and effort*. Prentice-Hall.

Kahneman, D. (2003). A perspective on judgment and choice: Mapping bounded rationality. *American Psychologist, 58*(9), 697-720.

Kahneman, D. (2011). *Thinking, fast and slow*. Macmillan.

Kahneman, D., & Frederick, S. (2002). Representativeness revisited: Attribute substitution in intuitive judgment. In T. Gilovich, D. Griffin, & D. Kahneman (Eds.), *Heuristics and biases* (1st ed., pp. 49-81). Cambridge University Press.

Kazantzis, N., Whittington, C., & Dattilio, F. (2010). Meta-analysis of homework effects in cognitive and behavioral therapy: A replication and extension: Homework assignments and therapy outcome. *Clinical Psychology: Science and Practice, 17*(2), 144-156.

Kelly, J. F., Humphreys, K., & Ferri, M. (2020). Alcoholics Anonymous and other 12-step programs for alcohol use disorder. *Cochrane Database of Systematic Reviews*, Issue 3, Art. No. CD012880.

Kelly, J. F., Wakeman, S. E., & Saitz, R. (2015). Stop talking "dirty": Clinicians, language, and quality of care for the leading cause of preventable death in the United States. *American Journal of*

Medicine, 128(1), 8-9.

Keyes, K. M., Hatzenbuehler, M. L., Grant, B. F., & Hasin, D. S. (2012). Stress and alcohol: Epidiologic evidence. *Alcohol Research, 34*(4), 391-400.

King, B. R., & Boswell, J. F. (2019). Therapeutic strategies and techniques in early cognitive-behavioral therapy. *Psychotherapy, 56*(1), 35-40.

Kosten, T. R., Rounsaville, B. J., & Kleber, H. D. (1986). A 2.5 year follow-up of depression, life events, and treatment effects on abstinence among opioid addicts. *Archives of General Psychiatry, 43*, 733-738.

Kroenke, K., Spitzer, R. L., & Williams, J. B. W. (2001). The PHQ-9: Validity of a brief depression severity measure. *Journal of General Internal Medicine, 16*(9), 606-613.

Leahy, R. L. (2017). *Cognitive therapy techniques: A practitioner's guide* (2nd ed.). Guilford Press.

Lejuez, C. W., Hopko, D. R., Acierno, R., Daughters, S. B., & Pagoto, S. L. (2011). Ten year revision of the brief behavioral activation treatment for depression: Revised treatment manual. *Behavior Modification, 35*(2), 111-161.

Lejuez, C. W., Hopko, D. R., & Hopko, S. D. (2001). A brief behavioral activation treatment for depression. *Behavior Modification, 25*(2), 255-286.

Li, H. K., & Dingle, G. A. (2012). Using the Drinking Expectancy Questionnaire (revised scoring method) in clinical practice. *Addictive Behaviors, 37*, 198-204.

Liese, B. S. (1994). Psychologic principles of substance abuse: A brief overview. *Comprehensive Therapy, 20*(2), 125-129.

Liese, B. S. (2014). Cognitive-behavioral therapy for people with addictions. In S. L. A. Straussner (Ed.), *Clinical work with substance abusing clients* (pp. 225-250). Guilford Press.

Liese, B. S., & Beck, A. T. (1998). Back to basics: Fundamental cognitive therapy skills for keeping drug-dependent individuals in treatment. In L. S. Onken, J. D. Blain, & J. J. Boren (Eds.), *Beyond the therapeutic allience: Keeping drug-dependent individuals in treatment* (pp. 210-235). U.S. Government Printing Office.

Liese, B. S., Beck, A. T., & Seaton, K. (2002). The cognitive therapy addictions group. In D. W. Brook & H. I. Spitz (Eds.), *Group psychotherapy of substance abuse* (pp. 37-57). Haworth Medical Press.

Liese, B. S., & Esterline, K. M. (2015). Concept mapping: A supervision strategy for introducing case conceptualization skills to novice therapists. *Psychotherapy, 52*(2), 190-194.

Liese, B. S., & Franz, R. A. (1996). Treating substance use disorders with cognitive therapy: Lessons learned and implications for the future. In P. M. Salkovskis (Ed.), *Frontiers of cognitive therapy* (pp. 470-508). Guilford Press.

Liese, B. S., & Monley, C. M. (2021). Providing addiction services during a pandemic: Lessons learned from COVID-19. *Journal of Substance Abuse Treatment*, 120.

Liese, B. S., & Tripp, J. C. (2018). Advances in cognitive-behavioral therapy for substance use disorders and addictive behaviors. In R. L. Leahy (Ed.), *Science and practice in cognitive therapy: foundations, mechanisms, and applications* (pp. 298-316). Guilford Press.

Linehan, M. M. (2015). *DBT skills training manual*. Guilford Press.

Logan, D. E., & Marlatt, G. A. (2010). Harm reduction therapy: A practice-friendly review of research. *Journal of Clinical Psychology, 66*(2).

Magidson, J. F., Young, K. C., & Lejuez, C. W. (2014). A how-to guide for conducting a functional analysis: Behavioral principles and clinical application. *The Behavior Therapist, 37*(1).

Magill, M., & Ray, L. A. (2009). Cognitive-behavioral treatment with adult alcohol and illicit drug users: A meta-analysis of randomized controlled trials. *Journal of Studies on Alcohol and Drugs, 70*(4), 516-527.

Marlatt, G. A. (1996). Harm reduction: Come as you are. *Addictive Behaviors, 21*(6), 779-788.

Marlatt, G. A., & Gordon, J. R. (1985). *Relapse prevention: Maintenance strategies in addictive behavior change*. Guilford Press.

Marlatt, G. A., & Kristeller, J. L. (1999). Mindfulness and meditation. In W. R. Miller (Ed.), *Integrating spirituality into treatment: Resources for practitioners* (pp. 67-84). American Psychological Association.

Marlatt, G. A., Larimer, M. E., & Witkiewitz, K. (2012). *Harm reduction: Pragmatic strategies for managing high-risk behaviors* (2nd ed.). Guilford Press.

Marlatt, G. A., & Tapert, S. F. (1993). Harm reduction: Reducing the risks of addictive behaviors. In J. S. Baer, G. A. Marlatt, & R. J. McMahon (Eds.), *Addictive behaviors across the life span: Prevention, treatment, and policy issues* (pp. 243-273). Sage.

Marlatt, G. A., & Witkiewitz, K. (2005). Relapse prevention for alcohol and drug problems. In G. A. Marlatt & D. M. Donovan (Eds.) *Relapse prevention: Maintenance strategies in the treatment of addictive behaviors* (2nd ed., pp. 1-44). Guilford Press.

McLellan, A. T. (2002). Have we evaluated addiction treatment correctly? Implications from a chronic care perspective. *Addiction, 97*(3), 249-252.

McLellan, A. T., Lewis, D. C., O'Brien, C. P., & Kleber, H. D. (2000). Drug dependence, a chronic mental illness: Implications for treatment, insurance, and outcomes evaluation. *Journal of the American Medical Association, 284*(13), 1689-1695.

Meyers, R. J., & Squires, D. D. (2001). *The community reinforcement approach: A guideline developed for the Behavioral Recovery Management project*. Univerisity of New Mexico Center on Alcoholism, Substance Abuse and Addictions.

Miller, W. R., & Rollnick, S. (2013). *Motivational interviewing: Helping people change* (3rd ed.). Guilford Press.

Moos, R. H. (2008). Active ingredients of substance use-focused self-help groups. *Addiction, 103*(3), 387-396.

Moyers, T. B., Manuel, J. K., & Ernst, D. (2014). *Motivational interviewing treatment integrity coding manual 4.2.1*. Unpublished manual, Albuquerque, NM.

Moyers, T. B., & Rollnick, S. (2002). A motivational interviewing perspective on resistance in psychotherapy. *Journal of Clinical Psychology, 58*(2), 185-193.

Nace, E. P., Davis, C. W., & Gaspari, J. P. (1991). Axis-II comorbidity in substance abusers. *American Journal of Psychiatry, 148*(1), 118-120.

National Institute on Drug Abuse. (2010). *Comorbidity: Addiction and other mental illnesses*. U.S. Department of Health and Human Services.

National Institute on Drug Abuse. (2018a). Comorbidity: Substance use disorders and other mental illnesses. NIDA Drug Facts. Retrieved from *https://www.drugabuse.gov/publications/drugfacts/comorbidity-substance-use-disorders-other-mental-illnesses*.

National Institute on Drug Abuse. (2018b). Marijuana: NIDA drug facts. Retrieved from *www.drugabuse.gov/publications/drugfacts/marijuana*.

Newman, C. F. (2008). Substance use disorders. In M. A. Whisman (Ed.), *Adapting cognitive therapy for depression: Managing complexity and comorbidity* (pp. 233-254). Guilford Press.

Nezu, A. M., Nezu, C. M., & Perri, M. G. (1989). *Problem-solving therapy for depression: Theory, research, and clinical guidelines*. Wiley.

Niaura, R. (2000). Cognitive social learning and related perspectives on drug craving. *Addiction, 95*(8, Suppl. 2), 155-163.

Nicolai, J., Demmel, R., & Moshagen, M. (2010). The comprehensive alcohol expectancy questionnaire: confirmatory factor analysis, scale refinement, and further validation. *Journal of*

Personality Assessment, 92(5), 400-409.

Norcross, J. C., Krebs, P. M., & Prochaska, J. O. (2011). Stages of change. *Journal of Clinical Psychology, 67*(2), 143-154.

Norcross, J. C., & Lambert, M. J. (2018). Psychotherapy relationships that work III. *Psychotherapy, 55*(4), 305-315.

Nyklícek, I., & Denollet, J. (2009). Development and evaluation of the Balanced Index of Psychological Mindedness (BIPM). *Psychological Assessment, 21*(1), 32-44.

Petry, N. M. (2012). *Contingency management for substance abuse treatment: A guide to implementing this evidence-based practice*. Taylor & Francis.

Pistrang, N., Barker, C., & Humphreys, K. (2008). Mutual help groups for mental health problems: A review of effectiveness studies. *American Journal of Community Psychology, 42*(1-2), 110-121.

Posner, K., Brown, G. K., Stanley, B., Brent, D. A., Yershova, K. V., Oquendo, M. A., ... Mann, J. J. (2011). The Columbia-Suicide Severity Rating Scale: Initial validity and internal consistency findings from three multisite studies with adolescents and adults. *American Journal of Psychiatry, 168*(12), 1266-1277.

Prendergast, M., Podus, D., Finney, J., Greenwell, L., & Roll, J. (2006). Contingency management for treatment of substance use disorders: A meta-analysis. *Addiction, 101*(11), 1546-1560.

Prochaska, J. O., DiClemente, C. C., & Norcross, J. C. (1992). In search of how people change: Applications to addictive behaviors. *American Psychologist, 47*(9), 1102-1114.

Prochaska, J. O., & Norcross, J. C. (2001). Stages of change. *Psychotherapy: Theory, Research, Practice, Training, 38*(4), 443-448.

Ramsay, J. R., & Newman, C. F. (2000). Substance abuse. In F. M. Dattilio & A. Freeman (Eds.), *Cognitive-behavioral approaches to crisis intervention* (2nd ed., pp. 126-149). Guilford Press.

Rees, C. S., McEvoy, P., & Nathan, P. R. (2005). Relationship between homework completion and outcome in cognitive behaviour therapy. *Cognitive Behaviour Therapy, 34*(4), 242-247.

Reynolds, B. (2006). A review of delay-discounting research with humans: Relations to drug use and gambling. *Behavioural Pharmacology, 17*(18), 651-667.

Safran, J. D., Crocker, P., McMain, S., & Murray, P. (1990). Therapeutic alliance rupture as a therapy event for empirical investigation. *Psychotherapy, 27*(2), 154-165.

Scholl, L., Seth, P., Kariisa, M., Wilson, N., & Baldwin, G. (2018). Drug and opioid-involved overdose deaths—United States, 2013-2017. *Morbidity and Mortality Weekly Report, 67*(5152), 1419-1427.

Schomerus, G., Lucht, M., Holzinger, A., Matschinger, H., Carta, M. G., & Angermeyer, M. C. (2011). The stigma of alcohol dependence compared with other mental disorders: A review of population studies. *Alcohol and Alcoholism, 46*(2), 105-112.

Schultz, P. W., & Searleman, A. (2002). Rigidity of thought and behavior: 100 years of research. *Genetic, Social, and General Psychology Monographs, 128*(2), 165-207.

Segal, Z. V., Williams, J. M. G., & Teasdale, J. D. (2013). *Mindfulness-based cognitive therapy for depression* (2nd ed.). Guilford Press.

Shaffer, H. J. (2012). Introduction. In H. J. Shaffer (Ed.), *APA addiction syndrome handbook: Vol. 1. Foundations, influences, and expressions of addiction*. (Vol. 1, pp. xxvii-lx). American Psychological Association.

Shaffer, H. J., & Hall, M. N. (2002). The natural history of gambling and drinking problems among casino employees. *Journal of Social Psychology, 142*(4), 405-424.

Shaffer, H. J., LaPlante, D. A., LaBrie, R. A., Kidman, R. C., Donato, A. N., & Stanton, M. V. (2004). Toward a syndrome model of addiction: Multiple expressions, common etiology. *Harvard Review of Psychiatry, 12*(6), 367-374.

Shapiro, F. R. (2014). Who wrote the Serenity Prayer? *The Chronicle of Higher Education, 4*.

Shibata, K., Sasaki, Y., Bang, J. W., Walsh, E. G., Machizawa, M. G., Tamaki, M., ... Watanabe, T. (2017). Overlearning hyperstabilizes a skill by rapidly making neurochemical processing inhibitory-dominant. *Nature Neuroscience*, 20(3), 470-475.

SMART Recovery (2021, September). *SMART Recovery Toolbox. https://www.smartrecovery.org/smart-recovery-toolbox/.*

Sobell, L. C., Sobell, M. B., & Nirenberg, T. D. (1988). Behavioral assessment and treatment with alcohol and drug abusers: A review with emphasis on clinical application. *Clinical Psychology Review, 8*(1), 19-54.

Spencer, J., Goode, J., Penix, E. A., Trusty, W., & Swift, J. K. (2019). Developing a collaborative relationship with clients during the initial sessions of psychotherapy. *Psychotherapy, 56*(1), 7-10.

Spitzer, R. L., Kroenke, K., Williams, J. B. W., & Lowe, B. (2006). A brief measure for assessing generalized anxiety disorder: The GAD-7. *Archives of Internal Medicine, 166*, 1092-1097.

Substance Abuse and Mental Health Services Administration. (2009). *Integrated treatment for co-occurring disorders: The evidence* (DHHS Pub. No. SMA-08-4366). Center for Mental Health Services, Substance Abuse and Mental Health Services Administration, U.S. Department of

Health and Human Services.

Substance Abuse and Mental Health Services Administration. (2017). *Behavioral health barometer: United States, Vol. 4: Indicators as measured through the 2015 National Survey on Drug Use and Health and National Survey of Substance Abuse Treatment Services*. Substance Abuse and Mental Health Services Administration, U.S. Department of Health and Human Services.

Substance Abuse and Mental Health Services Administration. (2020). *Key substance use and mental health indicators in the United States: Results from the 2019 National Survey on Drug Use and Health* (DHHS Publication No. PEP20-07-01-001, NSDUH Series H-55). Center for Behavioral Health Statistics and Quality, Substance Abuse and Mental Health Services Administration. Retrieved from *https://www.samhsa.gov/data*.

Tversky, A., & Kahneman, D. (1992). Advances in prospect theory: Cumulative representation of uncertainty. *Journal of Risk and Uncertainty*, 5, 297-323.

van Boekel, L. C., Brouwers, E. P. M., van Weeghel, J., & Garretsen, H. F. L. (2013). Stigma among health professionals towards patients with substance use disorders and its consequences for healthcare delivery: Systematic review. *Drug and Alcohol Dependence, 131*(1-2), 23-35.

Volkow, N. D., Baler, R. D., Compton, W. M., & Weiss, S. R. (2014). Adverse health effects of marijuana use. *New England Journal of Medicine, 370*(23), 2219-2227.

Volkow, N. D., & Koob, G. (2015). Brain disease model of addiction: Why is it so controversial? *The Lancet Psychiatry, 2*(8), 677-679.

Wampold, B. E. (2015). How important are the common factors in psychotherapy? An update. *World Psychiatry, 14*(3), 270-277.

Wampold, B. E., Baldwin, S. A., Holtforth, M. G., & Imel, Z. E. (2017). What characterizes effective therapists? In L. G. Castonguay & C. E. Hill (Eds.), *How and why are some therapists better than others? Understanding therapist effects*. (pp. 37-53). American Psychological Association.

Weiss, R. D., Jaffee, W. B., de Menil, V. P., & Cogley, C. B. (2004). Group therapy for substance use disorders: What do we know? *Harvard Review of Psychiatry, 12*, 339-350.

Wenzel, A., Liese, B. S., Beck, A. T., & Friedman-Wheeler, D. G. (2012). *Group cognitive therapy of addictions*. Guilford Press.

White, H. R., Larimer, M. E., Sher, K. J., & Witkiewitz, K. (2011). In memoriam: G. Alan Marlatt, 1941-2011. *Journal of Studies on Alcohol and Drugs, 72*(3), 357-360.

Wickwire, E. M., Whelan, J. P., & Meyers, A. W. (2010). Outcome expectancies and gambling behavior among urban adolescents. *Psychology of Addictive Behaviors, 24*(1), 75-88.

Witkiewitz, K., Marlatt, G. A., & Walker, D. (2005). Mindfulness-based relapse prevention for alcohol and substance use disorders. *Journal of Cognitive Psychotherapy: An International Quarterly, 19*(3), 211-228.

Witkiewitz, K., Montes, K. S., Schwebel, F. J., & Tucker, J. A. (2020). What is recovery? *Alcohol Research: Current Reviews, 40*(3), 01.

Yalom, I. D. (1975). *The theory and practice of group psychotherapy* (2nd ed.). Basic Books.

Yalom, I. D., & Leszcz, M. (2005). *The theory and practice of group psychotherapy* (5th ed.). Basic Books.

Young, J. E., Klosko, J. S., & Weishaar, M. E. (2003). *Schema therapy: A practitioner's guide*. Guilford Press.

Zemore, S. E., Kaskutas, L. A., Mericle, A., & Hemberg, J. (2017). Comparison of 12-step groups to mutual help alternatives for AUD in a large, national study: Differences in membership characteristics and group participation, cohesion, and satisfaction. *Journal of Substance Abuse Treatment, 73*, 16-26.

찾아보기

인명

내용

저자 소개

Bruce S. Liese(PhD, ABPP)는 University of Kansas 의학 센터의 가정의학 및 정신의학 교수이자 University of Kansas 중독 연구 및 치료를 위한 Cofrin Logan Center의 임상 책임자이다. Liese 박사는 미국심리학회(APA)의 중독심리학 부문(APA Division 50) 회장을 역임한 바 있으며, 그의 학문적 연구는 복잡한 정신 건강 문제와 중독 치료에 중점을 두고 있다. 그는 다양한 논문을 발표했으며 현재 APA 소속 3개의 학술지 편집위원으로 활동 중이다. Liese 박사는 중독, 심리시료, 근거 중심 실천에 대한 강의를 진행하며 수백 명의 심리치료 교육생을 지도해 왔다. 2003년, 그는 APA Division 50에서 공로를 인정받아 회장 표창(President's Citation)을 수상했으며, 2015년에는 교육 및 훈련 분야에서 뛰어난 경력을 인정받아 Division 50으로부터 Distinguished Career Contributions to Education and Training 상을 받았다. 또한 2018년에는 지역사회에 대한 공헌을 인정받아 APA 회장 표창을 수상하기도 했다.

Aaron T. Beck(MD)은 2021년 사망 전까지 University of Pennsylvania 정신의학 명예교수 및 Beck Institute for Cognitive Behavior Therapy의 명예 회장으로 활동했다. 전 세계적으로 인지치료의 창시자로 인정받는 Beck 박사는 미국 정신의학의 방향을 형성한 인물로 평가받았으며, 『American Psychologist』 저널에서 '역사상 가장 영향력 있는 심리치료사 5인 중 한 명'으로 언급되었다. 그는 알버트 래스커 임상 의학 연구상(Albert Lasker Clinical Medical Research Award), 미국심리학회(APA) 평생 공로상(Lifetime Achievement Award), 미국정신의학회 공로상(Distinguished Service Award), 심리과학협회 응용심리학 분야의 제임스 맥킨 캐텔 펠로우상(James McKeen Cattell Fellow Award), 정신 건강 분야의 사르나트 국제상(Sarnat International Prize in Mental Health) 및 의학 학회 구스타프 O. 리엔하드상(Gustav O. Lienhard Award) 등을 수상했다. 또한 그는 전문가와 일반 대중을 위한 다수의 책을 저술하거나 편집하기도 했다.

역자 소개

신성만(Sung-Man Shin)

한동대학교 상담심리사회복지학부 정교수로 재직 중이며, 한동대학교 상담대학원 원장, 한국중독상담학회 회장으로 활동하고 있다. 미국 University of Wisconsin-Madison에서 심리학 석사 학위를 취득하였으며, Boston University에서 상담학 박사 학위를 받고, Harvard University 의과대학 정신과 병원에서 연구하였다. 현재는 중독상담, 정신재활, 실존치료, 동기와 정서 등에 관심을 두고 있어 관련 연구와 프로그램을 개발하고 있다.

전대일(Daiil Jun)

미국 University of Kansas에서 임상심리학 박사과정을 수료하였으며 Cofrin Logan Center for Addiction Research and Treatment 소속이다. 한동대학교에서 상담심리를 전공했다. 현재는 중독, Serious mental illness computational psychiatry에 관심을 두고 연구하고 있다.

김주은(Jueun Kim)

충남대학교 심리학과 교수로 재직 중이며, 중독행동연구소 소장, 대전중구중독관리통합지원센터 센터장, 식품의약품안전처 마약류 안전관리 심의위원으로 활동하고 있다. 미국 Columbia University에서 임상심리학 석사 학위를 취득하였으며, Syracuse University에서 임상심리학 박사 학위를 취득하였다. 뉴욕주 정신과 연구소와 캐나다 토론토 중독 및 정신건강센터에서 연구원 및 임상 수련을 하였다. 현재 동기강화 및 인지행동치료, 중독에 대한 유전자와 환경의 상호작용, 물질 중독 예방 프로그램 효과성 검증 등에 관심을 두고 관련된 연구를 하고 있다.

조용혁(Yonghyuk Cho)

정신건강의학과 전문의로 아주대학교병원 정신건강의학과 교수로 재직 중에 있으며, 수원시성인정신건강복지센터 센터장으로 활동하고 있다. 주요 진료 과목은 조현병을 포함한 정신증과 마약이나 알코올을 포함한 약물중독이며 '회복(Recovery)'에 깊은 관심이 있어 정신재활 및 회복 관련 연구와 프로그램 개발을 진행 중이다. 최근 Digital Intervention과 관련한 연구 및 Platform 개발 중에 있으며 주요 방법론 중 하나로 CBT적 적용을 시도하고 있다.

중독장애의 인지행동치료

Cognitive-Behavioral Therapy of Addictive Disorders

2026년 1월 5일 1판 1쇄 인쇄
2026년 1월 15일 1판 1쇄 발행

지은이 • Bruce S. Liese · Aaron T. Beck
옮긴이 • 신성만 · 전대일 · 김주은 · 조용혁
펴낸이 • 김진환
펴낸곳 • (주)학지사
04031 서울특별시 마포구 양화로 15길 20 마인드월드빌딩
대표전화 • 02-330-5114 팩스 • 02-324-2345
등록번호 • 제313-2006-000265호

홈페이지 • http://www.hakjisa.co.kr
인스타그램 • https://www.instagram.com/hakjisabook

ISBN 978-89-997-3572-1 93180

정가 25,000원

역자와의 협약으로 인지는 생략합니다.
파본은 구입처에서 교환해 드립니다.